Beate Kuckertz
(Hrsg.)

Gotteslohn

Die Kirche und ihre ungehorsamen Diener

Mit einem Vorwort
von Karlheinz Deschner

Originalausgabe

WILHELM HEYNE VERLAG
MÜNCHEN

HEYNE SACHBUCH
Nr. 19/230

Printed in Germany 1992
Umschlaggestaltung: Atelier Adolf Bachmann, Reischach
Herstellung: H + G Lidl, München
Satz: Fotosatz Völkl, Puchheim
Druck und Verarbeitung: Ebner Ulm

ISBN 3-453-06017-2

Inhalt

Karlheinz Deschner

* 1924 in Bamberg; Studium der Jurisprudenz, Philosophie, Geschichte und Literaturwissenschaft; 1952 Promotion; Deschner arbeitet seit 1951 als freier Schriftsteller, er veröffentlichte Romane, Essays, Aphorismen und literaturkritische Schriften, machte sich jedoch vor allem mit religions- und kirchenkritischen Schriften einen Namen; seit 1970 arbeitet er an der großangelegten »Kriminalgeschichte des Christentums«, von der bisher drei Bände erschienen sind; 1988 erhielt Deschner den Arno-Schmidt-Preis.

Auswahlbibliographie

1956	Die Nacht steht um mein Haus
1957	Kitsch, Konvention und Kunst
1962/1986	Abermals krähte der Hahn. Eine kritische Kirchengeschichte
1968	Kirche und Faschismus
1974	Das Kreuz mit der Kirche. Eine Sexualgeschichte des Christentums
1982/1983	Ein Jahrhundert Heilsgeschichte. Die Politik der Päpste im Zeitalter der Weltkriege (2 Bände)
1986	Kriminalgeschichte des Christentums, Band 1: Die Frühzeit
1987	Opus Diaboli. Essays über die Arbeit im Weingarten des Herrn
1988	Kriminalgeschichte des Christentums, Band 2: Die Spätantike
1990	Kriminalgeschichte des Christentums, Band 3: Die alte Kirche

KARLHEINZ DESCHNER

Vom Belügen der Leute

Ein Vorwort

»Mundus vult decipi.* Ich wil da zu helffen«.

MARTIN LUTHER

»Da das Volk betrogen werden will, mag es betrogen werden.«

KARDINAL CARLO CARAFA, NEFFE PAPST PAULS IV.

Seit der Aufklärung des 18. Jahrhunderts ist das Christentum im Grunde philosophisch tot. Seither auch hat ihm die historisch-kritische Theologie, Stück um Stück, so gut wie jedes Fundament entzogen. Fast nur Legenden blieben zurück, später Hinzugelogenes, später Hinweggeleugnetes, später allzu Verklärtes. Beharrlich, mit immensem Fleiß, mit beispielhafter Redlichkeit haben ganze Theologengenerationen einen gewaltigen, nahezu zwei Jahrtausende (doch was sind zwei Jahrtausende schon!) überstehenden Bau zum Einsturz gebracht, nach Lessing: ein »abscheuliches Gebäude von Unsinn«. Und zugleich haben andere Kleriker-Kohorten, ganze Heere frommer Glaubenshüter mit jederlei Aufwand an Pathos, pfäffischer Niedertracht, an Verschleierung, Falschheit, schamlosen Lügen die jämmerliche Ruine der Welt zu verbergen gesucht und getan, als stünde da alles wie immer.

Gleichwohl, mancherlei sickerte, zumal in unseren Zeiten und Breiten, bis auf den Bodensatz durch, ganz zu schweigen von den Schichten darüber. Und verfault ein Elefant auch nicht an einem Tag, sind doch Bibel, Dogma, die Moral, der Klerus, ist dies ganze ja bloß scheinreligiöse, schon so viele Millionen Menschen an Leib wie Seele zugrunde richtende Schröpf- und Verschlingungssystem derart desavouiert, im Innersten siech, daß sein Herabschrumpfen zu belanglosen Sekten nur noch eine Frage naher Zeit sein wird, wenn auch nicht mehr unserer.

---

* Luther zitiert das Wort «Mundus vult decipi« (ergo decipiatur), »Die Welt will betrogen sein« (darum werde sie betrogen), wiederholt, 1527 und 1529, einmal mit dem Zusatz: »verum proverbium«, ein wahres Sprichwort.

Denn so gering die geistige Bedeutung der Kirchen heute ist, so eklatant ihr ethisches Defizit, so himmelschreiend ihr soziales Unvermögen, nein, ihr fortgesetztes, Not und Tod ignorierendes Widerstreben, das Grauen dieser Welt zu lindern, rein machtpolitisch zählen sie noch. Durch Betrug und Krieg groß geworden, durch Betrug und Krieg groß geblieben, gedeiht ihre Do-ut-des-Kumpanei mit dem Staat – prinzipiell, pervers genug, mit jedem Staat, bevorzugt aber mit dem starken, stärksten – freilich nur, solange sie diesen stützen, solange sie ihm, machtverfallen, korrupt, egozentrisch bis zum Exzeß, für die Fülle der Pfründen, der Privilegien willfährige Wähler liefern, kuschende Untertanen, Kanonenfutter.

Um aber liefern zu können, bedarf es eines gewaltigen Anhangs. Und um den halten zu können, braucht er einen starken Glauben. Denn schwindet der Glaube, schwindet der Anhang, schwindet der Glanz, die Gloria, das Geld, schwindet alles. Ergo: alles hängt vom Glauben ab.

Es geht dabei jedoch um folgendes.

Es war einmal ein Mann. Der lebte, mit vielen, vielen Jahren auf dem Buckel, lange ganz allein. Er lebt, schwer vorstellbar, doch finden wir uns damit ab, schon ewig, ohne Anfang, ohne Ende, im Vollgefühl der Allmacht, seines Wissens, seiner Güte.

Doch plötzlich hat er, gottweißwarum, das dauernde Alleinsein satt, die wenn auch noch so souveräne Solitüde, das Dolcefarniente tagaus, tagein, das ja auch unsereins nicht stets bekommt. Ja, nichts ist schwerer zu ertragen, sagte mein Vater manchmal, als eine Reihe von guten Tagen. Offenbar mußte sich die Omnipotenz endlich betätigen, bestätigen. Brauchen doch auch wir immer wieder ein kleines Erfolgserlebnis. Und er hatte es nie!

Und seine grenzenlose Güte? Wohin damit? Na eben. Und wollte er nicht auch verehrt, ein wenig angebetet sein, verherrlicht? War nicht, wer weiß, ein bißchen Eitelkeit im Spiel? Ein wenig Rachsucht gar, ein Zorn, hochheilig, sicher, der freilich einmal raus, der einfach sich entfalten, entladen mußte? Wie seine grenzenlose Güte? Beides zusammen, liebevoller Vater und Folterknecht in perpetueller Kooperation?

Allmächtiger!

Aber Hölle und Himmel beweisen es. Beide gleich vis-à-vis, damit man von diesem – Herrgott, wofür ist man Engel!, wofür singt man Halleluja! – ganz bequem in jene gucken und sich an all dem Teufelselend gehörig auch ergötzen kann, durch alle Ewigkeit, wie höchste Kirchenleuchten lehren. Alles schwer vorstellbar, gewiß, für unsern schwachen menschlichen Verstand. Aber es *ist* so. Und das allein zählt. Die nackte Realität.

Kurz und gut, ja – kurz und gut, so haut er eines Tages auf die Pauke, haut – – warum erst jetzt? Warum nicht früher schon? Nicht später? Warum, warum! In seiner Weisheit wußte er warum, ja, jetzt, jetzt wollte er, nach langer Lethargie ein ungeheurer Tatendrang, und haut, in schöpferischer Schaffenslust, das Universum jetzt heraus, ob gleich komplett, ob erst im Ei (an)gelegt, ob mit großem Knall, ob ohne, das alles, gott, ist eitles Klügeln, Spintisieren, vage Wissenschaft von Menschenköpfen, heute so und morgen so. Was zählt, sind Fakten. Und Faktum ist: alles war bestens geraten. Authentisch bezeugt. Und bloß Fieslinge, Mieslinge, zehnmal scheiterhaufenreif, Kerle, denen nichts wunderbar, nichts heilig ist, selbst das Heiligste nicht, können da leugnen. Denn war der alte Herr allmächtig, dann konnte er alles. Und war er allgütig, wurde auch alles gut – ein sonnenklarer Fall.

Doch – der Mensch denkt, und Gott lenkt.

Die ganze Sache, wie bekannt, ging restlos in die Binsen. Ja, obgleich alles nur aus dem Allerbesten, Allermächtigsten, dem Alleswissenden, obgleich es ganz und gar aus ihm und nur aus ihm, aus wem auch sonst, direkt emanierte, kam einfach Furchtbares, Erschreckendes heraus. Kaum zu glauben, wahrhaftig! Die Sterne zwar leuchteten edel, die Sonne schien ohn' Fehl und Arg – aber darunter: Hurerei und Greuel, Ungehorsam, Apfelbiß, Schlangengift, Erbschuld etc. etc. Und der alte Herr, der all dies ja seit Ewigkeit vorausgesehen, der es, spielend, hätte verhindern können, spielend, doch nicht verhindern wollte in seiner Weisheit, der ersäufte, der Allerbarmende – »Beweise deine wunderliche Güte« (Ps. 17,7) –, die ganze Chose, die mißratene, Mensch und Tier (das ja unschuldig war: oder biß auch das Tier, ein weibliches vielleicht, ins Obst?!), ja, ersäufte alles kurzerhand, ein göttliches Spektakel ohnegleichen, die erste und bis heute radikalste Endlösung der Welt, nicht in Feuer, in Gas, nein, im Wasser ...

Doch schließlich, er hatte sich genug gelangweilt: Auch Geduld gezeigt genug, fürwahr, einmalige Geduld. Überhaupt: Einmalige Umstände: Denn sonst, ich meine – die braunen Bestien wurden in Nürnberg gehängt. Und Stalin marschiert als Bluthund durch die Geschichte. Und sie alle, samt und sonders, hatten doch nur einen, ich meine bloß, vergleichsweise recht kleinen Teil der menschlichen Rasse liquidiert – der gute alte Herr aber alles, die ganze Menschheit, mit

Stumpf und Stiel, alles hinab in den Orkus ... er, der Beste, der alles so gut macht.

»Gott sitzt im Regimente und führet alles wohl« – jawohl, sehr wohl: Noah jedenfalls, Sohn des Lamech (nicht zu verwechseln mit Lamech, dem Nachkommen Kains), Käptn Noah samt Family und Viehstall, alles, danke, bestens wohlauf. Und so beginnt alles von vorn, beginnt wieder. Und alles, weißderteufel, mißrät wiederum, trotzt Allmacht und Allgüte und Allwissenheit – ein großes Mysterium des alten Herrn ist dies, mit dem unser Verstand nicht fertig wird.

Immerhin kommt nun kein globales Ersäufnis mehr, denn der alte Menschheitsmörder, der Superscelerat, hat aus dem Fehlschlag gelernt. Und da er voraussieht, daß er noch im Vergleich mit den erwähnten Starbanditen schlecht abschneidet, was sage ich, katastrophal, versucht er es statt des großen Ersäufnisses jetzt mit der großen Erlösung. Nicht mehr die ganze Menschheit wird liquidiert, sondern nur einer, ein wahrhaft göttlicher Ausgleich. Der Massakerist wird zum Wohltäter, der Sadist zum Seligmacher, erst alles in die Pfanne gehauen, dann alles wieder rausgehauen, Noes Nachkommen natürlich nur, der traurige Rest seit der Sintflut, durch den guten Heiland gerettet.

Durch wen?

Nun, durch den Jungen des alten Herrn, den Sohn. Der wird zwar erst jetzt eingeführt, aber in Wirklichkeit, in Wirklichkeit ist der Junge so alt wie der Alte, wie der Ersäufergott, denn er ist eigentlich der Ersäufergott. Und ist doch der Ersäufergott nicht. Nicht ganz und doch ganz. Oder vielmehr: ein ganz anderer und doch derselbe. Es ist ein großes Geheimnis wieder. Aber wäre alles so klar, so glatt, so platt, wer sollte es denn dann noch glauben. Es wäre ja gar keine Kunst mehr zu glauben. Na eben. Doch so ist es eine Kunst. Zwei Personen also, aber gleichsam in einer Person. Und da alle guten Dinge drei sind, wird die Zweite Person durch eine Dritte Person gezeugt, die freilich schon die Erste Person ist. *Auch* die Erste. Ebenso die Zweite. Und doch bringt die Dritte die Zweite hervor – durch das Schwängern einer Schreinermeistersgattin in Palästina. Ob nun durch das Ohr oder durch andere Kanäle: Die Wege des Herrn sind wunderbar.

Um so wunderbarer, als ja die Frau jenes Zimmermanns, laut Bibel, nicht nur die Zweite Person, sondern noch weitere (allerdings viel profanere) Personen gebar und gleichwohl, längst nichts mehr Neues damals, Jungfrau blieb, Jungfrau und Mutter, und ihre eigene Mutter, die hl. Anna, derart, heiligemutteranna, die Großmutter der

Ersten Person, des Weltschöpfers, die Großmutter Gottes wurde, Jesusmariaundjoseph!

Ein weites, ein wunderbares Feld. Doch wie auch immer: die besondere Befähigung der Dritten Person, ihre spezifische Begabung, ist das Schwängern, das Befruchten, auch im Geistigen, geblieben. Zum Beispiel das Erleuchten der Schreiber des Neuen Testaments. Ganz »irrtumslos« wurde es so, wie durch die hl. Väter und die Theologen »einmütig« bezeugt und vom kirchlichen Lehramt wiederholt bekräftigt. Oder das Erleuchten der Jünger Jesu an Pfingsten, worauf die Analphabeten alle Sprachen beherrschten (viele sie auch bloß für besoffen hielten). Die Dritte Person hätte die ganze Welt erleuchten, bekehren können, mit einem Schlag, nur durch einen Willensakt. Doch das wollte die Dritte Person nicht, obwohl es das Einfachste gewesen wäre und so viele gerettet hätte für immer, die nun für immer verdammt sind und Höllenqualen leiden, die Ärmsten. Dafür aber haben nun die Prälaten ihre Pfründen, das ist viel wichtiger. Ja, die Dritte Person erleuchtete nur Auserwählte. Manchen heiligen Papst, zum Beispiel. Oder manchen heiligen Inquisitor, der dann desto eifriger die Scheiterhaufen zum Erleuchten brachte, ein besonders schönes Ergebnis der Erleuchtung.

Alle jedenfalls wollte der alte Herr nicht erleuchten, auf keinen Fall – wofür hatte er schließlich, seit Ewigkeit, die Hölle vorgesehen mit all ihren Einrichtungen. Nein, nur keine Fehlinvestitionen mehr. Bloß kleinere Wunder ließ er den Sohn, die Zweite Person, wirken, ein bißchen auf dem Wasser wandeln, Tote auferwecken und so, alltägliche Mirakel fast, von vielen seinerzeit vollbracht – statt einfach alle zu bekehren, durch ein gewaltiges Miraculum, was, wie gesagt, der Menschheit viel erspart hätte. Und dem Sohn auch. Doch den ließ er, der Allgütige, was kaum ein menschlicher Vater getan, stracks ans Kreuz nageln und sterben, wofür die Juden, die »Gottesmörder«, schwer büßen mußten. Ganz zu Unrecht. Haben ja gerade die Juden derart das große Erlösungswerk ermöglicht und den ewigen Dank der Christenheit verdient.

Der gute Römer Pilatus wollte den Sohn nicht umbringen, nein. Er wollte – wir wären um alles gekommen! – ihn laufen lassen und wusch seine Hände in Unschuld. Und auch der Sohn wollte nicht sterben. Nein, er betete zu Gott, zu sich selber, daß diese blutrünstige Sache an ihm vorübergehe. Doch nichts half, und so gehorchte die Zweite Person der Ersten und, darf man vermuten, wohl auch der Dritten, obgleich das ohnedies alles eins ist, Jacke wie Hose, auch wenn nur die unglückselige Zweite den Kopf dafür hinhielt. Nicht für ihre Schuld bekanntlich, für unsere!

Dadurch aber erlöste sie die Menschheit. Das heißt nicht jene, die schon vordem starb. Pech gehabt. Doch auch die mit der Gnade der späten Geburt fuhr danach zum größten Teil noch immer hinab in die Hölle, trotz aller Erlösung, die der Allwissende, Allgütige und Allmächtige auch für sie vorgesehen. Die Erlösung. Und die Hölle. Beide. Gott denkt weiter. Das ist es. Und trotzdem: selbst für die große Mehrheit das Blut, das kostbare, umsonst verspritzt. Denn noch der Rest auch jetzt nicht ganz erlöst. Gar viel bedurfte es noch immer an Sakramentalem und Heilstaten, an Riten und Raten (in natura oder bar) für jene, für die doch nur eines not sein sollte. Ja, der Taufe, zum Beispiel, bedurfte es noch, der hl. Beichte, der hl. Kommunion, des Meßbesuchs am Sonntag wenigstens – HEILIGE MESSE, so signalisieren manche Orte heute gleich am Eingang ihre Geisteskraft. Auch der hl. Ölung etwa bedarf es noch (der »Abschmierung«, interner Sprachgebrauch), zuletzt wenigstens, zum guten Schluß, sozusagen. Ja, vieles kam hinzu, wahrhaftig, wovon wenig oder gar nichts in der Bibel steht, kein Wort.

Wer jedoch immer wieder Abweichungen vom Evangelium beklagt, verkennt, daß Jesus und seine Jünger theologisch noch in den Kinderschuhen steckten und erst viel später die Päpste deutlich zu sagen vermochten, was der Erlöser und seine Apostel eigentlich gemeint, was sie vielleicht nicht so gesagt oder ganz anders gesagt oder überhaupt nicht gesagt haben, weil sie es noch nicht besser oder gar nicht sagen konnten, aber sicher sagen wollten und auch gesagt hätten, wären sie schon so schlau gewesen wie die Päpste.

Die Päpste freilich hatten mit der stets weiteren Verbreitung der Frohen Botschaft immer mehr zu tun. Sie mußten, zum Beispiel, immer mehr Juden verfolgen, immer mehr »Ketzer« und »Hexen« verbrennen, mußten riesige Besitzungen, Burgen, Schlösser, Städte, ganze Herzogtümer für ihre Verwandten rauben, denn viele bekundeten einen vorbildlichen Familiensinn. Mitunter mußten sie ihre Verwandten auch vögeln, ihre eigenen Kinder, ihre Mätressen, all das wollte befriedigt werden durch die Heiligen Väter. Oft mußten sie fast Tag und Nacht – o nein, fast Tag und Nacht Moneten zählen, meine ich. Auch mußten sie mit Helm, Panzer und Schwert immer wieder in den Krieg (»Verflucht sei der Mensch, der sein Schwert von Blut zurückhält!« so häufig Papst Gregor VII., 1606 heiliggesprochen) oder mußten wenigstens ihre Generäle, ihre Soldateska, in die

Schlachten schicken, immerhin bis 1870, alles für das Evangelium. So hatten sie für dessen Verkündigung selbst, seine Auslegung usw., kaum Zeit und viele auch gar keine Lust. Sie überließen das immer größeren Kadern speziell ausgebildeter, wenn auch oft wenig gebildeter akademischer Knechte, Konfratres auf den untersten Stufen des Höhern, doch gleichfalls »in gewisser Weise Lehrer der Wahrheit«.

Diese Leute, Theologen genannt, vermehrten sich allmählich auf diese oder jene Weise. Sie unterrichteten neue Theologen, zeugten neue Theologen, schrieben mehr oder weniger dicke Bücher, um das Licht der göttlichen Wahrheit zu verbreiten, das Gott selber, weißgottwarum, nicht selbst verbreiten wollte und will. Und so treiben sie es noch heute.

In aufschlußreiche Gattungen könnte man sie gliedern. Ich nenne nur zwei, die schlimmste und die beste Sorte, die sogenannten fortschrittlichen Theologen und jene, die wirklich fortschreiten, fort von der Kirche, vom Christentum.

Die »Fortschrittlichen«, die keinesfalls ausscheren, sondern nur von einem Teil, einem Teilchen nur des alten Glaubens wegstreben, von dem, was viele ohnedies jetzt kaum mehr glauben, sind heute die beliebtesten. Nicht gerade bei ihren Oberen, obwohl auch diese schätzen dürften, daß man derart die »Botschaft« da und dort überhaupt noch halbwegs ernst nimmt, öffentlich diskutiert, und genau das ist ja der Sinn der Sache. Denn die Medien verhätscheln die »Fortschrittlichen«, jene bescheiden Unbotmäßigen, moderat Aufmüpfigen, die bloß ein bißchen kritisieren, reformieren möchten, um das allzu Einengende, das Veraltete, Verkrustete ausscheiden und das hochheilige Offenbarungsgut etwas besser in heutiges Denken einbetten, damit harmonisieren zu können – und natürlich mit den Wünschen, Bedürfnissen, Illusionen der Noch-Gläubigen. Kurz, die »Fortschrittlichen« sind jene besonders flinken Zungenverdreher, die den göttlichen Sendungsauftrag der Gegenwart angepaßter erfüllen möchten, um die etwas wacheren Gläubigen etwas aufgeklärter hinters Licht führen zu können; man nennt dies »zeitgemäße Glaubensverkündigung« – übrigens ein viele Jahrhunderte alter Vorgang, der sich heute nur noch in Form von Rückzugsgefechten abspielt, schon im Schatten der endgültigen Niederlage.

Natürlich ist jener Teil der Christgläubigen, der nicht von der Wiege bis zur Bahre in einem geistigen Dauerschlaf steckt, der nicht *nur* nachbetet, nicht einfach, wie die denkfaulsten Gotteslämmer, die quasi notorisch Kopflosen, nichts, gar nichts denkt, sondern schon etwas, ein winziges bißchen, den »Progressisten« besonders verbunden, den grandiosen Schrittmachern im Dunkelmannreich, und läßt sich von diesen gern, ja begeistert das Licht »zeitgemäßer Verkündigung« aufstecken – während die Masse der größten Ignoranten, der Einfach-alles-Glauber, der Dauerdöser entsprechend sauer auf die Störenfriede ist.

Nun üben diese zwar Kritik, doch mit gebotener Devotion, sie löcken gegen den Stachel, aber mit aller Dezenz. Sie möchten nicht den Papst, die Bischöfe preisgeben, nicht die Heilige Schrift, nicht Taufe, Abendmahl, die Auferstehung und das ewige Leben, das schon gar nicht, am allerwenigsten, und die Erste Person nicht, die Zweite, die Dritte, nicht die ganze Trinität und die volle Gottheit des Sohnes, den Weg, die Wahrheit und das Leben und tausend andere Heilsgüter und -früchte und -früchtchen nicht, die es alle in der vorchristlichen Antike schon gab, in großer Zahl und ganz genau so echt natürlich.

Nein, um gotteswillen, nur keine Wunschphantasien aufgeben, keine Lebenslügen, heiligste Glaubenssätze. Unsere tägliche Illusion gib uns heute! Nein, nur ein bißchen mehr Luft möchten sie zum Schnappen, und zwar in puncto Glauben ebenso wie in puncto Moral. Nur ein wenig mehr Spielraum ersehnen, erflehen sie, ein paar klitzekleine Kurskorrekturen, einen Hauch »Demokratie«, »Fortschritt« eben.

Sie möchten, zum Beispiel, auch mal einen Unterrock am hl. Altar stehen sehen und zumindest unter den ihrer Angetrauten so richtig geil gucken dürfen – viele tun das sowieso, aber sie möchten es so gern mit ausdrücklicher oberhirtlicher Genehmigung tun! Und ihre ehrwürdigen Priester möchten sie nicht mehr mit der bekannten »Seelenkuh«, sondern ganz legitim im Bett wissen, damit die nicht mehr so skandalös herumhuren müssen, sogar bis in hohe, sehr hohe Ränge hinauf.

Manche ihrer »Fortschrittlichen« sind zwar schon laisiert, dispensiert, verehelicht, andere aber ficken sich noch auf die traditionelle Tour, also si non caste caute, wenn schon nicht keusch, dann wenigstens vorsichtig, durch die Zeiten respektive durch das Kirchenjahr. Doch ob sie nun offen oder insgeheim »sündigen«, masturbierend oder sodomitisch, mit Nonnen, Eheweibern oder auf welche von der Vorsehung vorgesehene Art immer, allen geht es natürlich nur um die »Sache Jesu«, von der leider überhaupt niemand recht weiß – dies das Ergebnis der gesamten kritischen christlichen Forschung –, was sie genau gewesen, wenn *er überhaupt* gewesen ist; was man heute zwar allgemein annimmt, aber keinesfalls plausibel beweisen, freilich auch nicht überzeugend bestreiten kann.

Das ist ihr Glück. Nein, an seiner Existenz lassen sie nicht rütteln. Es untergrübe ja ihre eigene! Obwohl – ja, annullierte man denn nicht auch Heilige schon? Durch die Jahrhunderte hochgefeierte, von ganzen Generationen knie- und fußfällig angeflehte Heilige, löschte sie, nach allem, was sie Verehrern in jedweder Notlage vieltausendfach Gutes getan, kalt durch einen päpstlichen Federstrich aus, als einfach nie gewesen, trotz aller, ich wiederhole, Inbrunst und Gunst und Wohltat vordem? Ergo, warum, wenn alle Stricke reißen würden, das heißt Jesu historische Existenz eklatant widerlegende Schriftrollen zutage träten oder auch ein nicht mehr zu bewältigender Unglaube an die »Göttlichkeit« des Sohnes sich verbreitete, ja, warum nicht dann mit pastoraler Dringlichkeit einen definitiven, einen »fortschrittlichen« Schlußstrich unter die Zweite Person setzen? Und die Dritte gleich mit über die Klinge gejagt? Mit dem Vorteil statt eines kaschierten Polytheismus nun endlich einen ganz strengen, strikt biblischen, den sozusagen ursprünglichen jüdischen Eingottglauben wieder zu haben, den durch die Heilige Schrift so wohl belegten Glauben an den alten Herrn, und nur an ihn, ohne sonstige kuriose Entitäten, Personen, Naturen, Abrakadabras samt allen exgetischen Verdrehungen, Veits-tänzen, Grotesken. Ja, könnte der Glaube an ihn allein nicht ganz allein zur Erlösung genügen?

Ganz sicher.

Ungezählte Generationen kamen ohne Erlösung aus. Es gibt viel mehr unerlöste als erlöste. Und auch die erlösten, wie gesagt, rösten zumeist in der Hölle. Aber würde man mit der Liquidierung der Heiligsten Dreifaltigkeit, mit der Streichung der Zweiten und Dritten Person fertig werden? Kerygmatisch? Dogmatisch? Apologetisch? Systematisch? Kirchenhistorisch? Pastoraltheologisch? Nun, das Lehramt, immer die große Masse des trägen Fußvolks im Visier, hätte vielleicht vorübergehend gewisse Schwierigkeiten. Aber die »Fortschrittlichen« kämen damit zu Rande, flott, flott. Sie könnten glaubhaft darauf pochen, daß sich die Zeiten stets geändert haben und mit ihnen der Glaube; daß man immer fortgeschritten sei, immer in lichtere Gefilde der Glaubensverkündigung hinein, immer freier von zeitbedingten Erosionen, Verzeichnungen, Täuschungen, von vielerlei fundamentalistischen, geschichtlichen, sogar modischen Schwächen, kurz frei von alteingedrilltem, einstmals zwar notwendigem, doch inzwischen längst überholtem Glaubensgut. Ja, jetzt erst stehe man auf einem Gipfel, bei einem von allem Ballast, allem unnötigen Beiwerk befreiten Gottesbegriff, einem ganz geläuterten, reinen, einen Gott – wie man ihn im Alten Testament hatte, beim großen Beginn. Jetzt erst schließe sich der Bogen in voller Vollkommenheit – – und Christus, die einstige Zweite Person, sowie die Dritte, der schnelle kleine Vogel, Heiliger Geist genannt, das waren nur Bilder, Chiffren, Symbole.

Für die noch nicht auf der Höhe der Zeit Stehenden, für das naive, unentwickelte Auffassungsvermögen der Menschen noch des 20. Jahrhunderts und erst recht für die Einfältigen, Minderbegnadeten früherer Säkula, so wird man dann lehren, erklären, verklaren (und sich verwahren), für diese schlichten Gemüter war die Personifizierung der christlichen Idee, der Grundgedanken unseres heiligen Glaubens in der Figur des Christus, in diesem gewiß sehr schönen und hohen Emblem, schlechterdings erforderlich. Aber all dies hatte nur eine vorbereitende, heranführende Funktion, war lediglich Mittel der Veranschaulichung, Verkörperung, und damit leider auch der Vergröberung der einzigartig reinen Einheit Gottes, die das durch »Personen« und »Naturen« noch arg verunklarte, fast, wenn man übel will, die Vielgötterei streifende trinitarische Gottesbild nicht genügend durchlässig, erkennbar machte – eine Art geistlicher Notbehelf bloß der seinerzeit noch Unmündigen wegen.

Ja, kein Zweifel, dies Gelichter wird mit allem fertig, solange wir nicht fertig werden mit ihm.

Der erste »Progressist« im Christentum war bereits Paulus, der »Völkerapostel«, der Jesu Vergottung zwar gegenüber den »Uraposteln« entscheidend gefördert, aber längst noch nicht »fortschrittlich« genug. Paulus kennt noch keine Identität der Nummer Eins und Zwei, das Gottesprädikat behält er dem »Vater« vor, stets »theos« für ihn, Jesus stets »kyrios«. Der erste »Progressist« verkündet damit eine subordinatianische Christologie, die Jesus deutlich unterordnet – an den Heiligen Geist dachte damals noch niemand (der ihn zuerst ins Christentum einführte, war ein »Ketzer«). Im 2. Jahrhundert ist die subordinatianische Christologie allgemeine Kirchenlehre , im 3. Jahrhundert noch häufig, im 4. Jahrhundert bald eine greuliche »Ketzerei«, die freilich selbst jetzt noch eine ganze Reihe von Kirchenvätern vertritt!

Einhalb Jahrtausende später aber, nachdem Heine das Glöckchen klingeln hörte, womit man »die Sakramente einem sterbenden Gotte«

brachte, und Nietzsche bereits dem Lärm der Totengräber lauschte, »welche Gott begraben«, sind in »our Postchristian Era« die »fortschrittlichsten« der christlichen Gralshüter bei einer »Theologie ohne Gott« angekommen und überlegen, »was wir an seine Stelle zu setzen haben«, predigen also ihre »Radikal-Theologie«, einen »christlichen Atheismus«; während andere »Fortschrittler« statt solch gottloser Religion einen religionslosen Gottesglauben verkünden, denn es seien, so der 1945 in Flossenbürg hingerichtete Widerstandskämpfer Dietrich Bonhoeffer, »nur noch einige ›letzte Ritter‹ oder ein paar intellektuell Unredliche, bei denen wir ›religiös‹ landen können«.

Welche Glaubensbilder diese Bahnbrecher aber auch anpreisen, fast alle propagieren »ein neues Bewußtsein der Transzendenz«. Ihre Theologenseele verzehrt sich geradezu im frommen Eifer, statt des »antiquierten Gottesbildes« die armen Christen endlich mit einem »neuzeitlichen Gottesverständnis« zu beglücken. Und alle wollen natürlich, wie ihresgleichen immer, das Evangelium »in die Sprache der Zeit übersetzen«. Denn der zeitgenössische Christ, so US-Theologe Altizer, »weiß, daß die biblischen und traditionellen Vorstellungen von Christus nichts mehr sagen«. Nein, mit den »üblichen Mätzchen«, so naßforsch der Theologe Ulrich Mann, sei nichts mehr zu gewinnen.

Ergo probiert man es mit neuen. Doch da der Inhalt des Glaubens zumindest in den Hauptstücken der alte bleiben muß, ist neu hauptsächlich bloß das Vokabular, mit dem man sich scheinavantgardistisch durchzumogeln sucht – die dümmsten »Progressiven« vielleicht sogar gegenüber sich selbst –, mit dem man, je nach Mentalität, mystifikatorisch verdunkelt oder pseudorational durchsticht, auch Mixturen von beidem bietet, ein vorwiegend verbales Schmierentheater, mehr oder minder versierte Zungendreherei der Ecclesia-semper-reformanda-Wortverkünder, mit dem einzigen Zweck, eine alte abgetane Sache up to date, das Unglaubwürdige noch weiter glaubhaft zu machen.

Zumal den Katholiken geht es dabei selten um mehr als Randerscheinungen. Nur ein bißchen Ballast abwerfen möchten sie, Schutt beseitigen, das im Zeiten- und Glaubenslauf Verbrauchte, Abgebröckelte, das den Zugang zum »Eigentlichen« mehr verschließt, dessen Vertretung nur erschwert und gefährdet. Lediglich das Aberwitzigste, das bloß noch die Masse der Engstirnigen, Plattköpfigen hinnimmt, die sancta simplicitas, möchten sie, mit Verlaub, in Zweifel ziehen, einschränken dürfen – aus rein pastoraler Sorge, versteht sich, aus konstruktiver Vorausschau, das heißt, um die schon aufmuckenden, aufgescheuchten Schäfchen noch bei der Stange halten, um sie auch künftig gängeln, weiden, scheren zu können, aber doch nicht um die Grundfeste des Credo, das Zentrum der Wahrheit zu erschüttern, die christliche Gotteslehre. O nein, das sei ferne! Daß Jesus der »Sohn Gottes« sei, wird natürlich nicht geleugnet, wird ausdrücklich bejaht.

Flickt einer freilich doch einmal an der Christologie herum, etwa an der heute besonders schwer noch zu verkraftenden »Präexistenz« (der Zweiten Person), dann dreht und wendet sich so einer im eigenen handgreiflichen Unglauben, führt er einen solchen theologischen Eiertanz auf, daß es jedem schlecht werden könnte davon – nur dem Tanzenden natürlich nicht. Der zeigt mal die Zähne, die Hinterbacken, rutscht in die Knie mal, landet gar auf dem Bauch, wackelt sich wieder hoch, wackelt weiter. Und obwohl bei allem plumpen Sichherumdrücken, Herausreden, allem schillernden Sowohl-Alsauch ganz unverkennbar ist, daß er Jesus bloß für einen (vorbildlichen) Menschen hält, bekennt er sich doch, inquisitorisch in die Enge getrieben, vor wohl gleichfalls ganz Ungläubigen, zur wahrhaftigen Gottessohnschaft. Will er ja überhaupt die »Botschaft« nur vertiefen, nur fördern, will er den Christen, allen Christen, doch gerade »echte« Hilfe bringen, den »echten« Gottessohn, nur eben zeitgemäß, stabilisierend ...

Die meisten Katholiken aber begeben sich erst gar nicht aufs »Glatteis«. Nein, kein Sterbenswörtchen gegen das hochheilige Herz ihres Glaubens, gegen die Substanz, die Christologie. O nein: »Ich glaube an Gott, den allmächtigen Vater, Schöpfer des Himmels und der Erde. Und an seinen eingeborenen Sohn ...« etc. pp. Das alles schlucken sie – vorerst noch. Nur ein paar kosmetische Verschönerungen, Schnörkel sind anzubringen, wie sie der Zeitgeist, der christliche, wünscht; und weiter ansonsten im alten Text.

Das Weitergehen, Fortbestehen ist entscheidend, vor allem, gewiß, ihr eigenes mit Amt, Pension, mit Pfründe, mit ihrer kleinen mickrigen Herrlichkeit. Schon Lichtenberg schrieb: »So viel ist ausgemacht, die christliche Religion wird mehr von solchen Leuten *verfochten*, die ihr Brot von ihr haben, als solchen, die von ihrer Wahrheit überzeugt sind.« Ihre ganze »fortschrittliche« Schwarzkunst ist nichts als ein weiterer Überlebensversuch, der Versuch, im Lichte neuer Interpretationen (sprich: Finten und Filouterien, neuer dialektischer Volten und alter Verschlagenheit) sich dem Zeitgeist zu synchronisieren, ist nichts, metaphorisch gesprochen, als eine Hühneraugenentfernung an einem Darmkrebserkrankten im Metastasenstadium.

Das Psychogramm dieser Leute mag sehr verschieden sein. Gewöhnlich aber geht es um Theologen, die, zumindest bis unlängst, bis etwa zur Jahrhundertmitte, noch gläubig in die Gottesmühle hineingeraten und erst danach durch eigene Studien aufgewacht sind, doch dann, aus welchen Gründen immer, den Absprung scheuten und nun von innen zu »reformieren«, sich vielleicht gar, im dümmsten Falle, selbst zu belügen, zu täuschen beginnen, in jedem Fall aber die andern; wobei sie, zeitgeistbeflissen, flexibel, dynamisch, als Vertreter der jüngsten Exegese den neuesten Schrei verkünden, der in aller Regel aber der alte ist: – Änderer der Regie nur zur Rettung des Repertoires; emsig-lahme Neokonservative, an denen Tucholsky einst »ihre heraushängende Zunge« auffiel, ihr atemloses Hinter-der-Zeit-Her: »Wir auch, wir auch!«

Manche dieser satirereifen geistlichen Hofnarren avancieren zu internationalen »Stars« nicht nur kircheninterner Großdispute. Ihre Chefs, auftragsgemäß darüber wachend, das »unverfälschte Wort Gottes« und den hl. katholischen Glauben vor »drohenden Irrtümern« zu bewahren, horchen eines Tages auf, erstaunen, sorgen sich, befürchten Fehlorientierung, Verwirrung, ewiges Seelenunheil der Schafe. Sie erteilen Ratschläge, erste Mahnungen, ersuchen ernstlich um Überdenken gewisser Positionen des Forschenden, dessen persönlichen Glauben sie zwar nicht bezweifeln (der ist, das darf man mit Fug vermuten, den hohen Priestern, aus begreiflichen Gründen, schnurzpiepe). Nicht gleichgültig aber ist ihnen, was nach außen dringt und die noch gutgläubige Herde verunsichert.

Also schreiten sie schließlich von Vorladungen zu Lehrverfahren zu Strafmaßnahmen wider den durchaus respektvoll aufbegehrenden Bruder in Christo, dessen oberste Norm doch nichts ist als das Evangelium Jesu Christi, der nichts anderes will, als den Christen auch weiter ihr Christsein zu ermöglichen, während die andere, die vorgesetzte Seite nichts will, als die unverzichtbare Glaubenssubstanz zu wahren. Beide Seiten wollen im Grunde nur, daß es weitergeht, weiter mit den so oft verdammten Verlockungen der Welt, mit der Macht und der Herrlichkeit, wobei der »Fortschrittliche« die schon aufgeweckten, -geschreckten Gläubigen gängelt, die konservative Hierarche das traditionell herangedrillte Fußvolk, das Gros der Getreuen. Mit beiden muß man über die Runden kommen, und eines schönen Tags zieht auch der transusigste Teil des Christenvolks, der schlafmützigste, nach.

Inzwischen aber tobt ein Publizitätsrummel ohnegleichen. Die Kette der Erklärungen, Monita, Mißfallensbekundungen, der neuen Erklärungen, neuesten, der Attacken, Invektiven, koordinierten Aktionen, der Intrigen und Rechtfertigungen reißt nicht mehr ab. Versöhnungsversuche und Verweigerungen, Abweisungen und neue Verständigungsappelle, Briefe des Anfechtenden und Angefochtenen flattern zu Bischöfen, Kardinälen, noch höher hinauf, dämpfen die Kontroverse, heizen sie an. Vorschnelle Reaktionen erfolgen, unerquickliche Nachspiele. Es kommt zu Pressionen, Stillhalteabkommen und Verletzungen, zu Vereinbarungen, Vertrauensbrüchen, Bitten, Verweisen, Beanstandungen, Klärungsversuchen, Berichtigungen, Protesten, Beteuerungen, Präzisierungen, Bedenken. Es wimmelt längst von Interviews, von Presse-, Bischofskonferenzen, von Glaubensbekenntnissen, Entzügen und Bezügen, es gibt Kanzel- und Ministerworte, Protokolle, Dossiers, Dokumentationen, Parlamentsdebatten, neue und noch mal neue Presseerklärungen, ganze Fakultäten schalten sich ein, diesseits und jenseits des Ozeans, Studentenschaften treten auf, Priesteramtskandidaten, Gemeindeversammlungen, der Weltkirchenrat meldet sich, Fachschaftsräte, Diözesanräte protestieren, Schriftstellervereine, ganze Haufen in- und ausländischer Theologen selbstverständlich, aber auch sonst Künstler aller Art, man könnte lange so aufzählen. Und während die Statements, die Anklagen, erschütternden Verteidigungen fortgehen und die Fotos des von Strapazen Abgezehrten, von Podiumsdiskussion zu Podiumsdiskussion, von Talkshow zu Talkshow Gehetzten und Hetzenden um die Welt gehen, selbst Nichtkatholiken, ja, Nichtchristen in Mitleidsexzessen schwimmen, klettern die Auflagen der Bücher des Opfers und machen den armen Märtyrer zum Millionär.

Nicht alle »Fortschrittlichen« freilich können so erfolgreich wenn schon nicht ihr Blut, so doch eine Überzeugung verspritzen, die dem trägsten christlichen Zeitgeist zwar eine knappe Generation voraus ist, allem aber, was zu Recht Geist heißt, Jahrhunderte, generös gerechnet, nachhinkt.

Und wie die Schicksale der »Fortschrittlichen« ganz verschieden sind, so auch ihre Motive.

Am unwahrscheinlichsten ist das Schreiben aus reiner Überzeugung. Dazu wissen *heute* alle diese Leute, selbst wenn sie mitunter nicht allzuviel wissen, immer noch zuviel. Gewöhnlich sind sie – auch wenn sie aufjaulen jetzt wie immer Heuchler (oder Hunde, die man tritt) – einfach charakterlos. Oder sie sind dumm. Windige Opportunisten oder Schwachköpfe. Oft auch Mischungen aus beiden, vielleicht sogar der häufigste Fall. Es fällt mir wirklich schwer, mir einen wenigstens vierzigjährigen universitären Theologen vorzustellen, der, wenn er überhaupt glaubt, anders glauben kann als nach dem Wort: Herr, ich glaube. Hilf meinem Unglauben. Insgeheim, ich weiß, mokieren sie sich, wiehern sie hier, weil ich, ein Ungläubiger, und sei es nur von ihren Gläubigsten, noch so viel glaube – sie halten mich damit für dümmer noch als ich sie für korrupt.

Man kann auch – ein weiteres Motiv – vergeblich eine Professur erwartet haben und deshalb sauer und »fortschrittlich« geworden sein. Oder man ist bereits wohlbestallter Ordinarius, aber der weitere Aufstieg zu Pfründen, Prälaturen bleibt verwehrt. Oder man begnügt sich mit seinem Lehrstuhl und, im großen und ganzen, seiner Kirche. Doch – der Teufel liegt im Detail – die Köchin, mit der man schläft, seit vielen Jahren schon, will nicht länger mehr Mätresse, nein, will, recht so, endlich ehrbare Ehefrau sein. Also nimmt sie die Pille nicht mehr, und ein Christ-Kindlein kommt, ein zweites – aber keine Dispens aus Rom, vom Papst höchstpersönlich, womit der sich so Überschätzende so fest gerechnet. Und jetzt steht er auf und wird »Progressist«, er, der nie einer geworden, der ewig ein braver Stockkonservativer geblieben wäre, ein Zukreuzkriecher oder Kriecher in noch ganz andere Gegenden hinein, und kämpft, nun, wogegen wohl, gegen das Zölibat, die Unterdrückung der Frau, ganz objektiv, versteht sich, doch sonst ist er auch fürder mit fast allem d'accord.

Ursprünglich war dies Vorwort anders konzipiert: als ganz konkrete Auseinandersetzung mit den Beiträgen von neun katholischen Theologen. Da zog Hans Küng – hatte er Wind bekommen?, steckt ihm Hans Alberts vernichtende Kritik noch in den Knochen? – im letzten Moment seinen Text zurück. Er wollte nun nicht mehr mit mir in einem Buch, zumindest nicht in einem von mir bevorworteten Buch erscheinen, obwohl ja anderwärts etwa auch Papst Johannes Paul II. und meine Wenigkeit sind (»Mein Gottesbild«, 1990).

Nach Küngs Ausstieg beschloß ich, über die Arbeiten aller hier Versammelten zu schweigen: zwei wirklich Fort-Geschrittene und sechs sogenannte Fortschrittler; wobei ich für Uta Ranke-Heinemann noch Hoffnung habe, zumal eben jetzt nach »Nein und Amen«, ihrer oft so ergötzlich frischen »Anleitung zum Glaubenszweifel«. Wenigstens dieser Theologin möchte ich ein Fortschreiten dorthin wünschen, wo Horst Herrmann und Hubertus Mynarek seit Jahren schon stehen, deren Aufsätze, so verschieden sie sind – breitgefächert, vielseitig anregend der eine, mehr speziell in die Tiefe dringend der andere – doch jeweils deutlich machen, daß niemand die römisch-katholische Kirche mehr zerstört hat als ihre Hierarchen.

Georg Denzler

* 1930 in Bamberg; Studium der Philosophie und Theologie in Bamberg; 1955 Priesterweihe; 1962 Promotion; 1967 Habilitation an der Universität München im Fach Kirchengeschichte; 1967–1971 Dozent in Freising, München und Tübingen; seit 1971 Inhaber des Lehrstuhls für Kirchengeschichte an der Universität Bamberg; 1973 Geburt des ersten Kindes, Suspension vom kirchlichen Dienst, Heirat; Denzler akzeptierte seine Laisierung nie, er kämpft seit nunmehr 20 Jahren für die Abschaffung des Zölibats.

Auswahlbibliographie

1973–79 Das Papsttum und der Amtszölibat
1984 Widerstand oder Anpassung? Katholische Kirche und Drittes Reich
1984 Die Kirchen im Dritten Reich. Christen und Nazis Hand in Hand? (2 Bände)
1988 Die verbotene Lust. 2000 Jahre christliche Sexualmoral
1989 Lebensberichte verheirateter Priester

GEORG DENZLER

Die Frau als Untergebene des Mannes

Matriarchat schon am Anfang?

Immer noch umstritten ist die zumeist von Johann Jakob Bachofen († 1887) und heute besonders von Ernest Borneman verfochtene These, am Anfang der Menschheitsgeschichte stehe nicht das Patriarchat, sondern das Matriarchat. Erich Fromm äußerte gegenüber Gegnern der Matriarchatstheorie den Verdacht, »daß die Kritik nicht ganz frei war von einem affektbedingten Vorurteil gegen eine dem Denken und Fühlen unserer patriarchalen Kultur so fremde Annahme«.[1] Es gibt tatsächlich viele Zeugnisse dafür, daß bereits Jahrtausende vor den biblischen Patriarchen matriarchale oder matrilineare Gesellschaften existiert haben.

In den Ländern um das Mittelmeer genoß die »Große Mutter«, die Mutter-Göttin der frühen Menschheitskultur, hohe Verehrung. So spielte auch die Frau als Seherin und Prophetin, als Kultpriesterin und Vestalin eine beachtliche Rolle. Ebenso erfreute sich in Indien die Frau als irdische Vertreterin der Mutter-Göttin höchster Wertschätzung.

Vielen alttestamentlichen Texten liegen aus Altägypten und Palästina stammende archaische Kulttraditionen und matriarchale Mythen zugrunde, deren Spuren in alten Götternamen, Sagen, Skulpturen, Riten und Symbolen verborgen sind. Im Mittelpunkt steht dort nicht ein Vater-Gott, sondern eine Mutter-Göttin, die durch eine Priesterin, die zugleich als Königin regiert, alle irdischen Dinge ordnet und beherrscht. Jahr um Jahr vermählt sich die Himmelsgöttin einem Geliebten und gebiert einen Sohn mit dem Namen Schöpfung oder Natur. Dieses Kind Natur blüht, reift, welkt und stirbt, um im folgenden Jahr, wenn der Winter vorüber ist, wieder geboren zu werden.

Patriarchat der Antike

In der griechischen Antike herrschten die Männer und Väter (Patriarchat), die Frauen hingegen besaßen nur ein Mindestmaß an Rechten. Innerhalb der Ehe war die Frau ein nützliches Objekt; die persönliche Liebe zwischen Mann und Frau scheint eine Seltenheit gewesen zu sein. Ein Athener beschreibt die Situation im 4. Jahrhundert so: »Die Hetairen haben wir zum Vergnügen … die Kebsfrauen (Nebenfrauen) zu des Leibes täglicher Pflege … die Ehefrauen, daß wir rechte Kinder bekommen und eine treue Hüterin über das Haus besitzen.«[2] Pure Frauenverachtung verrät der Wunsch, den der Kyniker *Diogenes* angesichts einer Frau, die sich an einem Ölbaum erhängt hatte, aussprach: »Mögen doch alle Bäume solche Früchte tragen!«[3]

Nach einem doppelten Recht verfuhr man im Fall der Scheidung. Während nämlich der Mann seine Frau ohne weiteres verstoßen konnte, mußte die Frau in einem Antrag an den Magistrat die Gründe für die gewünschte Scheidung darlegen. Die Kinder durften stets beim Vater bleiben, auch dann, wenn die Mutter unschuldig war. Für den Mann reichte der Ehebruch seiner Frau als Scheidungsgrund aus, die Frau dagegen hatte bei Ehebruch ihres Mannes kein Recht auf Scheidung.

Die Lage der Frau verschlimmerte sich in der Spätantike, als von der Stoa und der Gnosis beeinflußte Kreise das weibliche Wesen für die Repräsentantin der bösen Materie hielten und somit in der Frau eine Hauptgefahr für den nach Geistigkeit strebenden Mann sahen.

Vom Matriarchat zum Patriarchat im Alten Testament

Im Alten Israel beteiligten sich die Frauen noch aktiv am religiösen Leben; sie opferten und weissagten. Mehrere Frauen ragten unter ihren Geschlechtsgenossinnen als führende Gestalten hervor, z. B. Mirjam, Debora, Jael, Judit und Ester. DEBORA, Prophetin und Richterin im 12. Jahrhundert, bestimmte Barak zum Feldherrn. Dieser aber wollte nur dann gegen Sisera, den Feldherrn der Kanaaniter, aufbrechen, wenn Debora selbst mitginge. Debora willigte tatsächlich ein: »Ich werde also mit dir gehen; nur wird dann auf dem Weg, den du gehst, der Ruhm nicht für dich sein, denn in die Hand eines Weibes wird Jahwe Sisera geben« (Ri 4,9). So kam es auch.

Die vielfältigen Spuren von Frauenherrschaft wurden später häufig überdeckt vom monotheistischen Prinzip des alleinregierenden Vater-Gottes, das sich nur mit größter Anstrengung durchzusetzen vermochte. In allen drei großen monotheistischen Religionen (Mazdaismus, Judentum und Islam) führten Überhöhung der Macht des Mannes – deutlich abzulesen an den männlichen Zügen in der

Gottesvorstellung – und Hinausdrängen der großen Mutter-Gottheit zum völligen Verschwinden des weiblichen Elementes in der Religion.

Nach dem Exil in Babylon verringerte sich die Mitwirkung der Frau im jüdischen Gottesdienst immer mehr. Man braucht nur die selbstbewußten und autonomen Göttinnen Demeter und Kybele mit alttestamentlichen Frauengestalten zu vergleichen, um den tiefgreifenden Unterschied zu erkennen.

Die alten rituellen Texte erfuhren, wie GERDA WEILER in ihrem Buch über das Matriarchat im Alten Testament nachwies, von patriarchalisch gesinnten Bearbeitern eine Umdeutung in dem Sinn, daß die Frauen ihre lebensspendende Kraft zugunsten der Männer verloren. »Die biblischen Frauen empfangen auf geheimnisvolle, unerklärliche Weise, sei es, daß sie und ihr Mann bereits ›alt und hochbetagt‹ geworden sind, oder es wird das Wunder der Schöpfung durch ›jungfräuliche Empfängnis‹ Ereignis.«[4]

Die Rippe Adams

Zu einer mehrdeutigen Einschätzung der Frau lieferten schon die beiden unterschiedlichen Schöpfungsberichte im Buch Genesis die Grundlagen. Im ältesten, auf die Erschaffung des Menschen und seine Lebensordnung konzentrierten Bericht, dessen Autor nach dem verwendeten Gottesnamen als Jahwist bezeichnet wird, lautet die entscheidende Aussage über die Frau: »Gott, der Herr, baute aus der Rippe, die er vom (Mann-)Menschen genommen hatte, eine Frau und führte sie dem (Mann-)Menschen zu« (Gen 2,22). Allein in dieser Feststellung, der Mann sei zuerst und die Frau danach geschaffen worden, sahen in der Vergangenheit zahlreiche Interpreten eine grundsätzliche Unterordnung der Frau unter den Mann und damit ein gottgewolltes Patriarchat gegeben. In Wirklichkeit aber soll hier zum Ausdruck kommen, daß Mann und Frau aus derselben Materie bestehen und deshalb auch gleichwertig sind. Für dieses Verständnis spricht übrigens auch der unmittelbar folgende Vers: »Und der (Mann-)Mensch sprach: Das endlich ist Bein von meinem Bein und Fleisch von meinem Fleisch. Männin (Frau) soll sie heißen; denn vom Mann ist sie genommen« (Gen 2,23).

Daß die Legende von der Rippe des Mannes, aus welcher Eva geformt worden ist, auch frauenfreundlich gedeutet werden konnte, beweist die phantasievolle Auslegung eines jüdischen Schriftgelehrten zur Zeit Jesu. Eva sei nicht aus dem Kopf des Adam genommen, damit sie nicht über ihn herrsche, nicht aus seinen Füßen, damit sie nicht seine Sklavin sei, sondern aus der Seite des Mannes, damit sie seinem Herzen nahe bleibe.[5] Derselbe Autor betrachtete die Tatsache, daß Gott Eva aus dem schlafenden Mann geschaffen hat, sogar als Zeichen für das unerschöpfliche Geheimnis, das die Frau für den Mann bedeutet.

Die fundamentale Wesensgleichheit von Mann und Frau finden wir übrigens in demselben Buch, im jüngeren Schöpfungsbericht, den man der Priesterschaft zuschreibt, unmißverständlich ausgesprochen: »Dann sprach Gott: Laßt uns Menschen machen als unser Abbild, uns ähnlich … Gott schuf also den Menschen als sein Abbild; als Abbild Gottes schuf er ihn. Als Mann und Frau schuf er sie« (Gen 1,26 f.). Neben der wesensmäßigen Gleichheit beider Geschlechter ist hier noch ihre Gottebenbildlichkeit betont. Auch wenn die christliche Theologie diese fundamentale Lehre zu keiner Zeit geleugnet hat, so blieben doch Überordnung des Mannes und Unterordnung der Frau in der Kirche durch alle Jahrhunderte bestehen.

Eva als die Hauptschuldige

Auch die Erzählung vom Sündenfall der ersten Menschen im Paradies (Gen 3,1–7) wurde oft als Beweis für eine hierarchische Ordnung der Geschlechter verwendet. Demnach galt Eva als die Hauptschuldige, weil sie, von der Schlange überlistet, Adam die Frucht vom Baum der Erkenntnis reichte und damit zur Ursache für die Vertreibung beider aus dem Garten Eden wurde. Dieser erste Sündenfall, so lehrt die kirchliche Theologie bis zum heutigen Tag, lebt als Erbsünde in allen Nachkommen der Stammeltern weiter. Hier haben wir vielleicht die tiefste Wurzel aller theologisch begründeten Frauenfeindlichkeit, wie sie heute noch ihre giftigen Früchte trägt.

Auf solchen Grundsätzen ließ sich leicht eine Männerherrschaft errichten, wie wir sie in den großen Männern des Alten Testaments, von Noe über Abraham bis Jakob mit seinen zwölf Söhnen, vor uns haben. Sie hießen nicht nur Patriarchen, sie machten diesem Namen auch alle Ehre, indem sie ihre Stämme wie ihre Familien souverän regierten.

Der Talmud enthält eine Reihe geringschätziger oder gar verächtlicher Äußerungen über die Frau; diese werden von Antifeministen bis heute mit Vorliebe zitiert. Am bekanntesten ist das Gebet des Rabbi JEHUDA (2. Jh. n. Chr.), das alle männlichen Juden täglich beten sollten: »Gepriesen (sei Gott), daß er mich nicht als Weib geschaffen hat! Gepriesen, daß er mich nicht als Unwissenden erschaffen hat!«[6] Der volle Sinn dieser für die Frau vernichtend klingenden Aussage – noch dazu in einem Gebet! – erschließt sich freilich erst dann, wenn man weiß, daß nur männliche Juden in der Thora (Gesetz Gottes) unterrichtet wurden. Die sich daraus ergebende Unwissenheit der Frau mußte dem Mann also ein Grund sein, sich darüber zu freuen, keine Frau zu sein und somit in den Genuß des Privilegs der religiösen Bildung zu kommen. Dennoch klingt die Abwertung der Frau in jeder Zeile dieses Gebets an.

Die Erzählung vom Sündenfall der ersten Menschen endet mit den als Protevangelium (erste Frohbotschaft) bekannten Worten Gottes zur Schlange: »Feindschaft setze ich zwischen dich und die Frau, zwischen deinen Nachwuchs und ihren Nachwuchs. Er trifft dich am Kopf, und du triffst ihn an der Ferse« (Gen 3,15). Dem Münchner Alttestamentler MANFRED GÖRG gelang nun die Entdeckung, daß mit der Frau (Eva) der Paradiesgeschichte niemand anders gemeint ist, als eine Tochter des Ägypterkönigs Pharao, welche der jüdische König Salomo aus politischen Erwägungen zur Frau nahm, und mit der Schlange die in Schlangengestalt vorgestellte Göttin Renenutet, deren Kult die Pharaonentochter nach Jerusalem mitbrachte und im Land Palästina verbreitete. Der jahwistische Erzähler, so argumentierte Görg weiter, machte sich in Gen 3,17 zum Kritiker der Salomonschen Heiratspolitik, indem er folgende Geschichte komponierte: Eva, das heißt die ägyptische Prinzessin, verführt auf Initiative der Schlange, das heißt der Göttin Renenutet, Adam, das ist der exemplarische Mann Salomo, zum Ungehorsam, das heißt zum Abfall vom Gott Israels. Die Richtigkeit dieser zeitgeschichtlichen Interpretation vorausgesetzt, berechtigt uns also nichts mehr dazu, die berühmte Erzählung vom Sündenfall als ein negatives Urteil über die Frau als die große Verführerin zum Bösen auszulegen.

Jesus und die Frauen

Die Gestalt Jesu bot der christlichen Ethik »das große Beispiel einer vollkommen unbefangenen, zugleich großzügigen Haltung zum weiblichen Geschlecht«.[7] Tatsächlich findet sich im ganzen Neuen Testament nicht ein einziges Wort Jesu, das eine Zurücksetzung des weiblichen Geschlechts zum Ausdruck bringt. Dies war zwar zu allen Zeiten bekannt, wurde indes kaum entsprechend gewürdigt. Am wenigsten zeigte sich die Kirche bereit, daraus die Konsequenzen für ihre Haltung gegenüber der Frau zu ziehen.

Wenn die feministische Bewegung unserer Tage Jesus als Vorbild darstellt, ja Jesus selbst als einen Feministen feiert, dann will sie damit zunächst nicht mehr behaupten, als daß Jesus Frauen mit derselben Natürlichkeit und Wertschätzung begegnet ist wie Männern. Er machte in der Tat keinen Unterschied zwischen Mann und Frau.

Selbst sündigen Frauen, sogenannten öffentlichen Sünderinnen, für welche die Kirche später nur Verurteilung und Bestrafung übrig hatte, begegnete Jesus mit Verständnis, Liebe und Bereitschaft zum Verzeihen, freilich nicht ohne eindringlich zu mahnen: »Gehe hin und sündige nicht mehr« (Joh 8,11). Der liebevolle Umgang Jesu mit liederlichen Frauen erschien jedoch manchen Bibelgelehrten oder auch nur Bibelabschreibern so skandalös, daß sie den Bericht über die große Sünderin im Evangelium des Lukas (7,36–50) einfach ausließen.

Einige Frauen konnten sich sogar rühmen, von Jesus besondere Mitteilungen erhalten zu haben: die Samariterin am Jakobsbrunnen, mit der Jesus als stammesfremder Mann überhaupt nicht hätte reden dürfen, der er sich aber als Messias offenbarte, oder Maria Magdalena, der er nach seiner Auferstehung zuerst erschien und die die Nachricht von seiner Auferstehung allen anderen Freunden weitersagen sollte. Der Mönchstheologe Peter Abaelard verlieh im 11. Jahrhundert der als Sünderin bekannten Maria Magdalena wegen dieses einzigartigen Auftrages den Ehrentitel »Apostel der Apostel«.

Der Evangelist Lukas erwähnte neben den Zwölf (Aposteln) noch einige Frauen (Maria Magdalena, Johanna, Susanna u. a.) im Gefolge Jesu, die gewiß nicht nur fromme Zuhörerinnen und Verehrerinnen waren. Gegen eine Gleichbehandlung der Frau durch Jesus wird bis heute ins Feld geführt, daß er nicht eine einzige Frau in den engsten Kreis seiner Mitarbeiter, der Apostel, aufgenommen habe. Doch was wäre wohl geschehen, wenn Jesus die patriarchalischen Gegebenheiten im damaligen Judentum ignoriert hätte? Bei den gesellschaftlichen Verhältnissen seiner Zeit war es unmöglich, die Frau mit einer führenden Rolle zu betrauen. Das Wirken der Frau beschränkte sich auf den häuslichen Bereich.

Besonders wichtig ist die Erzählung der Evangelien über jene

Frauen, die »frühmorgens, als es noch dunkel war« (Joh 20,1) zum Grab Jesu gingen. So wurden sie die ersten Zeugen seiner Auferstehung und erhielten von ihm selbst den Auftrag, den Jüngern von seiner Auferstehung zu berichten. »Doch die Apostel hielten das alles für Geschwätz und glaubten ihnen nicht« (Lk 24,11), bis sie nach einigem Zögern und Zaudern doch zum Glauben gelangten. Die Tatsache, daß sie Zeugen der Auferstehung geworden waren, betrachteten die Apostel später als eine Ehre und als einen Auftrag. Und dies sollte nur für die Apostel und ihre Nachfolger gelten und nicht auch ebenso für die, die den Aposteln als erste die Auferstehung verkündet haben?

Verwunderlicher noch als das Fehlen einer Frau im Zwölferkreis der Apostel ist, daß man die damalige Berufung von Männern durch Jesus später in der Kirche als Einsetzung in ein bestimmtes Kirchenamt auffaßte. Selbst PAULUS gehörte nicht zum Kreis der Zwölf – er nennt sich einen Apostel »nicht von Menschen oder durch einen Menschen, sondern durch Jesus Christus und durch Gott, den Vater« (Gal 1,1) – und stand trotzdem zusammen mit Petrus als »Apostelfürst« auf ein und derselben Stufe. Wenn er behauptete, Gott habe ihm seinen Sohn geoffenbart, damit er ihn unter den Heiden verkünde (Gal 1,16), konnte er sich dafür nur auf eine Vision berufen. Maria Magdalena hingegen hat den auferstandenen Jesus leibhaftig gesehen und ist als erste Augen- und Ohrenzeugin in die biblische Tradition eingegangen.

Nach der Schriftstellerin SIDNEY CALLAHAN behandelte Jesus die Frauen »mit einer nie dagewesenen Gleichwertigkeit und schockierte damit laufend seine Jünger in ihren männlichen Vorurteilen«.[8] Ob die Apostel deshalb wirklich so schockiert waren? In den Berichten der Bibel findet sich dafür kein Anhaltspunkt. Könnte es nicht eher umgekehrt gewesen sein, daß sie diese Einstellung ihres Meisters für die einzig richtige hielten, auch wenn sie ihrem jüdischen Denken anfangs zuwiderlief?

Paulus – ein Frauenfeind?

Es ist bis heute allgemein üblich, PAULUS, einen um das Jahr 10 n. Chr. im kleinasiatischen Tarsos geborenen Juden mit Namen Saul, der sich vom glühenden Christenhasser zum leidenschaftlichen Christusgläubigen bekehrte und später zum »Apostel« avancierte, als eingefleischten Frauenfeind darzustellen und für eine fast zweitausendjährige Geringschätzung und Verachtung der Frau in Kirche und Gesellschaft verantwortlich zu machen. Ist dieses negative Urteil berechtigt?

Wie Jesus ließ auch Paulus in seinem persönlichen Leben Frauen gegenüber keine ängstliche Reserve oder gar verächtliche Distanz erkennen. Frauen unterstützten ihn bei der Verkündigung des Evangeliums ebenso tatkräftig wie Männer. Und er selbst ließ Frauen bei der Verbreitung des Glaubens seine Unterstützung zuteil werden.

In dem um das Jahr 55 verfaßten Brief an die Christen in Rom schrieb Paulus: »Ich empfehle euch unsere Schwester Phöbe, die Dienerin der Gemeinde von Kenchreä: Nehmt sie im Namen des Herrn auf, wie es Heilige tun sollen, und steht ihr in jeder Sache bei, in der sie euch braucht; sie selbst hat vielen, darunter auch mir, geholfen« (Röm 16,1–2). Wenn die heutige Einheitsübersetzung den griechischen Ausdruck »diakonos« mit dem farblosen »Dienerin« wiedergab, bedeutete dies eine unzulässige Herabminderung von Phöbes wirklicher Stellung in der christlichen Hausgemeinde zu Korinth. Paulus selbst nannte sie »unsere Schwester Phöbe« – so wie er die Männer als »Brüder« anredete –, »diakonos der Kirche von Kenchreä«, womit die Amtsbezeichnung »Diakon« oder »Gemeindeleiterin« gemeint war, und »Prostatis«, das heißt Anführerin, Vorsteherin, Vorgesetzte. Es ist heute kein Zweifel darüber möglich, daß Phöbe zu den bedeutendsten Frauen in der frühchristlichen Missionsarbeit gezählt werden muß.

Im Schlußkapitel desselben Briefes hören wir noch von einer anderen Frau: »Grüßt Priska (Priszilla) und Aquila, meine Mitarbeiter in Christus Jesus, die für mich ihr eigenes Leben aufs Spiel gesetzt haben; nicht allein ich, sondern alle Gemeinden der Heidenchristen sind ihnen dankbar« (16,3). Wenn Paulus an mehreren Stellen Priska vor ihrem Ehemann Aquila erwähnte, könnte dies auf die größere Bedeutung dieser Frau für die korinthische Christengemeinde hinweisen.

Theologisch begründete Paulus die Gleichwertigkeit der beiden Geschlechter mit der Taufe, die alle Unterschiede zwischen Mann und Frau hinweggewischt habe: »Da gibt es nicht mehr Juden und Griechen, Sklaven und Freie, Mann und Weib. Denn ihr alle seid einer in Christus Jesus« (Gal 3,28). Trotzdem lag ihm jede Uniformierung oder Gleichmacherei fern, denn »jeder hat seine besondere Gnadengabe von Gott, der eine so, der andere anders« (1 Kor 7,7).

Ausgesprochen frauenfeindliche Äußerungen sind in den authentischen Paulusbriefen nicht zu finden. Daß Paulus im Bereich der Ehe für eine Unterordnung der Frau unter den Mann eintrat, also einer hierarchischen Eheauffassung anhing, war bei den gesellschaftlichen Bedingungen seiner Zeit gar nicht anders zu erwarten. Es ist nicht zulässig, allein daraus schon eine allgemeine Geringschätzung oder Diskriminierung der Frauen ableiten zu wollen. Paulus war weder ein Frauenfeind, wie sie im außerchristlichen Raum zu dieser Zeit häufig anzutreffen waren, noch ein enthusiastischer Feminist, den man heute als Protagonisten emanzipatorischer Frauenbewegungen bezeichnen könnte.

Das böse Image des Paulus in der Frauenfrage stammt hauptsächlich von einer vielzitierten Stelle im 1. Timotheusbrief, der aber nicht zu den echten Paulusbriefen zu zählen ist. Dort heißt es: »Eine Frau soll sich still und in aller Unterordnung belehren lassen. Daß eine Frau lehrt, erlaube ich nicht, auch nicht, daß sie über ihren Mann herrscht; sie soll sich still verhalten« (1 Tim 2,8–12). Die Frau wird hier zweifellos zu völliger Passivität im Gottesdienst verurteilt. Um seine Anordnung zu rechtfertigen, griff der uns nicht bekannte Autor auf einen der Schöpfungsberichte im Alten Testament zurück und konstatierte: »Denn zuerst wurde Adam erschaffen, danach Eva« (1 Tim 2,13). Allein von der zeitlichen Priorität der Erschaffung Adams vor Eva schloß er, wie es jüdischem Verständnis entsprach, auf eine qualitative Höherstellung des Adam (und aller Männer) über Eva (und alle Frauen), getreu dem Motto: »Der erste ist auch der Beste.« Und um das Maß seiner überzogenen Spekulation vollzumachen, fügte der Verfasser des Briefes hinzu: »Nicht Adam wurde verführt, sondern die Frau ließ sich verführen und übertrat das Gebot« (1 Tim 2,14). Damit stand Eva ganz auf seiten des Bösen, mehr noch, sie galt als das Böse selbst.

Eine ebenso verhängnisvolle Wirkung in der Geschichte der Kirche erzeugte die von vielen modernen Exegeten als interpoliert angesehene Stelle im 1. Brief des Paulus an die Korinther: »Wie es in allen Gemeinden der Heiligen üblich ist, sollen die Frauen in der Versammlung schweigen; es ist ihnen nicht gestattet zu reden. Sie sollen sich unterordnen, wie auch das Gesetz es fordert. Wenn sie etwas wissen wollen, dann sollen sie zu Hause ihre Männer fragen; denn es gehört sich nicht für eine Frau, vor der Gemeinde zu reden« (1 Kor 14,33–36). Diese Rollenzuteilung entsprach übrigens jüdischen wie griechisch-römischen Anschauungen.

Diese Weisung, die noch dazu vom »Gesetz« gefordert sein soll, will allerdings nicht passen zu einer anderen Aussage des Paulus im selben Brief, die Frauen das prophetische Wort im Gottesdienst gestattet, jedoch verlangt, daß sie dabei ihr Haupt mit einem Tuch oder Schleier bedecken (1 Kor 11,4–5). Vielleicht ist dieser Widerspruch ein Indiz dafür, daß das erstgenannte Zitat über die Frau nicht aus dem Munde des Paulus stammt. Im übrigen war es damals so, daß die Frau einen Schleier tragen sollte, um ihr eigenes Haupt zu ehren. Auch nach jüdisch-orientalischer Sitte galt die Kopfbedeckung der Frau als ein Symbol ihrer Autorität, als ein Zeichen ihrer Macht.[9]

Der Theologe Paulus stellte mit Berufung auf einen der Schöpfungsberichte (Gen 2,18) fest, daß der Mann das Haupt der Frau sei. Auch er deutete den Schleier oder das Kopftuch, das die Frau in der Kirche und auch in der Öffentlichkeit tragen mußte, als »Zeichen ihrer Vollmacht«. Wie es scheint, wollte er weder dem Mann noch der Frau einen eindeutigen Vorrang zuerkennen, da doch beide von Gott stammen. Folglich sah er auch keine Notwendigkeit, die jüdische Tradition der Verschleierung in der Kirche abzuschaffen.

In dem ebenfalls nicht direkt von Paulus stammenden Epheserbrief lautet eine für unser Thema wichtige ekklesiologische Aussage: »Ihr Frauen, ordnet euch euren Männern unter wie dem Herrn (Christus); denn der Mann ist das Haupt der Frau, wie auch Christus das Haupt der Kirche ist; er hat sie gerettet, denn sie ist sein Leib. Wie aber die Kirche sich Christus unterordnet, sollen sich die Frauen in allem den Männern unterordnen« (Eph 5,22–24). Ein Text, der noch heute bei kirchlichen Trauungen mit Vorliebe verlesen wird! Der Autor dieses Briefes begründete die Über- und Unterordnung im Verhältnis von Mann und Frau mit dem vergleichbaren Verhältnis zwischen Christus und der Kirche, wobei allerdings wieder die zweifelhafte Identifizierung von Christus und Mann (unter Ausschluß der Frau) zur Anwendung kam.

Wie Paulus als Jude mit beiden Füßen in »der Schrift«, das heißt für ihn im Alten Testament, stand, so lebten die Kirchenschriftsteller im christlichen Altertum, vor allem die Kirchenväter des Ostens wie des Westens, inmitten der Heiligen Schrift, das heißt vornehmlich in den Evangelien und Apostelbriefen des Neuen Testaments. Neben den Worten Jesu maßen sie der Theologie und Christologie des Apostels Paulus die größte Bedeutung zu. Dies gilt insbesondere für dessen Aussagen über die Frau.

Ambrosius hielt, wie Paulus, den Mann für das vorbildliche Wesen und zog daraus den Schluß, die Frau müsse erst zum Mannestum, zum »Mannesalter Christi« heranreifen. Voller Bedauern konstatierte Augustinus, die Frau habe als Miterbin der Gnade ihr weibliches Geschlecht nicht ablegen können, und gab ihr deshalb den Rat, geschlechtslos, das heißt im Geiste zu leben, um dadurch zum Bild Gottes neugeschaffen zu werden.

Es fehlte auch nicht an Theologen, die überzeugt davon waren, daß die Frau überhaupt kein Ebenbild Gottes sein könne. »Wie läßt sich von der Frau sagen, sie sei ein Ebenbild Gottes«, fragte der AMBROSIASTER im 4. Jahrhundert, »wenn feststeht, daß sie dem Herrn Mann (domino viro) unterworfen ist und keine Autorität besitzt?« Für diesen dem Namen nach unbekannten Schriftsteller konnte es keinen Zweifel geben, daß in der Schöpfungsordnung der Mann an erster und die Frau an zweiter Stelle stehe. In Anlehnung an die Genesis und an Paulus erklärte er die tiefgehende Verschiedenheit von Mann und Frau folgendermaßen: »Das ist das Abbild Gottes im Menschen [= Mann], daß der als einziger, aus dem die anderen hervorgehen, geschaffen ist und die Herrschaft Gottes gleichsam als sein Stellvertreter innehat, weil er das Bild des einen Gottes in sich trägt. Daher ist die Frau nicht nach Gottes Bild geschaffen; so sagt nämlich [die Schrift]: ›Und Gott schuf den Menschen [= Mann], nach dem Bilde Gottes schuf er ihn‹; und deshalb sagt auch der Apostel: ›der Mann freilich soll sein Haupt nicht verhüllen, weil er Bild und Abglanz Gottes ist‹; die Frau aber muß es verhüllen, weil sie weder Abglanz noch Bild Gottes ist.«[10]

AUGUSTINUS interpretierte die Schöpfungsgeschichte so, daß der Mann wegen seines hohen Verstandes als der Beherrscher und die geistig schwächere Frau als die Beherrschte anzusehen ist. Das Wesen Gottes besteht in der Herrschaft über Himmel und Erde; deshalb könne nur der zum Herrschen bestimmte Mann als Priester mit Gott direkt in Verbindung treten, während die Frau gegenüber Gott immer nur auf Gnade und Barmherzigkeit angewiesen bleibt.

Zusammenfassend läßt sich mit ILSEMARIE MUNDLE sagen: »Genesis, paulinische Lehre, römisches Recht, griechische Philosophie, sie wirkten zusammen, um die Frau von Gott wegzurücken sowie ihre Unterordnung unter die Herrschaft des Mannes als Naturordnung erscheinen zu lassen.«[10a]

Frauen setzen sich zur Wehr

Die um Emanzipation oder richtiger um Gleichberechtigung des weiblichen Geschlechts kämpfenden Frauen unserer Tage haben Vorläuferinnen schon im Hochmittelalter. Wenn es nur wenige sind, von deren Aufbegehren unter ungleich schwierigeren Zeitumständen wir heute noch Kenntnis haben, liegt sicher ein Grund darin, daß viele ihrer Klageschriften vernichtet wurden. Außerdem ist zu bedenken, daß der kleinen Schar von gebildeten Frauen in der Welt, meist Adelige, und der größeren Zahl gebildeter Nonnen im Kloster geeignete Möglichkeiten fehlten, um ihre Gedanken, Pläne und Ziele in aller Öffentlichkeit bekanntzumachen. Die hohe Theologie und mit ihr die Meinungsbildung oberer Gesellschaftsschichten war fast ausschließlich eine Domäne der Welt- und Ordensgeistlichen, die allein schon wegen ihrer Verpflichtung zu Ehelosigkeit und Keuschheit jeden näheren Umgang mit Personen des anderen Geschlechts meiden mußten. Diese zölibatären Theologen waren zudem aufgrund ihrer Erziehung und Ausbildung so sehr von frauenfeindlichen Vorstellungen erfüllt, daß eine Unterstützung der um ihre Rechte ringenden Frauenwelt von ihnen nicht ausgehen konnte.

Wenn man die Frage nach gebildeten Frauen vor dem 17. Jahrhundert stellt, dürfen die Namen dieser Nonnen nicht fehlen: ROSWITHA VON GANDERSHEIM († ca. 1000), die erste deutsche Dichterin in lateinischer Sprache; HILDEGARD VON BINGEN († 1179), Verfasserin des mystischen Buches »Scivias«; MECHTHILD VON MAGDEBURG († ca. 1285), deren umfangreiches Werk »Fließendes Licht der Gottheit« von der Höhe mittelalterlicher Frauenmystik zeugt; KATHARINA VON SIENA († 1380), die mit eindringlichen Appellen den Papst zur Rückkehr von Avignon nach Rom bewegen konnte; CHARITAS PIRKHEIMER († 1532), eine unerschrockene Gegnerin der Reformation in der Reichsstadt Nürnberg; TERESA VON AVILA († 1582), Gründerin der Karmelitinnen und eine große Mystikerin.

Da die Ordensfrauen allein schon wegen ihres jungfräulichen Lebens höher geachtet waren als die Ehefrauen, nicht selten sogar in die Nähe der jungfräulichen Gottesmutter Maria gerückt wurden, war von ihnen kaum zu erwarten, daß sie gegen die Zurücksetzung ihrer verheirateten Geschlechtsgenossinnen ankämpfen und für eine grundsätzliche Gleichstellung von Mann und Frau eintreten würden. Doch es gab Ausnahmen.

Bei mystisch begnadeten Personen ist man leicht versucht anzunehmen, sie seien mit den Wirklichkeiten dieser Welt wenig vertraut und würden, da es sich bei ihnen meist um Ehelose handelt, Probleme der Sexualität und Ehe völlig ignorieren. Die Nonne HILDEGARD VON BINGEN, 1098 als zehntes Kind des Edelfreien Hildebert auf Gut Germersheim bei Alzey geboren und mit achtzig Jahren in dem von ihr gegründeten Kloster auf dem Rupertsberg bei Bingen gestorben, belehrt uns in dieser Hinsicht eines Besseren. Sie war alles andere als eine welt- und menschenfremde Mystikerin. Kontemplatives und aktives Leben bildeten bei ihr, die als Theologin und Naturkundlerin, als Äbtissin und Ärztin wirkte, eine Einheit.

Was unser Thema betrifft, erklärte Hildegard unmißverständlich, die Geschlechtlichkeit dürfe vom Wesen des Menschen nicht getrennt werden. Mann und Frau seien für einen Liebesbund geschaffen, der auch in der geschlechtlichen Vereinigung einen ehrenhaften Ausdruck finde. Der Geschlechtsakt selbst diene nicht nur der Zeugung neuen Lebens, sondern – und dies war für ihre Zeit ein seltener Gedanke – ebenso zur menschlichen Entfaltung der Eheleute. Die Nonne vermochte im sexuellen Verkehr von Mann und Frau sogar ein Abbild des dreifaltigen Lebens in Gott zu erblicken. Wer die Sexualität so positiv sehen kann, weiß in der Tat nichts von Über- und Unterordnung zwischen den beiden Geschlechtern. So konnte bei Hildegard der Gedanke an eine naturhafte Minderwertigkeit der Frau, wie ihn ungezählte Theologen seit den Tagen der Kirchenväter über Jahrhunderte hinweg als Selbstverständlichkeit propagierten, überhaupt nicht erst aufkommen. Die mit tiefer Menschenkenntnis begabte Klosterfrau vertrat vielmehr eine entgegengesetzte Auffassung, wenn sie in ihrem medizinischen Werk »Heilkunde« ausführte: »Die Liebe des Mannes ist im Brand seiner Leidenschaft wie das Feuer brennender Berge, das kaum einzudämmen ist; die Liebe der Frau gleicht dagegen der Flamme in einem Holzstoß, die man leicht wieder auslöscht. Ihre Liebe ist dem Manne gegenüber wie die ausgeglichene Wärme der Sonnenglut, die fruchtbringend wirkt im Vergleich zu jener ungeheuerlich entfachten Flamme der brennenden Wälder.«[11]

Wie kam es, fragt man verwundert, daß ausgerechnet die Nonne Hildegard im Gegensatz zur ganzen Theologenschar die alttestamentliche Schilderung der Erschaffung Evas aus einer Rippe Adams nicht als unumstößliche Auskunft Gottes über die Zweitrangigkeit des weiblichen Geschlechts auslegte? Als begnadete Seherin überragte sie eben alle Intelligenz der Gottesgelehrten himmelweit. Welchen Weg hätten Theologie und Lehramt in der Sexualmoral gehen können, wenn sie weniger auf Augustinus und Thomas oder einen der späteren Moraltheologen gehört hätten, sondern einzig und allein der Stimme dieser Ordensfrau gefolgt wären!

Die Lage der Frau in der Kirche hatte sich nicht gebessert, als ein halbes Jahrtausend später in Spanien, das von Martin Luthers Reformation lange Zeit ganz unberührt blieb, die Karmelitin TERESA VON AVILA († 1582) als Reformerin ihres Ordens auftrat, nicht ohne dadurch dauernde Konflikte mit Kirchenobrigkeiten im eigenen Land und in Rom heraufzubeschwören. Die Tatsache, daß sie auch häresieverdächtige Ansichten äußerte, mußte ihre Bedrängnis nur noch vergrößern. Sie ließ sich aber durch keine noch so heftigen Angriffe und bösen Verdächtigungen davon abbringen, den ihr von Gott gewiesenen Weg konsequent zu gehen.

Besonders aufschlußreich ist ihr Bitt- und Klagegebet, das sie als 51jährige Klosterschwester verfaßte und das bald in die Hände des kirchlichen Zensors fiel. Teresa führte darin auf eindrucksvolle Weise die bedrückenden Verhältnisse der Frauen ihrer Zeit vor Augen: »Mein Schöpfer ... als du auf Erden warst, bist du, weit davon entfernt, die Frauen zu verachten, ihnen mit großem Wohlwollen begegnet. Du hast bei ihnen größere Liebe und mehr Glauben gefunden als bei Männern; denn unter ihnen befand sich deine heiligste Mutter ... Wenn ich unsere Welt von heute sehe, dann finde ich es nicht gerecht, daß Menschen mit einem tugendhaften und starken Gemüt verachtet werden, einzig und allein, weil sie Frauen sind.«[12] Wenn sie unter den Nonnen ihres Konvents aufklärend zu wirken vermochte, an der allgemeinen Lage der Frau in der Kirche konnte sie nichts ändern. Der päpstliche Nuntius in Spanien beobachtete die Äbtissin mit Mißtrauen. Er stellte ihr 1578 ein schlechtes »Führungszeugnis« aus, wenn er sie als »ein unruhiges Frauenzimmer, herumstreunend, ungehorsam und verstockt« denunzierte. »Unter dem Schein der Frömmigkeit denkt sie falsche Lehren aus. Sie doziert wie ein Theologieprofessor, obgleich der heilige Paulus sagt, daß Frauen nicht lehren dürfen.« Papst Gregor XIII. lieh solchen Verleumdungen sein Ohr. In einem Brief an den spanischen Diplomaten bezeichnete er Teresa völlig zu Unrecht als »eine schmutzige und sittenlose Nonne, die im höchsten Grad unzüchtig ist und ihre betriebsamen Klostergründungen nach der ursprünglichen Regel nur zum Vorwand nimmt, um ihren ausschweifenden Gelüsten zu frönen«.[13] Mit sexualmoralischen Disqualifikationen war man zu allen Zeiten schnell zur Hand, wohl wissend, daß sie ihre Wirkung bei der Obrigkeit nicht verfehlen würden. Die Behandlung der Schwester Teresa beweist außerdem, wie das angebliche Verdikt des Paulus über die Frauen anderthalbtausend Jahre später noch dazu diente, begabte Frauen im kirchlichen Raum zu völliger Untätigkeit, ja zu totaler Untertänigkeit zu verdammen. Dabei hatte Teresa aus Angst vor der Ehe, in der sie nichts als eine willenlose Unterwerfung der Frau unter den Mann sah, das Klosterleben als eine Möglichkeit zu einem Leben in größerer Freiheit gewählt.

Wie geistliche Schwestern bei kirchlichen Autoritäten kaum Gehör fanden, wenn sie mit ihren Anliegen vorstellig wurden, so erging es auch weltlichen Frauen mit ihren Bemühungen um eine Besserung ihrer Lage im gesellschaftlichen und staatlichen Leben. Die geborene Venezianerin CHRISTINE DE PIZAN († 1429), Tochter eines bekannten Naturwissenschaftlers, der am französischen Königshof in Dienst stand, löste einen wahren Literaturstreit aus, als sie den berühmten »Roman de Rose« wegen frauenfeindlicher Tendenzen scharf angriff. In ihrem Hauptwerk »Das Buch über die Stadt der Frauen« suchte sie zu erkunden, warum so viele Männer in Reden und Schriften »derartig viele teuflische Scheußlichkeiten über Frauen« verbreiteten. Nicht die Ehemänner könnten sich über ihre Frauen beschweren, meinte Christine, selbst Mutter von drei Kindern, sondern umgekehrt, die Ehefrauen müßten sich über ihre Männer beklagen, weil diese ihnen »viele Beschimpfungen, Gemeinheiten, Beleidigungen, Erniedrigungen und Schmähungen« zufügten. Wenn die meisten Männer lieber Söhne hätten als Töchter, wußte sie dies nur mit einer übergroßen Portion Dummheit und Unwissenheit vieler Männer zu erklären, die die Ausgaben für die Mitgift bei der Heirat ihrer Töchter scheuten und »Angst vor Fehltritten« hätten. Die Frage, ob Männer oder Frauen intelligenter seien, beantwortete sie aus den Umständen heraus: »Wenn es üblich wäre, die kleinen Mädchen eine Schule besuchen und sie die Wissenschaften erlernen zu lassen, dann würden sie genausogut lernen.«[14] So aber seien die Frauen an das Haus gebunden. Dennoch konnte sie, gestützt auf Boccaccios Werk über berühmte Frauen (ca. 1360), großartige Frauengestalten aus Antike, Bibel und Geschichte aufführen.

Christine de Pizan war weit davon entfernt, den biblischen Schöpfungsbericht als eine Benachteiligung des weiblichen Geschlechts zu interpretieren. Die Frau sei ein Abbild Gottes, schrieb sie in ihrem »Brief an den Gott der Liebe« (1399), noch dazu aus feinerer Materie geschaffen als der dem Erdenstaub entnommene Mann. Bis freilich solche Auslegungen nicht mehr als Häresie verdammt wurden, sondern Anlaß zum Nachdenken über den gottgewollten Sinn der Frau gaben, mußten noch Jahrhunderte vergehen.

Vom 17. Jahrhundert an, als in der Philosophie die Aufklärung das Feld beherrschte, mehrten sich die Stimmen jener Frauen, die mit anthropologischen und auch theologischen Argumenten der immer noch benachteiligten und teilweise gänzlich verachteten Frauenwelt zu ihrem Recht verhelfen wollten. Als glänzendes Beispiel bietet sich die kleine Schrift »Egalité des hommes et des femmes« (1622) der französischen Adeligen MARIE DE JARS DE GOURNAY († 1645) an, deren Überlegungen und Forderungen sogar den Philosophen Montaigne, dem sie in den letzten Lebensjahren freundschaftlich verbunden war, zu ausgewogeneren Ansichten über das Wesen der Frau verhalfen. In einem knappen Überblick skizzierte de Gournay zunächst die frauenfeindliche Tradition, von dem griechischen Philosophen Sokrates bis zu dem christlichen Humanisten Erasmus von Rotterdam. Der scholastischen Theologie entnahm sie die Lehre, daß die menschliche Seele geschlechtslos sei, und schloß darauf auf die Gleichheit aller Menschen. Weitere Unterstützung bezog sie aus der Bibel, die den männlich und weiblich geschaffenen Menschen als einen einzigen Menschen betrachte, weil sich beide Geschlechter auf dasselbe Menschsein zurückführen ließen. Zu der patriarchalischen Deutung des Schöpfungsberichtes betonte die Adelige voller Sarkasmus, jene »alten Egoisten« könnten sich für die alleinige Gottebenbildlichkeit des Mannes einzig und allein auf ihren Bart berufen. Sonstige frauenverächtliche Ansichten und Verordnungen wollte sie mit zeitbedingten Mängeln großzügig entschuldigen. In Gott lassen sich nach ihrer Überzeugung keinerlei Momente von Männlichkeit oder Weiblichkeit finden – solches zu denken, könnte nur dem Verstand eines schlechten Philosophen oder Theologen entspringen. Und wenn jemand die Tatsache, daß Jesus als ein männliches Wesen geboren worden ist, als einen absoluten Vorrang des männlichen Geschlechts bewerten wollte, mußte er sich von Madame de Gournay sagen lassen, daß dieser sogenannte Vorrang durch die Geburt Jesu aus einer Frau mehr als ausgeglichen sei. Allerdings bestritt auch sie nicht die in den Schriften der Bibel und Kirchenväter aufgezeigte hierarchische Struktur der Ehe mit dem Mann bzw. Vater an der Spitze, erklärte aber gleichzeitig, daraus lasse sich keine gottgewollte Über- und Unterordnung von Mann und Frau ableiten. Eine solche Stelle beweise nur, daß diese Rangordnung zur Aufrechterhaltung der familiären Harmonie notwendig und nützlich sei. Außerdem dürfe man nicht übersehen, mahnte die scharfsinnige Autorin mehrerer Bücher, daß der Mann Vater und Mutter verläßt, um in Gemeinschaft mit seiner Frau zu leben. Das Ergebnis ihrer theologischen Überlegungen zum Verhältnis zwischen Mann und Frau faßte sie zusammen in den Worten, die jedem großen Theologen Ehre machen würden: »Wenn man glaubte, die Heilige Schrift würde der Frau empfehlen, dem Mann als Gegenpart an Würde zu weichen, welche Absurdität ergäbe sich daraus! Die Frau fände sich würdig, als Bild Gottes geschaffen zu sein, in den Genuß der heiligen Eucharistie, der Mysterien der Erlösung, des Paradieses und der Gottesschau zu gelangen, aber nicht in den der Vorteile und Privilegien des Mannes. Hieße das nicht, den Mann für kostbarer und edler als dies alles zu erklären und folglich die schwerste Blasphemie zu begehen?«[15] Deutlicher konnte man das schreiende Unrecht, das Frauen seit Jahrhunderten von seiten einer noch dazu biblisch argumentierenden Männerhierarchie erleiden mußten, nicht beim Namen nennen. Doch es handelte sich auch bei ihr nur um Aufschreie der Verzweiflung, die für einen Augenblick vielleicht erschütterten, danach aber wirkungslos verhallten.

Noch heute fehlt es in der Kirche nicht an Stimmen, welche die aufbegehrenden Frauen in die Schranken verweisen und ihnen allen weiterhin die traditionelle Dienerinnenrolle aufbürden möchten, die den Frauen ein jahrtausendealtes Patriarchatssystem zu spielen vorgeschrieben hat.

Männer für Frauen

Angesichts der herrschenden Meinung, die Frau besitze geringere Geistesgaben als der Mann und könne darum nicht zu Führungspositionen aufsteigen, gab es unter den Humanisten wenigstens zaghafte Versuche, diese geschlechtsbezogene Differenzierung, die gleichzeitig eine Diskriminierung der Frau einschloß, anzuzweifeln und eine neue Einschätzung vorzunehmen. Um aber nicht gleich verurteilt zu werden, empfahl es sich, die Kritik an der bisherigen Lehre und Praxis der Kirche mit größter Vorsicht auszusprechen. Keiner verstand dies besser als der berühmte Humanist ERASMUS VON ROTTERDAM († 1536) – selbst illegitimer Sohn eines Priesters, ließ auch er sich zum Priester weihen –, der bei der Auseinandersetzung mit dem Reformator Luther, dem er anfangs gewogen war, ebenfalls die Öffentlichkeit scheute. In seinem »Colloquia« betitelten Büchlein machte er sich bei dem Streitgespräch zwischen einem Abt und einer gelehrten Frau versteckt zum Anwalt der Frau. Während der Abt die Dummheit personifiziert, erscheint die Frau als edel, gebildet und kultiviert. Das von Ironie durchtränkte Gespräch endet mit einer bezeichnenden Drohung der Frau: »Wenn Ihr nicht auf der Hut seid, wird es noch so weit kommen, daß wir in den theologischen Schulen den Vorsitz führen, in den Kirchen predigen und Eure Mitren in Beschlag nehmen!«[16] Eine Drohung, die Kirchenfürsten heute vielleicht mehr Schrecken einjagt als ihren Vorgängern zur Zeit des Erasmus im 16. Jahrhundert.

In einer patriarchalischen Gesellschaft, wie sie in allen europäischen Ländern bis in unser Jahrhundert herein anzutreffen war, werden Männer, die für die zurückgesetzten Frauen eine Lanze zu brechen wagen, als zweifelhafte Sympathisanten des weiblichen Geschlechts angesehen. Zu diesen seltenen Gestalten gehört der Naturphilosoph, Mediziner und Okkultist HEINRICH CORNELIUS AGRIPPA VON NETTESHEIM († 1535). Weil er in seinem Buch »Occulta philosophia« auch den Hexenwahn angriff, mußte er mit kirchlichen und weltlichen Autoritäten in Konflikt geraten. Im Gegensatz zu antiken Philosophen und scholastischen Theologen rühmte Agrippa die Frau über alle Maßen: »Das Weib hat von Gott eben solchen Verstand empfangen, wie der Mann, ebenso die Vernunft, und eben solches Vermögen zu dissentieren. Sie hat eben denselben Endzweck und das Absehen, welches er hat, welches die ewige Seligkeit ist, da wird kein Unterschied der Geschlechter sein, was nämlich den Gebrauch anlangt, denn nach der Wahrheit des Evangeliums wird ein jeder wohl in seinem eigenen Leibe auferstehen, aber sowohl dem einen wie dem andern ist die Gleichheit der Engel versprochen. So ist demnach unter ihnen, nämlich zwischen Mann und Weib, in Betrachtung der Seelen und des Verstandes kein Vorzug, und keiner geht dem andern an Vortrefflichkeit vor, sondern es haben beide Geschlechter von Natur gleiche Freiheit.« Agrippa gab sich aber mit der Gleichstellung von Mann und Frau noch nicht zufrieden. Er wollte das weibliche Wesen über das männliche erhoben wissen; »denn als der Schöpfer an die Erschaffung des Weibes gekommen war, da stand er still, als wenn er nichts Vortrefflicheres zu erschaffen hätte als sie, und bei ihr findet sich alle Weisheit und Macht des Schöpfers vollkommen ... Da nun das Weib zum letzten unter allen Kreaturen gebildet wurde, und das Ende und die Vollendung aller Geschöpfe Gottes, ja die Vollkommenheit der ganzen Welt ist, wer kann nun leugnen, daß sie nicht die allervortrefflichste unter allen Kreaturen sei.« In überschwenglichen Worten deutete er dann die Erzählung der Bibel von der Schöpfung als einen einzigen Hymnus auf die nach dem Mann geborene und gerade deshalb noch wertvollere Frau: »Weiter ist das Weib dem Manne vorzuziehen, in Erwägung der Materie, woraus sie gebildet ist, was nicht ein wenig lebloser Lehm oder Kot gewesen ist, wie die des Mannes, sondern eine gereinigte, lebhafte und mit einer vernünftigen Seele begabte Materie, die des Geistes Gottes teilhaftig war. Denn der Mann ist aus einem Erdenkloß gemacht ... aber das Weib ist von Gott allein geschaffen ohne Hilfe der Gestirne noch einiger mitwirkender Kräfte, sondern aus einer vollkommenen und an sich selbst vollständigen Materie, indem der Mann eine seiner Rippen verliert, welche tüchtig war zur Bildung des Weibes ... also kann man einigermaßen sagen, daß der Mann ein Werk der Natur ist, und das Weib ein Werk Gottes; darum ist das Weib oft geschickter als der Mann, die göttlichen Geheimnisse zu verstehen.« Aus diesem Grund konnte Agrippa die tatsächlichen Verhältnisse, die dem Mann stets die erste Stelle einräumen, nur bedauern. »Wenn es nicht durch die Gewohnheit den Weibern verboten wäre, zu studieren, so würden wir zu unserer Zeit deren noch mehr gelehrte Frauen zu sehen bekommen, als unter den gelehrtesten Männern ... so folgt, daß wenn die Weiber so wie die Männer studieren könnten, so würden sie sich mindestens ebenso berühmt in geist- und weltlichen Schriften machen wie die Männer.« Agrippa bestätigte, »daß nach der Kirchenordnung die Männer den Weibern vorgezogen werden«. Doch indem er dies konstatierte, wies er sofort darauf hin, daß Gott »keinen Unterschied zwischen diesen beiden Geschlechtern« kenne und alle vernünftigen Kreaturen völlig gleich werte, »wenn sie nur durch seinen Geist erneuert werden«.[17]

Männer gegen Frauen

Mit Erfindung der Buchdruckerkunst im 15. Jahrhundert eröffneten sich der kirchlich-religiösen Unterrichtung weiter Volkskreise neue Möglichkeiten. Dazu gehörten als eine besondere Form die Flugschriften. In einer solchen Flugschrift mit dem Titel »Von dem ehelichen Stand«, die am Ende des Mittelalters in deutschen Landen kursierte, waren wichtige Gesichtspunkte der Ehe aufgezeigt. Es sei nicht gut für den Menschen, lautete der Grundtenor in der Sprache der Bibel, allein zu bleiben. Den Schöpfungsbericht des Alten Testaments deutete der unbekannte Verfasser noch ganz im Sinn eines Hugo von St. Viktor so, daß die Frau die wirkliche Lebensgefährtin des Mannes sein sollte. Doch dieser positiven Einschätzung des weiblichen Geschlechts folgte – unvermeidlicherweise, möchte man sagen – die Erzählung vom Sündenfall mit dem abschließenden Urteil: »Hätte das Weib in Ehren widerstanden, der Mann hätte ihr niemals ein Leid getan. Darum aber, da sie dem Teufel gefolgt ist, muß sie den Mann über sich haben als einen Herrn.« Damit war also die Herrschaft des Mannes über die Frau hinreichend bewiesen. Um es nicht bei bloßer Theorie zu belassen, bot die Flugschrift noch praktische Anweisungen, wie der Mann seine Frau zu behandeln habe: »Deswegen soll ein jeder Mann sein Weib mittelmäßig halten, nicht zu weich (damit sie nicht übermütig wird und über den Gehorsam tritt) und auch nicht zu hart (damit sie nicht verzagt und übel tut).« Nach der Mahnung zu einträchtigem Zusammenleben, wobei freilich das entscheidende Wort dem Mann zustehen sollte, nahm der Autor eine Klassifizierung der Frauen in kluge, unweise und übermütige vor. Dementsprechend müsse sich der Mann verhalten: »Den klugen Frauen braucht man kein Gebot zu setzen, da ihr Leben den Männern keine Ursache von Ärger ist, es ist ehrlich und freundlich ... Den unweisen Frauen sind Gebote zu setzen, und doch nicht zu strenge, sondern in liebevoller Anweisung ... Die übermütigen Frauen sind mit strengen Geboten und ernster Drohung zu zwingen.« Bei einem ausgesprochen bösen Weib solle der Mann zunächst versuchen, mit freundlichen Worten und Ermahnungen eine Besserung zu erreichen. Fruchte dies nicht, sei körperliche Züchtigung nicht nur erlaubt, sondern sogar geboten. »Und hilft das nichts, wenn du das oft getan hast, so schlag sie, besonders morgens im Bett mit einer Gerte. Und will die Gerte nichts helfen, so besorge dir einen Prügel vom Mispelbaum. Damit gerb ihr die Lende.«[18] Es genügte also nicht, wenn der Mann ein liebender Ehemann war, er mußte stets auch Pädagoge der Frau und seiner Kinder sein. So verlangte es die patriarchale Familie, im Humanismus nicht anders als in der frühen Kirche.

Kaum anders als in Deutschland war die Lage der Frau zu dieser Zeit in anderen europäischen Ländern. Der spanische Pädagoge Juan Luis Vives († 1540) wirkte mit seiner »Unterweisung der christlichen Frau« weit über die Grenzen seiner Heimat hinaus. Höher als die Ehe stand in seiner Werteskala die Jungfräulichkeit, weil sie dem himmlischen Leben ähnlich sei. Dort »werden wir den Gesetzen des Fleisches nicht mehr untertan und wie die Engel sein, werden nichts mehr merken von den geschlechtlichen Dingen dort, wo es keine Männer und keine Frauen und keine Heirat mehr gibt«. Im Vergleich mit der Keuschheit hielt er alle anderen Fähigkeiten und Tugenden für minderwertig: »Nimm dem Weibe Schönheit, Adel, Macht, Anmut, Beredsamkeit, Geistesschärfe und alle ihm zukommenden Kenntnisse, gib ihm aber die Keuschheit, so hast du ihm reichlich alles gegeben. Gib ihm aber mit vollen Händen alle genannten Gaben, sage aber von ihm, daß es unkeusch sei, so hast du ihm mit diesem einen Worte alles genommen: es ist dann ein armseliges und verabscheuungswertes Geschöpf.« Dieses jungfräuliche Leben sollte nicht nur für Nonnen, die lebenslange Enthaltsamkeit geloben, sondern für alle Mädchen und Frauen vor der Ehe gelten. Um vor der Ehe die Reinheit zu bewahren, gab Vives eine Reihe von Ratschlägen: kein Umgang mit Männern, leichte Kost, Wasser als Getränk, häufiges Fasten, gesundes Leben, passende Beschäftigung, einfache Kleidung. Interessant ist, daß er den Frauen eine Kleidung nach Art der Männer verbot: »Wer die Kleidung beider Geschlechter gleich machen wollte, der würde gegen Gott und die Naturgesetze handeln, und es würde viel Unheil daraus entstehen.« Das Hauptziel der Mädchenerziehung sah Vives in einer guten Mutter, Gattin und Hausfrau. Zum Beweis führte er Zitate aus antiken Schriften an und machte auf die Sitten fremder Völker aufmerksam. Die christliche Jungfrau müßte sich als »Braut Christi und Nachahmerin Mariä« hauptsächlich durch Bescheidenheit und Selbstbeherrschung auszeichnen. Er wünschte sogar, daß unkeusche Frauen den Namen Maria nicht tragen dürften. In der Ehe teilte Vives dem Mann allein die Befehlsgewalt zu. Damit die Ehe ein ganzes Leben hindurch Bestand habe, riet er zu einer gründlichen Prüfung vor der Heirat. »Sieht man doch oft die verliebtesten Ehepaare drei oder vier Tage nach der Hochzeit sich zanken und gar sich schlagen, und wenn der Hochzeitskuchen noch nicht aufgegessen ist, reden sie bereits von Scheidung.«[19]

Von der Traditionslinie wichen auch die Reformatoren nicht wesentlich ab. Der frühere Augustinereremit Martin Luther († 1546) heiratete zwar die Nonne Katharina Bora und zeugte mit ihr mehrere Kinder, doch auch er hielt es für richtig, daß die Frau die angestammte Rolle einer Dienerin des Mannes weiterspielte. In seinem monumentalen Opus finden sich gewiß viele rühmende Worte über die Frau und das Eheleben. Der Ehemann und Familienvater Luther blieb aber einem traditionellen Frauenbild verhaftet, dem zufolge

»das Weib für das Hauswesen, der Mann aber für Politik, Kriege und Rechtshändel« geschaffen sei. Der Hauptberuf der Frau hieß für ihn Mutterschaft. Daß er Ehebruch und Ehescheidung grundsätzlich verwarf, geschah mehr zugunsten des besitzenden Bürgers, dem alles daran gelegen sein mußte, daß sein Vermögen nach dem Tod im Besitz der Familie verblieb. Bei seinem züchtigen Hausfrauenideal hatte Luther für alle andersgearteten Frauen, ob Prostituierte, Ehebrecherinnen oder Hysterikerinnen bzw. Hexen, nur Verachtung übrig.

An Luthers Überzeugung von der absoluten Unterordnung der Frau unter die Herrschaft des Mannes ist kein Zweifel möglich. »Sein Antifeminismus steht in nichts den Aussagen der patriarchalischen Kirchenväter (er beruft sich oft auf Paulus) oder dem Sexismus des ›Hexenhammers‹ nach. Auch er scheint in der Angst vor bzw. dem Haß auf eine von männlicher Vormundschaft freien weiblichen Sexualität begründet zu sein.«[20]

Dieser Verdacht ist nur allzu berechtigt, obwohl man von Luther, der doch theologische Traditionen auf ihre biblische Tragfähigkeit hin überprüft hat, gerade in diesem Punkt eine ablehnende Haltung gegenüber vielen moraltheologischen Überlieferungen der Kirche erwarten möchte. Hier wird deutlich, wie sehr auch ein bedeutender Theologe in bestimmten Ansichten ein Kind seiner Zeit sein kann. Sein negatives Urteil über die Sexualität, insbesondere über die Frau, war vor allem in seiner Auffassung von der Erbsünde als böser Begierlichkeit begründet. Hinzu kamen Erfahrungen in seinem eigenen Ehe- und Familienleben. Bei seiner Vorlesung über Genesis 3,16f. stellte Luther sein theologisches Konzept der menschlichen Geschlechtlichkeit ausführlich vor: »Das Verlangen des Mannes nach einer Frau ist zwar Teil seiner Natur geblieben und führt auch jetzt noch zur Zeugung, jedoch nicht ohne furchtbare, schändliche Lust und ungeheuren Schmerz bei der Geburt. Hinzu kommen Schamgefühl und Verwirrung, selbst bei Ehegatten, wenn sie den erlaubten Verkehr genießen wollen. So sehr ist das Grundübel der Erbsünde überall gegenwärtig. Die Schöpfung und der auf ihr ruhende Segen (Gen 1,28) ist gut; aber durch die Sünde ist alles verdorben, daß die Ehegatten ohne Scham keinen Gebrauch davon machen können. Das alles hätte es im Stande der Unschuld, wie sie Adam hatte, nicht gegeben, sondern so, wie Ehegatten ohne Scham zusammen essen und trinken, wären auch Zeugung und Geburt in absoluter Ehrbarkeit und ohne Scham und Verwirrung vonstatten gegangen.«[21] Wer diese Instruktion vor Studenten der Theologie liest, fragt zu Recht, wie sich der gewissenhafte Mönch und gelehrte Theologieprofessor überhaupt zur Heirat entschließen konnte.

Die von dem Wissenschaftler Agrippa erwähnten Bildungschancen blieben Mädchen und Frauen noch im 17. und 18. Jahrhundert weitgehend verschlossen. Dies beweist Fénelon, eigentlich FRANÇOIS DE SALIGNAC DE LA MOTHE-FÉNELON (1651–1715), als geistlicher und pädagogischer Schriftsteller heute noch mehr bekannt denn als Bischof von Cambrai, in seiner Schrift über die Erziehung von Mädchen, die er als dreißigjähriger Priester auf Wunsch der Herzogin von Beauvilliers verfaßt hat. Obwohl er die Werke aufklärerischer Pädagogen nicht ignorierte, blieb er doch hinsichtlich der Erziehung von Mädchen und des Umgangs mit Frauen einer traditionellen Sicht verhaftet. Die Frauen sollten von Bildung, insbesondere von Schöngeisterei, nichts wissen und in Benehmen und Kleidung die Etikette ihres Standes wahren. Es reiche völlig aus, meinte er, wenn die Mädchen lesen, schreiben und rechnen lernten. Komödien und Romane kämen als Lektüre überhaupt nicht in Betracht. Mit Malerei, Musik und Dichtung dürften sie sich nicht zur Ergötzung, wohl aber zur Pflege erhabener Gefühle beschäftigen. Als Fremdsprache wollte er ihnen nur Latein gestatten, keinesfalls jedoch Italienisch oder Spanisch, um das Lesen unsittlicher Bücher von vornherein unmöglich zu machen. Als die Hauptpflichten einer Frau bezeichnete Fénelon die Erziehung der Kinder, die Aufsicht über die Dienerschaft, die Kontrolle der häuslichen Ausgaben und eventuell noch die Verwaltung der Landgüter.

In seiner Erziehungslehre für Mädchen können wir Fénelons Auffassung von der Frau näher kennenlernen. Demnach sollte die Frau »lernen, sich selbst zu mißtrauen und die Ausbreitung der Wißbegier und des Dünkels zu fürchten: Sie soll sich befleißigen, in aller Demut zu Gott zu beten, arm im Geist zu werden … zu schweigen und die anderen reden zu lassen«. An die Erzieherinnen richtete er diese konkrete Mahnung: »Beschäftigen Sie sie mit einer Stickerei … Lassen Sie sie aber keinesfalls über ein theologisches Werk diskutieren … Alles ist verloren, wenn sie sich auf die Schöngeisterei kapriziert und der häuslichen Besorgungen überdrüssig wird.«[22]

Bischof Fénelons Erziehungsgrundsätze fanden nicht nur in Frankreich Zustimmung und Nachahmung in Form ähnlicher Unterweisungen. Zusammen mit dem Engländer John Locke, den Fénelon aber nicht persönlich kannte, prägte er die allgemeine Pädagogik bis in das 19. Jahrhundert.

Päpste heute auf neuem Kurs

Papst PIUS XI. lehrte in seiner Eheenzyklika »Casti connubii« (1930), Mann und Frau seien hinsichtlich Menschenwürde und Persönlichkeitsrechte einander völlig gleichgestellt. Allerdings klang auch hier ein hierarchisches Ordnungsmodell an, wenn er eine »gewisse Ungleichheit und Abstufung« im Interesse des Familienwohls und der Hausgemeinschaft für richtig hielt. Wörtlich hieß es: »Wenn der Mann das Haupt ist, dann ist die Frau das Herz, und wie er das Vorrecht der Leitung, so kann und soll sie den Vorrang der Liebe als ihr Eigen- und Sondergut in Anspruch nehmen.«[23] Von der Ehe als Partnerschaft war die Einstellung des Papstes noch weit entfernt. Selbst zu dieser Zeit empfand also die Kirchenleitung eine jahrhundertealte Unterordnung der Frau noch nicht als ein dringendes Problem. Eigentlich hätte sie schon längst bahnbrechend vorausgehen sollen, da doch neue Erkenntnisse der Bibelexegese manches frauenfeindliche Verständnis als unberechtigt erwiesen hatten.

Es mußte erst der greise Papst JOHANNES XXIII. kommen, um vor aller Welt zu bekunden, daß die Kirche auf allen Gebieten ein »aggiornamento« benötige. In seinem letzten Rundschreiben, »Pacem in terris« (1963), begrüßte er die neue Rolle der Frau als ein »Zeichen der Zeit«, bedingt durch das Schwinden von »Anschauungen ... aufgrund deren sich gewisse Menschengruppen für untergeordnet hielten, während andere sich überlegen dünkten: sei es wegen ihrer wirtschaftlichen oder sozialen Stellung, sei es wegen des Geschlechtes oder ihres gesellschaftlichen Ranges«. Das Wirken der Frau sollte nicht mehr wie bisher auf Haus und Familie beschränkt bleiben. Der Papst hielt es vielmehr für richtig, daß die Frau »sowohl im häuslichen Leben als auch im Staat jene Rechte und Pflichten in Anspruch nimmt, die der Würde der menschlichen Person entsprechen«.[24] Allerdings zog Johannes XXIII. aus dieser Erkenntnis nicht gleich selbst die praktischen Konsequenzen für die neuen Möglichkeiten der Frau innerhalb der Kirche, wo sie bis zu dieser Zeit noch viel weniger Zugang hatte als im öffentlichen gesellschaftlichen Leben. Vielleicht wollte er diese als dringend empfundene Aufgabe dem von ihm einberufenen Konzil überlassen.

Das II. Vatikanische Konzil, die bisher größte Versammlung von Bischöfen und Ordensoberen der katholischen Kirche, sprach sich dafür aus, daß »die Frauen für sich die rechtliche und faktische Gleichstellung mit den Männern verlangen«[25], und plädierte für die

Überwindung jeglicher »Diskriminierung in den gesellschaftlichen und kulturellen Grundrechten der Person«. Doch obwohl das Konzil »die grundlegende Gleichheit aller Menschen« und die Anerkennung der sich daraus ergebenden Grundrechte der Person mit der Gottebenbildlichkeit aller Menschen begründete[26], ließ es doch jeden Ansatz dafür vermissen, daß dieser Grundsatz der Gleichberechtigung von Mann und Frau auch und zuerst in der Kirche selbst verwirklicht werden müsse.

Einige Jahre später appellierte die Gemeinsame Synode der Bistümer in der Bundesrepublik Deutschland an den Papst, »dafür zu sorgen, daß alle Bestimmungen des Kirchenrechts der Würde und der Rechtsgleichheit der Frau entsprechen«.[27] Doch der Antwort der römischen Kurie auf fünf konkrete Forderungen der Synode war schon auf den ersten Blick anzumerken, daß das Thema Frau in der Kirche wegen der zu befürchtenden Veränderungen unangetastet bleiben sollte.

Dieselbe ablehnende Haltung wurde offensichtlich, als die römische Bischofssynode im Jahre 1971 das Problem »Gerechtigkeit in der Welt« behandelte und dabei die Frauenproblematik nicht umgehen konnte. Unter den rund zweihundert Prälaten als Vertretern des Weltepiskopats fanden sich immerhin einige Bischöfe, die sich mit allgemeinen Klagen über Ungerechtigkeiten, wie sie in den sogenannten Entwicklungsländern bestehen, nicht begnügen wollten, sondern kircheninterne Defizite hinsichtlich Gerechtigkeit mutig zur Sprache brachten.

Ausgerechnet ein Ordensmann, THOMAS VAN ALSTEN, der Generalobere der Weißen Väter, war es, der die untergeordnete Rolle der Frau bei kirchlichen Beratungs- und Entscheidungsprozessen scharf kritisierte. Unterstützung fand er bei einem anderen Ordensmann, dem Generaloberen der Jesuiten, PEDRO ARRUPE, und dem antiochenischen Patriarchen MAXIMOS HAKIM V., der den Teilnehmern der Synode vorrechnete, daß die Kirche zur Hälfte aus Frauen bestehe und daß es zehnmal mehr Ordensfrauen gebe als Priester.

Doch diese vorausschauenden Kirchenmänner bildeten unter den Synodalen eine Minderheit, so daß der Synodenbeschluß die inferiore Position der Frau im Grunde unangetastet ließ.

Exportmoral

Es ist notwendig, einmal darauf hinzuweisen, daß die römisch-katholische Morallehre nicht nur im abendländischen Bereich ihre Gültigkeit hatte, sondern mit dem ersten Missionar, ob in Asien, Afrika oder Amerika, auch im außereuropäischen Raum ihre Wirkung tat. Leider wird dieses Kapitel in den Missionsgeschichten nur am Rande behandelt.

Zu der importierten christlichen Moral gehörte auch eine den Ursprungsländern meist fremde Auffassung von der Sexualität und insbesondere von der Frau. Dieses christliche Frauenideal erschien nicht selten im Gewand kultureller und wirtschaftlicher Konzepte der Kolonialherren, die mit der Einführung der Weltwirtschaft die soziale Stellung des Mannes erhöhten und die Position der Frau abwerteten. Heute erinnern Historiker in den Ländern der sogenannten Dritten Welt an diesen gewichtigen Traditionsbruch im Leben ihrer Völker.

»Auf den Philippinen nahmen die Frauen vor Ankunft der spanischen Kolonisatoren am wirtschaftlichen, politischen und sozialen Leben gleichberechtigt teil«, so referierte Jing Porte, ein Mitglied der philippinischen Frauenorganisation Gabriela. »Mit den spanischen Kolonisatoren kam die patriarchalische und frauenfeindliche katholische Kultur. Frauen wurden in die häusliche Sphäre verwiesen und als minderwertig behandelt.«[28] Auch in den Entwicklungsprogrammen änderte sich bisher nichts an der diskriminierenden Situation der Frauen.

Erst in unserer Zeit versuchen die Frauen dieser Länder, die ihnen überlieferte Rolle abzulegen und wieder Eingang zu finden in das öffentliche Leben. Daß bei diesen neuen Bestrebungen die Kirchenführer nicht passiv bleiben können, sondern zu Parteinahme – pro oder contra – herausgefordert sind, zeigt sich besonders in Lateinamerika. Gerade dort reichen die Ziele der zu neuem Bewußtsein erwachten Frauen über den Kampf um Verbesserung ihrer Einschätzung als Frau hinaus auch auf Veränderung der gesellschaftlichen Strukturen, die von Macht und Unterdrückung gezeichnet sind. Gleichberechtigung und Befreiung lautet die Parole: »Unser Hauptfeind ist nicht der Mann, sondern der Kapitalismus.«[29] Auf diese kurze Formel brachte Domitila Barrios de Chungara, eine Vertreterin der Minenarbeiterinnen in Bolivien, die heutige Lage.

Doch Rom, das heißt der Vatikan, ist nicht nur geographisch weit entfernt von Südamerika, eine noch größere Kluft trennt die Frauen in den bevölkerungsreichen Ländern Südamerikas von den Moralvorstellungen der katholischen Kirche.

Eugen Drewermann

* 1940 in Bergkamen; Studium der Philosophie und Theologie in Münster und Paderborn; 1966 Priesterweihe; 1971–1974 psychoanalytische Zusatzausbildung in Göttingen; 1976 Promotion zum Dr. theol.; danach Tätigkeit als Priester, Psychotherapeut und Privatdozent für Systematische Theologie in Paderborn; 1991/92 Auseinandersetzungen mit der Kirchenobrigkeit über seine tiefenpsychologische Bibelexegese; 1991 Entzug der Lehrerlaubnis; 1992 Amtsenthebung.

Auswahlbibliographie

1982	Der Krieg und das Christentum. Von der Ohnmacht und Notwendigkeit des Religiösen
1982/1984	Psychoanalyse und Moraltheologie (3 Bände)
1983	Das Eigentliche ist unsichtbar. Der Kleine Prinz tiefenpsychologisch gedeutet
1984/1985	Tiefenpsychologie und Exegese (2 Bände)
1987/1988	Das Markusevangelium. Bilder von Erlösung (2 Bände)
1989	Kleriker. Psychogramm eines Ideals
1991	Reden gegen den Krieg
1992	Das Matthäusevangelium. Bilder der Erfüllung (erster von 2 Bänden)
1992	Giordano Bruno oder Der Spiegel des Unendlichen

EUGEN DREWERMANN

Jesus und die Kirche oder: Von Asche und Glut

Jesus sprach:
»Wer mir nahe ist, ist dem Feuer nahe,
und wer mir fern ist, ist fern dem Reich.«
(Thomasevangelium, 82)

Das erste Problem für jeden »Mann der Kirche« ergibt sich aus der Person Jesu selbst: Sie läßt sich nicht verallgemeinern! Es ist schwer, ja unmöglich, sich in der Geschichte einen Menschen vorzustellen, der allem »Normalen« so weit entrückt scheint wie die Person des Jesus von Nazareth; gerade diese Gestalt aber will und muß Matthäus (gemeint ist der Evangelist Matthäus; Anm. des Hrsg.) einpassen und anpassen dem Alltag der Gläubigen in der Kirche seiner Zeit. Es ist ein schier bizarres Unterfangen, dessen Scheitern immer wieder eklatant ist und das dennoch gewagt sein will, soll die Botschaft Jesu sein, was sie ist: die Rettung des Menschen (Mt 1,21.25).

a) Das Genie und der Bürger oder: Das göttliche Entweder-Oder

Was hier auf dem Spiel steht, hat HERMANN HESSE einmal in dem »Tractat vom Steppenwolf« mit dem warnenden Untertitel »Nur für Verrückte« dargestellt, indem er die Lebensweise der Genies, der Mozarts, der Unsterblichen, der losgelösten Sonderlinge, dem Leben inmitten der »bürgerlichen Kleinwelt« gegenüberstellte und meinte: »Das ›Bürgerliche‹ ..., als ein stets vorhandener Zustand des Menschlichen, ist nichts andres als der Versuch eines Ausgleiches, als das Streben nach einer ausgeglichenen Mitte zwischen den zahllosen Extremen und Gegensatzpaaren menschlichen Verhaltens. Nehmen wir irgendeines dieser Gegensatzpaare als Beispiel, etwa das des Heiligen und des Wüstlings, so wird unser Gleichnis alsbald verständlich werden. Der Mensch hat die Möglichkeit, sich ganz und gar dem Geistigen, dem Annäherungsversuch ans Göttliche, hinzugeben, dem Ideal des Heiligen. Er hat umgekehrt auch die Möglichkeit, sich ganz und gar dem Triebleben, dem Verlangen seiner Sinne hinzugeben und sein ganzes Streben auf den Gewinn von augenblicklicher Lust zu richten. Der eine Weg führt zum Heiligen, zum Märtyrer des Geistes, zur Selbstaufgabe an Gott. Der andere Weg führt zum Wüstling, zum Märtyrer der Triebe, zur Selbstaufgabe an die Verwesung. Zwischen beiden nun versucht in temperierter Mitte der Bürger zu leben. Nie wird er sich aufgeben, sich hingeben, weder dem Rausch noch der Askese, nie wird er Märtyrer sein, nie in seine Vernichtung einwilligen – im Gegenteil, sein Ideal ist nicht Hingabe, sondern Erhaltung des Ichs, sein Streben gilt weder der Heiligkeit noch deren Gegenteil. Unbedingtheit ist ihm unerträglich, er will zwar Gott dienen, aber auch dem Rausche, will zwar tugendhaft sein, es aber auch ein bißchen gut und bequem auf Erden haben. Kurz, er versucht es, in der Mitte zwischen den Extremen sich anzusiedeln, in einer gemäßigten und bekömmlichen Zone ohne heftige Stürme und Gewitter, und dies gelingt ihm auch, jedoch auf Kosten jener Lebens- und Gefühlsintensität, die ein aufs Unbedingte und Extreme gerichtetes Leben verleiht. Intensiv leben kann man nur auf Kosten des Ichs. Der Bürger nun schätzt nichts höher als das Ich (ein nur rudimentär entwickeltes Ich allerdings). Auf Kosten der Intensität also erreicht er Erhaltung und Sicherheit, statt Gottbesessenheit erntet er Gewissensruhe, statt Lust Behagen, statt Freiheit Bequemlichkeit, statt tödlicher Glut eine angenehme Temperatur. Der Bürger ist deshalb seinem Wesen nach ein Geschöpf von schwachem Lebensantrieb, ängstlich, jede Preisgabe seiner selbst fürchtend, leicht zu regieren. Er hat darum an Stelle der Macht die Majorität gesetzt, an Stelle der Gewalt das Gesetz, an Stelle der Verantwortung das Abstimmungsverfahren.«[1]

In diesem Sinne ist der ewige »Bürger« das genaue Gegenbild aller hochgetriebenen Individuation. »Der Mensch ist ja keine feste und dauernde Gestaltung (dies war, trotz entgegengesetzter Ahnungen ihrer Weisen, das Ideal der Antike), er ist vielmehr ein Versuch und Übergang, er ist nichts andres als die schmale, gefährliche Brücke zwischen Natur und Geist. Nach dem Geiste hin, zu Gott hin treibt ihn die innerste Bestimmung – nach der Natur, zur Mutter zurück zieht ihn die innigste Sehnsucht: zwischen beiden Mächten schwankt angstvoll bebend sein Leben. Was die Menschen jeweils unter dem Begriff Mensch verstehen, ist stets nur eine vergängliche bürgerliche Übereinkunft. Gewisse roheste Triebe werden von dieser Konvention abgelehnt und verpönt, ein Stück Bewußtsein, Gesittung und Entbestialisierung wird verlangt, ein klein wenig Geist ist nicht nur erlaubt, sondern wird sogar gefordert. Der Mensch dieser Konvention ist, wie jedes Bürgerideal, ein Kompromiß, ein schüchterner und naivschlauer Versuch, sowohl die böse Urmutter Natur wie den lästigen Urvater Geist um ihre heftigen Forderungen zu prellen und in lauer Mitte zwischen ihnen zu wohnen. Darum erlaubt und duldet der Bürger das, was er Persönlichkeit nennt, liefert die Persönlichkeit aber gleichzeitig jenem Moloch Staat aus und spielt beständig die beiden gegeneinander aus. Darum verbrennt der Bürger heute den als Ketzer, hängt den als Verbrecher, dem er übermorgen Denkmäler setzt.«[2]

Was aber ergibt sich nun daraus? HERMANN HESSE ersinnt zwischen den Charakteren des Unbedingten und dem »Bürger«, zwischen den tragisch Scheiternden und den Daseinsgesicherten einen dritten Typ in der Gestalt der »Steppenwölfe«, jener Existenzen eines ständig schlechten Gewissens und eines ständig faulen Kompromisses. Er schreibt: »Daß der ›Mensch‹ nicht schon Erschaffenes sei, sondern eine Forderung des Geistes, eine ferne, ebenso ersehnte wie gefürchtete Möglichkeit, und daß der Weg dahin immer nur ein kleines Stückchen weit und unter furchtbaren Qualen und Ekstasen zurückgelegt wird, eben von jenen seltenen Einzelnen, denen heute das Schafott, morgen das Ehrendenkmal bereitet wird – dies Ahnen lebt auch im Steppenwolf. Was er aber im Gegensatz zu seinem Wolf in sich Mensch nennt, das ist zum großen Teil nichts andres als eben jener mediokre Mensch der Bürgerkonvention. Den Weg zum wahren Menschen, den Weg zu den Unsterblichen kann Harry zwar recht wohl ahnen, geht ihn auch hie und da ein winziges, zögerndes Stückchen weit und bezahlt das mit schweren Leiden, mit schmerzlicher Vereinsamung. Aber jene höchste Forderung, jene echte, vom Geist gesuchte Menschwerdung zu bejahen und anzustreben, den einzigen schmalen Weg zur Unsterblichkeit zu gehen, davor scheut er sich doch in tiefster Seele. Er fühlt recht wohl: das führt zu noch größeren Leiden, zur Ächtung, zum letzten Verzicht, vielleicht zum Schafott, – und wenn auch am Ende dieses Weges Unsterblichkeit lockt, so ist er doch nicht gewillt, alle diese Leiden zu leiden, alle diese Tode zu sterben. Obwohl ihm vom Ziel der Menschwerdung mehr bewußt ist als den Bürgern, macht er doch die Augen zu und will nicht wissen, daß das verzweifelte Hängen am Ich, das verzweifelte Nichtsterbenwollen der sicherste Weg zum ewigen Tod ist, während Sterbenkönnen, Hüllenabstreifen, ewige Hingabe des Ichs an die

Wandlung zur Unsterblichkeit führt. Wenn er seine Lieblinge unter den Unsterblichen anbetet, etwa Mozart, so sieht er ihn letzten Endes doch immer noch mit Bürgeraugen an und ist geneigt, Mozarts Vollendung recht wie ein Schullehrer bloß aus seiner hohen Spezialistenbegabung zu erklären, statt aus der Größe seiner Hingabe und Leidensbereitschaft, seiner Gleichgültigkeit gegen die Ideale der Bürger und dem Erdulden jener äußersten Vereinsamung, die um den Leidenden, den Menschwerdenden alle Bürgeratmosphäre zu eisigem Weltäther verdünnt, jener Vereinsamung im Garten Gethsemane.«[3]

Es leidet keinen Zweifel, meint HERMANN HESSE, daß insbesondere die »allermeisten Intellektuellen«, der größte Teil der »Künstlermenschen«, wir dürfen hinzufügen: auch ein großer Teil der »Gottesgelehrten« und »Priester« der Kirche, diesen »Steppenwölfen« zugehören. Sie bekommen es fertig, ihre Wohnungen mit tropischen Edelhölzern auszustatten, während sie gleichzeitig auf einem Kongreß für die Theologie der unterdrückten Völker mit glühenden Worten die solidarische Armut mit den Menschen in der Not anhand des Gleichnisses vom Großen Weltgericht (Mt 25,31–46) erläutern können; hernach aber, kaum daß sie unter dem Beifall der Menge in ihre Limousine gestiegen sind, hassen sie sich selber für diese gelungene Umwandlung der Botschaft Jesu in ein Possenstück der Eitelkeit; doch nutzen sie die Energie ihrer Einsicht niemals zum Sprengen ihrer Fesseln, sondern einzig zum Schleifen der Bissigkeiten ihrer antibürgerlichen Affekte bei der Vorbereitung ihres nächsten Redemanuskriptes. Solchen Charakteren, meint HERMANN HESSE, reicht es »nicht zur Tragik, wohl aber zu einem recht ansehnlichen Mißgeschick und Unstern, in dessen Hölle ihre Talente gar gekocht und fruchtbar werden. Die wenigen, die sich losreißen, finden ins Unbedingte und gehen auf bewundernswerte Weise unter, sie sind die Tragischen, ihre Zahl ist klein.«[4] Was aber bleibt den anderen? HERMANN HESSES erstaunliche Antwort lautet: der Humor. »Die friedlosen Steppenwölfe«, schreibt er, »diese beständig und furchtbar Leidenden, denen die zur Tragik, zum Durchbruch in den Sternenraum erforderliche Wucht versagt ist, die sich zum Unbedingten berufen fühlen und doch in ihm nicht zu leben vermögen, ihnen bietet sich, wenn ihr Geist im Leiden stark und elastisch geworden ist, der versöhnliche Ausweg in den Humor. Der Humor bleibt stets irgendwie bürgerlich, obwohl der echte Bürger unfähig ist, ihn zu verstehen. In seiner imaginären Sphäre wird das verzwickte, vielspältige Ideal aller Steppenwölfe verwirklicht: hier ist es möglich, nicht nur gleichzeitig den Heiligen und den Wüstling zu bejahen, die Pole zueinander zu biegen, sondern auch noch den Bürger in die Bejahung einzubeziehen. Es ist ja dem Gottbesessenen sehr wohl möglich, den Verbrecher zu bejahen, und ebenso umgekehrt, ihnen beiden aber, und allen anderen Unbedingten, ist es unmöglich, auch noch jene neutrale laue Mitte, das Bürgerliche, zu bejahen. Einzig der Humor, die herrliche Erfindung der in ihrer Berufung zum Größten Gehemmten, der beinahe Tragischen, der höchstbegabten Unglücklichen, einzig der Humor (vielleicht die eigenste und genialste Leistung des Menschentums) vollbringt dies Unmögliche, überzieht und vereinigt alle Bezirke des Menschenwesens mit den Strahlungen seiner Prismen. In der Welt zu leben, als sei es nicht die Welt, das Gesetz zu achten und doch über ihm zu stehen, zu besitzen, als besäße man nicht, zu verzichten, als sei es kein Verzicht – alle diese beliebten und oft formulierten Forderungen einer hohen Lebensweisheit ist einzig der Humor zu verwirklichen fähig.«[5]

Ist also das Matthäusevangelium, dieser widerstrebende Versuch eines Bindegliedes zwischen dem Unbedingten der Gestalt Jesu und den Bedingtheiten des Bürgerlichen, eine solche humorvoll zu lesende Betrachtung für »Steppenwölfe« des Religiösen? Es gibt Stellen, da möchte es so scheinen. Im 13. Kapitel des Matthäusevangeliums (24–30) zum Beispiel werden wir mit der brennenden Ungeduld der »Knechte« eines »Hausherrn« konfrontiert, in dessen Weizen »ein böser Mensch« Unkraut gesät hat; die Knechte drängen darauf, in die Saaten zu fahren und das Unkraut auszureißen – da verwarnt sie ihr Herr, sie würden mit einem solchen Vorgehen auch das Getreide verwüsten: Ungeduld tötet. Also wird man wohl oder übel bis zum Erntetag warten müssen. Man muß mit dem Bösen leben, man darf es nicht ausrotten, oder man würde den Bestand des Ganzen gefährden! Das riecht so recht nach Bürgerschläue, das braucht und lehrt, wenn man es leben will, unzweifelhaft Humor; das ist freilich, in einem unendlichen Abstand zum Standpunkt des »Bürgers«, auch wiederum nur möglich in dem rein irdisch nie begründbaren Vertrauen, daß es trotz allem eine übergreifende Ordnung und Gerechtigkeit zumindest bei Gott, am »Ende«, geben wird.

Doch damit allerdings ist auch der »Humor« des Matthäusevangeliums bereits zu Ende. Wie kein anderer warnt absolut unduldsam und unhumorig immer wieder Matthäus vor dem Großen Gericht: Johannes der Täufer hatte damit begonnen (Mt 3,9–12; 13,30), und ebenso unerbittlich wird auch die Botschaft Jesu, wie Matthäus sie schildert, damit fortfahren, die Menschen vor ein ganz und gar unbürgerliches, nicht zu vermittelndes Entweder-Oder zu stellen: Entweder man beschreitet den Weg des Lebens, der durch die enge Pforte führt und nur von »wenigen«, das heißt von einzelnen, Entschiedenen gegangen wird (Mt 7,13–14), oder man verliert sich auf dem breiten Weg der Masse und geht sehenden Auges ins Verderben; ein Mittleres ist ausgeschlossen. Entweder man dient dem Götzen Mammon, oder man läßt alles irdische Eigentum fahren, um wirklich Gott zu dienen (Mt 6,19–21.24). Entweder man lebt angeberisch, um die Gunst der Menge buhlend, vor den Augen aller zum Fenster hinaus und wird dabei immer leerer und leerer, oder man bleibt bei dem, was wirklich stimmt, und tritt in der Stille des Herzens vor den Gott hin, »der im Verborgenen sieht« (Mt 6,3.6.17). Entweder man lebt wirklich, was Jesus wollte, oder man verurteilt sich selbst mitten im Sprechen von Gott oder Christus zu einem eitlen Geschwätz, das weder Grund noch Halt besitzt (Mt 7,21–27).[6] Nicht den »Frieden« – das »Schwert« zu bringen, ist der Jesus des Matthäus gekommen (Mt 10,34) – nicht die Beruhigung, sondern die Entscheidung, nicht den bürgerlichen Zusammenhalt, sondern das Zerreißen aller natürlichen Bindungen (Mt 10,35). Und über allem, hinter allem wird stehen der Ausblick auf die endgültige Scheidung, auf das »Gericht« des Menschensohnes, wenn »die Handlanger der Gesetzlosigkeit« »in den Feuerofen« geworfen werden (Mt 13,41–42.49–50). Vor der »*Hölle*« zu warnen, wird Matthäus nicht müde; gleich sechsmal (Mt 8,12; 13,42; 13,50; 22,13; 24,51; 25,30) spricht er von der verzweifelten Wut, von dem »Heulen und Zähneknirschen«, das die ohnmächtige, weil allzu späte »Reue« der Verworfenen kennzeichnen wird. Offensichtlich will Matthäus mit solchen Schilderungen ein Maximum an Angst erzeugen[7], um die Gemeinde seiner Zeit vor dem Absturz in die Verspießerung, in die Verbürgerlichung oder auch nur in den Zwischenzustand einer humorigen »Steppenwolfexistenz« zu bewahren. Unter den Augen des Absoluten, unter der Perspektive der Ewigkeit gibt es keine Kompromisse. Ja, es kann sein, versichert er im Gleichnis von dem königlichen Hochzeitsmahl (Mt 22,1–14), daß jemand (im Raum der Kirche!) in den »Hochzeitssaal des Königs« eingeladen ist und sich gleichwohl als unwürdig erweist. Selbst die Zugehörigkeit zu der Gemeinde Christi bietet mithin keine Beruhigung; es darf und soll nicht zur bloßen Formalie, zum bloßen Verwaltungsakt degenerieren, ein Christ zu sein; Matthäus hat die größte Angst vor dieser Möglichkeit, und so erzeugt er gegen diese Möglichkeit die größte Angst. Die Botschaft Jesu, die Person des Mannes aus Nazareth duldet keinen bürgerlichen Kompromiß.

b) Der kirchliche Kompromiß oder: Die geregelte Vergebung

Aber die »Kirche« muß Kompromisse mit den Menschen schließen. Das ist Matthäus genauso klar. Und zwischen diesen beiden Einsichten kommt er ersichtlich nicht zurecht, so wenig wie zwischen all den anderen logischen Unverträglichkeiten seiner Aufgabe. Da kann er sich auf der einen Seite gar nicht genug tun, die Würde und Bedeutung derer zu schildern, die an Jesus glauben: »Ihr seid das Licht der Welt« (Mt 5,14–16)! »Geht und macht alle Völker zu Jüngern« (Mt 28,19); auf der anderen Seite aber weiß er natürlich, daß das Unnachahmliche sich nicht nachahmen läßt, daß das Vorbild Jesu einen nie einholbaren Abstand behalten wird, daß selbst das »Wirken« in Christi Namen womöglich mit der Wirklichkeit des Christus durchaus nichts zu tun hat (Mt 7,22). Mit aller Leidenschaft möchte Matthäus die Gruppe der an Jesus Glaubenden als die eigentliche Elite der Menschheit verstehen, auf welcher alle Hoffnungen und Verheißungen Israels ruhen (Mt 5,14); und doch fürchtet er um das Schalwerden des Salzes (Mt 5,13). Schon eine Generation nach Jesus, nur knapp ein halbes Jahrhundert später – und alles scheint wie ins Wanken geraten.

Es ist bezeichnend, wie Matthäus das Problem der Anpassung des absolut Außergewöhnlichen an das Gewöhnliche, der drohenden Verflachung des Erhabenen zum Durchschnittlichen, der jederzeit möglichen Verformung des Unerhörten zum Trivialen zu begegnen versucht; es ist ein Verfahren, das bis in die Gegenwart hinein vor allem in der katholischen Kirche Gültigkeit erlangt hat und das man bezeichnen könnte als die geregelte Vergebung bzw. als die Maßregelung des Paradoxen. Gemeint damit ist dieses:

Gerade das Matthäusevangelium überliefert aus dem Munde Jesu Gleichnisse, die in der Voraussetzungslosigkeit ihrer Güte schier revolutionär anmuten. In Mt 18,21–35 zum Beispiel, im Gleichnis vom »Schalksknecht«, erzählt Matthäus die Geschichte eines Mannes, der bei seinem »König« mit 10 000 Talenten sich in Schulden gewirtschaftet hat; dieser Mann, wenn es gerecht zuginge, wäre verloren, er könnte machen, was er wollte. Schon befiehlt der König, er müsse verkaufen: seine Frau, seine Kinder, sich selbst; im Wissen jedoch, daß selbst eine solche lebenslängliche Sippenhaft nicht einmal die Zinsen der Schulden dieses Mannes würde tilgen können – da wirft der Knecht sich zu Boden und bittet um Erbarmen, und der »König«, aus lauter Mitleid, erläßt ihm all seine Schuld. So leben wir, will Jesus sagen, vor den Augen Gottes: Wir wären verloren, legte Gott an uns den Maßstab der Gerechtigkeit an. Er tut es nicht, und daraus existieren wir – aus dem reinen Erbarmen Gottes[8]; Gott gibt, wie Jesus im Gleichnis von den Arbeitern im Weinberg erzählt (Mt 20,1–16), auch dem Letzten noch, was er braucht.[9] Aus der Erfahrung einer solchen Güte ergibt sich für Jesus das Bild eines Gottes, »der seine Sonne aufgehen läßt über Bösen und Guten, und der es regnen läßt über Rechten und Unrechten« (Mt 5,45); und aus dem Bild dieses Gottes ergibt sich für ihn als das Zentrum seiner ganzen Verkündigung vor allem die Forderung einer grenzenlosen Bereitschaft zur Vergebung. Beides hängt für ihn voneinander ab: Die Fähigkeit der Menschen, einander zu vergeben, gründet sich einzig in der Evidenz, ohne das Erbarmen Gottes bis in die Wurzeln der Existenz hinein das Recht zum Dasein verwirkt zu haben; doch auch umgekehrt: Gott, meint Jesus, wird die Menschen richten einzig nach ihren eigenen Maßstäben (Mt 7,1–5): Wenn jener Knecht zum Beispiel, dem die maßlose Summe seiner Schuld ganz und gar gratis erlassen wurde, nun hingeht, um einem seiner Mitknechte für nichtige Beträge an die Gurgel zu gehen, wird sein »König« schließlich genauso unnachsichtig an ihm handeln (Mt 18,32–34). »Und laß uns nach, was wir verschuldet, wie auch wir nachgelassen haben denen, die sich uns verschuldet«, mit diesen Worten wird Jesus seine Jünger beten lehren (Mt 6,12), und Matthäus fügt noch hinzu: »Denn wenn ihr den Menschen ihre Verfehlungen nachlaßt, wird euer Vater, der himmlische, auch euch Nachlaß erteilen. Wenn aber ihr den Menschen nicht nachlaßt, wird auch euer Vater nicht nachlassen eure Verfehlungen« (Mt 6,14–15). Alles gründet hier in einem Zusammenhang grundloser Güte und innerer Freiheit; nicht die moralische Tugend, sondern die innere Weite ist, wenn es so steht, der Maßstab; und nicht, was jemand getan hat, sondern wie man den Fehler bei sich selber sucht (Mt 7,1–5) und sich bemüht, dem anderen nachzugehen wie einem verlorenen Schaf (Mt 18,12–14), in der Bereitschaft, ihm notfalls »77mal« zu vergeben (Mt 18,22), ist der Blickwinkel, unter dem Jesus das »Böse« im Menschen besiegen möchte. Er möchte nicht, daß die Macht der Bosheit die Handlungsfreiheit der Güte einengt – »überhaupt nicht reagieren auf das Böse« (Mt 5,39), lautet seine Weisung. Es ist der ganze Inhalt seiner Botschaft, daß das Vertrauen auf Gott die Angst vor den Menschen zu überwinden vermag (Mt 10,26–33).

Das alles überliefert Matthäus selbst; das alles sind ihm heilige Worte und oberste Anliegen; und dennoch steht er vor einer Frage, auf die es in der Botschaft Jesu scheinbar keine Antwort gibt: Was ist, wenn Menschen diesen Spielraum der Güte und des Erbarmens inmitten der Kirche schamlos ausnutzen? Wie geht die Gemeinde der Jünger Jesu mit dem »Bösen« und den »Bösen« um, wenn die Selbstheilungskräfte des Guten zu versagen drohen? Matthäus weiß an dieser Stelle keinen anderen Rat, als mit Berufung auf Jesus ein Verfahren zu ersinnen, das von der ursprünglichen Botschaft Jesu weit entfernt ist: Wenn jemand in der Kirche »sündigt«, erklärt Matthäus, so soll ein anderer ihn unter vier Augen »brüderlich« zurechtweisen und, wenn das nicht hilft, entsprechend der Weisung von Dtn 19,15, vor zwei anderen Zeugen ihn zur Rede stellen; wenn der Betreffende auch dann noch nicht hören will, so soll man an die Gemeinde appellieren; die allerdings wird ihn notfalls ausstoßen wie einen »Heiden oder Zöllner«, und selbst Gott im Himmel wird sich in diesem Falle an die Entscheidung seiner Gläubigen gebunden fühlen (Mt 18,15–18).[10] Da ist bei allem Suchen nach Verständigung kein Gedanke mehr, daß der andere zum »Sünder« vielleicht nur werden konnte durch fremde Fehlerhaftigkeit; da ist entgegen der Botschaft Jesu der Maßstab ganz eindeutig, der die Guten und die Bösen voneinander trennt; da ist kein Gott mehr, der es gleichermaßen über beide regnen läßt; da wird nicht einmal mehr für möglich gehalten, daß ein wirklich »Unbelehrbarer« unter Umständen für ein Recht kämpft, das die anderen nur (noch) nicht bereit sind zu verstehen oder einzugestehen[11]; und vor allem: wenn es sich denn schon um etwas wirklich »Böses« handeln sollte, so soll es jetzt, in der kirchlichen Notverordnung des Matthäus, mit eben jenen Waffen bekämpft werden, die Jesus den Menschen im Namen Gottes gerade aus der Hand nehmen wollte: Da wird »Gericht« gehalten, da wird das »Unkraut« ausgemerzt, da wird der Mann mit seinem nichtfesttäglichen Gewand des Saales verwiesen (Mt 22,12–13) – jetzt schon, keinesfalls erst am Ende der Tage; da übernimmt die Kirche des Matthäus im Widerspruch zum Gleichnis vom Unkraut im Acker selbst bereits das Richteramt des Menschensohnes. Eine ungeheuere Verschiebung ist hier eingetreten, ein Erdrutsch der Angst, ein klarer Kontrast zu allem, was

Matthäus eigentlich sagen mochte und was er Jesus den Worten nach in seinem Evangelium sagen läßt.

Doch gerade mit diesem »Erdrutsch«: von der Ungebundenheit und Offenheit eines gütigen Vertrauens weg in Richtung einer Gemeindeordnung mit einem göttlich garantierten Entscheidungs- und Weisungsrecht, beginnt jene »amtliche Maßregelung des Paradoxen«, die man als das katholische Prinzip im Matthäusevangelium bezeichnen kann. Denn wenn diese neue Ordnung des Matthäus gilt, bleibt der einzelne Gläubige in alle Zukunft, falls er – in den Augen der Kirche! – in Schuld gerät, auf die Leitung und Übereinstimmung der kirchlichen Instanzen angewiesen. Gewiß: das ist noch weit entfernt etwa vom »Sakrament« der »Beichte« in der katholischen Kirche[12], aber es tendiert doch bereits in diese Richtung; es macht aus dem freien Umgang mit menschlicher Schuld unter den einzelnen, zwischen Ich und Du, zwischen der Einsicht in die eigene Person und der Bereitschaft zum Verständnis der Handlung und der Haltung eines anderen, so etwas wie ein objektives Reglement, wie ein göttliches Tribunal, das die Kirche verwaltet bzw. schon auf Erden vorwegnimmt, es macht aus der geschwisterlichen Güte, die Jesus uns lehrte, einen Rechtstitel zur »correctio fraterna«[13] bis hin zu Schiedsspruch und Verurteilung. Man kann es nicht anders sagen: So tritt das Recht wieder an die Stelle des Erbarmens, so verdrängt die Angst vor dem Chaos die Anarchie der Liebe, so etabliert sich an Stelle der Botschaft Jesu vom Vertrauen auf Gott die Ordnung der Kirche im Namen Gottes. So wird die Glut zur Asche, der Regen zu Schnee, das rinnende Wasser vereist.

Es ist freilich klar, worin der »Vorteil« einer solchen »Lösung« liegt, wie Matthäus sie vorschlägt. Indem der Evangelist die bedingungslose Vergebungsbereitschaft, die Jesus in die Welt tragen wollte, an die Bedingungen einer kirchlichen Verfassung knüpft, gelingt es ihm, die Kluft zwischen Ideal und Wirklichkeit, zwischen dem Vorbild Jesu und dem Nachbild im Leben der Gläubigen zu überbrücken. Je schwächer die Erfahrung jener inneren Befreiung wird, die Jesus zu vermitteln kam, desto mehr verwandeln sich die Person und die Botschaft des Mannes aus Nazareth in eine moralische Forderung, in ein sittliches Ideal, und desto mehr erscheinen die Menschen, gemessen daran, als unvollkommen, schuldig und sündhaft; das »Ideal« selbst aber braucht dadurch keine Einbuße zu erleiden, im Gegenteil: es ist ein und dieselbe Kirche, die fortan den Menschen die Botschaft Jesu als ein erhabenes Ziel, als eine göttliche Notwendigkeit vorstellen und die dennoch fehlbare Menschen in ihren Reihen dulden kann; das Verfahren dazu liegt in der Institutionalisierung der Vergebung selbst durch ein kirchliches Amt. An den Idealen des Christus braucht so lange nichts geändert zu werden, als es gelingt, die Menschen bei jeder Abweichung von den Zielsetzungen ihre Schuld empfinden zu lassen, und sie können mit ihren Schuldgefühlen leben, in dem Wissen, daß ihnen Vergebung wird durch den Mund der Kirche; von dem aber werden sie nun zunehmend abhängig. Denn daß der Glaube an die Vergebung der Schuld durch Gott wesentlich in der Fähigkeit wurzelt, gegen die Kräfte der Selbstablehnung und des anerzogenen Selbsthasses sich selber zu vergeben[14], ist kein Gegenstand einer solchen kirchlichen Unterweisung mehr. Tatsächlich führt ein derartiges Arrangement von Ideal und Schuld, von moralischer Forderung und amtlicher Vergebung je länger, je mehr zu eben jener Haltung, die Hermann Hesse als die Einstellung des »Bürgers« gegenüber dem Staat beschrieben hat: Macht, Gesetz und eine delegierte Verantwortung sind die Koordinaten einer solchermaßen verfaßten Kirche.

c) Geschwisterliche Gottunmittelbarkeit oder die Hierarchisierung des Heils: Von einer falschen Alternative und einer falschen Ideologie

Hat Jesus, muß man sich jetzt bereits fragen, überhaupt so etwas wie eine Kirche gewollt? Es gibt Autoren, die glauben, genau beschreiben zu können, »wie Jesus Gemeinde gewollt hat«.[15] Es ist das Matthäusevangelium selbst, das die größten Zweifel daran aufkommen läßt, daß Jesus eine »Gemeinde« oder »Kirche« hat einrichten wollen.[16] Dem ganzen Erscheinungsbild nach hat Jesus durchaus nichts von dem Gehabe eines Priesters oder Schriftgelehrten an sich[17]; ja, Matthäus dürfte auch historisch ganz zutreffend berichten, wenn er Jesus mit seiner Predigt von der Nähe des »Königtums der Himmel« unmittelbar in die Fußstapfen Johannes des Täufers treten läßt (Mt 3,2; 4,17). Ein Prophet zu sein ist denn auch die Meinung der Zeitgenossen über Jesus (Mt 16,14). Etwas lebt in dem Mann aus Nazareth in ihren Augen von der Wucht eines Elija, der am Karmel das Gottesurteil über die Baalspriester erzwang (1 Kön 18,1–46)[18] und die Menschen von Götzenangst befreite; etwas scheint in ihm auf von der verzweifelten Hoffnung beziehungsweise von der tragischen Größe eines Jeremia, der Gott förmlich anflehte, sein Gericht nur ja bald über

Jerusalem und den Tempel zu werfen (Jer 7,1–15; 25,1–14)[19] und alles Äußere zu zerstören, damit endlich, nach den Tagen des Zusammenbruchs, Gott von vorne in das Innere des Menschen sein »Gesetz« schreiben könne. »Da wird keiner mehr den anderen, keiner seinen Bruder belehren und sprechen: ›Erkennet den Herrn!‹, sondern sie werden mich alle erkennen, klein und groß, spricht der Herr; denn ich werde ihre Schuld verzeihen und ihrer Sünden nimmermehr gedenken« (Jer 31,33–34). Es sind diese Worte, an die Matthäus erinnert, wenn er Jesus (gegen die Darstellung von Mt 1,4) im Abendmahlssaal den Kelch an seine Jünger segnen läßt als das »Blut des Bundes ... zur Vergebung der Sünden« (Mt 26,28).[20] Mit einer solchen prophetischen, an Jeremia gemahnenden Haltung läßt sich nicht gut die Frage verbinden, in welcher Form Jesus eine Gemeinde gestiftet und organisiert habe. Wie Menschen gemeinschaftlich miteinander leben, das war die Frage, die Jesus immer wieder stellte und die er von Gott her zu beantworten suchte; aber vollkommen unwichtig war ihm die Frage des Aufbaus einer Gemeinde, die Konstruktion einer Gemeindeordnung und die Einrichtung ihrer Instanzen und Gremien.

Matthäus selber weiß am besten, daß es sich so verhält. Er überliefert Worte Jesu, die in aller Eindringlichkeit aufs äußerste den Geist des Jeremia atmen: »Laßt ihr euch nicht Rabbi nennen; denn einer ist euer Meister, ihr alle aber seid Brüder. Nennt auch niemand auf Erden euren Vater; denn einer ist euer Vater, der himmlische« (Mt 23,8.9). Es ist, wenn solche Worte gelten, keine »Gemeinde« vorstellbar, in welcher der eine sich hinstellt vor den anderen, um ihn über Gott oder über Gut und Böse belehren zu wollen, und noch weniger vorstellbar ist so etwas wie eine beamtete Gelehrtenschicht im Namen Gottes oder ein »Lehramt« im Namen Christi.[21] Mit demselben Zorn, mit dem Jeremia den Schriftgelehrten seiner Zeit vorwarf, mit ihrem »Lügengriffel« die Ordnung des Herrn verdorben zu haben (Jer 8,8)[22], wird der Jesus des Matthäusevangeliums Gott dafür danken, daß er das Geheimnis seines Königtums den »Gebildeten« und »Vernünftigen« verborgen, es den »Kindlichen« aber enthüllt hat (Mt 11,25). Die »Einfältigen«, die »Kleinen«, wie Matthäus sie oft nennt, tragen ihre Wahrheit unmittelbar von Gott her in sich, und so warnt er in eindringlichen Worten davor, einen »dieser Kleinen« zu verachten oder zur »Sünde« zu verführen (Mt 18,6.10); sie sind es, die ihm gelten als das 100. Schaf, dem Jesus als der gute Hirte nachgegangen ist (Mt 18,14). Diese »Kleinen« brauchen keine »Lehrer« (Mt 23,10), sondern einzig die Geduld einer suchenden, begleitenden, mittragenden Güte.[23] Wenn sich aus solchen Grundlagen eines gemeinschaftlichen Zusammenlebens die »Ordnung« einer »Gemeinde« ableiten läßt, so ist sie im Sinne des Matthäus gewiß das strikte Gegenteil dessen, was wir heute als die Verfassung insbesondere der katholischen Kirche vor uns sehen: Sie ist eindeutig und in aller Entschiedenheit nicht patriarchalisch, nicht autoritär, nicht lehramtlich verfaßt, nicht macht- und weisungsgebunden. Sie ist eine Gemeinschaft von Menschen, denen nur Christus selber als Lehrer gilt (Mt 23,10) und die in sich selber die Gegenwart ihres Meisters verkörpern: »Denn wo zwei oder drei in meinem Namen versammelt sind, da bin ich mitten unter ihnen« (Mt 18,20).

Eine kleine chassidische Legende berichtet: Ein Schüler fragte seinen Rabbi: Wie kommt es nur – wenn man den Namen des Allmächtigen schreibt, setzt man zwei »Jud« nebeneinander; wenn man aber das Ende eines Satzes bezeichnet, setzt man ein »Jud« über das andere. Antwortete der Rabbi: Gerade so ist es: Steht ein Jud neben dem anderen, so bedeutet es die Gegenwart Gottes (Jahwes, Jejah), steht aber ein Jud über einem anderen, so bedeutet dies, daß die Gottesrede zu Ende ist.[24] – Dieser Gedanke, ausgesagt von der Gegenwart Christi – das ist die Gemeinschaft von Menschen, wie Matthäus sie möchte – im Namen Jesu.

Aber die Gemeinde! Kann es denn ein Zusammenleben unter Menschen geben ohne eine innere Ordnung und Gliederung? Nein, das kann es nicht. Eine nicht geringe Anzahl theologischer Autoren setzt heute ihren Ehrgeiz darein, die hierarchische Struktur der Kirche als einen bereits in der Bibel nachzuweisenden Verrat an der Botschaft Jesu auf die Anklagebank zu bringen; nie habe der Mann aus Nazareth eine Schichtung von Menschen über Menschen gewollt, begründet oder geduldet, er habe sie gerade auf das heftigste bekämpft. Das ist zweifellos richtig. Matthäus selbst überliefert im 23. Kapitel seines Evangeliums Worte Jesu von solcher Heftigkeit, daß es unmöglich ist, zu glauben, derselbe Mann, der dem Stand der Theologen und der Priester seiner Zeit so radikal entgegentrat, habe auch nur von ferne ähnliche Stände und Zustände für die Gemeinschaft seiner Jünger konzipieren oder rezipieren wollen. »Sie binden schwere Bürden und legen sie den Menschen auf die Schultern; selber aber rühren sie nicht mit dem Finger daran« (Mt 23,4) – das war das Urteil Jesu über die Zunft der »Kleriker« und »Fachtheologen« seiner Zeit.[25] Er sah in ihnen nichts anderes als Leute, die wie eine Fettschicht auf dem Wasser schwimmen und den Lebewesen im Meer den Sauerstoff nehmen.

»Wehe euch ...«, fügt er hinzu, »daß ihr das Königtum der Himmel vor den Menschen zuschließt. Denn ihr kommt nicht hinein, und die, welche hinein wollen, laßt ihr nicht hinein« (Mt 23,14).[26] Ja, noch einmal gesteigert: »Wehe euch ..., daß ihr Meer und Land durchzieht, um einen einzigen zum rechten Glauben zu bekehren; und wenn ihr ihn gewonnen habt, macht ihr einen Sohn der Hölle aus ihm, doppelt so schlimm wie ihr selber« (Mt 23,15).[27] Es sind diese Worte, mit denen im Matthäusevangelium Jesus endgültig den Konflikt mit der geistigen Führerschaft des Volkes ins Tödliche treibt; so wie diese Kreise ihn im Namen Gottes verurteilt haben, so verurteilt er jetzt sie – im Namen Gottes. Erneut: ein Entweder-Oder. Entweder die abgehobene, von keiner Menschennot berührte Rechthaberei eines »gelehrten« Standes, der in der Länge seiner heiligen Traditionen am Ende nur noch sich selber interpretiert, oder die Unmittelbarkeit des »Volkes«, der »Scharen«, der »Kleinen«, die bei Matthäus als »Chor« des Staunens, Erschreckens, Jubelns und Zustimmens Stelle um Stelle die Worte und Wunder Jesu begleiten. Wer nach Gott nur fragt in der »objektiven« Unbetroffenheit »gelehrter« Distanz, dem wird sich das Geheimnis Jesu niemals erschließen, meint Matthäus (21,23–27) entsprechend bereits der Vorlage des Markus (11,27–33); doch er sieht in ebendieser »hohenpriesterlichen« Haltung den Kern aller Verworfenheit: Als Johannes die »Pharisäer« und Sadduzäer ein letztes Mal aufrief zur Umkehr (Mt 3,7–10), waren sie außerstande, auch nur zu begreifen, was sie an ihrem Leben hätten ändern sollen (Mt 21,28–32); und immer wieder werden sie »Beweise« verlangen und können nicht merken, daß Gott sich nur dem zeigt, der ihn mit dem Herzen sucht und sieht (Mt 12,38 f.). Es ist im Matthäusevangelium immer wieder dasselbe: Alle Menschen, die wissen, was psychisches, physisches und soziales Leid ist, verstehen aufs Wort, wovon Jesus zu ihnen redet, wenn er von Gott spricht; die anderen aber, die Gott schon kennen oder fertig erklärt haben wollen, können sich allenfalls bedroht und in Frage gestellt fühlen, wenn Menschen auftreten wie Johannes der Täufer oder wie Jesus; gegen diese müssen sie ihren »Gott« verteidigen auf »Teufel komm raus«, indem sie alles Heilige und Heilende zum Gottwidrigen und Teuflischen pervertieren (Mt 12,24–32). Kein Zweifel: ein »Lehramt« und ein »Priesteramt« dieser Prägung ist im Sinne Jesu buchstäblich »die Sünde wider den Heiligen Geist«. Gott ist Person, meinte SÖREN KIERKEGAARD; »und da kannst du wohl sehen, wie es ihm gefällt, wenn du ihm den Mund mit Musterblättern wischen willst«.[28]

Und doch läßt sich nicht leugnen, daß Matthäus selbst seine Gemeinde hierarchisch gegliedert sehen will und daß er sich, wie in mutwilligem Widerspruch zu seinen eigenen Worten, alle Mühe gibt, diese Gliederung auf Jesus selbst zurückzuführen.

Da gibt es, als erstes, den Kreis der (zwölf) Jünger, denen in Mt 18,15–18 Jesus die Vollmacht zu binden und zu lösen überträgt[29] – sie sind es, denen Jesus immer wieder in besonderer Belehrung den Sinn seiner Worte erschließt (Mt 13,10; 13,36; 13,51; 15,15)[30]; sie sind es auch, die er nach und nach in den Sinn seines Leidens einführt (Mt 16,21; 17,22–23; 20,18–19)[31]; sie sind es vor allem, die Jesus mit der Macht über die unreinen Geister ausstattet und befähigt, »jede Krankheit und jedes Gebrechen« zu heilen (Mt 10,1)[32], so wie sie dazu bestimmt sind, den Hungernden Nahrung zu geben (Mt 14,13–21; 15,32–39); ja, in einer der längsten Reden des ganzen Evangeliums setzt Jesus, laut Matthäus, dieses Gremium der Zwölf bevorzugt dazu ein, auf Leben und Tod von ihm Zeugnis abzulegen, bereit zum Leiden nach dem Vorbild ihres Meisters (Mt 10,1–39), aber auch wert aller Ehre als seine Jünger (Mt 10,40–42).[33] Innerhalb dieses Kreises der zwölf Jünger oder »Abgesandten« (Apostel) wird indessen noch einmal das Dreiergremium von Petrus, Jakobus und Johannes bevorzugt von Jesus zu den Zeugen seiner Verklärung (Mt 17,1) und seines Leidens in Gethsemane erwählt (Mt 26,37)[34]; beide Stellen gehen bereits auf die Vorlage des Markusevangeliums zurück (Mk 9,2; 14,33); Matthäus aber tut noch ein übriges, indem er die Berufung dieser drei vollkommen von der Berufung der anderen »Apostel« isoliert (Mt 4,18)[35] und sie somit zu den »ersten« Hörern der Botschaft Jesu erklärt, die da lautet: »Genaht hat sich das Königtum der Himmel« (Mt 4,18); zusammen mit dem Simon-Bruder Andreas, der in allem folgenden keinerlei besondere Rolle spielen wird, sind es diese drei, die sich mit Jesus zusammenschließen, als er vom Berge herab an die Menge der Kranken und Gequälten die Worte der Seligpreisungen richtet (Mt 5,1). Alles das bedeutet zweifellos eine besondere Erwählung, eine besondere Vollmacht, eine besondere Aufgabe und eine besondere Kenntnis der Botschaft Jesu für den besonderen Kreis der Zwölf und innerhalb des Zwölferkreises insbesondere für das Gremium der drei.

Doch mit all diesen Besonderheiten noch nicht genug! Innerhalb des Dreiergremiums beziehungsweise innerhalb der Zwölf nimmt besonders Petrus eine herausragende Stellung ein.[36] Er ist buchstäblich der »Ersterwählte« unter den Jüngern (Mt 4,18); er ist es, der Jesus stellvertretend für die Zwölf um eine nähere Auslegung seiner Rede über die Beseitigung der Unreinheit bestimmter Speisen ersucht (Mt 15,15); er ist es, der Jesus fragt, wie oft er seinem »Bruder« vergeben soll (Mt 18,21); und er ist es, der im Namen der anderen Jünger Jesus fragt, welche Belohnung ihnen zuteil werde dafür, daß sie »alles verlassen« haben und Jesus »nachgefolgt« sind (Mt 19,27). Die Rolle, die Petrus im Matthäusevangelium spielt, wird besonders deutlich in der legendären Szene vom Seewandel Petri (Mt 14,28–33): Da löst Jesus seine Jünger, die in ihm ein Gespenst erblicken, aus der Starrnis der Furcht mit den begütigenden Worten: »Faßt Mut. Ich bin!« (Mt 14,27). Petrus aber »antwortet« ihm mit der Bitte, zu ihm über das Wasser gehen zu dürfen, und Jesus spricht zu ihm: »Komm!«; doch wie er aus dem Schiff steigt und über dem Wasser Jesus entgegengeht, sieht er den Wind und gerät in Furcht, und augenblicklich beginnt er zu sinken. Da streckt Jesus dem Versinkenden die Hand entgegen und rettet den »so wenig Glaubenden«. Es ist dieser Augenblick, da im Matthäusevangelium die Jünger im Boot sich vor ihrem Meister niederwerfen und ihm bekennen: »Du bist in Wahrheit Gottes Sohn« (Mt 14,33). Das Bekenntnis, das bei Markus einzig der römische Hauptmann unter dem Kreuz im Schatten des Todes Jesu zu sprechen vermag (Mk 15,39)[37], legen bei Matthäus die Jünger Jesu in diesem Moment ab, da sie sehen, wie Jesus den Ersten der Apostel aus dem drohenden Untergang rettet.[38] Nur vor dem Hintergrund dieser Erfahrung wird verständlich, daß Petrus in Mt 16,16, stellvertretend erneut für die Jünger, das Bekenntnis zu Jesus als dem Christus, dem Sohn des lebendigen Gottes, ablegen kann.

Aus all dem geht hervor, welch einen großen Wert Matthäus auf eine hierarchische Gliederung der Jesus-Gemeinde legt, indem Jesus vom ersten Moment seines öffentlichen Wirkens an den Petrus (mit seinem Bruder Andreas) nebst den beiden Zebedäus-Söhnen Jakobus und Johannes in den Kreis seiner Jünger beruft (Mt 4,18–22), und diesen Kreis dann (Mt 10,1–4) auf die Zwölfzahl erweitert. Deutlich sind es besondere Vollmachten und Befähigungen, die in einer abgestuften hierarchischen Gliederung die Zwölf von den namenlosen »Scharen« unterscheiden. Also doch ein Oben und Unten in der Gemeinde Jesu? Also soll doch der eine als »Rabbi« und »Vater« vor den anderen hintreten und ihn belehren? Insbesondere die katholische Kirche hat mit Berufung gerade auf das Matthäusevangelium ungehemmt die entsprechende Folgerung daraus gezogen: Petrus – das ist für sie der kommende Papst[39], die Zwölf – das sind die späteren Bischöfe[40], die gemeinsam die unfehlbare Lehre Christi unfehlbar dem gläubigen Volke vorlegen können und müssen.[41] Aber so einfach verhält es sich nicht. Die hierarchische Struktur der Kirche ergibt sich bei Matthäus in deutlichem Kontrast zu dem »prophetischen« Ideal der Verkündigung Jesu; sie folgt einer faktischen Notwendigkeit jedes geordneten Zusammenlebens in Gruppen, aber sie ist historisch nur sehr schwer mit der Botschaft Jesu zu vereinbaren; mit anderen Worten: Wer die hierarchische Gliederung der (heutigen) Kirche mit den Vorstellungen einer besonderen Amts- und Lehrgewalt »theologisch« rechtfertigen will, der kann sich zwar zu einem gut Teil auf das Matthäusevangelium berufen, doch die wahre Begründung einer hierarchischen Verfassung der Kirche ergibt sich nicht aus den Worten des Jesus von Nazareth selbst, sondern »nur« aus den ganz und gar »profanen«, »naturhaften« Gesetzmäßigkeiten sozialer Gruppenbildungen, und dann bleibt vor allem die Frage völlig offen, inwieweit man berechtigt sein kann, die hierarchische Gliederung der Kirche, die zunächst rein funktional besteht, zugleich sakramental zu verstehen und mit göttlichem Anspruch zu überhöhen.

Da man in Theologenkreisen sich selten klarmacht, ein wie universelles Prinzip die Hierarchisierung von Schaltungen in der Evolution des Lebens darstellt, sei die »Naturnotwendigkeit« hierarchischer Ordnungen ein wenig näher beleuchtet. Bereits mit den Mitteln der Physik, Chemie und Biologie läßt sich heute die hierarchische Gliederung alles Seienden und alles Lebendigen nachweisen, ja, man kann zeigen, daß nicht einmal der DNA-Strang eines Einzellers funktionsfähig wäre ohne eine feste hierarchische Gliederung. Dafür ein Beispiel: 1959 entdeckten A. Pardee, F. Jacob und J. Monod die Steuerung der Zuckerverdauung beim Coli-Bakterium: Ein Regulator-Gen produziert Repressormoleküle, die ihrerseits das Operator-Gen verriegeln, den Einschalter einer Reihe von Struktur-Genen. Ist nun im Milieu Zucker genug vorhanden, so driften seine Moleküle ins Plasma, »legen sich an die Repressormoleküle und verändern diese dadurch so, daß sie den Operator nicht mehr verriegeln können. Folglich werden die Struktur-Gene laufend abgelesen und die Botschaften in die zuckerspaltende Lactose übersetzt. Ist der Zucker abgebaut, so kann der Repressor nicht mehr deformiert werden; er verriegelt den Operator, und die Produktion der Lactose wird eingestellt. Sobald aber Zucker erneut auftritt, schaltet die Produktion wieder ein.«[42] Es gibt mithin bereits auf der Ebene der Mikroorganismen so etwas wie ein Lernen der Moleküle in Regelkreisen, deren Steuerung in den Erbinformationen verankert wird; und diese Strategie, fertige Regulationsformen durch die Etablierung geschlossener Programme zu codieren und damit den Spielraum des Möglichen vorweg zu kanalisieren, ist nicht eine Randerscheinung der Evolution, sondern sie bildet deren innere Achse. Je höher man in der Entwicklung des Lebens steigt, desto mehr nimmt die Anzahl solcher Regelkreise zu. Vor allem bei der Entwicklung der höheren Sinnesorgane, die eine Fülle von Informationen in den Körper leiten, bedarf es eines Filter-Auslöser-Systems, das die entsprechenden Reaktionen steuert, und selbst diese müssen hierarchisch geordnet sein, um erfolgreich zu werden. So zeigte PAUL WEISS zum Beispiel, »daß allein die Schaltung der Motorik wenigstens sechs Schichten enthält. Sehr viele Einzelbefehle sind zum Befehl an einen Muskel, diese (Muskeln, d. V.) zu den Antagonistengruppen um ein Gelenk zusammengefaßt, die Gruppen zu koordinierten Befehlen für eine Extremität, die Extremitäten zueinander und endlich alle Extremitäten zur Bewegung des ganzen Körpers geordnet. Solche Gesamtprogramme wiederum besitzen völlig festgelegte Abfolgen und Alternativen, wie wir das von allen Stereotypien der Bewegungsabfolgen kennen.«[43] Auf der Basis solcher hierarchischer Verdrahtungen der Programme sämtlicher Instinktbewegungen erhebt sich schließlich auch die hierarchische Struktur der Gruppenbildungen sozial lebender Tiere. Aufgrund eines unübersehbaren selektiven Vorteils entstehen Rollen, Ränge und Autoritäten, die erneut den Spielraum von an sich möglichen Verhaltensweisen auf das wahrscheinlich Nützlichste einengen und damit die Last der Entscheidungsfindung verringern.[44] Insbesondere im Zusammenleben des Menschen wird es nötig, die Unsicherheit im Gegenüber einer immer komplizierter werdenden Umwelt und Gesellschaft durch entsprechende Ordnungssysteme zu kompensieren, indem sich Kompetenzen, spezialisierte Zuständigkeiten und mithin hierarchisch strukturierte Verbürgungen des vermeintlich Richtigen ausbilden. Die Hierarchie der Gruppen ist, so betrachtet, »nichts als die selbstverständliche Folge ihrer eigenen Systembedingungen«.[45]

Die Frage kann also nicht lauten, ob man »für« oder »gegen« die hierarchische Verfassung einer bestimmten religiösen Gruppe, wie zum Beispiel der Kirche, ist, die Frage kann nur sein, welch eine Form von Hierarchie den jeweiligen Anforderungen der Gruppe in einer bestimmten Situation am besten entspricht; und ferner ist klar, daß es nicht möglich ist, die Struktur der Kirche, wenn schon nicht mit der positiven Einsetzung durch die Person des historischen Jesus von Nazareth, dann vielleicht mit einem besonderen Wirken des »Heiligen Geistes« in den ersten zwei oder drei Jahrhunderten nach Christus erklären zu wollen, wie es noch immer für gewöhnlich in den dogmatischen Traktaten zum Thema »Kirche und Amt« zu geschehen pflegt.[46] Wenn wirklich der »Geist Gottes« die hierarchische Gliederung der Kirche gewirkt hat, so ist es, wie wir sehen, allenfalls der »Geist« der Schöpfung selbst, dem die Kirche, wie alle anderen vergleichbaren sozialen Systeme, ihre hierarchische Struktur verdankt; und über diesen »Geist« der Schöpfung muß es erlaubt sein, offen, pragmatisch, flexibel und undogmatisch zu sprechen, denn er ist kein starres Sein, er ist das Leben selbst.

Da gilt es vor allem zu beachten, daß es verschiedene Hierarchieformen gibt, denn auf diese Weise zeigt sich alsbald, daß speziell das Matthäusevangelium in zwei Weisen als ein ganz guter Maßstab zur Bewertung des gegenwärtigen Zustands der (katholischen) Kirche gelten kann, indem es einmal die Art der Hierarchie relativ genau vorgibt, die es mit der Botschaft Jesu zumindest entfernt für vereinbar hält, und indem es zum zweiten eine Reihe von Steuermechanismen vorsieht, um ein Ausufern der Hierarchisierung zu verhindern.

Was die Hierarchieformen angeht, so lassen sich im Grunde drei Formen unterscheiden.[47] Da ist als erstes die Massenhierarchie, die aus dem ungegliederten Primitivzustand einer Menschenansammlung hervorgeht; die Arbeiterheere der Pharaonen oder der frühen Industrialisierung in England mögen als Beispiele dafür dienen; auf dieser Stufe der Entwicklung sind individuelle Differenzierungen noch nicht durchsetzbar oder delegierbar, die besonderen Fähigkeiten einer Persönlichkeit werden von den Obristen weder entfaltet noch wahrgenommen; man hat es mit einer archaischen Primitivform von Hierarchie zu tun. Diese Beschreibung vorausgesetzt, spricht es wohl für sich selbst, daß kein Geringerer als S. FREUD vor 60 Jahren die Sozialpsychologie der katholischen Kirche als gerade diesen Zustand beschrieb: als eine Massenhierarchie[48], in der ein einzelner als Führer und Identifikationsgestalt allen anderen vorsteht, ganz so, als wenn die Kirche mitten im 20. Jahrhundert sozusagen die einzige verbliebene undifferenzierte archaische Organisationsform neben dem Militär repräsentierte. – Eine zweite Form der Hierarchie entspricht einem entwickelteren Stadium: die Dichotomhierarchie. Hier herrscht eine Struktur steter Zweiseitigkeit: »Führer werden zu Anwälten, zu ersten Dienern, Dienende der Gruppenanwälte zu Führern«.[49] – Als einer dritten Form begegnen wir schließlich der Senilform der Hierarchie. »Diese besteht darin, daß die Schichten nur mehr durch einseitige oder Scheindichotomien aufrechterhalten werden ... Die obersten Instanzen sind so alt wie Generalstäbe, Aufsichtsräte oder Kurien, so daß manche Seitenzweige bereits aussterben oder von ›lateralen Arabesken‹ ersetzt werden konnten, ohne die unnötig gewordenen Ränge aufzulösen.«[50] Auch für diese Senilform der Hierarchie liefert die katholische Kirche in ihrer heutigen Form offenbar geradezu das Modellbeispiel. Mißt man diesen ihren Zustand indessen an dem Grundgedanken des Matthäus, so kann man nur sagen, daß das, was dem Redaktor des Ersten Evangeliums vor 2000 Jahren vorschwebte, um Meilen dem faktischen Zustand des real existierenden Typs der Kirche heute vorausliegt.

d) Vertrauen statt Dirigismus oder: Drei wichtige Steuerungen aller Machtgelüste in der Kirche – das Verbot von Herrschaft, Eigentum und Eid

Noch einmal dazu Mt 18,15–20: »Wenn aber dein Bruder sündigt, so geh hin und weise ihn zurecht unter vier Augen.« Das heißt doch wohl: sowenig hierarchische Aufsicht wie möglich; das heißt: soviel an offenem Dialog als irgend denkbar; es heißt: als erstes Vertrauen und persönliche Begegnung – Maßnahmen und hierarchisch gebundene Entscheidungen hingegen nur im Notfall. Man vergleiche nur diesen einen Vorschlag des Matthäus mit der immer noch üblichen Vorgehensweise der katholischen Kirche in »Glaubens- und Sittenfragen«, und man kommt nicht umhin, von einem krassen Abfall, ja, von einem strukturellen Widerspruch des heutigen Zustands von Kirche gegen die ausdrücklichen Anweisungen des Matthäusevangeliums zu sprechen.[51] Fühlbar ist hier die »Asche« des Matthäus immer noch weit heißer als der Ruß der Buchstaben des kirchlichen Gesetzbuches heute.

Hinzu aber kommt ein Zweites, das diese negative Bilanz geradewegs schreiend bestätigt: Das ist ein Katalog von mindestens drei konkreten Steuermaßnahmen, die Matthäus der jederzeit drohenden Degeneration der kirchlichen Hierarchie zur Vermassung oder zum Senilwerden entgegengestellt hat; doch, um es vorweg zu sagen: jede dieser Steuerungsmaßnahmen, die Matthäus eigens mit gut tradierten Jesusworten zu untermauern sucht, offenbart mit brennender Schärfe genau den Fall, den Matthäus am meisten fürchtet: daß das Salz schal wird ...

Die erste »Steuerung« kann der Evangelist ohne Mühe seiner Vorlage: dem Markus-Text, entnehmen; sie besteht in dem strikten Verbot jedweder Form von Herrschaft. Schon Mk 10,35–45 erzählt, wie auf dem Weg nach Jerusalem Jakobus und Johannes, die Söhne des Zebedäus, zu Jesus traten mit der Bitte, sie nach Möglichkeit »in seiner Herrlichkeit« zur Rechten und Linken Platz nehmen zu lassen.[52] Matthäus (20,20–28) schwächt diese Szene in gewissem Sinne ein Stück weit ab: Es sei die Mutter der Söhne des Zebedäus gewesen, die sich mit dieser Bitte für ihre Söhne verwandt habe; nicht Herrschsucht also, sondern mütterliche Fürsorge habe als Motiv hinter der Frage nach den ersten Plätzen im Himmel gestanden. Doch wie auch immer – die Antwort Jesu fällt so eindeutig aus, wie sie schon bei Markus zu lesen steht: Selbst Jesus persönlich maßt sich nicht an, in Sachen Gottes irgend etwas zu »entscheiden«, er hat nichts zu »vergeben« – außer dem Vertrauen in die Fügungen und Führungen Gottes. Und dann: »Ihr wißt, daß die Fürsten der Völker sie knechten und die Großen über sie Gewalt üben. Unter euch soll es nicht so sein, sondern wer unter euch groß sein will, sei euer Diener, und wer unter euch der Erste sein will, sei euer Knecht« (Mt 20,25–28).

Was Matthäus mit diesen Worten für die Kirche sagen will, ist eindeutig: Wenn es denn schon eine hierarchische Gliederung, eine Rangpyramide in der Kirche geben muß, so ist sie nach diesen Worten nur zu rechtfertigen als das klare Gegenstück zur Ausübung staatlicher Macht. Der Kontrast ist an dieser Stelle nicht durch einen Kompromiß zu vermitteln, denn das übliche wohlfeile Argument verschlägt nicht, mit dem man zu betonen pflegt, auch die Bediensteten, Fürsten und Staatsbeamten seien nichts weiter als »ministri«, als die obersten Diener des Volkes, zu dessen Wohl sie das Opfer und die Bürde ihres Amtes in Pflicht und Verantwortung auf sich nähmen. Derlei Harmonisierungen scheitern nicht nur an ihrer Blauäugigkeit gegenüber der Wirklichkeit, sie verkennen vor allem das eigentlich religiöse Problem. Jede menschliche Gruppenbildung sonst kommt zustande in einem Feld des Mangels; sie hat die Frage zu beantworten, wie man als Gruppe der Gefahr der Auflösung von außen entgegentreten kann; alle menschliche Gruppenbildung stellt bis heute eine Antwort auf die fundamentale Angst der Gruppenmitglieder vor der Schutzlosigkeit der Vereinzelung dar; jede menschliche Gruppenbildung – der »Staat«, wie er mit Beginn der altorientalischen Hochkulturen seit etwa 5000 Jahren (erst!) besteht[53], sogar in besonders ausgeprägter Weise – konstituiert sich mithin wesentlich als eine Antwort auf die gemeinsame Bedrohung aller durch Mangel und Angst, und so verfestigt sie in sich selber strukturell die Faktoren des Mangels in Form verinnerter Gewalt und die Faktoren der Angst in Form des Terrors, den die Gruppe selbst auf ihre eigenen Mitglieder ausübt.[54] Die Gewaltform der Herrschaft ist der staatlichen Organisation nicht äußerlich, sondern wesentlich, und so lassen die pessimistischen Worte Jesu über die Herrscher der Völker sich nicht historisch mit dem Hinweis relativieren, in jenen Tagen damals habe besonders das Vorbild der römischen Machtausübung für allerlei skeptische Feststellungen halt auch aus dem Munde Jesu einen seinerzeit verständlichen Anlaß gebildet. Nein, was Jesus hier meint, betrifft nicht eine bestimmte Staatsform zu einer bestimmten Zeit, sondern die Staatenbildungen aller Völker zu allen Zeiten; und wenn es je möglich sein soll, in seinem Namen eine Gruppe von Menschen zusammenzuschließen, so kann das nur in vollkommenem Widerspruch zu den Zielsetzungen der Staatengebilde der menschlichen Geschichte geschehen.

Entscheidend dabei ist der vollkommen unterschiedliche Ausgangspunkt. Die zentrale Erfahrung, die Jesus vermitteln möchte, ist gerade nicht die gemeinsame Flucht aller vor dem Mangel und der Angst; Kern der Verkündigung Jesu ist gerade im Gegenteil die Erfahrung des inneren Reichtums, der Größe und der Würde eines jeden Menschen in der Nähe Gottes sowie, parallel dazu, der heilenden Macht des Vertrauens und der Güte. Nicht die Erfahrung des Fehlens an Existenzvoraussetzungen und der Vielzahl der Fehler menschlicher Existenzvollzüge bildet den Mittelpunkt des Lebens Jesu, sondern ein tiefes Gefühl für die absolute Geschenkhaftigkeit des menschlichen Daseins und der absoluten Bejahung unseres Lebens durch die Vergebung aller Schuld in Gott, der möchte, daß wir sind – trotz allem.[55] Einzig auf dieser Grundlage eines absoluten Vertrauens und einer absoluten Vergebung kann ein soziales Gebilde errichtet werden, dem eine solch unglaubliche Verheißung zuteil wird wie die Worte Jesu in Mt 16,18, »die Pforten des Totenreiches« (die Macht der Vergänglichkeit) würden es nicht überwältigen. Nur eine »Kirche«, die selber wesentlich von Vertrauen und Vergebung getragen ist, wird eine derartige Verheißung tragen können[56]; oder vom anderen Ende her ausgedrückt: Immer wenn die Kirche sich der Angst vor der Welt oder, schlimmer noch, vor den eigenen Gläubigen (!) ausliefert, wird sie, allen heiligen Worten zum Trotz, ihre hierarchische Macht nicht besser, sondern schlechter verwalten als der Staat. Alle irdische

Macht kennt zumindest gewisse pragmatische Korrekturen, die den schlimmsten Auswüchsen Einhalt gebieten; die geistliche Macht der Kirche hingegen ist in sich selber ideologisch absolut, und hier gilt uneingeschränkt: corruptio optimi pessumum – die Verderbnis des Besten ist das Allerschlechteste und bis zum Ruinösen das Allerzerstörerischste für die Kirche selbst.

Konkret gesprochen: Jede staatliche Behörde wird eine immerwährende Neigung zum Filz der Parteien und Protektoren zeitigen, sie wird dem Druck des Pöstchenfestschreibens erliegen, sie wird immer wieder so etwas wie eine Selektion der Geschicktesten, Skrupellosesten, Machtbesessensten und theatralisch Routiniertesten hervorbringen. Eine kirchliche Behörde, wenn es sie denn schon geben muß, sollte demgegenüber in vollkommener Angstfreiheit offen, durchschaubar, flexibel und jederzeit personell veränderbar sein. Es ist mit anderen Worten beim besten Willen nicht zu sehen, warum ausgerechnet in der katholischen Kirche ein Priester, der mit 25 Jahren geweiht wird, sein Amt bis mindestens zum 75. Lebensjahr ausüben muß[57], wieso jemand, den sein Domkapitel (oder der Papst auf Weisung des Opus Dei!) nach langem Hin und Her mit 45 Jahren »in die Nachfolge der Apostel in besonderer Weise zum Bischof beruft« (sagt man so?), dieses sein Amt, bis auf wenige Ausnahmen, lebenslänglich zu verkörpern hat, und warum es in der 2000jährigen Geschichte der Kirche bis auf den unglückseligen Coelestin V. (1294)[58] noch niemals vorgekommen ist, daß ein Papst sein Amt, wenn er damit menschlich, moralisch oder geistig nicht mehr zurechtkam, zur Verfügung gestellt hätte.

Der Mangel an Beweglichkeit, die Pflicht zur Erstarrung sowie vor allem das ständige Mißtrauen der klerikalen Obrigkeit gegenüber den »Laien« machen die heutige Form der (katholischen) Kirche zu einem wahren Zerrbild sogar der Kirche des Matthäus, geschweige denn der ursprünglichen Visionen Jesu vom Königtum Gottes.

Wie wenig Matthäus selber an die Doktrin von der »einen, heiligen und apostolischen Kirche« zu glauben vermag, macht er in gewissem Sinne bei jeder sich bietenden Gelegenheit deutlich. Kaum hat in Mt 16,16 Petrus sein messianisches Bekenntnis zu Jesus abgelegt, da zeigt sich schon, wie sehr er selbst es mißversteht. Jesus als der Messias – das ist für ihn der König der Herrlichkeit, nicht der leidende Menschensohn, und so wird er fünf Verse später schon (Mt 16,21–23) zum leibhaftigen Gegenspieler Jesu, zu einem wahren »Teufel«. Auch diese Möglichkeit besteht also für Matthäus: daß die oberste Leitung der Kirche aus »Sorge« um die Sache Jesu gerade verhindert, was Jesus will! Mehr noch: Wie gerade geschildert, erweisen sich die beiden Söhne des Zebedäus (Mt 20,20), die hierarchische Spitze im Kreise der Zwölf also, als höchst anfällig für jede Art von Herrschsucht. Und schließlich der ganze Apostelkreis selbst! Wie schon Markus (14,26–42.66–72) berichtete, wird Petrus im Abendmahlssaal mit großen Worten Jesus Treue schwören, und doch wird gerade er aus lauter Angst sein Versprechen nicht halten (Mt 26,33.69–75); während Jesus in äußerster Einsamkeit in Gethsemane mit der eigenen Todesangst ringt, wird ausgerechnet das Dreiergremium von Petrus, Jakobus und Johannes schlafend daliegen; und in der Stunde der Entscheidung, bei der Festnahme Jesu, werden »alle Jünger« ihren Meister verlassen und fliehen (Mt 26,56). Wenn überhaupt im Sinne des Matthäus etwas von der Wahrheit Jesu in seiner Gemeinde lebt, dann nach dieser Darstellung sicher nicht durch die menschliche Vortrefflichkeit ihrer Vertreter, sondern weil Jesus selber buchstäblich immer wieder inmitten der Angst seine Jünger, wie Petrus auf dem See, vor dem Untergang rettet. In aller Radikalität setzt Matthäus jedem Denken in den Kategorien von Amt und Macht die Erfahrung der Gebrochenheit der eigenen Person entgegen, und es bleibt sein ewiges Menetekel über alle kirchliche Ämterhierarchie, wenn er (Mt 23,10) in krasser Abgrenzung von der Synagoge in aller Schärfe erklärt: »Laßt ihr euch nicht Lehrer (das heißt Doktor oder Professor der Theologie!) nennen[59]; denn einer ist euer Lehrer: Christus!« Erst wenn dieses Wort gilt, läßt sich über die Verheißung diskutieren, die Matthäus (in Erweiterung von Mk 10,28–31) an die Jünger richtet: Sie würden (nach altägyptischem Vorbild!)[60] bei der Wiedergeburt, wenn der Menschensohn auf dem Thron seiner Herrlichkeit Platz nehmen wird, »auf zwölf Thronen sitzen und die zwölf Stämme Israels richten« – die antijüdischen Spitzen dieses Satzes seien an dieser Stelle vorerst zurückgestellt.

Eine zweite entscheidende »Steuerung«, die Matthäus für seine Kirche gegenüber jeder menschlichen Gruppenbildung geltend macht, ist die Frage der Armut beziehungsweise, besser, des Reichtums in Gott. Jede staatliche Organisationsform ist wesentlich auf die Durchsetzung eines Maximums an nationalem Egoismus gerichtet. Möglichst großer wirtschaftlicher Wohlstand der Mitbürger, angefangen freilich bei den Herrschern selbst, ist das unabdingbare Ziel aller Staatskunst[61]; alle anderen Staatsgebilde neben dem eigenen treten innerhalb des politischen Denkens der »Staatsmänner« stets nur als Randbedingungen der Wahrung und Wahrnehmung des eigenen Vorteils auf. Als eherner Grundsatz muß gelten: Je mehr Besitz, desto besser.[62] In vollkommenem Gegensatz dazu möchte Matthäus seine Gemeinde eingerichtet sehen. Die maßgeblichen Worte dazu entnimmt er bereits Markus 6,7–11, wo Jesus den zwölf Jüngern, als er sie in die Städte Galiläas schickt, ausdrücklich verbietet, irgend etwas auf den Weg mitzunehmen: »kein Brot, keine Tasche, kein Geld im Gürtel, allein Sandalen untergebunden, und: Zieht euch nicht doppelte Gewänder an!« Lediglich einen Stab mitzunehmen gestattet Jesus den Jüngern bei Markus. Matthäus indessen, der in 10,5–10 diesen Worten folgt, korrigiert sogar diesen rigorosen Text nach dem noch radikaleren Vorbild der Q-Quelle (vergleiche Lk 9,1–5): Nicht einmal Schuhe sollen die Jünger mitnehmen, auch einen Stab sollen sie nicht mitführen, und (natürlich!) sollen sie weder Gold noch Silber noch Kupfer mitnehmen. Vollkommen mittellos, barfuß und wehrlos also – das ist die Art, wie Matthäus sich die »Apostel« des »Herrn« vorstellt, wenn sie in seinen Augen glaubwürdig bleiben sollen. Gewiß, das folgt der Einstellung, die sich auch sonst bei dem Ersten Evangelisten zeigt, zum Beispiel wenn Jesus in der Bergpredigt die Menschen zwischen Gott und dem Geld vor die alternative Wahl stellt: »Ihr könnt nicht Gott dienen und dem Mammon« (Mt 6,26)[63]; doch entscheidend ist, daß Matthäus die Armut zu einer unbedingten Forderung der Verkündigung selbst erhebt, und zwar erneut, weil er von einem absoluten Reichtum in Gott ausgeht: »Umsonst habt ihr empfangen, umsonst gebt!« (Mt 10,8) Diese Erfahrung stellt für ihn die Grundlage dar, um sich rückhaltlos vor allem den »Kranken« und »Besessenen« zuzuwenden. Es ist die gelebte Bitte des »Vaterunsers«: »Gib uns heute das Brot, das wir brauchen« (Mt 6,11). Es ist die realisierte Tagelöhnerexistenz aus den Händen Gottes, ohne Vorrat, ohne Absicherung, ohne Sorge für morgen; denn: »Genug ist dem Tag seine eigene Plage« (Mt 6,34).

Würde diese Haltung als Grundlage der Kirche in Geltung sein, so wäre in der Tat aller verselbständigten Menschenmacht von vornherein ihr unerläßliches Unterpfand entrissen: Besitz und Geld. Statt daß es erlaubt scheinen könnte, die kirchliche »Verwaltung« der staatlichen anzugleichen, müßte der Kirche im Sinne des Matthäus geradewegs die Aufgabe zufallen, die staatlichen Sozialgebilde der menschlichen Geschichte aus ihrer tödlichen Gefangenschaft in den Kreisläufen der Erhaltung und Vermehrung von Macht und Geld zu erlösen und ihnen durch das Beispiel zu zeigen, daß ein anderes Leben möglich ist als ein Denken in bloßen Vorkehrungen gegen jene Angst, die immer wieder nur fragt: »Was kommt morgen?« Man vergleiche nun aber mit diesem Maßstab die Praxis und Praktik der katholischen Kirche quer durch die Jahrhunderte bis heute! Man lese zum Beispiel MARSILIUS VON PADUA[64], der in den Tagen des Investiturstreites als Vertreter des Kaisertums die Kirche rund 1000 Jahre nach Konstantin daran erinnern wollte, daß sie von ihrem Auftrag her etwas anderes zu sein hätte als der Affe des Staates oder gar als sein Präzeptor. Man lese den teils milden, teils sarkastischen Spott, mit dem ERASMUS VON ROTTERDAM im 16. Jahrhundert in seinem »Lob der Torheit« die Geld- und Machtgier der Prälaten geißelt.[65] Und dann lese man, wie in unseren Tagen der Vatikan sich nachweislich nicht scheut, Milliardengeschäfte sogar mit der Mafia zu tätigen[66], während er gleichzeitig die Gläubigen vor allem in der Bundesrepublik zur Vermehrung ihres Spendenaufkommens ersucht[67], und man kann es nur als einen absolut unentschuldbaren, Jahrtausende währenden Skandal betrachten, wie sehr die »Amtskirche« aus dem Matthäusevangelium immer wieder bis in die Gegenwart nur ihre Privilegien abzuleiten versucht hat, ohne jemals die Bedingungen zu erfüllen, die Matthäus mit asketischer Strenge an die Ausübung eines »apostolischen Amtes« geknüpft hat. Wie sagte doch JAN HUS vor 500 Jahren: »Die Bischöfe und Prälaten sind nicht die Nachfolger der Apostel, es sei denn, sie lebten wie diese!«[68]

Noch klarer als all dieses ist indessen die dritte »Steuerung«, mit der Matthäus seine Kirche von jeder staatlichen bzw. bürgerlichen Vergesellschaftung von Menschen zu unterscheiden sucht: das strikte Verbot des Eides. Jede menschliche Gemeinschaft sonst gründet, gemeinsam mit dem Mangel und der Angst, notwendig auf der Lüge. Zu lügen stellt in gewissem Sinne nichts anderes dar als eine intelligente, also weniger brutale Form von Gewalt[69], und so wird die Lüge in keiner Gesellschaft fehlen können, deren Strukturprinzip die Gewalt nicht auszuschließen vermag. Andererseits kann keine menschliche Gemeinschaft auf dem Boden der Lüge bestehen. Die Lösung dieses Problems besteht überall in einem Kompromiß von typisch »bürgerlicher« Schläue: Es mag im großen und ganzen soviel gelogen werden, als es will, wenn nur in den staatstragenden Fragen – ausnahmsweise – Ehrlichkeit garantiert werden kann. Die garantierte Insel der Ehrlichkeit inmitten eines Sumpfes der Verlogenheit – das ist (oder soll sein) der Eid.[70] Da beschwört der (säkulare) Staat Gott als den obersten Zeugen und Richter, um einen einzelnen in dem, was er spricht, unter Strafandrohung auf die Wahrheit zu verpflichten. Wenn nur an diesen für das staatliche Zusammenleben so wichtigen Punkten wirklich Wahrheit herrscht, so verfügt man vermeintlich über ein genügendes Maß an Sicherheit, um ein Auseinanderbrechen der Gemeinschaft zu verhindern. Der »Kirche« fällt bei diesem Arrangement mit Regelmäßigkeit die Aufgabe eines gewissermaßen metaphysischen Garantieträgers zu; sie wird auf diese Weise zum Hort der bürgerlichen Sicherheitsbedürfnisse; sie fungiert als Adjunkt und Büttel der staatlichen Strafgewalt, indem sie die irdische Obrigkeit mit der Mandorla göttlicher Weihen umkleidet.[71]

Erst wenn man sich klarmacht, wie weit verbreitet und nahezu unvermeidlich ein solches Zusammenspiel von Kirche und Staat, von Thron und Altar in der Eidesfrage ist, kann man ermessen, was geschieht, wenn Jesus im Matthäusevangelium gleich zweimal (Mt 5,33–37; 23,16–22) das Schwören verbietet. Gott ist für Jesus der Ort jener Stille, die den Sturm auf dem Meere beruhigt (Mt 14,32), keinesfalls ist er eine oberste Angstinstanz, von der her sich die »normale« Angst aller vor allem, wie sie in der chronischen Verlogenheit des bürgerlichen und staatlichen Alltagslebens erscheint, überwinden ließe. Die Grundfrage für Jesus lautet nicht, wie man jemanden gewaltsam dazu bringen und zwingen kann, nicht zu lügen, das eigentliche Problem für ihn besteht in der Frage, wie man einen Menschen dahin geleiten kann, wahrhaftig zu werden. Und dann kommt es, wie auch sonst im Umgang mit Unrecht und Gewalt (Mt 5,38–42), im Sinne Jesu darauf an, das Böse zu besiegen durch die Kraft des Guten, die Lüge also durch Wahrheit, die Angst durch das Vertrauen, die Gewalt durch die Wehrlosigkeit. Es gibt bis heute keine »Politik«, die diesen »therapeutischen« Regeln der Religion Jesu Folge leisten könnte oder auch nur entfernt Folge leisten wollte[72]; Matthäus aber verlangt zumindest von der Gemeinde der Jünger Jesu, daß sie damit aufhören, die öffentliche Lüge aller notdürftig zu verwalten, statt diese Hypothek der Kinder Evas im Namen der Erlösung abzutragen. Zumindest in der »Kirche« Jesu soll es keine Eide geben dürfen noch geben müssen. Klarer als Matthäus diese Auffassung Jesu wiederholt zum Ausdruck bringt, läßt es sich nicht sagen.

Doch nun schaue man sich daraufhin, ein letztes Mal, die Praxis der (katholischen) Kirche an! In keiner Gruppe von Menschen wird heute so oft, so maßlos, ja so süchtig nach eidlichen Garantien für alles und jedes verlangt wie in der (katholischen) Kirche[73], derart, daß, gemessen daran, die staatliche Forderung nach Eidesleistungen schon fast wieder wohltuend moderat erscheinen muß! Alle, die irgend zum »Lehramt« der Kirche zählen, haben, vom Priester aufwärts bis zum Bischof, unter Eid ihre Treue zu ebendiesem Lehramt zu beschwören[74], und man scheint bis heute in der römischen Verwaltungszentrale nicht zu merken, welch einen Offenbarungseid der Angst vor der Persönlichkeit und der Freiheit ihrer eigenen Mitglieder die (katholische) Kirche selber mit dieser Eidespraxis leistet. Diese eingeschworene Kirche scheint auch nicht zu merken, welch einen Götzendienst gegenüber ihrer eigenen an die Stelle Gottes gesetzten »Autorität« sie mit dieser ihrer Eidespraxis etabliert! Eine Kirche, die Eide nötig hat, offenbart sich selbst als eine Kirche der Angst, der Gewalt und der Unwahrheit, mithin als ein genaues Widerspiel der Kirche, die Matthäus wollte. Man kann, gestützt auf das Erste Evangelium, gewiß keine systematische Kirchenlehre erstellen; aber Hinweise dafür, wie die erlösende Botschaft Jesu sich in den Raum des Sozialen übersetzen ließe, enthält das Matthäusevangelium in ausreichender Fülle. Und da scheint es kein Zufall, daß es gerade diese Hinweise sind, die zu befolgen die (katholische) Kirche bis heute die größte Angst hat.

Doch es gibt hier keine Wahl. Nur eine nichtautoritäre Kirche hat das Recht, die Autorität Jesu für sich zu beanspruchen. Nur eine innerlich gewaltfreie Kirche kann sich berufen auf die Macht des Geistes Jesu. Nur eine heilsame, menschliche Kirche kann sich zurückführen auf die Sendung des Jesus von Nazareth, der seine Jünger nachdrücklich anwies: »Geht zu den verlorenen Schafen des Hauses Israel ... Heilt Kranke, weckt Tote auf, macht Aussätzige rein, treibt Abergeister aus« (Mt 10,6–8). Nur eine humanitäre, die Not der Menschen lindernde oder gar verhindernde Kirche hat etwas zu tun mit jener Gemeinschaft, die Matthäus nach den Worten Jesu gestalten wollte.

Dann freilich wird man darüber nachdenken können und müssen, ob die »Steuerungsmechanismen«, die Matthäus der hierarchischen Leitung seiner Kirche verordnet, wirklich greifen können, ohne eine konkrete Verfassung, die den Prinzipien der Offenheit, der Machtkontrolle, der Transparenz und der Dialogbereitschaft Realität verleiht. Alles, was Matthäus vorschlägt beziehungsweise in höchster Autorität, mit Hilfe wirklicher oder nachgetragener Jesus-Worte, vorschreibt, ist aus einer tiefen Sorge um den Zustand der Kirche seiner Zeit geboren; in seiner asketischen Strenge mutet es dem heutigen Leser an wie ein äußerstes Notprogramm zur Überwindung einer äußersten Krise. Mit einem Blick in die Geschichte aber muß man bezweifeln, daß es möglich ist, nach matthäischem Vorbild reinweg mit den Mitteln von Kirchenzucht und moralischer Disziplin eine Großgruppe zu leiten, ohne daß über kurz oder lang die »normalen«, die »bürgerlichen« Kräfte: der Drang nach Sicherheit, Ansehen, Macht und Gelderwerb, sich auf Seitenwegen ihren Zugang in das Innerste des Heiligtums zurückerobern würden. Will man die spätere Kirchengeschichte nicht einfach als eine Bankrotterklärung vor dem Matthäusevangelium lesen, so muß man die Ansätze und Tendenzen des Ersten Evangeliums kreativ weiterentwickeln und mit Fragen und Lösungswegen verbinden, die zur Zeit der Entstehung des Neuen Testaments noch ganz außerhalb des kulturgeschichtlichen Horizontes lagen. Die Weisung des Matthäus: »Dann sage es der Kirche« (Mt 18,17) zum Beispiel hat bis heute in der (katholischen) Kirche zu nichts anderem geführt als zu der Institution der Beichte; mit der Beichte aber hat diese Stelle, wie wir sahen, durchaus nichts zu tun, sehr viel hingegen mit der Bereitschaft zu offenem und öffentlichem Gespräch. Wäre es nicht möglich, das, was Matthäus möchte, in Richtung derjenigen politischen Kultur weiterzuinterpretieren, die seit 200 Jahren die Länder Westeuropas sich zu eigen gemacht haben?[75] Paradox genug – die (katholische) Kirche müßte heute bei den Instanzen staatlicher Macht, die von der Macht zu erlösen sie eigentlich beauftragt wäre, auf lange Zeit hin selber in die Lehre gehen, um den Anschluß an ihre eigenen Quellen wiederzufinden! Demokratisierung der Kirche: das hieße Machtbegrenzung durch die institutionelle Ausbildung von kontrollierenden Gegenmächten, das hieße Aufsicht des Volkes über das Finanzgebaren und über die Machtausübung ihrer Vorgesetzten, das hieße auch die Absetzbarkeit von Amtsträgern durch allgemeine Wahlen; das hieße nicht zuletzt die Möglichkeit, Informationen auszutauschen, Kritik öffentlich zuzulassen und Erfahrungen rückzumelden; es hieße freilich auch, daß in der Kirche wie in der bürgerlichen Gesellschaft sonst um Macht gerungen, um Geld geschachert, um Stimmen gefeilscht werden müßte. Doch vielleicht könnte eines Tages eine Gemeinde Christi entstehen, in der Freiheit und Solidarität, »Demokratie« und »Sozialismus«, Autonomie und Gemeinsamkeit zusammenkämen, indem wirklich wird, was Kirche sein sollte: eine Gemeinschaft von Menschen, gegründet auf das Geschenk des Vertrauens, auf der spürbaren Berechtigung zum Sein, auf der heilenden Kraft gelebten Verstehens und auf der Kraft einer Hoffnung, die den Tod nicht mehr fürchtet. In einer solchen »Demokratie« von morgen würde immer noch gerungen und gestritten, doch nicht um Macht, sondern um Erkenntnis und Wahrheit; in einer solchen Gemeinschaft von Glaubenden würde es immer noch Oben und Unten geben, doch nicht mehr Hoch und Niedrig; in einer solchen Kirche, wie Matthäus sie wünschte, würden das Recht und die Liebe, die Macht und die Gnade nicht immer wieder einander bekämpfen. In einer solchen Form von Gemeinschaft wäre der Gedanke der Systemtheorie weitgehend verwirklicht, daß das Leben ein sich selbst organisierendes System ist, das man schon aufgrund seiner nichtlinearen Komplexität nicht mit Maßnahmen, Programmen und Direktiven definieren oder strukturieren kann.[76] Statt in einem linearen hierarchischen Denken und Verhalten gefangen zu bleiben[77], sollte die Kirche sich nicht ungeistiger und weniger lebendig darstellen und gestalten als die mannigfaltigen Erscheinungsformen von Ordnung und Leben ringsum, in denen es keine »Instanzen« gibt, die fundamentaler wären als andere, sondern in denen alles ein Netzwerk von Gesetzen und Vorgängen bildet, das in einem unübersehbaren Gewebe von Vernetzungen und Rückkoppelungen die verschiedenen Ebenen dynamisch miteinander verflochten hält.[78] Eine Gemeinschaft von Menschen, in der jeder weiß, daß er nur lebt von der Vergebung des anderen – das mindestens war es, was Matthäus als seine Kirche gewollt hat; man lese noch einmal und immer wieder als Kommentar dazu das Gleichnis vom großmütigen König und vom unbarmherzigen Knecht (Mt 18,23–35).

Horst Herrmann

1940 in Schruns geboren; 1959–1963 Studium der katholischen Theologie und der Rechtswissenschaften in Tübingen, München und Rom; 1964 Priesterweihe; 1964–1965 Kaplan in Ravensburg und Stuttgart; 1968 Promotion zum Dr. theol. in Bonn; 1970 Habilitation; 1970 Ernennung zum ordentlichen Professor für katholisches Kirchenrecht an der Universität Münster; 1975 Entzug der kirchlichen Lehrerlaubnis; 1976 Lehrbeanstandungsverfahren; seit 1977 auf Vorschlag von Heinrich Böll und Walter Jens Mitglied im deutschen PEN; 1981 Austritt aus der katholischen Kirche und Heirat, zwei Kinder; seit 1981 ist Horst Herrmann ordentlicher Professor für Soziologie an der Universität Münster.

Auswahlbibliographie

1974	Ein unmoralisches Verhältnis. Bemerkungen eines Betroffenen zur Lage von Staat und Kirche in der Bundesrepublik Deutschland
1976	Die sieben Todsünden der Kirche
1978	Ketzer in Deutschland
1983	Papst Wojtyla. Der heilige Narr
1990	Die Kirche und unser Geld
1991	Der Antikatechismus (zusammen mit Karlheinz Deschner)
1992	Die Kirchenfürsten

HORST HERRMANN

Drei andere K's: Kirche, Korruption – und Kritik

Soll überhaupt noch ein Wort verloren sein? Nietzsches Zarathustra urteilt über die Hirten der Christenherde: »Böse Feinde sind sie: nichts ist rachsüchtiger als ihre Demut. Und leicht besudelt sich der, welcher sie angreift.«[1] Wer sich – in Deutschland noch immer selten genug – auf ernsthafte und fundamentale Religions- und Kirchenkritik einläßt, sich nicht wie die jeweiligen Hofnarren-Theologen mit »Reform«-Spielchen begnügt, sondern jahrzehntelang das geduldige Bohren dicker Bretter betreibt, ist denn auch immer wieder versucht, alles hinzuwerfen, sich nicht mehr besudeln zu lassen und lohnendere Ziele als die Kirchenreligion anzupeilen. Den kritisierten Kirchen kann es im übrigen nur recht sein, wenn die Kritiker ihrer Aufgabe überdrüssig werden. Nicht nur einmal habe ich Bischöfe diesen »guten Rat« geben hören, der sie wieder ruhiger schlafen läßt.

Doch einfach schweigen? Das Christentum – und die von diesem besetzte Gesellschaft – den Christen überlassen? Auf die Erfüllung einer demokratisch legitimierten Aufgabe verzichten? Kirchenkritik ist ihrem Wesen nach Pflicht, gleich, ob sie sich gegen einzelne richtet oder gegen politische, gesellschaftliche, dogmatische Strukturen. Ihre entscheidenden Begriffe sind Korruption und Gerechtigkeit, Gemeinwohl und Egoismus. Einfach den Mund halten und den bequemsten aller Wege einschlagen? Ließen frühere Kritiker sich den Mund verbieten, auch wenn sie – von den damals frömmsten Gotteslämmern, von denen heute niemand mehr spricht – wegen ihrer Kritik direkt und indirekt, anonym und öffentlich angegangen wurden? Sagte nicht einmal eine Frau, der Papst sei schlimmer als Luzifer, »ein Mörder der anvertrauten Seelen, der Unschuldige verdammt und auserwählte Gläubige um schmutzigen Gewinn verkauft«?[2] Wurde Sie, Brigitta von Schweden, nicht wenig später trotz oder wegen dieser Worte zur Heiligen gemacht?

Die Motive der Kirchenkritik? Auf diesem Terrain gibt es viele Stolpersteine. Ich beseitige einige. Zunächst frage ich jedoch, weshalb sich Kirchenkritik eigentlich um spezielle Motive mühen, ja sich sogar rechtfertigen muß, während sich die Vertreter der Kirchen unverdrossen legitimationsunwillig durchwursteln dürfen. Ich drehe den Spieß um: Es bleibt Sache der Christen, ihre Fortexistenz in der Gegenwart und nahen Zukunft vor dem Forum der denkenden Welt zu rechtfertigen. Zumindest seit die Forschung definitiv die sehr schwankende Basis des Bibel- und des Kirchenglaubens aufdeckte und die schlimme Geschichte des Christentums obendrein. Was eigentlich gibt den Christen und ihren Kirchen das Recht, Motive für die Kritik bei anderen einzufordern, statt für sich selbst und für die eigenen Praktiken ein wenig Legitimation zu erbringen? Sind vielleicht die Kirchenkritiker – und nicht die »Gläubigen« – Erben der Kriminalgeschichte des Christentums? Wozu verteidigt sich denn unsereins?

Schreibt ein Kirchenkritiker freilich ein Buch, so handelt es sich – in der hierzulande veröffentlichten Meinung – gleich um eine »Streitschrift« oder um ein »Pamphlet«. Die Wortwahl selbst ist Gegenstand und Ausdruck von Definitionsmacht: Wer den Gegner niedermachen will, um sich selbst zu behaupten, muß seine Worte wirksam wählen. Religionsgemeinschaften definieren sich daher gern als »Kirchen«, um sich von den »Sekten« abzuheben. Orthodoxe Jäger machen es im Hinblick auf »Ketzer« genauso: Das erleichtert die Jagd. Waren aber die Jäger aller Jahrhunderte nicht kränker als die Gejagten?

Ich lehne es ab, meine Arbeit gegenüber solchen zu rechtfertigen.Wo kämen wir hin, wollten wir denjenigen erlauben, die nur glauben, aber nicht denken sollen, ex cathedra über unser Denken urteilen zu dürfen? Ich verschwende meine Zeit nicht damit, lernunfähigen Leuten zu erklären, daß es eben nur in einem kulturlosen Milieu voller »law and order« möglich ist, kampfbetonte Begriffe einzuführen und durchzusetzen, Kritik als »Pamphletismus«, kritische Publikationen als Streitschriften, anderen Glauben als Unglauben oder Ketzerei, anderes Denken als Abweichung zu definieren. Ich frage allerdings in diesem Zusammenhang, ob nicht jedes »Hirtenwort« eine Streitschrift, jede theologische Erörterung ein Pamphlet darstellt: In solchen Elaboraten – und nirgendwo sonst – wird nämlich in der Tat Streit geführt: gegen den Menschenverstand. Da werden Denkverbote erlassen, da wird aus barem Unsinn sogenannter Tiefsinn erzeugt.

Gewiß sind die Motive der Kritiker nicht auf dem weiten Feld der persönlichen »Verletzungen« zu suchen, als habe sich der kritisch Denkende an denen zu rächen, die ihn verwundeten. Wer Blessuren unterstellt und von »Haßliebe zur Kirche« faselt, greift viel zu kurz.

Er ist nicht frei gegen das Argumentieren, weil er in seinen Kirchenschulen nicht zum vernünftigen Denken erzogen wurde. Er sieht in der Kritik nicht wie andere das »coole« Vorbringen und Austauschen von Vernunftgründen, da er auf jener subjektiven Ebene verbleibt, auf der Animositäten herrschen. Nein, es muß nach 20 Jahren einmal gesagt sein: Ich bin nicht persönlich verletzt. Meine Verletzungen, wenn schon der Begriff gebraucht werden soll, stammen aus der Einsicht in die Lage der vielen Menschen, die ihrerseits durch menschenfeindliche Kirchenstrukturen wie durch eiskalt zynische Kirchenherren verletzt wurden: durch unmenschliche Gesetze (z. B. Zölibat) oder durch inhumane Moralnormen (z. B. Geburtenregelung, Wiederverheiratung Geschiedener). Ich bin, mit Verlaub, verletzt, wenn ich andere leiden sehe – und Jahr für Jahr miterlebe, daß der »Stolz der Unschuldigen«[3] sich nicht bekehrt, sondern immer wieder mit Selbstverständlichkeit, sprich: Unverfrorenheit, eben jene Normen durchzusetzen versucht, die schon seit Jahrhunderten Menschen zu Opfern der institutionalisierten Religion machten. Ich komme gleich noch auf jene »schuldlosen Strukturen« zu sprechen, die die Kirche seit langem favorisiert und die die Menschen zu erdulden hatten – und haben.

Die zahlreichen Auseinandersetzungen mit Kirchenleuten von oben wie von unten, die ich hinter mich brachte, verliefen nicht ohne Ärger. Dennoch verletzten sie mich nicht direkt und persönlich. Wer weiß, was er will, geht stets den ersten Schritt, agiert statt zu reagieren. Dann bleibt er auch davor geschützt, in ein unfruchtbares Lamento zu verfallen oder eine Märtyrerpose herauszubilden. Wer sich mit einer Institution wie der Kirche einläßt, muß von allem Anfang an wissen (oder wenigstens so schnell wie möglich lernen), mit wem er es zu tun bekommt. Schonung gibt es da so gut wie keine. Hermann Hesse: »Daß die Pfaffen im heutigen Germanien gegen unsereinen die Standhaftigkeit und Angriffslust aufbringen würden, die sie gegen Hitler nicht hatten, war zu erwarten, es ist da nichts, was mich wundert.«[4]

Haß ist es nicht, der Hirtengreuel aufdeckt. Einem Kirchenkritiker »Haßliebe« zu unterstellen, geht an der Realität vorbei. Wer es immer noch nicht weiß: In diesem Zusammenhang Haß und Liebe zu zitieren, ist Unsinn. Hassen oder lieben kann ein Mensch nur Menschen, nicht aber Institutionen. Wer bekennt, er »liebe« die Kirche, ist mir ebenso höchst verdächtig wie derjenige, der die Institution Kirche »haßt«. Er hat die Chose nicht durchdacht. Kirchenkritik, die ihren

Namen verdient, bleibt in all ihren Phasen ein rationales, unterkühltes Metier. Die wissenschaftliche Basis und Methode unterscheidet die Kirchenkritik qualitativ vom »Kirchenglauben«, der niemals ohne Emotion und Vernunftfreiheit auskommt, wenn er sich selbst abstützt und sich dabei notwendig gegen Andersdenkende richtet. Glaube ist aus Angst geboren; kein Wunder, daß er angst macht.

Die Unterstellung, Kirchenkritiker seien haßerfüllte Menschen oder handelten gar aus Rache, ist zwar beliebt, doch gerade deswegen spiegelt sie das Denken und Fühlen jener wider, die das unterstellen. Kirchentreue haben zu hassen und sich zu rächen gelernt. Ihre Konfession erzog sie jahrhundertelang zu diesen Tauglichkeiten, zum Haß gegen Andersdenkende und zur Rache an diesen. Haß und Rachsucht sind Grundmuster dogmatischen Denkens und Handelns. Geschichte und Gegenwart der Religionen und Kirchen zeigen, wie Menschen korrumpiert werden. Daß Oberhirten weiter hetzen (und den Kirchenfreien ein »geschmälertes Menschsein« bescheinigen), Theologen bei Achtelwahrheiten bleiben und sich die Mehrheit der Betroffenen noch immer nicht befreit, verdient keinen Haß, verdient auch Mitleid nur in den seltensten Fällen. Was ansteht, ist Verachtung.

Wird beispielsweise dem Kölner Oberhirten Meisner, der ansonsten vollmundig vom mangelnden Menschsein Kirchenfreier predigt[5], durch penible Recherchen des Magazins »Monitor« nachgewiesen, bei seinem Umzug aus der ehemaligen DDR Kunstgegenstände gleich kofferweise mitgenommen zu haben, läßt der feine Herr von Stasi-Methoden und, noch infamer, von Leuten sprechen, die »den Hirten schlagen, um die Herde zu treffen«. Wie er genau an die Objekte seiner teuren Leidenschaft geriet, womit er sie bezahlte oder aus welchem Grund er sie »geschenkt« bekam und von wem er sie erhielt, unter welchen Konditionen (Gegenleistungen?) das Regime ihm – ausnahmsweise – die Mitnahme erlaubte, erklärte er nicht einmal seinen zurückgelassenen Landsleuten. Es wäre zuviel verlangt, müßte er sich sogar vor seinen Schafen rechtfertigen.

Ich lasse es dabei. Die Reaktion der klerikalen Klasse auf jede Art wirksamer Kirchenkritik entspricht detailgetreu dem Gehabe einer untergehenden Schicht: anderen das Recht auf Einwände zu bestreiten und die Einsichtigen aus den eigenen Reihen als Nestbeschmutzer zu beschimpfen, die eigentlich »weg« gehören. Oberhirten, die so reagieren (und es sind ausnahmslos alle!), desavouieren sich selbst und ihre Sache. Sie werden es mit der Zeit auch schaffen, den Glauben der Menschen an ihre Kirche vollends zu zerstören. Wer Augen hat zu sehen, kann fast jede Woche Beispiele aus dem kirchlichen Alltag beobachten, die das Urteil erhärten, die Kirche sei eine zum Selbstzweck verkommene Bürokratie. Solche Exempel runden das kühle Konzept der Kirchenkritik ab, tragen Wasser auf unsere Mühlen und führen hin zum Thema.

Korruption findet sich in allen Gesellschaften. Je höher eine Gesellschaft entwickelt ist, desto subtilere Formen der Korruption weist sie auf. Die Frage bleibt allerdings in jedem Fall, was genau unter Korruption verstanden werden soll – und darf. Die Antwort auf diese Frage hängt weniger von denen ab, die sie stellen, als von denen, die die Macht besitzen, eine Antwort zu geben oder zu verweigern. Im Fall der Kirche, speziell des Vatikans, haben die Fragenden ganz besondere Schwierigkeiten, eine wahrheitsgetreue Antwort zu bekommen. Denn was Oberhirten gemeinhin antworten, ist irrig. Wer Korruption nur außerhalb der »heiligen Kirche« konstatiert und den Innenraum für besenrein hält, täuscht sich selbst nicht weniger als die Nachfragenden.

Nochmals Nietzsche, dessen Fragen noch nach hundert Jahren nicht beantwortet sind: »Ich verurteile das Christentum, ich erhebe gegen die christliche Kirche die furchtbarste aller Anklagen, die je ein Ankläger in den Mund genommen hat. Sie ist mir die höchste aller denkbaren Korruptionen, sie hat den Willen zur letzten auch nur möglichen Korruption gehabt. Die christliche Kirche ließ nichts mit ihrer Verderbnis unberührt, sie hat aus jedem Wert einen Unwert, aus jeder Wahrheit eine Lüge, aus jeder Rechtschaffenheit eine Seelen-Niedertracht gemacht. Man wage es noch, mir von ihren ›humanitären‹ Segnungen zu reden!«[6]

In die Tiefe blicken, zu der oberhirtliche Geschmacklosigkeit abzusinken vermag? Der Nachweis für Korruption ist hier nicht schwer zu führen. Ich bin aufgrund historischer Nachweise und Erfahrungen mit der Gegenwart sogar der Meinung, daß Korruption im Kirchenfürstentum nicht bloß eine Randerscheinung und schon gar keine Folge individueller (isolierbarer) »Sündhaftigkeit« darstellt, sondern geradezu konstruktiv für die Institution Kirche ist. Das Kirchenfürstentum hätte sich ohne dieses Merkmal seiner Konstitution nicht über Jahrhunderte behaupten können, schon gar nicht inmitten eines Milieus anderer Gesellschaftsformen, die ähnlich korrupt waren und sind. Begriffe wie Nepotismus, Simonie, Ablaßhandel sind kirchentypische Korruptionsvokabeln. Niemand außerhalb des Pferchs brauchte sie zu prägen; sie entstammen einer unverwechselbaren Mentalität. Ohne die dieser entsprechenden Praxis hätte keine Kirche überlebt. Es ist inkorrekt, Nachweise nur für vergangene Jahrhunderte zu führen. Päpstlicher Nepotismus zum Beispiel läßt sich bis in die letzten Jahrzehnte hinein belegen. Die Sippe des Papstes Pius XII. wurde gut bedient, an entscheidenden Stellen des Kirchenfürstentums machten sich Herren breit, die zufällig auf denselben Namen hörten wie der Papst und nichts anderes als dessen Neffen waren[7]. An weiteren Beispielen für Korruption der Kirche fehlt es nicht (ich greife im folgenden die drei Beispiele »Caritas«-Lüge in Deutschland, Doppelmoral der Fensterpredigten und Geldgeschäfte des Vatikans heraus). Nur müßte von den Betroffenen, auch und gerade von jenen »Gläubigen«, deren weites Gewissen jede Schandtat deckt, sofern sie nur oberhirtlich bleibt, wenigstens einmal jene Redlichkeit aufgebracht werden, die sie den Kirchenkritikern und ihren hieb- und stichfesten Beweisen so gern absprechen.

Ich warte – bei Podiumsdiskussionen und Talkshows – noch immer auf jenen Prälaten, der sich einmal nicht in sein amtstypisches Grinsen flüchtet und sein »Alles-halb-so-schlimm-Gesicht« aufsetzt, wenn ihm unwiderlegliche Realitäten aufgetischt werden. Wo bleibt der Oberhirte, der tausendfach belegte Schuld eingesteht – und persönliche Konsequenzen zieht? Offenbar muß einer über einen unnachgiebigen Charakterpanzer verfügen,wenn er Bischof werden und bleiben will. Wie lange noch werden aber solche Herren Gehör finden, wenn sie nichts anderes als ihre traurigen Erfolge verkünden?

Erfolgsrezepte der heutigen himmlischen Seilschaften

Wozu das Ganze? Braucht eigentlich noch irgend jemand außer den dümmsten Gotteslämmern die Kirche – und ihre Fürsten? Richtig: Lange schon ist die Akzeptanz der Kirche zum Existenzproblem geworden[8]. Für breite Schichten der Bevölkerung sanken die ausgeformten Morallehren der Oberhirten – soweit überhaupt zuverlässig bekannt – bereits unter die Schwelle der Konfliktfähigkeit.[9] Verstöße gegen Dogma und Moral erfolgen oft ohne das Bewußtsein einer Normverletzung. Die Motivationskraft kirchenfürstlicher »Ethik« verfällt von Tag zu Tag. Was weitergeschleppt wird, sind jene Restbestände oberhirtlicher Moral, denen es gelang, in allgemein konservative Ideologien der Gesellschaft einzudringen und sich in diesen – wie auf dem Terrain Ehe und Familie – zunächst zu etablieren.

Meinen Bischöfe noch immer, sie gingen in Sachen Moral voran, und veröffentlichen sie diese Ansicht als »Hirtenworte«, täuschen sie sich: Solche Schreiben lösen keine Schwierigkeit. Sie verraten nur eigene Probleme, an erster Stelle das des unlegitimierten »Lehr- und Wächteramtes«, seine Gewalt über Menschen zu behaupten, die sich langsam, aber sicher aus den autoritätsvermittelten Angstzuständen befreien[10].

Dennoch: Auch wenn Tag für Tag viele Menschen die Kirche ihrer Kindheit verlassen (in die hinein sie zwangsgetauft wurden), fühlen sich die Oberhirten noch immer nicht bedroht. Wie viele Hunderttausende mögen sie noch »verkraften«, bis sie unruhig werden? Die Antwort auf diese Frage ist nicht schwer: Solange die Basis der Hirten nicht berührt ist, das solide Fundament nämlich an Geld, Privileg und (Glaubens-) Besitz, brauchen die Herren um ihre Zukunft nicht zu zittern. Bester Beweis für diese These ist der Vatikan: Obgleich die eigentliche Bischofsstadt der Päpste, das Ewige Rom, schon längst glaubenslos ist und nur noch etwa ein Prozent der Einwohner zur Messe gehen, hält sich Papst um Papst ganz gut. Offenbar löst die Tatsache, von 99 Prozent Kirchenfreien umgeben zu sein, beim Stellvertreter Christi keinerlei Missionsbewußtsein aus. Warum denn auch? Das kirchenfürstliche Leben geht auch ohne größere Anstrengungen in diese Richtung seinen gewohnten Gang.

Was die vatikanische Ethik vom guten Hirten betrifft, könnte als erprobter Merksatz gelten: Moral trägt der gelernte Kirchenfürst nur stundenweise, von Fall zu Fall, wenn und solange sie eben paßt. Der Hirte täuscht dann eine Verhaltensweise vor, die in bestimmten Situationen anzuwenden ist, weil irgendwelche Beobachter – oder die Weltöffentlichkeit – einem gerade auf die Finger sehen. Gott sei Dank, wird er sich sagen, daß der größte Teil der Amtszeit nach anderen, konträren Moralvorstellungen abläuft.[11]

Im übrigen rechnen kirchliche Rechenkünstler einfach hoch: Das Statistische Jahrbuch des Vatikans, ein Sammelsurium an Viertelwahrheiten, gibt zwar inzwischen zu, es sei schwierig, die Gesamtzahl der jährlichen Taufen zu ermitteln. Aber auch für dieses Problem findet sich eine oberhirtliche Lösung: Der Vatikan richtet sich nach der Zahl der Geburten und nimmt an, daß fast alle Neugeborenen in katholischen Gegenden auch getauft werden.[12] So vermehrt sich die Zahl der Herde zwar nicht durch Überzeugung, doch durch Zeugung.

Dennoch sind die Fakten bedrohlich: Seit ein paar Jahren steigt die Zahl der Kirchenaustritte rasant an: Allein 1991 verließen über 140 000 bundesdeutsche Katholiken die Kirche des Herrn Wojtyla. In München freilich überstieg die Zahl der Kirchenaustritte bereits 1974 die der Taufen. Und selbst wenn sich solche abendländischen Verluste irgendwo in Lateinamerika oder Afrika wieder ausgleichen, kann in den Stammländern Katholiens von einer allgemein verbindlichen christlichen Werteordnung nicht mehr die Rede sein. Es wäre daher an der Zeit, sich politisch an der veränderten Situation zu orientieren und die schon vollzogene Säkularisierung der Gesellschaft aufzuarbeiten. Freilich zögern Millionen Menschen, die keinen Hirten mehr brauchen, Konsequenzen zu ziehen und die Kirche, die ihnen nichts bedeutet, auch formell zu verlassen. Die Gründe für diese Haltung sind unklar: Antriebsschwäche? Versäumnis? Opportunismus? Angst vor dem Jenseits? Mangel an Alternativen?

Bischöfe sehen das Problem durch ihre eigene Brille. Sie bleiben Angst- und Hoffnungsmacher in einem. Sie werfen Menschen ins Wasser, weil sie die Freude genießen möchten, diese wieder herauszuziehen. Sie gehen davon aus, daß ihre Arbeit nicht nur unverzichtbar ist (wenigstens für die Treuen in der Herde), sondern auch unvergleichlich wirksam (für alle Menschen). Warum das so sein soll? Weil der Mensch zum einen, sagen die interessierten Kirchenherren, sich nicht auf ein Leben im Diesseits beschränkt, sondern auf ein Jenseits hin geschaffen ist, und weil er zum anderen eben dieses Jenseitige, das »Mehr«, nur von einer Seite geboten bekommt, nämlich von der Kirche, deren Leiter zufällig sie selbst sind.

Zwar erkennt kaum jemand noch die Begründung für diese groteske Überbewertung an, die die Lobby nennt: das sogenannte »Mehr«, das Kirche und Bischöfe angeblich darstellen oder leisten. Zu Recht, meine ich, widersprechen immer mehr Menschen dem bisherigen Erfolgsrezept kirchenfürstlicher Seilschaften. Denn Kirchenobere haben weder ein historisches noch ein aktuelles »Mehr«. Ihr Vorsprung vor anderen Interessengruppen ist alles andere als allgemein anerkannt. Die Berufung auf sogenannte letzte Werte ist in der säkularen Gesellschaft ebenso wie im weltanschaulich neutralen Staat unnachvollziehbar und falsch. Von der Tatsache ganz zu schweigen, daß sich die Kirchen in ihrer Geschichte selbst millionenfach desavouierten. Das hindert aber weder diese selbst noch ihre politischen Parteigänger, den überholten Grundsatz vom »Mehr« beizubehalten und aggressiv zu vertreten. Statt endlich auch die Kirche nur als Verband unter Verbänden zu sehen, ohne ihr schon wieder Privilegien zuzuerkennen, behaupten solche Himmelslobbyisten entgegen besserem historischen Wissen, die Kirche, also nach katholischem Verständnis deren Hirten, hätte einen zeitlichen und überzeitlichen Vorsprung vor sämtlichen anderen Gruppen der modernen Gesellschaft. Im übrigen seien Prälaten Kulturträger ersten Ranges im Abendland gewesen; schon von daher gesehen verträten ihre Erben und Nachfolger förderungswürdige Interessen.

Nichts von alldem stimmt. Noch ist nämlich unklar, inwieweit Musik lediglich die wichtigste Beschäftigungstherapie in den oberhirtlichen Bewahranstalten (»Konservatorien«) darstellte, Theologie ausschließlich kirchenfürstlichen Legitimationszwecken unterworfen war, Architektur dem Bau- und Herrschbedürfnis der Hirten diente. Im übrigen haben gerade die Kirchenfürsten, und nur sie, eine immense inhumane und damit nichtkulturelle Vergangenheit. Ein Mehr an Lug und Trug, an Mord und Totschlag läßt sich ebenso leicht feststellen wie die Tatsache, daß es zutiefst unbiblisch ist, sich das sogenannte ideelle Mehr, falls es ein solches wirklich gäbe, finanziell honorieren zu lassen oder durch besondere Privilegien abzusichern. Kann man sich Jesus aus Nazareth, der als einziger für das ideelle Mehr stehen mag, als Garant für Gewinn und Privileg vorstellen? Kann eine kranke Gesellschaft wie die einer Kirche, die schon das freie Wort verfolgt, überhaupt eine gesunde Kultur, ein ideelles Mehr hervorbringen? Das oberhirtliche Erfolgsrezept, von Dutzenden himmlischer Seilschaften auf Kanzel und Katheder legitimiert, überzeugt Denkende, Forschende, Wissende nicht mehr. Auf überzeugte Gläubige freilich verfehlt es seine Wirkung nicht. Gerade bei solchen Herdenmitgliedern ist eine auffallend geringere positive Wertung geistiger Autonomie festzustellen als bei Nichtgläubigen. Denken ist nicht eben die Stärke der Schafe im kirchenfürstlichen Pferch. Sonst hätten sie dies Weideland längst verlassen.

Aber auch viele Interessenpolitiker in Deutschland hüten sich ängstlich vor einer Bestreitung des »Mehr«, obgleich sie persönlich nichts mit der Herde zu tun haben, sieht man von deren Möglichkeit ab, am Wahltag ja oder nein zu »christlichen Inhalten« zu sagen. Christliche Inhalte? Nicht selten gewinnen Menschen heute den Eindruck, die Oberhirten artikulierten einen »Willen Gottes«, der sich nur unwesentlich vom Wollen der maßgebenden Christenpolitiker unterscheidet. Von daher gesehen nützen Bischöfe in erster Linie den staatstragenden Parteitaktikern. Aber zugeben werden dies beide

Seiten des Bündnisses nicht. Sie sprechen viel lieber vom »Volk« und der »Volkskirche«. Wahrscheinlich werden Kirchen auch deswegen als Garantinnen ewiger Werte geschätzt, weil der Bedarf an Ethik um so größer erscheint, je raffgieriger eine Gesellschaft ist. Eine Gesellschaft, die den individuellen Tod ebenso verdrängt wie die Frage nach dem selbstgestalteten Lebenssinn, hält sich für solche Probleme ein Spezialistenteam und garantiert diesem das Monopol der letzten Tage auch finanziell. Hinzu kommt, daß viele Menschen versäumten, den Anschluß an die Aufklärung zu halten und eine säkulare Kultur des Humanen zu entwickeln.

Bischöfe entwickelten in den letzten Jahrzehnten ihr Erfolgsrezept tatkräftig weiter. Es gelang der Lobby, die größtmögliche öffentliche Wirkung zu erzielen, auch wenn das Rezept von falschen Zutaten lebt. Von kirchlicher Seite wird neuerdings vor allem auf die sozialen Dienstleistungen verwiesen, die die Hirten erbringen oder zulassen. Das hat seinen Grund: Spezifische Glaubensfragen sind längst nicht mehr so spannend wie früher. Mit dem Dogma macht kein Oberhirte mehr Staat. Theorien über »Jungfrauengeburt« und ähnliches schlagen nicht ins persönliche Leben durch und machen nicht betroffen.

Die Repräsentanten der Institution schweigen häufig; in Sachen Theologie sind sie, wie die Auseinandersetzungen der letzten Jahrzehnte um die Thesen bestimmter Theologen beweisen, nicht eben firm. Bischöfe verstummen nicht aus Trotz; sie wissen es einfach nicht besser.[13] In öffentlichen Diskussionen machen sie eine so schlechte Figur, daß verständlich wird, warum sie sich so häufig drücken. Wie mir Redakteure von Rundfunkanstalten immer wieder bestätigen, gibt es für sie keine anstrengendere Arbeit, als Bischöfe für Diskussionen mit unsereinem zu suchen. Oberhirten, die – ungefragt – zu allem und jedem reden, solange sie unter sich bleiben, haben die Hosen voll, wenn es darum geht, »gelegen oder ungelegen« zu sprechen ...

Bischöfe sind einseitig ausgebildet, sie lernen kaum dazu. Sie sprechen mit ihresgleichen. Sie sprechen zu denen da unten. Mit Kritikern setzen sie sich nicht auseinander; für eine rationale Auseinandersetzung fehlen ihnen die Mittel. So bleiben die Eklektiker unter sich. Konservativ, kapitalistisch und klerikal zu denken bleibt in diesen Kreisen Mode.[14] Es verwundert nicht, daß kaum jemand von all diesen Leuten, die immer noch den Ton anzugeben glauben (und, beispielsweise, der CDU am christlichen Zeug flicken), es für notwendig hält, auf die schwereren Verletzungen der Menschen- und Christenrechte einzugehen, die sich unter uns ereignen. Blind sind sie, und

Führer von Blinden, diese Hirten, die ein sich selbst legitimierendes »Wächteramt« beanspruchen. Um so barscher verstehen sie es, sich selbst als die Leute auszugeben, die das Christsein wie das Menschsein definieren, um die »anderen« zu richten. Sie urteilen und beurteilen, statt sich mit den anderen auseinanderzusetzen, um von ihnen das Sehen zu lernen.

Es gibt die schlimme Erfahrung in der Bundesrepublik von heute: mitzuerleben, wie abfällig sich manche Auch-Demokraten, die sich Bischof nennen, über jene Mitmenschen äußern, die – beispielsweise in Sachen § 218 – eine abweichende (Mehrheits-)Meinung äußern. Und wie sie gegenwärtig einen »Einbruch« in Sachen Lebenssorge befürchten, ausgerechnet sie, die für eine Institution stehen, die nachweislich Millionen Leben auf dem Gewissen hat (hätte sie denn eines!). Bischöfe lernen nicht dazu: Noch immer nähern sich diese Patriarchen[15] den Lebensproblemen von Frauen in der Attitüde von Schulmeistern, um ihre seit eh und je vorgefaßte Herrenmeinung als wahre Moral zu predigen. Ich bin freilich froh, daß die Zeit schon da ist, wo sich die Frauen nicht mehr nur als Opfer solcher Indoktrination begreifen.

Kirchenleute müssen unter solchen Umständen fürs erste ihre Taktik wechseln. Da – in oberhirtlicher Diktion – die Moral ebenso wie der Glaube zurückgeht, ist es längst gewinnbringender, wenn die Kirchen statt vom Dogma von der »Caritas« sprechen und von deren Leistungen im Sozialbereich. Was bei den Massen überhaupt noch zählt, ist soziales Engagement – »die Nächstenliebe«. Nun ist freilich seit einiger Zeit bekannt, daß gerade diese »karitative Seite« des bundesdeutschen Kirchenchristentums ihre erbärmlichen Mängel hat: Da der Löwenanteil der öffentlichen sozialen Leistungen der Kirchen in der Bundesrepublik nicht aus Kirchensteuereinnahmen, sondern aus allgemeinen Steuern bestritten wird, lügen Kirchenvertreter in ihre eigene Tasche.

Klerikale Caritas ist zu wesentlichen Teilen fremdfinanzierte Caritas – oder gar keine. Zwar nennen sich Kindergärten, Altenheime und Krankenhäuser mit Emphase »kirchlich«, doch hat diese Bezeichnung sehr wenig mit der finanziellen Realität zu tun. Was an diesen Einrichtungen spezifisch kirchlich ist? Die ideologische Ausrichtung, die Niederhaltung der Beschäftigten, die Ausgrenzung der Gewerkschaften, die Schaffung demokratieferner Räume. Die Finanzierung des Ganzen hat jedenfalls so gut wie nichts mit der Kirche (und der Kirchensteuer) zu tun; sie kommt in den meisten Fällen von außen, etwa aus Elternbeiträgen, Krankenkassenleistungen, Mitteln der öffentlichen Hände. Der überwiegende Anteil der Milliardeneinnahmen der beiden bundesdeutschen Großkirchen kommt nachweislich dem eigenen »Seelsorgepersonal« und dessen Missionierungszwecken zugute. Wer also noch immer meint, seine Kirchensteuer helfe der Kirche vor allem bei der Erfüllung von Sozialpflichten, täuscht sich gewaltig: Die Kirchensteuerzahler finanzieren vor allem das Bodenpersonal (ohne dessen Service besonders in Anspruch zu nehmen) – und nur zum geringeren Teil die »Caritas«.

Kirchenvertreter, die ansonsten – ungefragt – zu allem und jedem öffentlich reden und sich an jedes Thema anhängen, um ihre Amtsmeinung kundzutun (die niemand hören will), werden auffallend schweigsam, wenn es um solche Wahrheiten geht. Themen, die sie nun wirklich angehen, behandeln sie offenbar höchst ungern. Sollen Bischöfe konkrete Fakten, Zahlen und Hintergründe nennen, die sich auf die fromme Caritas-Lüge in der Bundesrepublik beziehen (einen der grandiosesten Etikettenschwindel in unserem Land!), verstummen sie, schicken ihre Finanzexperten vor und überlassen diesen die zugegebenermaßen unangenehme Aufgabe, den Fragenden (unter Zuhilfenahme schwer nachzuvollziehender Zahlenangaben) zu erklären, warum und wie genau sich die Kirchen »ihre« Caritas überwiegend bis ganz von anderen bezahlen lassen.

Überhaupt ist Vorsicht angebracht, wenn Kirchen sich als Synonym der Liebe verkaufen. Vorsicht, wenn sie sich als Resterscheinungen von Zuwendung in einer lieblos gewordenen Umwelt verkündigen. Daß hinter den Kulissen der friedfertigen Charity (die Schuldgefühle in Form von Spenden und Kirchensteuern entgegennimmt) die alten Aggressionen lauern, bezeugen die vielen Berichte von psychisch gefolterten und vergewaltigten Menschen der Gegenwart, lauter Anklagen der von Mutter Kirche verkrüppelten Kinder.[16] Eine Institution, welche die ihr Anvertrauten nicht so nimmt, wie sie sind oder sein wollen, kann sich nicht auf irgendeine Legitimation berufen. Da sie Kinder immer wieder auf ihr eigenes System hin verkrüppelt, bleibt sie ein ständiger Skandal.

Gegen sie kann auch niemand auf »Moral« pochen. Denn die geläufige Moral ist selbst Ergebnis und Bestandteil des Systems. An ihr Forum zu appellieren ist Unsinn, weil sie ihre eigene Existenz von denen ableitet, gegen die appelliert werden soll. Moralische Appelle sind keine systemöffnenden Fragen. Nichts innerhalb eines bestimmten Rahmens hat die Kraft, den Rahmen selbst zu leugnen.

Sprechen Hirten von Moral, kehren sie höchst gefahrlos auf ihr eigenes Territorium zurück. Handeln sie in »Nächstenliebe«, brauchen sie nicht mehr um ihre Existenz zu fürchten. Sie selbst sagen seit eh und je der Welt, was unter Liebe zu verstehen sei, und die Welt ist noch voll von solcher Liebe.

Schuldlose Strukturen?

Die Rede ist von Liebe? Ich warne, denn selten sind so viele und so versteckte Strukturen der Lieblosigkeit anzutreffen wie in der Gesellschaft »Kirche«. Ich greife diejenigen Lieblosigkeiten heraus, die als »struktureller Stolz« einer durch und durch auf Herrschaft und Zweiklassenrecht angelegten Kirche erscheinen.

Struktureller Stolz kann nicht asketisch aufgearbeitet werden. Gute Appelle helfen nichts, wo es um eine Institution geht. Gegen eine solche Kirche kann niemand »anbeten«. Alle Heiligen, die dies meinten, versagten jämmerlich und bewirkten nichts Wesentliches. So wichtig individuelle Ansätze zur Selbsterkenntnis sein mögen, sosehr sich eine verschwindend geringe Zahl von engagierten Christen (hin und wieder, höchst selten ist selbst ein Bischof unter ihnen) um Reform bemüht: sie treffen nicht den Sachverhalt. Einerseits haben schwerwiegende Sünden einzelner Menschen ihre Auswirkungen auf die gesamte Kirche, andererseits werden solche Fehlhaltungen von der Institution noch unterstützt.

Ich meine die Verhaltensweisen von Leuten, die sich ihrer »Klasse« durchaus bewußt sind und die deswegen weder Schuld eingestehen noch Kritik vertragen können. Die angeführten Beispiele sollen darauf hinweisen, wie institutionalisiert heutzutage Stolz und Hoffart in der Kirche (vor allem bei den Hirten) aufzutreten vermögen und welche Heimat sich die beiden seit langem in der Kirche haben schaffen dürfen. Die schönen Sprüche der Moraltheologie: »Ein Heilmittel gegen die Hoffart ist die Betrachtung der Herrlichkeit Gottes, der Demut Christi und der Strafen für die Hoffart!«[17] nützen nichts. Noch immer können Kirchenleute den eklatanten Zwiespalt zwischen individueller Demut und berufsständischem Stolz nur zugunsten einer persönlichen Ethik lösen, nicht aber im Sinn einer institutionellen Rücknahme von Macht, Flitter und Privileg. Ihre Kirche ist und bleibt gewalttätig.

Hinter einer noch immer strahlenden Fassade des Religiösen, die errichtet worden ist, um den Service zu gewährleisten, verbergen sich Strukturelemente, die nie religiös waren: die Unterteilung des Kirchenvolks etwa in zwei disharmonische Gruppen[18], in Kirchenleiter und einfache Mitglieder, in Prediger und Zuhörer, in Kleriker und Laien, in Theologen und Nichtexperten, in sachverständige Profis und in nichtbeteiligte Amateure.

Von den einen, den treuherzigen Alltagschristen, erwartet die Klerikergruppe, daß sie alles für bare Münze nehmen, was ihnen an zeitbedingten biblischen Bildern vorgesetzt wird: die Paradiesesidylle um Adam und Eva beispielsweise, die Kämpfe zwischen Engeln und Teufeln, die Geschichtlichkeit der wundersamen Taten des Gottes Jahwe, die Wunder des Herrn Jesus, die Kindheitsgeschichte Jesu, die Berichte über seine sogenannte Auferstehung. Was alles sollen die »Laien« noch glauben, damit sie – geleitet und angepredigt von den wissenden Klerikern – Weihnachten und Ostern nur recht naiv feiern können? Ein rührend schlichtes Katholikenleben hat es in sich: Da hat man die Heiligen für heilig, die Ketzer für verdammt, den Papst für unfehlbar und Maria für unbefleckt zu halten – um in den Himmel zu kommen und sich endlich gesichert, gerettet zu fühlen.

Die anderen sind verhältnismäßig fortgeschritten. Sie verstehen es, die Bibel mit anderen Augen zu lesen, das bedeutet zu »entmythologisieren«, den weiteren Sinn vom engeren Beiwerk abzuheben, Dogmen »historisch-kritisch« zu interpretieren oder wenigstens richtig in die »Hierarchie der Wahrheit« einzuordnen, bei päpstlichen Enzykliken zwischen den Zeilen mehr als im Text zu lesen, bei Bedarf den richtigen Stellenwert von Hirtenschreiben, von Geboten und Verboten auszumachen. Ich kenne keinen Theologen vom Fach, der nicht, komme was wolle, seine jahrelange Übung auf diesem Gebiet unter Beweis stellt. Immer wieder wissen solche Leute genau, was sie von alldem zu halten haben. Stets fallen sie durch die Maschen. Und wenn sie besonders medienerprobt sind, können sie sich für ihre Verrenkungen gar noch als »Widerständler« feiern lassen. Ihr Widerstand ist freilich gut kalkuliert; er geht nie zu weit.

Ich frage mich, was Theologen in der Kirche hält. Der relativ leicht zu erlangende Ruhm, auch ein Denker zu sein, zudem einer, dem die »letzten Werte« anvertraut sind? Der gesicherte Lebensunterhalt, den aufzugeben kein Dogma wert ist? Die Angst, sich einen anderen Beruf suchen zu müssen, wenn ein Schlußstrich gezogen wurde? Von allem etwas, gewiß, denn jener Glaube, den das einfache Kirchenvolk zu erbringen hat, kann es nicht sein. Den habe ich noch bei keinem von denen da oben gefunden. Der gehört »nach unten«. Theologen tun gut daran, die vielleicht befreienden Ergebnisse ihrer Reflexionen im Fachghetto ihrer Bücher und Zeitschriften verschlossen zu halten (die da unten eh niemand zu Gesicht bekommt) und nicht dem Volk anzubieten. Theologen retten ihren Brotberuf, wenn sie sich als Experten der Deutung und Umdeutung bewähren, wenn sie aus allen kirchenamtlichen Erklärungen für sich und ihresgleichen genau das herausmendeln, was ihnen nützt.

Bischöfe retten ihr Amt und ihr Ansehen, wenn sie ähnlich verfahren, wenn sie beide Wächteraugen zudrücken, wo sie handeln müßten: wenn sie Konkubinate ihrer zölibatären Kleriker stillschweigend dulden, um den »Skandal« zu vermeiden, wenn sie unter der Hand Absprachen mit den Betroffenen treffen, die auf ein Gentlemen's Agreement hinauslaufen – und dem einen die Konkubine, dem andern den öffentlichen Frieden sichern. Wo bleibt die oft beschworene Glaubwürdigkeit der Hirten? Wohin hat sich die »Mutter Kirche« manövriert, die ihren »besten Söhnen« nicht mehr viel sagt, sich aber von allen Bürgern teuer bezahlen läßt?

Soll von individueller Sünde, von Schuld geredet werden? Ist der einzelne Kleriker, der kein Eunuch bleiben kann, sondern Mensch werden will, ein Todsünder? Oder ist nicht vielmehr anstelle des sogenannten »Schwachen« jene Institution sündig, die derart menschenfeindliche Gesetze aufstellt und – wenigstens pro forma – durchsetzt?

Nicht, als gebe es unter Klerikern keine kriminelle Energie. Daß Kirchenleute verbrecherisch handeln, haben die Jahrhunderte der sogenannten Heilsgeschichte zur Genüge erwiesen. Pfarrer, Bischöfe, Päpste sind auch keine besseren Menschen. Im Gegenteil, sie haben es menschlich besonders schwer. Sie leben – als »Amtsträger« – mitten in einem unmoralischen System, das sich verselbständigt hat und selbst den gutwilligen Kleriker dazu zwingt, sich zur institutionalisierten Sünde zu bekennen – oder die Kirche ganz aufzugeben. Daß sie den letzten Schritt nur selten tun, auch wenn sie ihn längst aus Treue zu sich selbst tun müßten, macht sie zu Kumpanen des korrupten Systems.

Was bleibt ihnen übrig, als einen »Stolz der Gefangenen« auszubilden? Sie, die selbst Gefesselten, halten seit langem die Bastionen des Glaubens und der Disziplin auf eine so schrecklich subtile Art besetzt, daß lebendige und lebenschaffende Alternativen als moralisch minderwertig gelten. Oder was ist von einer »Moral« zu halten, die sich mit allen verfügbaren Mitteln einer anstehenden Reform des § 218 StGB widersetzt, während sie selbst seit Jahren nicht viel unternimmt, um die augenfällige Diskriminierung nichtehelich Geborener – also eine Folgelast des § 218 – in der Kirche zu unterbinden? Wie steht es um den moralischen Anspruch so vieler Kleriker, die sich nach außen, etwa in sozialen Fragen, modern und öffentlichkeitswirksam geben, nach innen jedoch, wo sie schalten und walten können, wie sie wollen, nichts tun, um über einen mittelalterlichen Zustand hinauszugelangen? Bischöfen wie Pfarrern stünde es hierzulande frei, vor der eigenen Tür zu kehren und sich sozial zu betätigen. Sie haben genug Menschen unter sich: die Arbeitnehmer und Arbeitnehmerinnen im Kirchendienst. Es könnte sich beweisen, Tag für Tag, daß die Kirche sozial denkt und handelt, wenn es um ihre eigenen Belange geht – und nicht um bloße Fensterreden.

Da die Kirche in weiten Teilen der Republik eine Monopolstellung in Sachen Caritas hat und dieses Privileg auch weidlich ausnützt, haben Menschen mit nichtkirchlicher Weltanschauung, sofern sie sozial tätig werden und sein wollen, keine echte Berufschance gegenüber diesem Tendenzbetrieb. Obwohl der Staat die Kosten solcher Einrichtungen fast vollständig trägt, läßt er die Kirche innerhalb derselben Einrichtungen frei als Arbeitgeberin walten – und damit, unter Bezug auf den angeblich undemokratischen Willen Gottes in Kirchensachen, demokratieferne Räume schaffen. Daß solche Zuschüsse jährlich »fortgeschrieben« werden, da sich die Kirchen eine »Gleitklausel« ausbedungen haben, merke ich hier nur am Rande an.

Es rentiert sich gewiß, Religionsunterricht zu erteilen und auf diesem Weg in den kirchlichen Dienst einzutreten. Doch: Im Kirchendienst tätig zu sein (und das betrifft Hunderttausende in der Bundesrepublik) heißt zu weiten Stücken gefährlich leben. Kirchliches Dienstrecht, so Stimmen aus dem Klerus, sei weder Arbeitsrecht noch öffentliches Recht. Es sei schlicht Kirchenrecht – und damit dem Zugriff des Klerus freigegeben.[19]

Oberhirten versuchen, souverän zu bestimmen, welche Bereiche unseres Staatslebens von der speziellen Kirchenfreiheit (Glaubens-, Religionsfreiheit) erfaßt werden. Gegenüber einer solch expansiven Deutung werden die »Schranken des für alle geltenden Gesetzes« praktisch bedeutungslos.[20] Religion wird künftig in einem Bereich ausgeübt, der dem Staat verschlossen bleibt. Was das heißt, ist jedem, der Augen hat zu sehen, klar: Frauen beispielsweise, die in kirchlichen Einrichtungen beschäftigt sind, tun gut daran, sich auch in ihrem Privatleben an die »Grundsätze der katholischen Kirche« zu halten. Scheidungen und Wiederverheiratungen, Abtreibungen, Geburten unehelicher Kinder oder auch nur Stellungnahmen gegen kirchliche Anschauungen (wie die zum § 218 StGB) sind als mit eben diesen Prinzipien »unvereinbar« definiert – und führen zum Verlust eines Arbeitsplatzes, der (fast) völlig aus Steuermitteln bezahlt wird.

Prozesse vor Arbeitsgerichten haben den Betroffenen immer wieder deutlich gemacht, was es heißt, in einem Land zu leben, das völlig unkontrollierte klerikale und damit undemokratische Räume zuläßt. Daß die Kirche hierzulande »ihre Angelegenheiten selbständig regelt«, wie es das Bonner Grundgesetz (Artikel 140) sagt, gilt als Freibrief für arbeitsrechtlich skandalöse Zustände. Kirchliche Arbeitnehmerinnen sind und bleiben Arbeitnehmerinnen minderen Rechtes.

Nicht ohne Grund kritisieren bundesdeutsche Gewerkschaften immer wieder die unter demokratischen Gesichtspunkten unhaltbaren Zustände in kirchlichen Sozialeinrichtungen. Zwar sind die Kirchen sofort bereit, überall dort soziale Aufgaben an sich zu ziehen, wo Ansprüche gegenüber dem Staat oder den Sozialversicherungsträgern und Krankenkassen geltend gemacht werden können. Doch weigern sie sich, die Arbeitsbedingungen ihrer Mitarbeiterinnen tariflich ebenso festzulegen, wie das unter demokratischen Bedingungen üblich ist.

Wiederum ist es unglaublich, aber wahr: Die katholische Kirche, eine der größten Arbeitgeberinnen auf karitativem Sektor, schränkt die – in Verfassung und Gesetz verbrieften – Rechte ihrer Bediensteten ein. Aus vorgeblich »dogmatischen« Gründen. Der Bonner Theologieprofessor Franz Böckle hat, vor dem Sturz Ceaucescus, den Vatikan und Rumänien als die beiden einzigen Staaten bezeichnet, in denen weder Glasnost noch Perestrojka Einzug gehalten haben. Bei der Behandlung von Menschen, die anderer Meinung seien, gebe es zwischen vatikanischen Institutionen und dem Zentralkomitee der rumänischen Kommunisten »kaum begreifbare Parallelen«.[21] Jetzt, nach der rumänischen Wende, steht der Vatikan ganz allein. Ein totalitärer Staat? Caritas? Nein, die Schuld der Stolzen.

Offensichtlich zahlt es sich in Deutschland für eine Kirche aus, selbst kein Rechtsstaatsprinzip zu kennen oder anzuwenden, doch »die eigenen Angelegenheiten selbständig wahrzunehmen«. Wer dabei unter die Räder kommt, ist nicht der Pfarrer. Kardinal Meisner von Köln, sonst um keinen Pauschalspruch auf ungefährlichem theologischem Terrain verlegen, mußte in einer Fernsehsendung aus dem März 1990 passen, als er gezielt gefragt wurde, ob die Kirche ihren weiblichen Beschäftigten einen zusätzlichen Mutterschaftsurlaub bewillige oder ob sie, die immer für Ehe und Familie eintrete, den Ihren ein zusätzliches Kindergeld zukommen lasse.[22]

Auf sozial verfängliche Fragen braucht ein Kardinal keine Antwort zu wissen. Weil die Kirche, die er – in Purpur und Goldbrokat – vertritt, selbst keine konsequente Lösung für ihre eigenen Mitglieder und Beschäftigten kennt. Es ist ein kleiner Unterschied, ob die Kirche aus dem Fenster zu anderen spricht – oder nach innen handeln muß. In derselben Sendung hatte der Oberhirte ungleich wortgewandter – im Zusammenhang mit dem Mahnläuten fürs ungeborene Kind – den fehlenden »Korpsgeist« seines Klerus beklagt (eine verräterische Vokabel für Priester und Soldaten!) und gemeint: »Es hat mich traurig gemacht, daß nicht alle mitgeläutet haben.« Daß er traurig war, nichts über Mutterschaftsurlaub und Kindergeld sagen zu können, hat er nicht gesagt.

Wer freiwillig in den Kirchendienst geht, ist selber schuld. Wer es nicht tut, tut noch zuwenig. Er sollte mithelfen, die undemokratischen Lebensumstände der Kolleginnen und Kollegen zu beseitigen. Eine fundamentale Änderung ist unumgänglich: Kein demokratischer Staat kann sich eine Partnerin wie die Kirche leisten, ohne das Gesicht zu verlieren. Ich spreche mich für das folgende Prinzip aus: Entweder bleibt die Kirche auch in Deutschland ihren Grundsätzen treu, oder sie gibt sie auf, weil sie sie für undemokratisch hält. Im ersten Fall muß sie, die Grundsatztreue, dann ohne Staatsleistungen auskommen, im zweiten Fall nicht. Einen dritten Weg wie gegenwärtig gibt es nicht mehr. Allerdings befürchte ich, daß die Interessenverquickung zwischen Staat und Kirche in nicht wenigen Bereichen bereits ein solches Ausmaß erreicht hat, daß nur noch geringe Aussicht auf Reform besteht. Der verfassungskonforme Staat und die verfassungskonforme Kirche sind schon Utopien. Wo die eindeutig privilegierte Gruppe der innerkirchlich Herrschenden, die »Väter« (Hirten, Theologen), ihren Anspruch auf die Führung in der Kirche so verwaltet, daß Aufklärung verhindert und das Gefälle zwischen oben und unten sorgsam bewahrt wird, wird Lüge statt Wahrheit, Tod statt Leben verbreitet.

Warum ist das so gefährlich für die Menschen? Die katholische Kirche unterscheidet nicht nur dogmatisch (also dem »Glaubenssatz« nach) zwischen den Amtsträgern und den »Laien«. Auch politisch und soziologisch gibt es da wesentliche Unterschiede. Auf der einen Seite stehen die Kleriker (alles Männer), auf der anderen die Nichtkleriker. Das biblische Bild vom Hirten und den Schafen ist längst nicht mehr idyllisch; Hirte sein bedeutet heutzutage Abstand wahren und Macht über die da unten besitzen. Kleriker sind »nicht von dieser Welt«, wenn es sich lohnt, und »mitten in dieser Welt«, wenn es sich auch lohnt.

Es ist schwierig, sie da oder dort zu fassen. Sie sind Wanderer zwischen zwei Welten. Diese Doppelmoraltheologie unterscheidet sie von dem »Herrn«, auf den sie sich berufen. In der Bundesrepublik werden sie durchweg sehr gut bezahlt. Um »Gotteslohn« sind sie nicht beschäftigt. Davon wissen viele Menschen gar nichts. Sie wundern sich nur, daß ihr Pfarrer ein größeres Auto fährt, als sie es sich je werden leisten können. Aber das muß wohl so sein. Die Vernunft bleibt aus. Was zum Vorschein kommt, sind verborgene Emotionen, vielfältige Ideologien, subjektiv eingefärbte Beweisgänge und entsprechende Verdächtigungen. Eine durch und durch verwirrende Bewußtseinslage.

Die innerkatholische Machtausübung ist exklusiv den Klerikern vorbehalten. Sie geschieht nicht nach den neuzeitlichen rechtsstaatlichen Grundsätzen der Gewaltenteilung. Sie ist keinem demokratischen Kontrollsystem unterworfen. Sie ist in jeweils einer Hand (Papst, Bischof, Pfarrer) vereint. Sie prägt eine Anti-Volks-Kirche durch und durch. Ein solches Unrechtssystem stellt eine Gefahr für die moderne Demokratie dar. Seine überholte Vorstellungswelt soll ja noch immer mit Hilfe politisch fügsamer Interessengruppen auf Gesellschaft und Staat übertragen werden.

Katholiken sind Bürger zweier Welten. Im Staat dürfen sie wählen und mitbestimmen, in ihrer Kirche nicht. Was Wunder, daß ihresgleichen nicht eben zu den historischen Vorkämpfern der Demokratie gehört hat? Ich wundere mich nicht, daß der »Laie« noch immer glaubt, was ihm vorgedacht wird. Daß beispielsweise »Kindesmörder« in der Bundesrepublik am Werke seien. Daß das Abendland kurz vor dem Zusammenbruch stehe. Daß die sittlichen Werte einmal mehr verfielen.

Vollmacht ist in dieser Anti-Volks-Kirche als eine von Gott – und nicht vom Volk – ausgehende Gewalt definiert. Wer also kein Kleriker ist und auch niemals einer werden kann (als Frau), stellt weder eine letztentscheidende legislative noch eine exekutive oder eine richterliche Instanz dar.

Wir sind das Volk. Recht so, sagen die Kleriker. Ihr bleibt das Volk. Und das heißt bei uns eben, daß ihr nichts zu melden habt und niemals etwas zu melden haben werdet. Das hat unser Gott so gewollt und nicht anders. In dieser Kirche, die sich nie selbst aufgeben wird, bleiben Kleriker immer »oben«, da sie durch einen dogmatischen und sozialen Graben von denen da unten, den Laien, geschieden sind. Oben sitzen die Herren (die sich freilich hin und wieder nach unten neigen), unten die Laien (die nicht nur hin und wieder nach oben schauen). Das Gerede vom »Volk Gottes«, zu Zeiten des letzten Konzils aktuelle Mode, ist dem kirchlichen Alltag gewichen. Es ist keine Übertreibung, wenn Professor Johannes Brosseder dem Kardinal Meisner im WDR ins Gesicht sagt, außer im jetzigen Albanien gebe es in Europa kein ähnlich entmündigtes Volk wie in der katholischen Kirche. Und die Schuld der Institution? Die Sünde? Liegen sie nicht vor aller Augen?

Sehe ich den Papst, wie er Staatsmänner aus West und Ost empfängt, um ihnen seine Ratschläge zu geben, denke ich mir meinen Teil. Da steht einer, sage ich mir, der seine Schäfchen im trockenen hat und dessen Einfluß und Macht noch nicht ausreichend in Frage gestellt werden. Eine Revolution von unten wird es so schnell gegen ihn nicht geben. Noch sind die meisten Katholiken lammfromm. Das ist immer so gewesen und muß so bleiben, lehrt die Amtskirche. Sonst gäbe sie sich selbst auf. Demokratisches Denken und Handeln ist innerhalb solcher Strukturen nicht möglich. Das Volk bleibt seiner Freiheitsrechte beraubt. Während die Kirche auf der ganzen Welt Ratschläge erteilt, wie es »andere« zu machen haben, nimmt sie sich selbst von diesen Ratschlägen aus. Mitten unter uns existiert ein Gebilde, das »Demokratie« nur vom Hörensagen kennt, gleichwohl aber darüber in der autoritärsten Weise zur »Welt« redet. Wo bleibt der Widerspruch von Staatsmännern gegen das Gerede eines Papstes, der ihnen Anweisungen zumutet, die er selbst nach innen niemals befolgen würde, wo er – als einer der letzten Souveräne dieser Erde – schalten und walten kann, wie er will: also strikt patriarchal und demokratiefeindlich? Und dies unter dem Anspruch, »menschengemäß und gottgewollt« zu sein!

Kein Wunder, daß in einer Welt, die vom neuzeitlichen Freiheitsverständnis geprägt erscheint, die stärksten Impulse zur Demokratisierung in Freiheit niemals innerhalb der Kirche aufbrachen. Denn alle Kennzeichen der Basisvergessenheit und -feindlichkeit, alle Merkmale des Desinteresses an demokratischen Spielregeln sind in dieser

Anti-Volks-Kirche anzutreffen. Wer wundert sich da noch, wenn es in dieser »Kirche« von Rechts wegen weder eine Gewaltenteilung noch eine Gleichheit der Glieder vor dem Gesetz, noch Rechenschafts- und Begründungspflichten der Amtsträger (etwa des Papstes!), noch eine institutionalisierte Diskussionsbasis gibt? Was allein funktioniert – und noch immer einen völlig unangemessenen Widerhall in den Medien unseres Landes findet –, sind jene Fensterpredigten, in denen zwar die schrecklichen Vorgegebenheiten im eigenen Lager verschwiegen, doch »Wegweisungen« für die da draußen gegeben werden. Die Kirche stellt sich nicht dem Forum der Demokraten; ihr eigenes Recht erfüllt nicht einmal die Mindestanforderungen der UNO-Menschenrechtscharta. Dennoch sind ihre Repräsentanten nach wie vor so unverfroren, beispielsweise spezifisch »katholische Werte« am Gemeinwohl vorbei in die Politik einschmuggeln zu wollen.

Verspielten die Verantwortlichen aber nicht schon lange jeden Anspruch, dem Staat Anweisungen für dessen demokratisches oder den Parteien für deren »christliches« Handeln zu erteilen? Dürfen Kleriker sich zu allem Überfluß als die eigentlich Verkannten, Verletzten, Verfolgten aufspielen? Sind nicht sie es, die auch unser Land in einer schrecklich subtilen Weise besetzt halten? Wäre es nicht moralischer von seiten derer, die die öffentliche Moral gepachtet zu haben scheinen, auf solche Details im Verhältnis von Staat und Kirche der Bundesrepublik hinzuweisen, welche den Kirchen und ihren amtlichen Vertretern (sprich: deren Privatmeinungen) unangefochtene Privilegien, und das Tag für Tag, einräumen? Wäre dies kein Ausdruck von Moral, wenn sich diese Leute endlich daranmachten, in aller Öffentlichkeit zuzugeben, daß diese Privilegien einmalig sind, so daß andere Verbände – und die übrigen Kirchen auf der ganzen Welt! – nur davon träumen können? Zwar ist es stets angenehmer, Märtyrerrollen zu übernehmen, schon weil sich dies in ein bestimmtes Image von »Kirche« einbauen läßt, als offen zuzugeben, daß die Kirche, was ihre bundesdeutschen Privilegien betrifft, in nichts den Herrschenden dieser Welt nachsteht: Nur, moralisch ist es nicht.[23]

Wieder stellt sich die Frage nach dem kirchlichen »Mehr«, das eine entsprechende Höherprivilegierung und -bezahlung nach sich ziehen soll. Wieder läßt sie sich nicht beantworten, es sei denn im schlimm klerikalen Sinn. Denn das »Mehr« der Kirche gibt es nur in den Köpfen der Stolzen, die meinen, irgendeinen Vorsprung an »Moral« und an »Werten« zu besitzen. Die kirchliche Wirklichkeit entspricht dem behaupteten Vorsprung nicht. Schlimm werden die Auswüchse kirchlichen Stolzes freilich, wenn sie ihre Defizite erkennen und sich selbst zur »Theologie des Kreuzes« hochstilisieren. Dieses Stilmittel hängt eng mit der klerikalen Suche nach dem »Mehr« zusammen, das die Kirche angeblich leistet. Das Mehr liegt im Kreuz, dem »Siegeszeichen«. Oder doch nicht? Nähme man diesen klerikalen Trick ernst, so wären plötzlich die Einsichtigen – nach der Mahnung des Apostels in 1 Kor 1, 18–28 – die Toren. Während die Einfältigen, die Systemgläubigen eine »göttliche Weisheit« beanspruchen dürften.

Es ist trickreich, wenn Kleriker immer dann, wenn sie der Welt etwas angeblich Bewegendes, Neues, Wertvolles anbieten, von ihrer eigenen höheren Warte ausgehen (vom »Mehr« an Einsicht oder Eingebung), wenn sie aber in allen Fällen, wo nach Herkunft und Inhalt dieses »Mehr« gefragt wird, keine höhere Einsicht mehr haben, sondern sich auf die Einfalt, Demut, Naivität ihres Glaubens zurückziehen. Dieser Dienst am eigenen Stolz ist eine bösartige Verdrehung der Realität. Jene Kirche, deren Hauptvertreter das von ihr geforderte Kreuz in Gold auf der Brust tragen, muß sich sagen lassen, daß ihr eigentliches Kreuz in ihrer Kreuzesvergessenheit besteht.

Wer das Kreuz Jesu vergaß, kann sich gegen jede weitere Kirchenkritik immunisieren. Unter diesen sich schuldlos Fühlenden stößt die Kritik ins Leere, weil sich diese Leute immer noch auffallend triumphalistisch mit einem geheimnisvoll-mächtig weiterlebenden »Christus« identifizieren. Sie geben dann gern zu, daß ihre Kirche schuldig und sündig ist, ja daß selbst ein Sündenkatalog nicht ausreicht, um die Korruption der Kirche hinlänglich zu beschreiben. Sie bieten wohlfeil Hunderte von weiteren Mängeln, Fehlern, Sünden an – und fühlen sich doch nicht schuldig, weil allein das »menschliche Antlitz« ihrer Kirche getroffen sei. Über diesem aber lebe der Christus fort, das Eigentliche, das Wahre, das Mehr.

Schon wieder liegt der Schwarze Peter bei den Kritikern. Ein Kleriker, der alles Allzumenschliche konzediert, ist nie zu fassen. Er ist auf Selbstdispens abonniert. Er weiß immer weiter. Er verfügt immer über ein System-Schlupfloch, in das er sich rettet. Freilich gibt es für diese Rettung nicht den geringsten Beweis: Daß die Kirche mehr sei als eine irdische (mächtige, korrupte) Organisation, ist wohl heftig geglaubt, doch noch nie bewiesen worden. Dennoch präsentieren sich die Kirchenbezahlten als Retter der Welt. Eindeutige Schuldbekenntnisse, die nicht in Nebensätze von päpstlichen oder konziliaren

Erklärungen versteckt sind, fehlen nach wie vor. Mit dem Bekenntnis, die Kirche habe »damals«, irgendwann, Fehler gemacht, läßt sich leicht leben.

Aber aktuelle Schuld? Fragen wir nach dieser, wie sie unter uns lebt, mit Namen und Adresse gleichsam, so verstummen die Priester. Sie warten offenbar auf die Zeichen, auf die Stunde Gottes, auf den schlagenden Beweis des »Mehr«. Kaum einer von ihnen ist mutig genug, konkret und in aller Öffentlichkeit für die maßlose Schuld der Institution einzustehen, von der und für deren Belange sie sich bezahlen lassen. Und wer trägt die Folgen dieses Starrsinns? Wieder die vielen, denen Kleriker über Jahrhunderte hinweg unter Androhung schlimmster Strafen die Unwahrheit im Glauben gesagt haben.

Wo ist der Papst, wo der Bischof, dem diese Schuld zu schwer geworden ist? Wer von den wohldotierten Hirten tritt aus Scham über seine langjährigen Fehlurteile – und nicht nur aus Altersgründen – zurück? Warum gibt es Menschen unter uns, die die Korruption einer Kirche, für die sie stehen, jahrelang ertragen und decken können, ohne persönliche Konsequenzen zu ziehen? Erkennen Wirtschaftsbosse, daß sie ihr Unternehmen in den Bankrott geführt haben, müssen sie die Folgen auf sich nehmen. Erkennen sie, daß ihre Firma Millionen Menschen schlecht bedient, ja korrumpiert hat, möchten sie selbst nicht weiterleben. Nur in der Kirche gelten solche Prinzipien nicht. Ich nehme einmal mehr an, daß diejenigen, die innerkirchlich Macht ausüben, besonders unempfindliche Herzen haben.

Die Menschen in allen politischen Parteien freilich sind vor die Frage gestellt, ob sie sich wie bisher eher mit der institutionalisierten Form des Christentums identifizieren oder sich den aufgeklärten Mitbürgerinnen und Mitbürgern zuwenden wollen: Es kommt gewiß der Tag, wo öffentlich überprüft werden wird, wer mit amtskirchlichen »Partnern« (und strikten Nichtdemokraten) gemeinsame Sache machte und wer nicht, wer sich lieber mit Bischöfen sehen ließ als mit jenen Bürgerinnen und Bürgern, die schon längst wissen, warum es eine Schande ist, die Amtskirche mit Geld oder Privilegien zu unterstützen. Sicher wird auch einmal abgerechnet mit der geschichtlichen »Leistung« jener Parteipolitiker, die zwar nicht den Mut aufbrachten, einen Schandvertrag wie das Konkordat des Vatikans mit Hitler (das seit 1933 bis heute gilt und mittlerweile das einzige faschistische Konkordat auf der Welt ist!) zu kündigen, doch den Mut bewiesen, immer neue Kirchenverträge einzugehen. Vorerst hat die Bundesrepublik die Kirche, die sie verdient.

Die besonderen Talente der Kirchenleitung

Niemand sollte sich wundern, daß der Kirche gegenwärtig die Rechnungen präsentiert werden: Die Nachweise, daß sich die Geschichte der Institution als eine Ansammlung von Verbrechen darstellt, tragen ebenso zu dieser Abrechnung bei wie die vielfältigen Hinweise auf die Tatsache, daß sich die Institution noch immer dafür bezahlen und privilegieren läßt, daß sie ein undemokratisches System als »Glaubensverband« ausgibt. Wie lange es noch dauern wird, bis auch die letzten Christen (vom Häuflein der unentwegt Uneinsichtigen mit dem unheilbar guten Gewissen abgesehen) die notwendigen Konsequenzen ziehen? Jedenfalls beginnen immer mehr Menschen nachzudenken ...

Ob »Rom« die Entwicklung schon ernst nimmt? Vorerst sieht es nicht danach aus, denn obgleich die päpstlichen Predigten eine schlechte Welt ausmalen, fließt das gute Geld noch immer. Kirche und Geld? Wenn nicht auch hierin von Korruption gesprochen werden dürfte! Zwar setzte der Vatikan einmal ein an sich recht harmloses Buch über die päpstlichen Ministerien auf den Index und untersagte der Herde die Lektüre des Werkleins, weil es ganz nebenbei auch die Gebühren und Tarife der päpstlichen Ministerien offenlegte. Vorsicht ist demnach geboten, wenn es um das Thema der Themen geht. Denn noch heute kommt niemand über Versuche hinaus. Es geht allen gleich, die die Finanzen des Vatikans untersuchen wollen. Sie müssen gegenüber dem Gegenstand ihrer Untersuchung klein beigeben und ihre Leserinnen und Leser in dem Glauben lassen, daß Paul VI. die Wahrheit sagte, als er von »Unserer heiligen Armut« sprach.[24]

Damit der Glaube an die kirchenamtliche Wahrheitsliebe jedoch nicht ausufert, erinnere ich an die Jahrhunderte der Ausbeutung weltlicher Güter durch geistliche Vertröstungen, an Einnahmen der Päpste durch Verkauf von Dispensen, an Gewinne durch Zinsen, Mieten und Verkäufe, an Einnahmen durch Börsenspekulationen, durch Bestechungsgelder und Sondersteuern, durch eigene Kriegskassen. So wie Rom nicht an einem Tag erbaut wurde, akkumulierte auch der Papst sein Vermögen nicht von heute auf morgen. Doch irgendwo muß das viele Geld ja geblieben sein. Verpraßten es die Hirten? Betrieb die römische Kurie Mißwirtschaft? Verteilte sie das Geld gar an die Armen der Welt?

Paul VI. versäumte selten, den Glauben der Welt in diese letzte Richtung zu weisen. Klagte er über den chronischen Geldmangel im

Vatikan, so erinnerte er an den »mißlichen Umstand ..., daß die Kirche der materiellen Mittel ermangelt, die sie für ihre Werke der unbegrenzten Wohltätigkeit und Barmherzigkeit braucht ...«.[25] Das wirkte allerdings ziemlich unglaubwürdig, zumal in einem Kirchenfürstentum, dessen vornehmste Bank sich »Institut für die Werke der Religion« nennt und riesige Devisenspekulationen betreibt.

Vielleicht war der Stellvertreter Christi wirklich in Not. Zumal die Welt aufgehorcht hatte, als eine Schlagzeile erschienen war, die den armen Souverän des Vatikans zutiefst hatte erschrecken lassen: »Erzbischof betrog Papst Paul um 752 Millionen«. Es ging damals um die jüngste der vielen vatikanischen Bankaffären. Es war nicht die erste, und die letzte wird es auch nicht gewesen sein. Zumal das einzige Laster, das die oberhirtlich-bürgerliche Moral weder vergißt noch verzeiht, ist: nicht flüssig zu sein.

Skandale gelten am Amtssitz des Stellvertreters Christi nicht eben als Neuigkeiten; vatikanspezifisch ist vielmehr die in Jahrhunderten entwickelte und erprobte Methode, mit Skandalen fertig zu werden. Von der angeblich »reinigenden Kraft« solcher Ärgernisse ist nichts zu bemerken. Stellt sich die Frage, wie man Skandale nicht nur selbst produziere, sondern sie auch zu seinen eigenen Gunsten drehe und wende, bleibt der Vatikan keine Antwort schuldig. Im Verursachen, Vertuschen, Vergolden von Skandalen sind Päpste Champions; seit jeher bleiben sie in diesem Geschäft unbestritten, unerreicht, unfehlbar.

Paul VI., Prediger der »heiligen Armut«, wohnte in Rom, wo es genug Arme gibt, die in Slums hausen, keineswegs in einer Notunterkunft. Seine Suite im Vatikan umfaßte 13 Zimmer, für ihn persönlich, und fünf Domestiken hat er auch beschäftigt. Doch ist das keine römische Spezialität. Es gibt auch anderswo Städte mit Slums, mit Obdachlosen, mit kinderreichen Familien, die am Rand des Existenzminimums leben. Solche Städte nennen sich hin und wieder, wenn sie Werbung machen, »Bischofsstädte«. Sie wissen, warum. Ich kenne keinen einzigen Kirchenfürsten, der nicht in einem ganz ansehnlichen – und in keiner einzigen Hinsicht mit den Armenquartieren der eigenen Bischofsstadt vergleichbaren – Haus wohnt. Eine »Exzellenz« mit einem Kreuz aus Gold und Edelsteinen auf der Brust kann sich nicht unter die Herde mischen, es sei denn so lange, wie Kamera und Mikrofon auf den Hirten gerichtet sind.

Wie die Päpste mit ihrer über Jahrhunderte hinweg »eigenen Stadt« und ihrem Volk umgingen, belegen viele Zeugnisse. Während die Hirten sich vergnügten, darbte die Herde. Als Eugen IV. 1443 endlich nach Rom zurückkehrte, das die Päpste jahrzehntelang gemieden hatten, fand er eine verwahrloste Stadt vor. Die Einwohner der Metropole waren Kuhhirten geworden; sie unterschieden sich kaum von den Leuten auf dem Land ringsum. Vieh lief durch die Gassen, auf weite Strecken hin war alles Garten und Sumpf; mitten in der Papststadt jagte man Wildenten.[26] Die alte St.-Peters-Kirche war dem Einsturz nahe. Und noch ein Jahrhundert später hatte Rom gerade 80 000, kurz darauf nur mehr 50 000 Einwohner; alles in allem handelte es sich um eine zusammengewürfelte Masse verschiedener Landsmannschaften, die sich gegenseitig als Konkurrenten bekriegten. Überdurchschnittlich waren ledige Männer vertreten; sie sahen die größten Chancen, im Dunstkreis des Papstes ihr Glück zu machen. Über alldem thronten die Stellvertreter Christi, bauten auf und ließen einstürzen, kümmerten sich um ihre Einkünfte und ungleich weniger um die Herde.

1796 schreibt eine deutsche Besucherin in ihr Tagebuch[27]: »Auf dem schön gezierten Platz neben der Fontäne wird aller Unrat, aller Gemüseabfall aus den Palästen ... zu Bergen, ohne daß je daran gedacht würde, den kostbaren Dünger auf Roms verödete Felder zu führen und die in Gärung übergehende, die Krankheit betreibende Masse wegzuführen. Kinder und Arme wühlen darin herum, nagen begierig an den Broccolistengeln ...« Die römische Altstadt, Schöpfung vieler Päpste, ist im Sinn moderner Hygiene unbewohnbar; Seuchen verbreiten sich wie Feuer im trockenen Gras. Die Häuser und Wohnungen, in denen die »einfachen Leute« des Papstes hausen, entsprechen keinen baupolizeilichen Vorschriften; es gibt Räume, die das ganze Jahr kein Sonnenstrahl erreicht.

Kontrastreich, aber nicht auffällig ist die Schilderung eines Festmahls, die die Lage der Kirchenfürsten unter Leo X. beschreibt: Zwischen zwei Palästen Roms wurde ein riesiges Freilufttheater errichtet, das dem Bankett der Herren diente. Die Speisenfolge ist erhalten: Nicht weniger als 24 Hauptgänge schlangen die Hirten in sich hinein, Geflügel kam im Federkleid auf die Tafel, ein fellbekleideter Widder wurde aufgetragen, gebratene Kapaune, Rebhühner, Schnepfen folgten, Fischsuppen, Wachtelpasteten, Marzipantorten wurden gereicht. Ein zeitgenössisches Dokument sagt, mit diesen den Kirchenfürsten aufgetischten teuren Mengen hätte »man ganz Rom satt machen können«.[28] Freilich: »Man« hat nicht, damals im 16. Jahrhundert nicht – und auch sonst nie.

Die Schriftstellerin Natalia Ginzburg über die Metropole, deren Bischof seit Jahrhunderten der Papst persönlich ist[29]: »So ist Rom: An die Kranken, Alten und Toten wird nie, auch nicht zufällig, ein Gedanke verschwendet. Statt dessen hätschelt man Träume von Sommerfrische: Weil dies eine Stadt ist, in der es vielleicht noch möglich ist zu faulenzen.« Das schlimmste Übel dieser päpstlichen Stadt: »eine unerbittliche Gleichgültigkeit, die in jedem kleinsten Winkel zum Vorschein kommt, gegenüber Krankheit, Leiden, Armut und Tod«.

»Mich erbarmt das Volk.« Wer so sprach, hatte allein das Recht dazu: der arme Jesus aus Nazareth. Wer seither das Bibelwort zitierte, log in die eigene Tasche. Kirchenfürsten verstanden stets besser und teurer als andere zu leben, sonst wären sie nie berufen worden. Sie aßen und tranken vom Feinsten, bauten Villen rings um die Stadt ihres Papstes, statteten ihre Lieblingskirchen nach Gusto aus – und schafften es immer wieder, reiche Quellen zu erschließen, die für finanziellen Nachschub sorgten.

Freilich ist heute nicht mehr in jedem Fall zu sagen, welche Quellen sprudelten. Nachgewiesen ist aber die Methode des Papstes Johannes XXII., der ganze Tariflisten für die Erteilung von Dispensen und Absolutionen erstellte. Kaum verwunderlich, daß dieser Stellvertreter Christi 1334 bei seinem Tod 16 Millionen in Münzen und 17 Millionen in Goldbarren hinterließ.[30] Belegt ist auch die Übung, die Juden Roms zu schröpfen. Bei der zigtausend Dukaten teuren Inthronisation von Leo X. (1513) waren diese angetreten, um von dem neuen Papst wie üblich die Duldung ihrer Religion zu erbitten. Sie hielten dem Stellvertreter Christi ihre Gesetzestafeln entgegen, als er – auf weißem Zelter – an ihnen vorbeiritt. Der Papst schaute sie sich an, blätterte in den Schriften, meinte: »Wir bestätigen, stimmen aber nicht zu«, ließ das heilige Buch der Juden zu Boden fallen und setzte seinen Zug fort.[31] Bezahlt wurde die so erteilte Gnade später.

Julius III. († 1555) errichtete auf dem linken Ufer des Flusses eine pompöse Villa, ließ sich bei jeder Gelegenheit auf teppichgeschmückten Lustbooten zu diesem Ruhesitz fahren, feierte rauschende Feste mit den Seinen, ergötzte sich an Stierkämpfen, Maskeraden, Jagden, Glücksspielen – und fand Finanziers. Sixtus V. blieb jede Erklärung dafür schuldig, wer die 123 580 Golddukaten besorgte, die 1587 Ausgrabung, Transport, Aufstellung eines Obelisken seine »Kammer« kosteten.[32]

Machten die Herren des Kirchenfürstentums Millionen für ihre eigenen Zwecke locker, so zeigten sie sich ausgesprochen knausrig, ging es um Menschen, die nicht das Glück hatten, zum Pferch zu gehören. Erst im 18. Jahrhundert wurde in der Stadt der Päpste ein »Friedhof nichtkatholischer Ausländer« erlaubt. Allerdings war es den Hinterbliebenen nicht gestattet, ihre Toten bei Tageslicht auf dem unwegsamen Gelände zu beerdigen. Bei Nacht und Nebel und unter dem wachsamen Auge päpstlicher Gendarmen wurde der Sarg zum Friedhof gebracht; kein Stein durfte das Grab kennzeichnen. Erst dem Einfluß Wilhelm von Humboldts, des preußischen Gesandten beim Heiligen Stuhl, war im frühen 19. Jahrhundert eine Lockerung der rigiden Vorschriften zuzuschreiben. Eine Umzäunung des ungeliebten Friedhofs gestatteten die päpstlichen Behörden erst 20 Jahre später. Auf Roms akatholischem Begräbnisplatz liegen die Dichter John Keats und Percy Bysshe Shelley, Goethes einziger Sohn, zwei Kinder Humboldts, der Architekt Gottfried Semper und ein kommunistischer Ketzer, Antonio Gramsci.

Rom ist eine gewaltige Stadt. Vergnügt oder traurig ist sie nicht. Ebensowenig wie große Tiere je lustig oder traurig sind, sondern riesig, feierlich, gleichgültig und tragisch. Lachen können sie nicht und nicht weinen; sie brüllen, schreien, heulen.[33] Und die sich Rom halten wie ein großes Tier, die Oberhirten, bauen sich ihre Käfige, übertrumpfen sich über Jahrhunderte hinweg gegenseitig in ihrer Baufreudigkeit. Sie errichten in der Stadt ihre Paläste, ihre Villen auf dem Land, und wenn der eigene Lebensstil ihnen zu teuer wird, verkaufen sie den Besitz kurzerhand weiter: Stets findet sich ein Kollege, der ein wenig wohlhabender ist. So kam Kardinal Alessandro de Medici, später für 27 Tage Leo XI. († 1605), in den Besitz der nach ihm benannten Villa.[34] Sie blieb lange Jahre Gefängnis des Galileo Galilei, dem die Inquisition das Verbrechen nicht verzieh, gesehen und mitgeteilt zu haben, daß die Erde um die Sonne kreist.

Die nicht weniger berühmte Villa Torlonia – ihr Terrain ist größer als die heutigen vatikanischen Gärten – gehörte jahrhundertelang dem römischen Adelsgeschlecht der Colonna, das mehrere Päpste hervorbrachte und finanzierte. Als die Familie zu Anfang des 19. Jahrhunderts dringend Geld brauchte, verkaufte sie den riesigen Besitz dem Hofbankier des Papstes, Giovanni Torlonia, der – Sohn eines Kammerdieners – das gewaltigste Vermögen im Kirchenstaat zusammengerafft hatte – und mehrere Adelstitel dazu. Sein Sohn baute das Besitztum aus, beschaffte sich am Lago Maggiore zwei granitene Obelisken, verschiffte diese um Italien herum nach Rom und richtete den besseren Teilen der Herde ein sprichwörtlich bombastisches Fest aus; Hirte Gregor XVI. fühlte sich sichtlich wohl unter den 7000 geladenen Gästen.[35] Dieser Papst, der als militanter Mönch 40 Jahre im Umfeld der Gegenrevolution gelebt hatte, paßte zu den Herren des Festes: Zum einen war er qualifiziert durch seine Lehrmeinung, jede Aufforderung zum Widerstand sei ein Verbrechen, jedes »Sich-Erheben« Sünde, die Volkssouveränität indiskutabel. Zum anderen hatte er sich in die Siegerliste eingeschrieben, als er mit Hilfe angeworbener Soldaten blutig gegen die Rebellion im Kirchenstaat vorgegangen war.[36]

Nicht, als seien Oberhirten neuerdings verarmt und keine Herren mehr. Noch immer gilt es als offenes Geheimnis im Vatikan, daß die – jedem Kardinal zustehende – römische Titelkirche nicht nur nach den kirchenrechtlich vorgeschriebenen Qualitäten des Ernannten zugewiesen wird. Kommt der Papst zum Schluß, eine der Kirchen seiner Bischofsstadt benötige dringend eine Renovierung, sucht er sich bei der nächsten Kardinalserhebung einen besonders potenten Hirten für sie aus. US-Kardinal Spellman, ansonsten als Prediger des Vietnamkrieges berüchtigt, investierte beispielsweise Unsummen in seine Titelkirche S. Giovanni e Paolo.[37]

Päpste des 20. Jahrhunderts darben ebensowenig wie ihre Vorgänger. Der als ätherische Hirtengestalt vermarktete Pius XII. hinterließ 1958 ein Privatvermögen in Millionenhöhe.[38] Zwar war es lange Übung am Vatikan, sofort nach dem Tod eines Papstes dessen Privatwohnung zu plündern und den vom jeweiligen Amtsinhaber angehäuften Schatz verschwinden zu lassen. Doch Pius XII., Sproß einer alten römischen Familie, hatte vorgesorgt und das Vermögen – 80 Millionen in Gold und Valuten – bei den Seinen in Sicherheit gebracht.

Schon zu Beginn des 20. Jahrhunderts wurde das päpstliche Vermögen auf eine Zahl geschätzt, die ungefähr sechsmal größer war als dasjenige des reichsten Deutschen, das von Krupp.[39] Nach einer Angabe aus den siebziger Jahren verfügte der Stellvertreter Christi allein im Stadtgebiet von Rom über 15 Millionen Quadratmeter Land. Die Kommune selbst besaß dagegen nur rund vier Millionen Quadratmeter unbebauter Fläche.[40] Die Lateranverträge, die der Hl. Stuhl 1929 mit Mussolini schloß, brachten bares Geld. Zwar hatten Kirchenfürsten damals geklagt, die »ungeheuren Schäden«, die ihnen durch den Verlust des früheren Kirchenstaates (des auf gefälschten Dokumenten beruhenden »Patrimonium des hl. Petrus«) entstanden seien, könnten mit italienischem Geld allein gar nicht behoben werden.[41]

Dennoch ließen sie sich schließlich abfinden, das heißt für den Verlust jenes Territoriums »entschädigen«, das ihre Vorgänger geraubt hatten. Recht mußte Recht bleiben. Die – in aller Stille gezahlte – Entschädigungssumme betrug zum 19. Februar 1929 nicht weniger als 91 656 250 Dollar – und die für damalige Verhältnisse riesige Summe mußte gewinnbringend angelegt werden. Pius XI. setzte in Umlauf[42], auf Geld und Gut des neuen Vatikanstaats angesprochen, es scheine, »als seien die Dinge an dem Punkt, an dem sie beim heiligen Franziskus waren: Das bißchen Körper, das genügt, die Seele zusammenzuhalten.«

Allerdings beauftragte dieser Papst umgehend einen Finanzfachmann namens Nogara mit der Verwaltung des »bißchen Körper«. Nogara schlug dem Pontifex vor, sich auch künftig nicht in irgendwelchen Gedanken über die »Armut der Kirche« zu verlieren. Vielmehr sei das Geld allein unter finanzpolitischen Gesichtspunkten anzugehen und mindestens ein Drittel der faschistischen Abstandszahlungen in Gold (im amerikanischen Fort Knox) anzulegen. Pius XI. widersprach dem Experten nicht. Nogara tat, was beliebte, starb 1958, hinterließ ein vielfach verschachteltes päpstliches Vermögen, eine ausgefeilte Investitionspolitik – und die Überzeugung im Vatikan, er selbst sei »das Beste gewesen, was der Kirche seit unserem Herrn Jesus Christus widerfahren ist«.[43] Einen Kommentar von nichtkatholischer Seite suche ich vergeblich: »Protestanten« gefallen sich neuerdings in der Rolle der »getrennten Schwestern und Brüder«, und Martin Luther ist auf weiteste Strecken hin wegdiskutiert.

Als Mussolini 1936 den italienischen Firmen und Grundbesitzern Abgaben auferlegte, um seinen Krieg mit Abessinien zu finanzieren, wurden die Unternehmen des Papstes eigens von der Zahlung ausgenommen. Die faschistische wie die päpstliche Presse verschwiegen wohlweislich dieses Entgegenkommen. Der Vatikan wurde auch in den folgenden Jahren von allen neuen Steuern befreit; die Befreiung von der Umsatzsteuer gilt bis heute. Nach dem Krieg forderten die Oberhirten als erstes die Übernahme der faschistischen Privilegierung durch die Republik Italien.[44] Der Papst wuchert daher relativ ungehindert mit seinen Talenten. Mit Zinsen, Zinseszinsen, Spekulationsgewinnen und -verlusten.

»Für Werke der Religion und der christlichen Barmherzigkeit in aller Welt.« Genaueres ist nicht zu erfahren. Der römische Korrespondent der FAZ rechnete 1982 mit einem Bestand von mehreren hundert Millionen Dollar aus diesem Bereich, »was wohl einige Dutzend Millionen Dollar Rendite einbringt«.[45] Nach Auskunft des Vatikan-Kenners Corrado Pallenberg[46] besaß der Hl. Stuhl noch in den sechziger Jahren riesige Aktienberge, oft sogar die Aktienmehrheit, von italienischen Banken und Versorgungsunternehmen (Gas, Licht, Transport, Telefon), von Immobiliengesellschaften, Hotelketten, Versicherungen. Aufsichtsratsmandate in solchen Gesellschaften wurden von katholischen »Laien« wahrgenommen, die freilich den Direktiven von vatikanischen Kirchenfürsten unterliegen. Bestimmte, seit Jahrhunderten nachweislich dem Vatikan treu ergebene und auch nach dem Fall des Kirchenstaates nicht abgefallene Familien, nicht selten päpstlich geadelt, durften sich zum engeren Vertrautenkreis rechnen und einige der Ihren in Aufsichtsrat oder Management eines Unternehmens entsenden, dessen Aktien der Papst besaß.[47]

Der Stellvertreter weiß, was er an solchen Leuten hat. Benedikt XV. meinte 1917 in einer – abschreckend bibelfesten – Neujahrsansprache vor dem römischen Adel: »Vor Gott gibt es zwar keinen Vorrang der Personen. Aber es steht außer Zweifel ..., daß ihm die Tugend der Vornehmen angenehmer ist, weil sie heller leuchtet. Auch Jesus Christus war adlig; adelig waren auch Maria und Josef, als Abkömmlinge aus königlichem Stamm ... Christus also, der in so hervorragender Weise mit dem irdischen Adel in Beziehung steht, möge ... den heißen Wunsch aufnehmen, den wir heute vor seiner Wiege niederlegen, nämlich, daß, wie in der Krippe sich der höchste Adel mit der vollendetsten Tugend verband, dies auch an unseren geliebten Söhnen, den Patriziern und Adeligen Roms, sich bewahrheiten möge. Ihre Tugend möge die christliche Wiedergeburt der Gesellschaft herbeiführen ...«[48]

Was aus der Wiedergeburt der christlichen Gesellschaft wurde? Insgesamt dürfte sich der Besitz der Kirchenzentrale an Aktien und anderen Kapitalbeteiligungen schon 1958 auf etwa 50 Milliarden DM belaufen haben. Trotz verschiedener Bankkräche und -skandale verringerte sich diese Summe bis heute nicht gerade. Als die italienische Öffentlichkeit aber immer aufmerksamer wurde, begann der Papst, seinen Besitz umzuschichten. Halsbrecherische Immobilienoperationen, immense Devisenverschiebungen waren die Folge; meist handelten die Hirten dabei zu Lasten der italienischen Republik. Mittlerweile sind die Transaktionen abgeschlossen: Die Finanzreserven des Papstes sind vor allem an der Wall Street konzentriert. Dort arbeiten sie still vor sich hin. Hirten tasten, so lautet ein Grundsatz vatikanischer Währungspolitik, nie ihr Vermögen an, erwecken aber stets den Eindruck, sie bluteten sich aus.

Ein Großteil des sizilianischen Bodens gehört dem aufs engste mit dem Vatikan verbundenen Adel. Kein Zufall, daß dieselben Herren auch der Mafia verbunden sind.[49] Indem die Grundbesitzer ihre Interessen an dem besetzten Land schützen, arbeiten sie zugleich dem vatikanischen Mitbesitz oder den oberhirtlichen Interessen an verschiedenen neuen Bauprojekten und Industrieanlagen zu. Anders gelagerte Interessen des Vatikans sind nicht zu erkennen; wo Armut, Unwissenheit und Unterdrückung herrschen – wie in bestimmten Regionen Süditaliens –, profitiert das Kirchenfürstentum am meisten.[50] Die Oberhirten hielten sich für schlecht beraten, wollten sie die Zustände im Land wirklich ändern helfen.

Päpste haben auch dafür gesorgt, daß die wichtigsten unter den vielen Ordensgemeinschaften der Welt ihren Hauptsitz – und damit ihre Kassen – nach Rom verlegten. So ist es dem Auge des Herrn besser möglich, Eingänge und Ausgänge zu kontrollieren. Auch überwacht der Hl. Stuhl aus ähnlich einleuchtenden Gründen streng die Vorgänge in den ertragreichsten Wallfahrtsorten Italiens. Die immer wieder anfallenden Heiligen Jahre oder die diesen nachgebildeten Marianischen Jahre bringen nicht nur der Herde reichen Gewinn in Form von Ablässen und sonstigen Gunsterweisen. Sie zahlen sich auch für die Hirten aus. Immerhin gelang es beispielsweise allein 1856, nicht weniger als 20 Millionen Marien-Medaillen abzusetzen, darunter zwei Millionen in Gold oder Silber.

Die alltäglicheren Einnahmen des Papstes sind vergleichsweise bescheiden. Mit dem Verkauf von Briefmarken, Medaillen und Münzen, mit den Konzessionen für Andenken und Devotionalien, mit dem Handel des Vatikans mit zollfreien Waren (unter anderem Benzin) und mit den Eintrittsgeldern aus den Museen lassen sich die angestiegenen Personalkosten nicht abdecken, auch wenn berücksichtigt wird, daß vatikanische Bedienstete traditionell unterbezahlt bleiben (die Vergelt's-Gott-Währung!).

Johannes Paul II. soll 1979 eine völlig »revolutionäre Änderung« angeregt haben, die sich nur »ein ausländischer Papst« erlauben durfte.[51] Er wollte eine Summe seiner Finanzen vorlegen, eine Art konsolidierter Bilanz. Unter dem Strich kam schließlich – bei etwa zehn Millionen US-Dollar reinen Lohngeldern, die der Papst pro Jahr zahlt[52] – ein Defizit des Staatshaushalts heraus, über dessen Höhe sich Experten noch streiten (1991 soll das Defizit über 90 Millionen Dollar betragen). Heftiger ist freilich der Streit, wenn es darum geht, herauszufinden, wie das alljährliche Loch im Haushalt gestopft werden soll.

Deutsche und US-amerikanische Oberhirten wissen in dieser Hinsicht gewiß manches – weil sie sicher viel zahlen. Die eine oder die andere Devise reist im Köfferchen mit, wenn der Hirt einer wohlhabenden Diözese den Chef in Rom besucht.

Millionär Pius XII. hatte zwar gesagt: »Die Kirche Christi geht den Weg, den ihr der göttliche Erlöser vorgezeichnet hat ... Sie mischt sich nicht in rein ... wirtschaftliche Fragen ein.«[53] Doch gab es einen langwierigen Streit zwischen dem Vatikan und der Republik Italien um die Besteuerung des päpstlichen Aktienbesitzes. Daß kein Papst sich bereit findet, für seine Wertpapiere und deren Dividenden Kapitalertragssteuer zu zahlen, ist verständlich. Wer mit Geld zu tun hat, sucht sich vor Abgaben zu drücken. Wer viel Geld besitzt, macht aus der Drückebergerei ein Geschäft. Wer gar geistliches Geld einnimmt, läßt sich erst recht nicht besteuern. Schließlich handelt es sich um Summen, die für die Belange des Hirtenhimmels eingenommen und ausgegeben werden. Kein Finanzamt dieser Welt habe dabei mitzusprechen, lehren die Kirchenfürsten.

1967 rechnete die angesehene italienische Wochenzeitung »L'Espresso« dem Vatikan, dem »größten Steuerhinterzieher in Italiens Nachkriegsgeschichte«, vor, er habe mindestens 36 Millionen Dollar in Form nichtbezahlter Steuern gespart.[54] Der italienische Finanzminister bestätigte zwar diese Zahl nicht, sprach jedoch auch von einer Steuerschuld in Millionenhöhe. 1968 forderte Italiens Ministerpräsident Leone in einer Rede zur Lage der Nation den Vatikan auf, seine Schulden zu bezahlen. Dieser weigerte sich offen und verwies – nach oberhirtlichem Erfolgsrezept – auf die guten Taten, die Hirten der Republik auf sozialem Terrain leisteten und die die – nicht anerkannte – Steuerschuld bei weitem überträfen.

Die Schuld der sechziger Jahre ist offenbar bis heute nicht beglichen; von den Rückständen aus den siebziger und achtziger Jahren ist gleich gar nicht die Rede. Doch was da oben als selbstverständlich gilt, braucht es unten nicht zu sein. Ein Beispiel[55]: 1982 verklagte das Bistum Augsburg einen Bauern wegen ganzer 18 DM, weil er nach altem Herkommen verpflichtet sei, eine Summe im Gegenwert von »zwölf Laib Brot« an die Kirche zu zahlen ...

Wer die angeführten Beispiele für vatikanische Besonderheiten hält, die nichts mit auswärtigen Bistümern zu tun haben, den halte ich nicht nur für schlecht informiert. Zum einen lebt die römische Zentrale nämlich noch heute wesentlich von ausländischem Geld, so daß die Frage für viele Gläubige nicht uninteressant ist, was mit ihrem Geld passiert ist, wo und wofür es gerade arbeitet. Zum anderen kann mir keiner erklären, weshalb der überall beschworene Grundsatz von der Catholica ausgerechnet dann versage, wenn es um die finanziellen Verflechtungen zwischen dem Papst und den Bischöfen der Welt geht. Von denen, die sich mit Emphase katholisch nennen, darf erwartet werden, daß sie sich auch dann vor ihre Päpste stellen, wenn es um so peinliche Angelegenheiten wie um deren (Privat-)Vermögen oder um Bankgeschäfte in Milliardenhöhe geht.

Daß der Vatikan sich über ausländische Kirchenfürsten (die erst 1991 wieder zu verstärkter Finanzhilfe aufgefordert wurden) mitfinanzieren läßt, steht fest. Nicht nur in Form des sogenannten »Peterspfennigs« fließen reiche Gelder nach Rom, der bis in das 8. Jahrhundert zurückgeht und für den Jahr für Jahr zum Fest Peter und Paul (29. Juni), dem Nationalfeiertag des Vatikans, gesammelt wird. Peterspfennig? Ein nicht harmloser Name für eine nicht gerade harmlose Sache. Denn der Peterspfennig geht ebensowenig an den hl. Petrus, wie es sich bei dieser Spende um bloße Pfennige handelt. Seit einiger Zeit ist der alte »Peterspfennig« denn auch umgetauft; er nennt sich mittlerweile »Papstspende«. In der Sache änderte sich nichts. Noch immer erzählen Oberhirten, »diese Einrichtung« sei »heute mehr denn je notwendig«. Die Papstspende sei nämlich »die solidarische Antwort der Katholiken auf die vielfältigen Herausforderungen, die dem Apostolischen Stuhl in der Leitung der Weltkirche gestellt sind«.[56] Konkreter werden die Hirten nicht. Geht es um die mannigfachen »Herausforderungen« des Papstes, verfängt bei den Schafen das Schweigen. Hirten kassieren in jedem Fall. Sie tun gut daran, ihre Schafe nicht über jene Herausforderungen zu informieren, die der Welt beispielsweise durch ebendiesen Papst gestellt sind.

Wie viele Millionen nimmt der Papst ein? Während man bei Spenden aus den USA von etwa 100 Millionen Dollar pro Jahr ausgeht, sind bundesdeutsche Zahlen nur zu schätzen. Die einmal angegebene Zahl von »gut einer Million« braucht nicht weiter zu interessieren. Sie ist lächerlich falsch; 15 Millionen DM halte ich für die Untergrenze. Als sich Bischöfe übrigens kurz nach dem Zusammenbruch des Kirchenstaats nach der Verwendung des Peterspfennigs erkundigten, hatte der Vatikan geantwortet, darüber führe er keine Bücher. Und wenn beträchtliche Summen verschwänden, sei, um den öffentlichen Skandal zu vermeiden, Nachsicht zu üben.[57] Nachsicht gegenüber dem »buco nero«, dem schwarzen Loch, wie Hirten den Peterspfennig nennen? Riesensummen? Die deutschen Katholiken, lammfromm wie immer, hatten allein im ersten Jahr des Ersten Weltkriegs sieben Millionen Mark gesammelt, mehr als die Katholiken aller anderen Länder zusammen.[58]

Immer sitzt an der Quelle, wer Orden verleihen kann wie Bistümer und seligsprechen wie verdammen. Das mystische Dunkel lichtet sich nicht. Es ist nach wie vor wesentlich leichter, sich von einem Bischof, Landpfarrer oder Theologieprofessor das Mysterium der Unbefleckten Empfängnis deuten zu lassen, als das Geheimnis kirchenfürstlicher Finanzen zu lüften. Eine aussagekräftige gesamtkirchliche Statistik fehlt, aus der die einzelnen Arten von Einnahmen und Ausgaben zu entnehmen wären. Andere wären froh, wenn sie es auch nur annäherungsweise so leicht hätten wie die bischöflichen Finanzmanager. Während jeder Aktiengesellschaft die jährliche Hauptversammlung droht und jeder Rundfunkanstalt der Rechnungshof im Nacken sitzt, dürfen oberhirtliche Finanziers schalten und walten, wie sie wollen. Offenbar ist es sehr leicht, geistlich motivierte Projekte in Geld umzusetzen, aber ungeheuer schwierig, sie in Mark und Pfennig vor aller Öffentlichkeit auszubreiten.

Diese Schwierigkeit resultiert zum einen aus der Angst vor einem »Laizismus«, der kirchenfürstlich bestimmte Aktivitäten nachrechnen und abblocken, zumindest andere Akzente setzen würde. Auch bestünde die Gefahr, daß noch mehr Schafe ihre Zahlungen einstellten, sagte man ihnen offen, was genau sie mitfinanzieren sollen. Daß die Münsteraner Bistumszeitung im April 1991 meldet, der Papst brauche neuerdings noch mehr Geld als früher, weil er neue Sekretariate für »Ökumene und interreligiösen Dialog«, »Räte für die Laien, für Kultur« geschaffen habe, fällt unter die übliche Rubrik Etikettenschwindel. Zum einen fließt das vatikanische Geld bestimmt in andere Kanäle, zum anderen brauchte der Papst keinen »Rat für die Laien«, keine »Sekretariate für Ökumene und Dialog«, nähme er andere Menschen, innerhalb wie außerhalb des Pferchs, endlich so ernst wie sich selbst.

Oberhirten haben auch Angst, durch eine Offenlegung der Finanzen entstehe der Eindruck, »das Heil«, die Gewissenssphäre, der Glaubensbereich würden einfach (finanz-)amtlich verwaltet. Daß Kirchenfürsten seit eh und je etwas, und nicht wenig, mit Amtlichkeit und Behörden zu tun haben, störte diese Argumentation allerdings noch nie. Störend wirkt in diesem Zusammenhang eher die Tatsache, daß Kirchenfürsten

- ihre Hilfshirten nach der Beamtenbesoldungsordnung bezahlen,
- sich selbst aus öffentlichen Steuermitteln finanzieren lassen,
- förmliche »Amtsblätter« veröffentlichen,
- am Begriff »Kirchensteuer« nichts auszusetzen haben,
- Scharen von Kirchenjuristen und -notaren beschäftigen,
- unter Scheinnamen Banken gründen und diese spezifische Geschäfte machen lassen,
- riesige Devisentransaktionen auch etwas außerhalb der Legalität betreiben,
- immer wieder Besuch von Steuerfahndern und Kriminalbeamten erhalten,
- selbst auf Haftbefehle wegen illegaler Finanzgeschäfte gefaßt sein müssen.

Wer so etwas hinnimmt, könnte auch seine Finanzen – und die damit verbundene Bürokratie – aus dem Dämmerlicht befreien, ohne einen Verlust an »Glaubensgeheimnis« befürchten zu müssen. Das Geld steht am Ursprung fast aller Dinge, es bleibt das Geheimnis fast aller Dinge. Gerade im Kirchenfürstentum ist dies so. Daher habe ich eine einfache Regel, nach der ich bestimme, ob ein Mensch die Hirten durchschaut: Versteht er, was Kirche und Geld notwendig gemeinsam haben, ist er zum Wesen der Institution vorgedrungen. Bleibt er nicht gerade – als Bischof oder Berufslaie – finanziell am Fortbestand dieses Wesensmerkmals interessiert, sondern ist ihm sein gutes Geld für derlei Korruption zu schade, muß auch er zum unnachgiebigen Kritiker werden – und sofort aus der Kirche austreten. Niemand sage, er habe es nicht gewußt: Mit Geschäften nach Art der Kirche sollte ein Mensch sich nicht gemein machen.

Adolf Holl

1930 in Wien geboren; Studium der katholischen Theologie und Philosophie; Doktorate in beiden Fächern; 1953–1972 Kaplan, Religionslehrer und Universitätsdozent für Religionswissenschaft; 1973 Entzug der kirchlichen Lehrbefugnis; 1976 Suspension als Priester; Holl lebt seitdem als Publizist und freier Schriftsteller in Wien.

Auswahlbibliographie

1971	Jesus in schlechter Gesellschaft
1979	Der letzte Christ
1989	Taufschein katholisch
1990	Der Fisch aus der Tiefe
1991	Im Keller des Heiligtums
1992	Wie ich ein Priester wurde, warum Jesus dagegen war, und was dabei herausgekommen ist

ADOLF HOLL

»Alles Anstößige ist vermieden.« – Das heilige Abendmahl als Gottesverzehrung

»In der Nacht, da er verraten wurde, nahm er das Brot, sagte Dank, brach es und gab es seinen Jüngern mit den Worten: ›Nehmet und esset alle davon, das ist mein Leib, der für euch hingegeben wird.‹ In gleicher Weise nahm er den Kelch, dankte wiederum und reichte ihn seinen Jüngern mit den Worten: ›Nehmet und trinket alle daraus; das ist der Kelch des neuen und ewigen Bundes, mein Blut, das für euch und für die vielen vergossen wird zur Vergebung der Sünden. Tut dies zu meinem Gedächtnis!‹«

So lautet der Text, den Priester, Popen, Pastoren, Pfarrer jeden Sonntag in den christlichen Kirchen während des Gottesdienstes vor dem Austeilen des Abendmahls an die Gläubigen nachbeten. Es läßt sich leicht ausrechnen, daß in aller Welt an Sonntagen und Feiertagen mehrere hunderttausend christliche Gottesdienste gefeiert werden. Eine Gefahr, daß der Text in Vergessenheit gerät, besteht also zur Zeit nicht.

Der Text erinnert an den Gründonnerstag der Karwoche. Laut ältester Überlieferung setzte sich am Abend dieses Tages der Heiland der Christenheit mit den zwölf Aposteln zu einem Abendessen zusammen, seinem letzten, wie sich bald herausstellen sollte. Was sich während dieses Abendessens ereignete, wird von den vier Evangelien erzählt, und auch der Apostel Paulus gibt in seinem ersten Brief an die Korinther einen Bericht über das Letzte Abendmahl, wie es gern genannt wird.

Demnach habe Jesus zunächst etwas eher Merkwürdiges getan: Das Johannesevangelium läßt ihn während des Essens aufstehen, Wasser in eine Schüssel gießen und den Jüngern reihum mit der Bemerkung die Füße waschen: »Ich habe euch ein Beispiel gegeben, damit ihr tut, wie ich an euch getan habe.«

Ferner wird erzählt, daß Jesus den Aposteln gesagt habe, unter ihnen sei ein Verräter. Judas sei dann hinausgeschickt worden, berichtet das Johannesevangelium. Was dann folgt, wird zwar von den Evangelien nicht mit völlig übereinstimmenden Worten überliefert, schildert aber den Vorgang selbst in aller wünschenswerten Deutlichkeit. Jesus habe jedem Apostel ein Stück Brot gegeben und dazu gesagt, das sei sein Leib. Dann habe er ein Gefäß mit Wein herumgereicht mit der Hinzufügung, das sei sein Blut.

Wenn man in den 100 oder 200 gelehrten Büchern und Abhandlungen blättert, die allein in den letzten 40 Jahren über das Letzte Abendmahl erschienen sind, stellt man überrascht fest, daß längst nicht alle Bibelwissenschaftler die Geschichten über das letzte Essen Christi für authentisch halten. Die Bibelwissenschaftler an den Universitäten werden dafür bezahlt, jedes Wort der Evangelien mit den Mitteln von Sprachwissenschaft und Textkritik sorgfältig zu prüfen. Dabei hat sich herausgestellt, daß längst nicht alles, was Jesus gesagt haben soll, mit Sicherheit von ihm selbst stammen muß, sondern aus den Kreisen der frühen Christenvereine kommen könnte. Was dann wirklich von Jesus selbst gesagt wurde und was nicht, bleibt unter den Bibelgelehrten umstritten. Viele von ihnen meinen, die Rede von Brotfleisch und von Weinblut sei erst nach dem Tod Christi aufgekommen, unter den nichtjüdischen Christen, denen der Genuß von Opferfleisch aus den Tempeln aller möglichen Gottheiten von früher vertraut war.

Und in der Tat: Die sogenannten Deuteworte – »Nehmet und esset, das ist mein Leib, trinket alle daraus, das ist mein Blut« – verletzen das jüdische Empfinden bis auf den heutigen Tag.

»Es ist ausgeschlossen«, schreibt Salcia Landmann in ihrem 1987 erschienenen Buch *Jesus und die Juden*, »daß ein Jude, der sich über die genaue Bedeutung des heiligen Abendmahls im klaren ist, daran teilnehmen kann, ohne vor Entsetzen halb ohnmächtig zu werden. Und zwar ganz gleichgültig, ob er an die reale Transsubstantiation von Hostie und Wein in Leib und Blut Christi glaubt oder ob er den Akt nur symbolisch begreift.« Der bloße Gedanke an Blutgenuß ist für den jüdischen Geschmack ein Greuel.

Vor Entsetzen halb ohnmächtig müßten allerdings nicht nur die Juden werden, sondern auch all jene, denen die Macht der Gewohnheit beim Genuß von Fleisch und Blut Christi noch nicht den kannibalistischen Sinn des christlichen Abendmahls verstellt hat. Kein Bibelwissenschaftler hat den Originalton zu entschärfen vermocht, der aus einer Passage des Johannesevangeliums spricht, in der Jesus den Juden eine Predigt hält: »Amen, Amen, ich sage euch. Wenn ihr das Fleisch des Menschensohnes nicht esset und sein Blut nicht trinket, habt ihr nicht Leben in euch. Wer mein Fleisch ißt und mein Blut trinkt, hat ewiges Leben, und ich werde ihn auferwecken am letzten

Tag. Denn mein Fleisch ist eine wirkliche Speise, und mein Blut ist ein wirklicher Trunk. Wer mein Fleisch ißt und mein Blut trinkt, bleibt in mir und ich in ihm.« Das griechische Wort der Urfassung des Textes, das im Deutschen mit »essen« wiedergegeben wird, sollte richtiger mit »kauen« oder »beißen« übersetzt werden. Wer mein Fleisch kaut. Wer mein Fleisch mit den Zähnen zerbeißt. Und man hat schon richtig gehört: »Fleisch« steht da und nicht »Leib«. In aller Öffentlichkeit habe Jesus so geredet, erzählt das Johannesevangelium, nämlich in der Synagoge von Kapharnaum am See Genezareth im Norden Palästinas, geraume Zeit vor seinem Tod in Jerusalem, und ausdrücklich wird hinzugefügt, daß »viele von seinen Jüngern, die das hörten, sagten, diese Rede ist hart, wer kann sie anhören«. Und weiter: »Von da an zogen sich viele von seinen Jüngern zurück und wanderten nicht mehr mit ihm.«

Solange dieser Abschnitt des Johannesevangeliums von den christlichen Kanzeln verlesen wird, besteht wenig Veranlassung, sich seiner Anstößigkeit zu entziehen. Wahrscheinlich muß man ein Universitätsprofessor im Fachbereich neutestamentliche Bibelwissenschaft mit Besoldungsgruppe C 3 sein, um auf den Gedanken zu kommen, der Kernvorgang des christlichen Gottesdienstes ginge auf den Einfall irgendeines jesusgläubigen Hafenarbeiters aus Korinth oder Ephesos zurück, zehn oder 20 Jahre nach dem Tod des Mannes aus Nazareth.

Da hat Friedrich Nietzsche, mit seinem Haß auf das Christentum, sich schon schärfer über die frühen Christengemeinden geäußert: »Lauter kleine Sekten-Wirtschaft«, schrieb Nietzsche über die ersten Glaubensvereine, »lauter Rokoko der Seele, lauter Verschnörkeltes, Winkliges, Wunderliches, lauter Konventikel-Luft. Eine Geschwätzigkeit der Gefühle, die fast betäubt; Leidenschaftlichkeit, keine Leidenschaft; peinliches Gebärdenspiel; hier hat ersichtlich jede gute Erziehung gefehlt. Wie darf man von seinen kleinen Untugenden so viel Wesens machen, wie es die frommen Männlein tun! Kein Hahn kräht danach; geschweige denn Gott.«

Warum also soll man dem Apostel Paulus nicht glauben, der im Jahr 57, nicht einmal 30 Jahre nach dem Tod Jesu, den Christen in der schönen Hafenstadt Korinth die Abendmahlsgeschichte erzählte, mit dem ausdrücklichen Hinweis, er »habe es vom Herrn so übernommen, wie ich es euch überliefert habe«. Der »Herr« ist niemand anders als Jesus Christus, und es bleibt schon dabei, daß dieser seltsame Mann sich von den anderen Menschen aufessen lassen wolte.

Von Anfang an, das läßt sich aus der Apostelgeschichte und den Briefen des Paulus rekonstruieren, trafen sich die frühen Christenmenschen zu gemeinsamen Mahlzeiten, bei denen der in den Himmel entrückte Herr Jesus der prominenteste Gast wurde, zum Genuß von Brot und Wein, wie beim Letzten Abendmahl. Daß daneben auch sonst allerlei gegessen wurde, in brüderlicher und schwesterlicher Zuneigung, gab diesen Zusammenkünften den Namen von Liebesmählern, *Agapen* (= Liebe) genannt, bei denen die Armen der Gemeinden kostenlos durchgefüttert wurden. Gelegentlich wurde während des Beisammenseins auch ein wenig über den Durst getrunken, in Korinth beispielsweise, was den Apostel Paulus zu brieflichen Ermahnungen veranlaßte. Das klingt alles recht bieder, wie eine Pfarrhofjause gesetzter Bürger und ihrer Gattinnen, die mit ihrem Pastor am Sonntagnachmittag zu einem Schwätzchen zusammenkommen, bei Kaffee und Kuchen und einem Gläschen Wein zum Abschluß, bis man wieder nach Hause wandert.

Erst die Tiefenpsychologie unseres Jahrhunderts hat die idyllische Vorstellung von den urchristlichen Abendmählern empfindlich irritiert. Im Jahr 1927 veröffentlichte der Freud-Schüler Theodor Reik eine Studie unter dem Titel »Der eigene und der fremde Gott«, in der er sich mit dem christlichen Abendmahl auseinandersetzte. Die entscheidende Szene am Gründonnerstag, schrieb Reik, »wird nur verständlich, wenn man erkannt hat, daß das Abendmahl die Wiederholung jener primitiven Totemmahlzeit darstellt, durch welche sich die Gläubigen mit ihrem Totem identifizieren und die alte Untat des Fressens des Urvaters wiederholen. Mit der Ablösung der Vaterreligion durch die Sohnesreligion wird die alte Totemmahlzeit in Form der Kommunion erneuert. Die Brüderschar, die Apostel in den Evangelien, genießt nun vom Fleisch und Blut des Sohnes, der den Vater ersetzt hat, und identifiziert sich durch das gemeinsame Mahl mit ihm. (...) Jesus selbst ist das Lamm, und seine Anwesenheit beim Abendmahl bedeutet die durch den Sieg der zärtlichen Gefühlsregungen herbeigeführte Dementierung des wirklichen Sachverhaltes.«

Die Interpretation Reiks stützt sich ausdrücklich auf das Buch »Totem und Tabu« von Sigmund Freud, worin der Ursprung aller Kultur und Religion auf ein urtümliches Verbrechen zurückgeführt wurde, nämlich die Revolte der Söhne gegen den Vater, der alle Frauen der steinzeitlichen Horde für sich beanspruchte. Der tyrannische Vater sei eines Tages von den Brüdern erschlagen und aufgegessen worden, schrieb Freud im Jahr 1913. Hernach habe die Menschheit ihre ruchlosen Anfänge prompt verdrängt. Bestimmte Bräuche bei den Naturvölkern erinnerten jedoch an sie, nämlich die Sitte kultischer Mahlzeiten, bei denen das Totem, ein ansonsten heiliges Tier, geschlachtet und verspeist wird.

Auch das Wort von der »Sohnesreligion« in der Abhandlung Reiks stammt von Freud. Bei der Einschätzung der Person Christi ging Reik allerdings einen Schritt weiter als sein Lehrer. Für Reik war Jesus ein Rebell gegen den jüdischen Gott und Vater, und daß er sich den Aposteln zum Verzehr angeboten habe, entspringt nach Reik dem tiefen Schuldbewußtsein Jesu, den alten Himmelvater gleichsam ermordet zu haben. »Erst langsam dämmerte das der Christenheit«, fährt Reik fort, »was die Tat Christi bedeutete, und nun wurde auf Judas projiziert, was kein Gläubiger von Jesus annehmen durfte. War so die Judasfigur aus dem nachträglichen Verständnis der revolutionären Bedeutung Christi und dem wachsenden Schuldbewußtsein der Judenchristen erschaffen, so bildete sich langsam Zug um Zug eine Legende, welche die Ablösung dieser Gestalt (nämlich derjenigen des Judas) von der des Herrn (Jesus) vollständig machte.« In Wirklichkeit seien Jesus und Judas identisch – will sagen, daß Jesus der eigentliche Verräter am Vatergott gewesen sei.

Der Schweizer Nervenarzt und Tiefenpsychologe Carl Gustav Jung griff während des Zweiten Weltkrieges das Thema des christlichen Abendmahls erneut auf, und zwar 1941 bei einer Tagung der sogenannten Eranos-Gesellschaft in Ascona am Lago Maggiore. Aus den beiden Vorträgen, die Jung damals hielt, machte er später eine erweiterte Fassung, die erstmals 1954 im Druck erschien, unter dem Titel »Das Wandlungssymbol in der Messe«. Mit Sigmund Freud hatte sich Jung längst zerstritten, in erster Linie wegen der Bedeutung religiöser Vorstellungen im menschlichen Seelenleben. Auf die Gedanken Freuds zum christlichen Abendmahl ging Jung auf den 100 Seiten seiner Abhandlung kein einziges Mal ein. Jung orientierte sich bei seinen Ausführungen am lateinischen Wortlaut der römisch-katholischen Messe, wie sie damals in Übung stand. Er schrieb dazu: »Die Worte sollten, nach kirchlichem Gebrauch, ihrer Heiligkeit wegen in keine profane Sprache übersetzt werden. Obschon selbst Meßbücher gegen diese weise Verordnung sündigen, möchte ich es doch beim lateinischen Text ohne Übersetzung bewenden lassen.« Jung, der im Jahr 1961 starb, hat das Zweite Vatikanische Konzil nicht mehr erlebt, auf dem die lateinische Messe abgeschafft wurde. Zweifellos hätte er diese Maßnahme für einen schweren Fehler gehalten. Für ihn war die lateinische Form der katholischen Messe ein »bewußtes, kunstvolles Erzeugnis vieler Jahrhunderte und vieler Geister«, und er wußte auch zu sagen, was der Zweck dieser kollektiven Anstrengung war: »Alles Anstößige ist vermieden.« Jung hielt die Verhüllung des eigentlichen Geschehens während der Messe hinter dem Lateinischen deshalb für »weise«, weil auch er das heilige Abendmahl mit dem Kannibalismus zusammendachte, wie Freud. Je weniger das gewöhnliche Volk von Wandlung und Kommunion verstand, desto besser, mag Jung gedacht haben. Den Grundvorgang der Gottesverzehrung hielt er jedenfalls für ein höchst grausames Geschehen.

Besonders deutlich geht dies aus einem Traum hervor, den Jung in seiner Abhandlung ausführlich zitiert, aus den Schriften eines gewissen Zosimos von Panopolis, der im 4. nachchristlichen Jahrhundert lebte, als Gnostiker und Alchimist.

Der Traum hat folgenden Wortlaut: »Und ich vernahm die Stimme dessen, der auf dem Altar stand, und ich fragte: ich will von ihm erfahren, wer er sei. Er aber antwortete mit feiner Stimme und sprach: ›Ich bin Ion, der Priester der innersten verborgenen Heiligtümer, und ich unterziehe mich einer unerträglichen Qual. Denn es kam einer um die Morgenfrühe in eilendem Laufe, der überwältigte mich und durchbohrte mich mit dem Schwert und zerteilte mich, doch so, daß die Reihenfolge meiner Glieder harmonisch gewahrt blieb. Und er zog die Haut meines Kopfes ab mit dem Schwert, das von ihm mit Macht gehandhabt wurde, und er fügte die Knochen mit den Fleischstücken zusammen und verbrannte das Ganze mit eigener Hand auf dem Feuer, bis ich wahrnahm, wie ich verwandelt und zu Geist wurde. Und dieses ist meine unerträgliche Qual.‹ Und wie er mir dieses noch erklärte, und ich ihn mit Gewalt zwang, mir Rede zu stehen, da geschah es, daß seine Augen wurden wie Blut. Und er spie all sein eigenes Fleisch aus. Und ich sah, wie er sich in ein Männlein verwandelte, das einen Teil seiner selbst verloren hat. Und mit seinen eigenen Zähnen zerfleischte er sich und sank in sich zusammen.«

Jung deutet an, daß der sich selbst verschlingende Priester dem Abendmahlsjesus gleicht, der beim Geschehen des Gründonnerstags sein eigenes Fleisch habe essen und sein eigenes Blut habe trinken müssen, wenn den Evangelien zu trauen ist. Die grausige Art des Essens im Traum des Zosimos, so fährt Jung fort, erinnere an die orgiastischen Mahlzeiten, respektive an die Zerfleischung der Opfertiere im Dionysoskult.

40 Seiten später, offenbar erschrocken über solche Kühnheit, macht Jung einen Rückzieher. Er schreibt: »In der Vision (des Zosimos) fällt die brutale Konkretion dermaßen auf, daß man sich leicht versucht fühlen könnte – aus ästhetischen und anderen Gründen –, eine Vergleichung mit der Messe überhaupt aufzugeben. Wenn ich es trotzdem wage, gewisse Analogien hervorzuheben, so geschieht dies keineswegs in der aufklärerischen Absicht, die heilige Handlung dadurch zu entwerten, daß ich sie gewissermaßen in die Nähe eines heidnisch-naturhaften Gleichnisses rücke. Wenn ich überhaupt eine jenseits der wissenschaftlichen Wahrheit liegende Absicht habe, so ist es mein Wunsch zu zeigen, daß das wichtigste Mysterium der katholischen Kirche unter anderem auch auf psychischen Bedingungen beruht, die tief in der menschlichen Seele verwurzelt sind.« Was er mit dem Verweis auf die Wurzeltiefe der seelischen Bedingungen meinte, aus denen die Abendmahlsfrömmigkeit ihre Dynamik bezieht, hat Jung deutlich genug gesagt. »Ich möchte aber«, schrieb er in diesem Zusammenhang, »in Kenntnis der primitiven Seele betonen, daß die ›heiligen Schauer‹ des Kulturmenschen von denen des Primitiven sich nicht wesentlich unterscheiden.« Einen prinzipiellen Unterschied zwischen den Andachtsgefühlen von Buschmännern und Katholiken vermochte Jung nicht zu sehen. Mit dem Christusopfer und der Kommunion, fügte Jung hinzu, würde einer der »tiefsten Akkorde der menschlichen Seele angeschlagen, nämlich das uralte Menschenopfer und die rituelle Anthropophagie«.

Jung vermied es, das deutsche Wort für Anthropophagie zu verwenden, nämlich Menschenfresserei, und er milderte die Härte seines Befundes durch die Redefigur vom »tiefen Akkord«, die irgendwie an Künstlerisches erinnert. Der Sache nach aber spricht Jung in seiner Abhandlung über das Wandlungsgeschehen und die heilige Kommunion der katholischen Messe über steinzeitliche Bräuche fürchterlichster Art, die in der christlichen Frömmigkeit fortdauern.

Daß die kannibalistischen Mahlzeiten der Steinzeitjäger ins Reich der Phantasie gehören, wie man heute weiß, konnten Jung und Freud nicht ahnen. Den gegenwärtigen Forschungsinteressen auf den Gebieten der Frühgeschichte und auch der Völkerkunde ist ein hohes Mißtrauen gegenüber allen Berichten über Kannibalismus eigen, weil man in ihnen eher unterdrückte Wünsche am Werk sieht als genaue Beobachtungen. Das Seelenleben der Wilden war und ist weitaus zivilisierter, als Freud und Jung dachten, und der Kannibalismus gehört in jenes Reich, für das die Tiefenpsychologie in erster Linie zuständig ist, nämlich das der Träume.

Deren Kraft freilich ist um so größer, je näher ihre Inhalte dem wachen Bewußtsein liegen, wie in der Religion häufig der Fall. Auf gotischen Kreuzigungsdarstellungen sieht man gelegentlich den Apostel Johannes als Priester gekleidet, der das Herzblut Christi in einem goldenen Kelch auffängt. Der Kelch war den Kirchgängern vertraut, sie kannten ihn von der Feier der heiligen Messe. So unverhüllt kann der kannibalistische Sinn des Abendmahls manchmal zutage treten.

Ansonsten aber wird, wie Jung bemerkte, alles Anstößige peinlich vermieden. Während der ersten 300 Jahre der christlichen Gemeindefrömmigkeit wurde der entscheidende Akt der Gottesverzehrung streng geheimgehalten. Noch im 4. Jahrhundert, als das Christentum im Römischen Reich zur erlaubten Religion erklärt worden war, wurden die Neugetauften erst nach ihrer Eingemeindung in den Sinn jenes erhabenen Mysteriums des Leibes und Blutes Christi eingeweiht, das sie in der Osternacht zum erstenmal erlebt hatten. Und selbst dann, als die Catholica im Mittelmeerraum und den germanischen Provinzen zum staatstragenden Glauben geworden war, hörten die Priester der Kirche nicht auf, vom »Sakrament« des Leibes und Blutes Christi zu sprechen, von einem Glaubensgeheimnis, das sich jeder Erklärung entzog.

Im europäischen Mittelalter wurde der Gottesleichnam am Kreuz, mit der offenen Herzwunde, zur maßgebenden Ikone, allgegenwärtig wie die Buddhafigur in Asien. Während der Buddha einen friedvoll meditierenden Mann darstellt, verkörperte der Gekreuzigte einen schrecklich zugerichteten Toten. Dieser Gottesleichnam wurde den Gläubigen in der Gestalt einer Hostie auf die Zunge gelegt, als heilige Kommunion. Das hauchdünne Scheibchen aus Waffelteig kam mit den Zähnen nicht in Berührung, es sollte möglichst schnell verschluckt werden, um jede Verwechslung mit gewöhnlichem Kauen und Beißen zu vermeiden.

Besonders beliebt wurde die Hostie hinter Glas, in den sonnenförmig gearbeiteten Monstranzen, die der Priester auf den Altar stellte und einmal im Jahr durch die Straßen trug, am Fronleichnamsfest nach der Pfingstwoche, umwölkt von Weihrauch, entrückt den Händen der Ungeweihten.

Wie sorgsam und vorsichtig der Umgang mit dem Gottesleib auch heute noch ist, hat der Schriftsteller Elias Canetti mit folgenden Worten in seinem Buch »Masse und Macht« beschrieben: »Selbst die Art, wie die Kommunion verabreicht wird, trennt den Gläubigen von den anderen, die sie mit ihm empfangen, statt sie an Ort und Stelle miteinander zu verbinden. Für sich empfängt der Kommunikant einen kostbaren Schatz. Für sich erwartet er ihn, für sich soll er ihn behüten. Wer die Reihen derer, die sich zur Kommunion anstellen, betrachtet hat, kann nicht umhin zu bemerken, wie sehr jeder einzelne mit sich allein beschäftigt ist. Wer vor und nach ihm kommt, geht ihn noch weniger etwas an als der Mitmensch, mit dem er es im gewöhnlichen Leben zu tun hat, und die Verbindung mit diesem ist schon lose genug. Die Kommunion verbindet den Empfänger mit der Kirche, die unsichtbar und von gewaltigen Ausmaßen ist; sie entrückt ihn den Anwesenden. Die Kommunikanten untereinander fühlen sich so wenig als ein Leib wie eine Gruppe von Menschen, die einen Schatz gefunden und soeben unter sich aufgeteilt hat.«

Canetti war es, der als erster von den Distanzlasten zwischen den Menschen gesprochen hat, gleich am Beginn seines Buches »Masse und Macht«. Nichts fürchtet der Mensch mehr als die Berührung durch Unbekanntes, hat Canetti behauptet, und alle Abstände, die die Menschen um sich geschaffen haben, sind von dieser Berührungsfurcht diktiert. »In seinen Distanzen«, schreibt Canetti, »erstarrt und verdüstert der Mensch. Er schleppt an diesen Lasten und kommt nicht vom Fleck. Er vergißt, daß er sie sich selber auferlegt hat, und sehnt sich nach einer Befreiung von ihnen.« Wenn das stimmt, dann lassen sich die Geschichten der Evangelien vom Letzten Abendmahl als Erzählung von einem einzigartigen Versuch lesen, die Menschen von ihren Distanzlasten zu befreien. Vorstellbar wäre dann, wie Jesus im kleinen Kreis der ihm wirklich ergebenen Männer und Frauen immer wieder während der gemeinsamen Mahlzeiten seines Herumwanderns jene Sätze gesagt haben mag, mit denen er ausdrücken wollte, wie sehr er bereit war, sich den Seinigen vorbehaltlos auszuliefern, von sich nichts zurückzubehalten. Esset, trinket. Mein Fleisch, mein Blut. Ich will mich von euch verzehren lassen. Ich gebe mein Leben für euch. Ihr werdet schon sehen, daß sie mich umbringen werden. Wenn ich sterben muß, will ich für euch sterben.

Vorstellbar wäre somit, daß Jesus die folgenschwere Deuteworte von Brotfleisch und Weinblut schon vor dem Letzten Abendmahl im innersten Kreis der Nachfolge geäußert hat, daß sich die Art und Weise, wie er es tat, zusammen mit der Geste des Austeilens, den Seinen als etwas Unverwechselbares einprägte. Wie eindringlich Jesus bei diesen Gelegenheiten gewirkt haben mag, geht aus einer wunderseligen Geschichte des Lukasevangeliums hervor, die zwei Jünger zu Ostern von Jerusalem in ein Dorf namens Emmaus wandern läßt, wobei sich ihnen ein Fremder zugesellt, mit dem sie sich über die Hinrichtung Jesu unterhalten und den sie zum Abendessen einladen. »Und es geschah«, heißt es dann wörtlich, »als er mit ihnen zu Tische war, nahm er das Brot, sprach den Segen, brach und gab es ihnen. Da wurden ihnen die Augen aufgetan, und sie erkannten ihn; er aber entschwand vor ihnen.« Später erzählen die beiden ihr Erlebnis den anderen Jüngern und fügen hinzu, wie sie Jesus »beim Brotbrechen erkannten«. Die Szene des Erkennens ist später immer wieder gemalt worden, unter anderem von Rembrandt, weil sie dazu einlädt, die einmalige Güte des Menschensohns bildlich darzustellen, im entscheidenden Augenblick jener Gebärde, die alles verschenkt. Die starke Wirkung, die von diesem Willen zur Auslieferung ausgeht, bis heute, könnte ihren Grund tatsächlich in jenen Distanzlasten haben, von denen Canetti spricht. Auch der Philosoph Jean Paul Sartre hat in einem Interview aus dem Jahr 1975, fünf Jahre vor seinem Tod, ähnliche Gedanken geäußert. »Meiner Meinung nach«, sagte Sartre damals, »werden die Beziehungen zwischen den Menschen dadurch vergiftet, daß ein jeder versucht, vor dem anderen etwas zu verbergen, geheimzuhalten. Ich glaube, die Offenheit wird mit der Zeit die Geheimhaltung ersetzen, und ich kann mir gut den Tag vorstellen, da zwei Menschen keine Geheimnisse mehr voreinander haben, weil sie vor keinem mehr Geheimnisse haben. Wir liefern unseren Körper allen aus, sogar außerhalb jeder sexuellen Beziehung – durch Blicke, durch Berührungen. Wir existieren füreinander als Körper. Wenn wir wirklich füreinander existieren wollten, als Körper, der jederzeit entblößt werden kann, müßten die Ideen dem anderen als aus dem Körper kommend erscheinen. Man kann nicht zulassen, daß wir unseren Körper so ausliefern, wie wir es tun, und unsere Gedanken verbergen.«

Daß die Menschen noch lange nicht so weit sind, sich einander vorbehaltlos auszuliefern, kann man auch ohne philosophische Vorbildung erkennen. Aber alle scheinen sich danach zu sehnen, keine Geheimnisse mehr voreinander zu haben, und deshalb ist die Erzählung vom Letzten Abendmahl unvergessen geblieben. Sie wäre dann die Geschichte eines heftigen Willens, alle Vorbehalte gegen die anderen Menschen aufzugeben. Die Abendmahlsgeschichte muß deswegen immer wieder erzählt werden, der Gottesleib und das Gottesblut müssen immer wieder ausgeteilt werden, weil der Wille Christi immer wieder zum Scheitern verurteilt ist.

Hubertus Mynarek

1929 in Groß-Strehlitz/Oberschlesien geboren; 1948 Eintritt ins Priesterseminar und Studium der Philosophie, Psychologie und Theologie an den Universitäten Krakau, Lublin, Münster und Würzburg; 1953 Priesterweihe; 1954 Promotion im Fach Theologie; 1956 Magister der Philosophie; 1966 Habilitation in den Fächern Vergleichende Religionswissenschaft und Fundamentaltheologie an der Universität Würzburg; 1968–1972 ordentlicher Professor für Vergleichende Religionswissenschaft, Religionspsychologie, Religionssoziologie, Religionsphilosophie und Fundamentaltheologie in Bamberg und Wien; 1971/72 Dekan der katholisch-theologischen Fakultät der Universität Wien; 1972 offener Brief an den Papst und Kirchenaustritt (im deutschsprachigen Raum erster Kirchenaustritt eines Theologieprofessors seit 50 Jahren); die Konsequenz: Entzug der kirchlichen Lehrbefugnis und Verlust des Lehrstuhls; seitdem zahlreiche Veröffentlichungen zu den repressiven Strukturen der Kirche und zu philosophischen, religionspsychologischen und theologischen Themen; Mynarek gilt als einer der Mitbegründer des ökologischen Humanismus, er entwarf die Konzeption einer Ökologischen Religion; Hubertus Mynarek ist verheiratet und hat drei Kinder.

Auswahlbibliographie

1973 Herrn und Knechte der Kirche
1978 Eros und Klerus. Vom Elend des Zölibats
1983 Religiös ohne Gott?
1986 Ökologische Religion. Ein neues Verständnis der Natur
1988 Die Vernunft des Universums
1989 Religiös ohne Gott?
1991 Vernunft und Mystik
1992 Denkverbot. Fundamentalismus in Christentum und Islam

HUBERTUS MYNAREK

Ende der Kirchenreligion – Beginn einer neuen Spiritualität

1. Das antidemokratische Herrschaftssystem der Kirche

Es gehört wohl zu den kuriosesten Unfällen der Menschheitsgeschichte, daß ausgerechnet auf dem Boden des ursprünglichen Christentums als einer Religion der sozial Schwachen und Ausgebeuteten, der Armen und Erniedrigten, der Beherrschten und Versklavten eine derart perfekt organisierte religiöse Institution entsprang, daß die Entfaltung jeder freiheitlichen Regung in ihrem Inneren letztlich zum Scheitern verurteilt zu sein scheint. Es handelt sich um die römisch-katholische Kirche. In der vergleichenden Perspektive der endlos vielen und vielfältigen Religionen und ihrer Versuchbarkeit in bezug auf Herrschsucht und universale Einflußnahme stellt sie den massivsten und systematischsten Versuch dar, durch Einsatz möglichst aller Mittel politischer und gesellschaftlicher Herrschaft unbegrenzte Macht über die Seelen zu erringen. Die Spitze der römisch-katholischen Organisation, das Papsttum, muß als die weltgeschichtlich bisher grandioseste, aber auch monströseste Verkörperung des Versuchs gelten, eine Religion mit allen Mitteln der Zentralisierung, Bürokratisierung, Numerierung und Überwachung, der Diplomatie, des Arrangements mit allen politischen Mächten und multinationalen Konzernen und des damit verbundenen Intrigenspiels lückenlos in einen totalitären geistlichen Staat umzufunktionieren.

Die Kirche als totaler geistlicher Staat ist alles – der Mensch als Mitglied dieser Kirche ist unfrei und der (freilich nie zur vollen Auswirkung kommenden) Tendenz nach nichts.

Auf diese Weise spannt sich der Bogen von der römisch-katholischen Kirche zurück zu den Primitivreligionen. Denn unter einem stammesgeschichtlichen, ethnologischen und religionsgeschichtlichen Gesichtspunkt steht diese Kirche in einer fast ungebrochenen, auf ihre Weise imponierenden Kontinuität mit jenen früh-, vielleicht sogar urgeschichtlichen Kollektiven, in denen Denken, Wollen und

Handeln des einzelnen ganz vom Zweck des Stammes, der Gruppe, der Horde bestimmt wurden.[1] Sie unterscheidet sich von diesen allerdings durch die Perfektion der Mittel, mit denen sie die Freiheit der ihr zugehörigen Individuen zur Illusion macht.

Diese Freiheit, die Fähigkeit und der Wille zur Selbst- und Mitbestimmung, wird in der römisch-katholischen Kirche[2] sozusagen hierarchologisch atomisiert und parzelliert. Denn es stellt eine besonders hervorstechende Systemeigenschaft dieses absolutistischen, totalitären geistlichen Staates dar, daß er streng antidemokratisch von oben nach unten organisiert ist in präzis abgestufter Rang-, Gewalt- und Machtordnung, derart, daß der je Höhere jeweils einen Teil seiner Befugnisse und Funktionen, gleichsam seines Freiheits- und Entfaltungsraumes, an den Rangniederen delegiert und jede, auch die geringste Aktion und Funktion in der Kirche durch die kirchliche Obrigkeit legitimiert, erlaubt, in ihr Recht eingesetzt werden muß. Das Ganze gleicht einer sich absurderweise von oben, von der Spitze her, nach unten hin aufbauenden oder genauer herunterbauenden Pyramide, deren metaphysische, genauer: ideologische Begründung in einem außerweltlich oder überweltlich gedachten Gottvater und in der Mittlerfunktion eines die Überwelt und die von der Kirche universal dominierte Welt verbindenden gottmenschlichen Prinzips, Christus genannt, verankert liegt.

Paradoxerweise, tatsächlich aber wiederum sehr konsequent – wenn man es von den Erfordernissen eines totalitären Herrschaftssystems aus betrachtet – zieht nun aber die sichtbare, innerweltliche Spitze der Pyramide, der Papst, eine ganze Reihe der Hoheitstitel und Machtattribute herrscherlich an sich, die als solche, auch der innerkirchlichen Theologie zufolge, ausschließlich den beiden über- bzw. zwischenweltlichen höchsten Instanzen, d. h. Gott und seinem Christus, zukommen. Das gilt von solchen offiziellen Titeln des Papstes wie »Sanctissimus Dominus« (Heiligster Herr), »Sanctissismus Pater« (Heiligster Vater), »Dominus Apostolicus« (Apostolischer Herr); das gilt von den offiziellen Anreden des Papstes »Sanctitas« (Heiligkeit), »Beatitudo Vestra« (Eure Seligkeit), »Beatissime Pater« (allerseligster Vater); das gilt auch von den offiziellen Anreden in deutscher Sprache »Heiliger Vater«, »Eure Heiligkeit« oder »Heiligkeit«.

Heilig, kadosch, war im Alten Testament allein Gott. An von ihm geschenkte Heiligkeit glaubte man auch damals. Aber die dem Papst vorbehaltenen Superlative »Sanctissimus«, »Beatissimus«, die Absoluta »Sanctitas«, »Beatitudo« usw. lassen keine Einschränkung, keinen Geschenkcharakter zu. Durch diese Titel und Anreden wird der Anspruch der Päpste sichtbar, unbeschränkte Herrscher in einem sakralen Königreich zu sein. In diesem System ist also der Papst wirklich, gleichsam göttlich frei.

Es tritt uns also in Gestalt der römisch-katholischen Kirche das geschlossenste religiös motivierte Unterdrückungssystem der Freiheit entgegen: An der Spitze der Überwelt und Welt, Übernatürliches und Natürliches, Überirdisches und Irdisches umfassenden Pyramide steht als Autokrat Gottvater, der absolute, »reine« Gott; die Vermittlung zur Welt und der Welt zu ihm übernimmt der im Vorstellungsschema unter ihm stehende, aufgrund des diesbezüglichen Dogmas jedoch als ihm wesensgleich zu glaubende Gottmensch, »dem alle Herrschaft im Himmel und auf Erden übergeben ist«; dessen Stellvertretung auf Erden hat der wieder unter ihm stehende, nur noch als Mensch anzusehende, aber mit wesentlichen Privilegien der Gottheit (Unfehlbarkeit, überstaatliche Macht usw.) ausgestattete Papst, Oberhaupt der Kirche und – als Delegierter Gottes und Christi – im Grunde der ganzen Welt. Immer kleinere Teildelegationen der päpstlichen Macht erhalten die Kardinäle, Bischöfe, Pfarrer usw.

Die Theologen haben im Rahmen dieses Systems den Auftrag (die »missio canonica«, wie der entsprechende kirchenrechtliche Terminus technicus heißt), das Ganze theoretisch, sprich: ideologisch, zu rechtfertigen. Gute kirchliche Theologen sind sie, wenn sie die Pervertierung des ursprünglichen Anliegens des Christentums als eines gegen die Herrschaft von Menschen über Menschen gerichteten religiös-ethischen Aufbruchs durch das römisch-katholische System verschleiern, ja dieses System geradezu als gottgewollt hinstellen. Leisten können sie dies nur dadurch, daß sie Gott und Jesus in eine Rolle zwängen, in der diese sich als himmlische, sakrale Stützen der Herrschaft des Papstes und seines Hofstaates im oben angegebenen Sinn eignen. Sehr deutlich läßt sich die hierzu erforderliche Manipulation mit der Person Jesu aufweisen. Auch wenn sich kirchliche Theologie heute wieder mehr als noch vor wenigen Jahrzehnten für den irdischen Jesus interessiert, auch wenn manche Neutestamentler nach den »ipsissima verba et facta« Jesu, den ureigensten Worten und Taten dieses Mannes, fahnden, er ist für sie letztlich nur unter heilsgeschichtlichem Aspekt belangvoll. Als historische Unterlage für ihre theologischen, in Wirklichkeit aber dogmatischen und mythologischen Aufstellungen über ihn genügt ihnen im Grunde ein relativ unbekanntes X, von dem nicht viel mehr bekannt sein muß, als daß es einmal existiert hat. Je weniger Konkretes und Präzises von ihm bekannt ist, um so zwangloser läßt sich dieses (historische) X zur heilsgeschichtlichen Universale und Totale, zum Gottmenschen, zum mit Gottvater konnaturalen Gottessohn, zum absoluten Menschheitsopfer und -erlöser, zum entscheidenden Wendepunkt des Geschichtsprozesses, zum universalen Christus usw. erhöhen. Nur mit einem solchen Christus läßt sich etwas »anfangen«: Theologie und Kirche, die ein solches Superwesen besitzen, haben einen absoluten Herrschaftsanspruch gegenüber allen anderen Disziplinen (ancillae theologiae – Mägde der Theologie!) und allen Bereichen von Welt, Gesellschaft und Leben. Man hält am absoluten Welt- und Geschichtsprinzip Christus fest, wie man am ersten Zentralgegenstand der Theologie, Gott, festhält, um die »differentia specifica«, um jenes Unterscheidende, vorweisen zu können, durch das man mehr ist als alle Dimensionen von Menschheit, Welt, Gesellschaft und Geschichte und durch das man die eigene Existenz und Vorherrschaft legitimieren kann. Aus der Verkündigung eines weltumspannenden und weltüberragenden Gottes und seines ebenso gearteten Christus leitet man selber totale und radikale Ansprüche gegenüber Staat, Gesellschaft und Wissenschaftsbetrieb ab. Nur der dogmatisch umfunktionierte Jesus kann als kirchlicher Christus eine Stabilisierungsrolle für das hierarchische System der römisch-katholischen Konfession spielen. Damit ist die Herrschaft mitbegründende und mitgestaltende Funktion der Dogmen angesprochen.

Das Papsttum hat es sich selbstredend nicht nehmen lassen, auch seinen totalitären Herrschaftsanspruch selbst, sein absolutes Monarchentum von »Gottes Gnaden«, direkt zum Dogma zu erheben und zum fundamentalen Bestandteil seines kanonischen Rechtes zu machen. Auf dem I. Vatikanischen Konzil (1869/70) hat Pius IX. die beiden Dogmen vom universalen Jurisdiktionsprimat und der Unfehlbarkeit des Papstes verkündigt. Der Katholik ist verpflichtet, sie zu glauben, sonst verfällt er der strengsten Kirchenstrafe, der Exkommunikation.

Von dem absolutistischen, die Herrschaft der Kirche durch den Alleinbesitz der Wahrheit absichernden und garantierenden Offenbarungsbegriff ist auch das für einen Augenblick die Illusion der Freiheit in die katholische Welt hineintragende II. Vatikanische Konzil keineswegs abgewichen. In der »Erklärung über das Verhältnis der Kirche zu den nichtchristlichen Religionen« lauten die Kernsätze: »Die katholische Kirche lehnt nichts von alledem ab, was in diesen

Religionen wahr und heilig ist. Mit aufrichtigem Ernst betrachtet sie jene Handlungs- und Lebensweisen, jene Vorschriften und Lehren, die zwar in manchem von dem abweichen, was sie selber für wahr hält und lehrt, doch nicht selten einen Strahl jener Wahrheit erkennen lassen, die alle Menschen erleuchtet. Unablässig aber verkündet sie und muß sie verkündigen Christus, der ist der Weg, die Wahrheit und das Leben (Joh. 14,6), in dem die Menschen die Fülle des religiösen Lebens finden, in dem Gott alles mit sich versöhnt hat.«[3]

Das klingt schön und erhaben und enthält doch die Grundlage für jede Form der Intoleranz. Denn die Fülle des religiösen Lebens, der eigentliche, keine Um- und Irrwege implizierende Weg zur Wahrheit und zum Leben wird nur von der katholischen Kirche verkündigt, angeboten und gewährt. Alle anderen Religionen (ausdrücklich ist im vorangegangenen Text, Artikel 2, die Rede von Hinduismus und Buddhismus) besitzen lediglich Fragmente von dem, was wahr und heilig ist, Strahlen jener Wahrheit, die zwar alle Menschen erleuchtet, aber nur in der katholischen Kirche voll beheimatet ist.[4]

Viel kategorischer drückt sich das Konzil zur Frage der unbedingten Wahrheitsautorität der Kirche dort aus, wo die Debatte mit den nichtchristlichen Religionen oder anderen Weltanschauungen nicht im Vordergrund steht, somit die Notwendigkeit einer Mäßigung zur Ermöglichung eines Dialogs mit ihnen nicht gegeben ist, nämlich in der »Dogmatischen Konstitution über die Göttliche Offenbarung« (»Dei Verbum«): »Gott hat in seiner Güte und Weisheit beschlossen, sich selbst zu offenbaren und das Geheimnis seines Willens kundzutun ...« (1. Kap., Artikel 2). Alles aber, was diese Offenbarung Gottes und »die Art der Schrifterklärung betrifft, untersteht letztlich dem Urteil der Kirche, deren gottgegebener Auftrag ... es ist, das Wort Gottes zu bewahren und auszulegen« (3. Kap., Artikel 12).

Noch vor einem Jahrhundert konnte man den Wahrheitsanspruch der Kirche konkreter und schroffer ausdrücken. In seiner Enzyklika vom 15. August 1854 dekretiert Papst Pius IX.: »Die abgeschmackten und irrigen Lehren oder Faseleien zur Verteidigung der Gewissensfreiheit sind ein außerordentlich verderblicher Irrtum – eine Pest, die vor allem anderen in einem Staat am meisten zu fürchten ist«, und in seiner Enzyklika vom 8. Dezember 1864 spricht er den Bannfluch aus über »diejenigen, die die Freiheit des Gewissens und des Glaubens behaupten«, sowie über »alle solche, die darauf bestehen, daß die Kirche nicht Gewalt üben dürfe«.

Aus den hier dargestellten Strukturen der Superorganisation Kirche folgt ohne weiteres ihr Selbstverständnis als »Überstaat« und »Überwirklichkeit«, die allen terrestrischen und gesellschaftlichen Teilwirklichkeiten normativ übergeordnet sei. Einer der führenden Jesuiten der Zwischenkriegszeit, Peter Lippert, hat diesen absoluten und universalen Herrschaftsanspruch der römisch-katholischen Kirche in der Zeitschrift seines Ordens »Stimmen der Zeit« treffend formuliert: »Der Katholizismus hat eine Art an sich, daß er mit irgendeinem geschichtlichen Dasein nicht zufrieden sein kann; er muß entweder herrschen wollen, oder er hat überhaupt keinen Sinn!«[5] Diesem übergeordneten Herrschaftsanspruch folgend, versucht die Papstkirche auf allen Gebieten, auf dem diplomatischen, auf dem wissenschaftlichen wie auf dem kulturellen, Einfluß zu erringen, zu sichern und zu erweitern. Vielfältig und fast unübersehbar sind die Kanäle, auf denen diese Einflußnahme zustande kommt. Ins helle Licht des öffentlichen Bewußtseins gelangende Abschlüsse von Konkordaten und Staatsverträgen garantieren diesen Einfluß ebenso wie die diplomatischen und privaten Initiativen ihrer offiziellen, halboffiziellen und aus persönlichem Sendungsbewußtsein, ohne besonderen kirchlichen Auftrag agierenden Vertreter. Ausgesprochen viele Dimensionen des gesellschaftlichen Lebens unserer dem Grundgesetz nach doch zu weltanschaulicher Neutralität verpflichteten Bundesrepublik sind noch von der Kirche kontrolliert, bevormundet oder vereinnahmt.

Aus dem bisher Gesagten geht klar hervor, daß Kirche als Institution keine echt religiösen und ethischen Ziele hat, sondern dem »Primat der Macht« verfallen ist. Gehen wir davon aus, daß das Unwesen der Beherrschung, Ausbeutung und bürokratischen Verwaltung von Menschen durch Menschen auch kleineren religiösen Gruppen und Sekten droht, sich aber in ihnen aus quantitativen Gründen nicht recht entfalten kann. Erst die Masse macht es möglich! Das heißt: Erst der umgekehrte dialektische Umschlag von (religiöser) Qualität in die Quantität der einem religiösen Glauben oberflächlich anhängenden Massen gestattet die Ausbildung komplexerer Strukturen der Organisation, Administration und Bürokratie. Damit ist schon angedeutet, daß Entsubstantialisierung des Religiösen, Einbuße an religiöser Qualität einerseits und komplexe Strukturierung und Organisierung von Religion Hand in Hand gehen. Das Spitzenphänomen in Gestalt des Zusammenfallens dieser Parallelprozesse fanden wir in der römisch-katholischen Kirche realisiert. Sie bietet das klassische Beispiel dafür, wie innerer Substanzverlust durch gesteigerte Organisationslust im eigenen Bereich und intensivierte »missionarische« Einflußnahme auf Staaten und Gesellschaften außerhalb ihrer Mauern kompensiert wird.

Umschreiben wir unsere Annäherung an das gemeinte Problem noch auf eine andere Weise: Organisierte Religion ist Institutionalisierung einer Ur-Sache individueller Religiosität: der Abhängigkeit. Mit der Zahl der Abhängigen eines Systems wächst die Komplexität der sie im Zaum haltenden Strukturen und die Macht seiner Organisatoren, Erhalter und Verwalter. Die Institutionalisierung religiöser Abhängigkeit wird zur um so intensiveren Verwaltetheit des Menschen, je größer die Masse der sich abhängig fühlenden Individuen ist. Diese Individuen bezahlen auch noch ihre Religionsmacher dafür, daß diese sie in Abhängigkeit halten. Das kann auf verschiedenerlei Weise geschehen, z. B. in Gestalt von Spenden, Kirchensteuern usw. Auch einige Theologen scheinen dieses Problem zu sehen, wenn sie von der Massenkirche, der Volkskirche abgehen möchten. Nur wollen sie dabei die effektivste Form der Gesundschrumpfung von Religion, den Kirchenaustritt, als eigentliche Alternative nicht ins Kalkül ziehen. Sie hoffen wider alle Hoffnung, wider alle Psychologie und Soziologie der Macht, wider alle Organisationsgesetze religiöser Supersysteme, daß ihre Kirche von sich aus eine »Umkehr« vollziehen werde.

Doch hat sich in der gesamten Menschheitsgeschichte organisierte Macht noch nie von selbst, ohne gewaltigen Gegendruck von außen aufgegeben. Es gibt ja auch eine Eigengesetzlichkeit hochorganisierter Systeme, die aus sich heraus gar nicht mehr zurückgeschraubt werden können. Was so von allen Herrschaftssystemen gilt, bezieht sich auf die hierarchische Organisation der katholischen Kirche ganz besonders, weil diese auf eine geradezu einzigartige, überlange geschichtliche Erfahrungskontinuität mannigfaltigster Praktiken der Machtausübung, -handhabung und -anpassung zurückblicken und aus ihr Nutzen ziehen kann. Die römisch-katholische Kirche stellt ein historisch, psychologisch und soziologisch derart machtverfallenes Milieu dar, daß keine Hoffnung besteht, sie könne durch von ihr selbst initiierten Abbau ihrer Organisationsformen wieder Raum für Freiheit und Emanzipation ihrer Mitglieder schaffen.

Würde doch die Gewährung dieses Freiheitsraumes zweierlei voraussetzen: 1. den in der Geschichte der Kirche als Amtskirche nie aufgebrachten Mut zur Infragestellung und Trennung von etablierten, repressiven weltlichen Mächten, mit denen sie sich nach dem Motto:

»Macht sieht sich nach Macht um« stets verbündet und von denen sie sich immer erst dann getrennt hat, wenn diese abzubröckeln begann; 2. den in der Geschichte der Kirche als organisierter Kirche ebenfalls nie aufgebrachten Mut, die hierarchischen Amtsstrukturen wenigstens so weit in Frage zu stellen, als sie der Befreiung des Menschen in der Kirche zweifelsfrei im Wege stehen.

Die wenigstens prinzipielle, aber echt-reale Bereitschaft zur Aufgabe aller Machtlust, Herrsch- und Besitzsucht durch diejenigen, die Hierarchie, Amt und Orthodoxie in der Kirche verkörpern, das Fallenlassen jeglichen Autoritarismus, jeder sachlich ungedeckten Autorität, die außer ihrem Geltungs- und Macht(erweiterungs-)streben nur auf ihre eigene Selbstrechtfertigung und Selbstversorgung aus ist, die Entmachtung und Entkrustung der Herrschaftsstrukturen in der Kirche – all das wäre die unumgängliche Vorbedingung einer Emanzipation ihrer Mitglieder.

Das aber käme dem Tod der Organisation Kirche gleich, was zwar im Sinne der von Hierarchen wie von Theologen des rechten und des linken Flügels gleichermaßen verkündeten Kreuzestheologie des »Stirb und Werde« wäre, jedoch nicht der soziologischen Realität der Kirche entspricht. Diese folgt vielmehr sklavisch dem soziologischen Gesetz der *Persistenz, Permanenz* und *Resistenz* repressiver Systeme gegen jeden Druck von außen und von innen und behauptet sich so lange, wie dieser Druck das Potential ihrer repressiven Energien nicht überschreitet. Alle Maßnahmen der Kirche – auch und gerade nach dem II. Vatikanischen Konzil – zeigen, daß es so etwas wie einen gleichsam schon überindividuellen *Systemegoismus* gibt, der Macht *um jeden Preis* erhalten, durchsetzen und ansammeln will. Man könnte diese böse Eigengesetzlichkeit repressiver Systeme, nicht zuletzt des kirchlichen, auch so charakterisieren: Was ist (im Sinne eines etablierten Systems), will sein; obwohl E. Bloch recht hat mit seiner Kritik am Vorhandenen: »Was ist, kann nicht wahr sein.« Die Mittel, deren sich ein System bedient, um sich zu behaupten, stehen dabei in bezug auf das Maß ihrer Brutalität in einem direkten Abhängigkeitsverhältnis von seinem ideologischen, bürokratischen und ökonomisch-finanziellen Machtpotential und dessen faktischer Effizienz. Nicht zu übersehen ist auch, daß der Überlebenswille eines solchen Systems bereits sein Herrschaftswille ist, der jede zum Überleben notwendig erscheinende Repression einschließt und im Sinne der obersten Wertkategorie der Systemerhaltung heiligt. Hierin liegt eine Wurzel der furchtbaren Verfolgungen der Abweichler (Ketzer, Häretiker, Apostaten, christlicher Revolutionäre usw.) durch die Kirche, nicht weil sie die Wahrheit, sondern weil und solange sie die Macht hat, die stets mit der (exklusiv in ihrem Besitz befindlichen, alleinseligmachenden, von Gott nur ihr anvertrauten) Wahrheit gleichgesetzt wird. Inquisition, Hexenverbrennung, Massentötungen sind also keine zufälligen Betriebsunfälle in einem System, dessen höchster Orientierungswert Herrschaft heißt.[6]

Mit Hilfe einer fragwürdigen, statischen Konzeption des Naturrechts, das vermeintlich in der Natur aller liegt und deshalb für alle gilt, wird die Herrschaft dieses Systems auch noch über dessen Mitglieder hinaus ausgeweitet, denn es ist ein weiteres Kriterium repressiver Systeme, daß sie *expansiv* sind, im Grunde den *totalen Weltbeherrschungswillen* hegen, weil jede noch nicht beherrschte Zone mit vom System abweichenden Lebensformen einen »Stachel im Fleisch«, eine Dauerprovokation und Infragestellung des eigenen Systems darstellt und dessen Anhänger zum Abfall reizen kann. Die Kirche hat mit ihren Dogmen des universalen Jurisdiktionsprimats des Papstes über den ganzen Erdkreis, seiner Unfehlbarkeit sowie durch das päpstliche Krönungsritual diesen weltweiten Expansionscharakter nur ausdrücklich formuliert. Latent vorhanden ist er in allen höher organisierten Herrschaftssystemen.

Es ist demnach klar, daß die Mutter Kirche sich selbst seinsmäßig widersprechen, sich als System selbst aufheben müßte, wenn sie ihren Kindern den unbedingt notwendigen Freiheitsraum gewähren wollte.

Mit der Tatsache, daß Macht stets nach anderen, sie stützenden Mächten Ausschau hält (was man als Gesetz der Machtaffinität bezeichnen könnte), ist ein weiteres Kennzeichen des kirchlichen Herrschaftssystems verbunden. Wenn es sich im Namen seines obersten Wertes, der Behauptung oder Erweiterung von Herrschaft, mit jeder Staatsform liiert, die ihm dies garantiert, so ist es im tiefsten *amoralisch,* weil es ihm dann gar nicht darum geht, ob eine Staatsform ein Mehr an sozialer Gerechtigkeit, die Ausschaltung von Ungleichheit und Unterdrückung bewirkenden Faktoren anstrebt, sondern nur um die Sicherung der eigenen, kirchlichen Existenz. Ein repressives Herrschaftssystem wie die Kirche muß im Grunde egozentrisch allein um sein eigenes Wohl und Wehe kreisen, seine Aufrufe zu sozialer Gerechtigkeit in der Welt müssen Lippenbekenntnisse bleiben. Ihre Verbindungen mit allen, auch den ungerechtesten Diktaturen in ihrer Geschichte bis zur neuesten Gegenwart erweisen die Kirche unter diesem Aspekt als die schon von den Kirchenvätern angeprangerte Hure (ecclesia meretrix).

Diese Ausführungen zeigen, daß die Kirche sich zwar unter besonderen, ihr Vorteile verheißenden Umständen sogar einmal mit revolutionären Bewegungen verbinden kann. Dabei mobilisiert sie jedoch stets nur ihr Potential an *Anpassungsenergien* mit dem Ziel der Erhaltung der eigenen Macht unter revolutionär veränderten Bedingungen, niemals übernimmt sie als hierarchisch organisiertes System emanzipatorische Führungsrollen.

Der Wille, Religion perfekt durchzuorganisieren, ist Herrschaftswille. Er ist zugleich die Kehrseite der Angst vor dem Unvorhersehbaren, Unberechenbaren, Nicht-Planbaren der Freiheit, wie sie auch aufgrund individueller religiöser Intuitionen, Erlebnisse, Erfahrungen, Ahnungen, Utopien usw. aufbrechen kann.

Angesichts der Machtverfallenheit der Institution Kirche in allen Jahrhunderten ihres Bestehens und im Hinblick auf die aus ihrer Herrschsucht resultierenden, tatsächlich von ihr begangenen ungeheuren Menschheitsverbrechen mutet es wie ein schlechter Witz an, wenn man sagt, sie habe sich im Laufe der letzten 100 Jahre zu einer moralischen Autorität gemausert. Aber – man höre und staune – dieses Wunder hat sich in den Augen der breiten Öffentlichkeit tatsächlich ereignet. Und es ist das vielleicht größte, dessen die Menschheit seit ihren allerersten Anfängen je Zeuge geworden ist. Was den Nachfahren Hitlers und Stalins noch in 1000 Jahren nicht gelingen wird, schaffte die Papstkirche mit leichter Hand: Sie erscheint in den Augen der Masse und vor allem der gesellschaftlich maßgeblichen Staatsmänner, Politiker und großen Wirtschaftsbosse als die Institution in der Menschheit, die über die allerhöchste moralische Autorität und Integrität verfügt. Total verdrängt und vergessen sind die Hekatomben von Menschenopfern, die sie auf dem Altar ihres Unfehlbarkeits- und Machtwahns darbrachte. Und ein Schuft und Atmosphärenvergifter, wer daran erinnert! Aber nun gut, wir wollen nicht nachtragend sein, obwohl auch ein Schuft, ja ein größerer, ist, wer emotions- und klaglos über die Toten hinwegsieht, die unschuldig gelyncht, gefoltert, gemartert, geschunden, gekreuzigt, verbrannt wurden. Aber die Frage wird doch wohl, ja muß erlaubt sein, ob die wunderbare Bekehrung der Kirche von einer Machtinstitution mit unermeßlich vielen Verbrechen in allen Jahrhunderten zu einer moralischen Anstalt höchsten Maßstabes wirklich erfolgt oder illusorisch ist. Wäre diese Bekehrung nämlich nur eine Täuschung und würde man dieser Frage trotzdem nicht nachgehen, dann wäre das mahnende Opfer der Millionen, die von Unfehlbarkeitswahn und Machtrausch der Kirche zur Strecke gebracht wurden, endgültig umsonst.

Hat die Kirche sich also vom Saulus zum Paulus gewandelt? Straft und verfolgt sie die Abweichler, die Nonkonformisten, die Ketzer, die »Heiden« und Aussteiger aus ihrem System heute nicht mehr? Diesbezüglich muß jeder auch nur einigermaßen objektive und neutral sachliche Beobachter zugeben: Die in die Augen fallenden Kollektivverbrechen der Kirche haben sich zwar im 20. Jahrhundert verringert, aber das geschah nicht aufgrund einer Bekehrung der Kirche, die sich offiziell nie von ihren Verbrechen, selbst den größten, distanziert hat, sondern weil sich Freiheit und Autonomie der Staaten und Gesellschaften ihr gegenüber vergrößert haben. Der Machtschwund der Kirche und der Machtzuwachs der säkularisierten Gesellschaften haben sie »sittlicher« gemacht, präziser: haben sie gezwungen, sich in der nichtkirchlichen Welt und Öffentlichkeit moralischer und humaner zu gebärden. Ja, da ihr Kriegs- und Angriffswaffen fehlen, mit denen sie auch nur die geringste Chance hätte, den modernen Weltmächten gegenüberzutreten, bringt sie – freilich nur verbal, aber in virtuoser Weise – die Waffe der Moral in Anwendung. Hier, auf diesem politisch-ethischen Gebiet, sonst nirgendwo im weiten Bereich der Politik, kann sie noch Triumphe feiern und Autorität und Macht präsentieren. Es wirkt zwar für den, der das Spiel durchschaut, äußerst geschmacklos, wenn die Päpste, deren Vorgänger zu den größten Massenschlächtern der Geschichte gehören, nun ununterbrochen in ihren Ansprachen an die Menschheit die Menschenrechte herbeizitieren und ihre Verdienste um sie preisen. Aber all das schlucken schon die Massen und, solange die das tun, schlucken es auch die stets von Mehrheiten abhängigen Regierenden der Völker.

Fest steht: Es gibt keine soziale oder humane Errungenschaft der Neuzeit, die ursächlich auf die Kirche zurückginge. Jeder dieser Errungenschaften, jedem Fortschritt in den Menschenrechten, hat sie stets zuerst ein schroffes »*Nein*« entgegengeschleudert. Dann rangen sich viele Jahrzehnte, manchmal ganze Jahrhunderte, später die Herren der Kirche schweren Herzens zu einem »*Jein*« durch. Und schließlich proklamierten sie die keineswegs durch sie zustande gekommenen Errungenschaften triumphal als die ihren, als den »entscheidenden« Beitrag der Kirche und des Papsttums zum kulturellen, moralischen und sozialen Fortschritt der Menschheit. Die Wahrheit aber ist, daß jede Verbesserung in puncto Gleichheit und Freiheit der Menschen, in bezug auf das Los der Frauen, der Arbeiter, der Ausgebeuteten, der Kinder usw. gegen den – oft erbitterten – Widerstand der Amtskirche durchgesetzt werden mußte. »Nur der Druck von außen – ... die Französische Revolution, Aufklärung und Liberalismus – hatte im 19. Jahrhundert die von den Päpsten jahrhundertelang inszenierten Unmenschlichkeiten etwas eingedämmt. Der Kirchenstaat, der weltliche Herrschaftsbesitz des Papstes, blieb bis zu seiner Auflösung im Jahre 1870 ein Polizeistaat unter päpstlicher Flagge.«[7] Die Päpste verboten den Katholiken Italiens, am demokratischen Prozeß mitzuwirken. Sie sollten weder wählen noch für politische Ämter kandidieren. Auch den politischen Willen der Einwohner des Kirchenstaates ignorierte der Papst, obwohl bei Abstimmungen das Stimmenverhältnis 1000:1 gegen ihn lautete. Bis zuletzt sträubte sich Pius IX. gegen die Aufgabe des Kirchenstaates.

Das Beispiel Kirchenstaat zeigt erneut ganz eindeutig: Wo die Kirche kann, d. h. nicht durch stärkere Mächte oder Gegenströmungen daran gehindert wird, verhält sie sich stets absolutistisch, autoritär, ja diktatorisch und tyrannisch.

2. Das Ende des Kirchengottes oder Revolution auch im göttlichen Bereich[8]

Die Theologie der beiden christlichen Großkirchen hat vor allem in den beiden letzten Jahrhunderten, in denen doch eine zeitgemäße Erneuerung ihres Gottesbildes dringend erforderlich gewesen wäre, tief geschlafen. Sie ist in bezug auf die unbedingt notwendigen Veränderungen ihres Gottesbildes steril und leichenhaft erstarrt. Selbst die fortschrittlichsten Theologen, die fast jedes Dogma der Christologie und Mariologie scharfer Kritik unterziehen, tun so, als ob das Dogma vom unendlich vollkommenen, allmächtigen und personalen Gott über jeden Zweifel, jede Kritik erhaben sei. Zwar hat sich das kirchliche Lehramt endlich und mehr stillschweigend als offiziell dazu durchgerungen, »die Evolution freizugeben«, d. h. Theologen, die sich zu ihr bekennen, nicht mehr zu verfolgen, wie man das noch mit Teilhard de Chardin gemacht hatte. Aber selbst die »mutigsten« Theologen, die nun großspurig verkünden, die Tatsache der Evolution beweise, daß Gott, der Schöpfer, die Welt in ihre Eigenursächlichkeit und Eigengesetzlichkeit freigegeben habe, denken nicht im

Traum daran, daraus Konsequenzen für ihre Gotteslehre zu ziehen. Feministische Theologinnen haben wenigstens den dominant patriarchalisch-maskulinen Gott des kirchlichen Christentums attackiert und gefordert, man möge ihn doch um die Komponente des Weiblichen, Mütterlichen etc. erweitern. Aber selbst die kühnsten Befreiungstheologen, die die Freiheit der kirchlich und staatlich gegängelten Katholiken Südamerikas erreichen möchten, haben das völlig statische Bild eines absolut fertigen, unveränderbaren christlichen Gottes nie in Frage gestellt. Alle christlichen Theologen des gesamten Spektrums von links bis rechts geben vor, ganz genau zu wissen, was Transzendenz bedeutet. Keine Chiffre im Sinne von Karl Jaspers, sondern einzig und allein den unantastbaren, über jeden Zweifel erhabenen, unendlich vollkommenen, persönlichen Gott des kirchlichen Lehramts. Hierin stimmen sogar die sogenannten progressiven evangelischen und katholischen Theologen mit ihren Kirchenzentralen voll überein.

Wenn aber unser Denken und Erkennen in unserer Raum-Zeit irgendeinen objektiven Sinn haben soll, dann müßte auch das Gottesbild der christlichen Theologie und Dogmatik radikal korrigiert werden. Eine »Revolution im göttlichen Bereich« steht auch für die christliche Theologie an!

Nehmen wir nur einmal an, es gebe so etwas wie einen Grund der Welt, der sie »im Innersten zusammenhält« und den die Theologen Gott nennen. Dann kann ihm jedenfalls Allmacht und absolute Vollkommenheit, von der die Theologen immer wußten, wie sie beschaffen sein müßte, nicht attestiert werden. Da sich kein Wesen aus dem absoluten Nichts mit eigener Kraft ins Sein, in die Existenz befördern kann, hat dieses Urwesen, Gott genannt, seinen eigenen Ursprung also auch nicht in der Hand, stünde es vor seinem eigenen, meinetwegen anfangslosen, »Ursein« wie vor einem undurchschaubaren Rätsel und Geheimnis. Es müßte schon in seinem innersten Wesen, ähnlich wie wir Menschen, eine Entwicklung von weniger zu mehr Wissen, auch in Richtung auf das Geheimnis seines Ursprungs und seiner Existenz, durchmachen. Schon Kant hat ja bekanntlich darauf hingewiesen, daß die Annahme keineswegs logisch zwingend sei, das erste Sein, der Grund aller Wirklichkeit, müsse auch die absolute Vollkommenheit darstellen. Aber damit haben sich die Theologen bis heute nicht wirklich auseinandergesetzt.

Immer wußten sie auch, daß Gott »reiner Geist« sei. Folgen wir einmal ihrem Glauben, dann ergeben sich aber daraus Folgen, die sie nun gerade nicht akzeptieren wollen, ja noch nicht einmal ins Auge gefaßt haben. Denn ein reiner Geist wäre raum- und zeitlos. Er wäre auch gefühl- und empfindungslos, da ihm das Leib-Seelische abgeht. Erfahrungen in diesem Bereich könnte er erst sammeln, wenn er sich in und auf den Weltprozeß einließe. Kurzum: Durch eine raumzeitliche Evolution von Körpern und durch eine »Raumzeitsynthese«, wie sie der Mensch darstellt, gewänne auch Gott, der Geist, an Erfahrung, die er bisher nicht hatte und auf andere Weise gar nicht gewinnen konnte. Und er hätte dann die Welt nicht bloß aus Liebe, sondern aus Neugier geschaffen, um etwas dazuzulernen. Gott also ein Lernender, ein Erkenntnis Suchender, Erfahrungen Sammelnder? Der raumzeitliche Weltprozeß wäre für Gott notwendig, wenn er neue Dimensionen kennenlernen wollte. Aber kein Theologe, auch nicht die progressivsten Insider[9] haben je so »ungeheuerliche Gedanken« zu denken gewagt. Alles mögliche haben sie an der kirchlichen Dogmatik auszusetzen gehabt, ans Herzstück der Theologie, die Gotteslehre, haben sie sich nie herangetraut.

Keine Hexen- und Ketzerverfolgungen, keinerlei Inquisitionstribunale, kein Auschwitz, keine Massenmörder wie Hitler und Stalin konnten auch je der Lehre der Theologen, Gott sei die Liebe, etwas anhaben. Von Teilhard de Chardin bis Karl Rahner, von Karl Barth bis Jürgen Moltmann erklingt auch im 20. Jahrhundert das von allem Leid der Welt unberührte Hohelied protestantischer und katholischer Theologen von Gottes vollkommener und umfassender Liebe. Wie wär's, wenn sie sich endlich mal fragten, ob's nicht an seiner ihm von ihnen selbst zugesprochenen geistigen Struktur liegt, die ihn daran hindert, gegen Grausamkeit und Leid in der Welt aktiv zu werden? Ein unendlicher, reiner Geist nämlich, so er existiert, fühlt und empfindet gar nichts, kann in sich und von sich aus überhaupt nicht verstehen, was Leid ist. Er wohnt ja, wie das Neue Testament »weiß«, in »unzugänglichem Licht«! Er weiß auch nicht, was Sterben und Tod sind. Er besitzt einfach keine Erfahrungsbasis für all das, was für uns Schmerz, Leid, Sterben bedeutet. Das stimmt mit dem überein, was einer der größten Theoretiker der Physik des 20. Jahrhunderts, James Jeans, von seinem Fachgebiet aus über ein mögliches höchstes Wesen sagte: Nach allem, was wir heute wüßten, könne man ihm höchste mathematische Intelligenz zubilligen, aber keinerlei Anzeichen von Moral.

Es gibt heute so etwas wie einen Waffenstillstand, einen faulen Frieden zwischen Naturwissenschaft und Theologie. Man tut nach

Galilei, Kopernikus, Giordano Bruno, Charles Darwin usw. so, als ob die Auseinandersetzungen der Kirche mit ihnen bloße Mißverständnisse gewesen seien und als ob es jetzt mit der formellen Anerkennung der Naturwissenschaften und der Evolution schon getan sei. Aber »Gott und die Evolution« hat noch kein Theologe wissenschaftlich redlich zusammengedacht und miteinander vermittelt, auch nicht der jetzt nach seinem Tode hochgelobte Teilhard de Chardin. Nähmen die Theologen das Phänomen Evolution nämlich wirklich ernst, dann müßten sie Gott einen »Spieler« und »Würfler« nennen, der dem Zufall (der Mutationen) und den zufällig selektiv wirkenden Umweltbedingungen einen weiten Raum läßt, der daher auch nicht mit absoluter Sicherheit zu wissen vermag, was so alles bei der Evolution herauskommen kann (z. B. ein menschenfressender, blutrünstiger Hai, den er in seiner »Liebe« doch nicht »gewollt« haben könnte), auch wenn er dem Ganzen offensichtlich eine immanente Tendenz zur Höherentwicklung des Lebens gegeben hat.[10] »Gott würfelt«, behauptet Max Born in seinem berühmten Briefwechsel mit Einstein, der sich, wie die Theologen, einen unvernünftigen, akausal vorgehenden Gott nicht vorstellen konnte. Möglicherweise ist Gott sogar ein Hasardspieler, der sehr viel riskiert, denn das Abenteuer Evolution kann, wie wir heute besonders kraß wissen, auch schiefgehen, und die vom Menschen initiierte zweite Schöpfung (Genesis II, wie Jeremy Rifkin sagt) könnte die erste Schöpfung außer Kraft setzen, ja selbst die »Krone der Schöpfung«, dieses antiquierte »Kohlenstoff-Ding« Mensch, durch die künstliche Intelligenz, durch die sechste oder siebente Generation intelligenter Computer ersetzen.

Nimmt man alle modernen Entwicklungen und Entwicklungsmöglichkeiten, dann ist der Gott der Theologen ein unberührbares, dogmatisches, aber auch völlig abstraktes, lebloses Wesen, das mit der faktischen raumzeitlichen Realität unserer Welt gar nichts zu tun hat. Der Theologie und dem kirchlichen Lehramt wäre angesichts dessen und im Namen größerer Wahrhaftigkeit zu empfehlen, sich wenigstens zu einem »theologischen Agnostizismus«, zu einem weitgehenden Nichtwissen in bezug auf ihr Herzstück, die Gotteslehre, zu bekennen.

Gedanken macht sich die Theologie der Kirchen auch kaum darüber, daß eine Welt, die ihr Gott geschaffen hat, infolge seiner angenommenen unendlichen Vollkommenheit doch weit besser beschaffen sein müßte, als sie es tatsächlich ist. Es ist die Theodizeefrage, die Unzählige an der Güte Gottes angesichts der Unermeßlichkeit und brutalen Intensität des Leidens in der Welt verzweifeln läßt. Müßte nicht eine von Gottes Güte und Weisheit erschaffene Welt leuchtender Nachglanz seiner Herrlichkeit, verklärtes Abbild seiner Vollkommenheit, zwar endlicher, aber überzeugend vom Urbild zeugender Widerschein der Sonne Gottes sein? Die tatsächliche Welt aber macht einen ganz anderen Eindruck. Schon im untermenschlichen Bereich ist Grausamkeit in Gestalt der unbarmherzigen biologischen Auslese und des Lebens der höheren Arten auf Kosten der niederen zwar nicht einziges, aber doch wesentliches Prinzip, Prinzip der Höherentwicklung und Vervollkommnung. In der Menschenwelt steigern sich alle negativen Momente der Biosphäre zu tiefer Tragik, weil hier um sich selbst wissendes Bewußtsein in Schmerz und Leid den Tod denkend vorwegnimmt, den Schleier der Vergänglichkeit, der über allen Dingen liegt und einen Tropfen Schwermut auch noch in jede Freude hereinträgt, überall wahrnimmt und das Nagen des Nichts an den Grundfesten des eigenen Seins ständig dumpf erfährt. Millionen Menschen, die durch die Höllen des 20. Jahrhunderts geschritten sind, stimmen mit dem folgenden Bekenntnis eines streng katholisch erzogenen Mannes überein: »Gut, daß es den persönlichen Vatergott nicht gibt und daß ich an ihn nicht zu glauben brauche, sonst müßte ich in ihm den schrecklichen Demiurgen sehen, der unter anderem Phosphor- und Napalmbomben auf Kinder herabregnen und Hekatomben in Gaskammern elendiglich verrecken läßt.« Die sich angesichts dieses ungeheuren Leids aufdrängenden Fragen werden für den modernen Menschen nicht dadurch beantwortet, daß man im Schema des Diesseits-Jenseits-Dualismus argumentiert. »Das Christentum hat auf diesen Protest gegen das Übel nur damit geantwortet, daß es das Gottesreich ankündigte und dann das ewige Leben, das den Glauben verlangt. Aber das Leid verbraucht die Hoffnung und den Glauben … Das historische Christentum verschiebt die Heilung von Übel und Mord, die in der Geschichte erlitten werden, über die Geschichte hinaus.«[11]

An der Theodizeefrage zerbrechen im Grunde alle Theorien, die sich der Mensch von Gott macht. In ihrem Licht erweisen sich die Vorstellungen Gottes als höchstes Wesen und vollkommenes Sein, als krönender Abschluß des Weltentwurfs, als Ruhe- und Zielpunkt der menschlichen Sehnsucht als menschlich-allzumenschliche Konstruktionen, die die real-praktische Bewährungsprobe nicht bestehen.

Das Leiden eines einzigen unschuldigen Kindes ist schon eine unwiderlegbare Instanz gegen die Existenz eines persönlichen, gütigen

Gottes. Jesus nennt ihn liebevoll Vater, Väterchen. Aber keine einzige Eigenschaft eines guten, liebenden menschlichen Vaters trifft auf ihn zu. Er soll allmächtig sein, hilft aber einem kleinen unschuldigen Wesen nicht, was jeder normale irdische Vater täte, obwohl der nicht so viel Macht hat. Und es gibt ja nicht nur ein leidendes Wesen, obwohl auch das schon genug wäre. Tausende und Zehntausende von Kindern verhungern, verdursten, krepieren täglich, werden gefoltert und, z. B. in den Großstädten Brasiliens, niedergeknallt, weil sie das Straßenbild verunschönen. »Tiefer als von jeder anderen Regung, tiefer selbst als von meiner Angst, bin ich durchtränkt, geätzt, vergiftet von der Gleichgültigkeit der Außerirdischen gegenüber uns Irdischen. Gescheitert das Wagnis, ihrer Eiseskälte unsere kleine Wärme entgegenzusetzen«, läßt Christa Wolf in ihrem Buch »Kassandra« die Seherin im Angesicht des Todes sprechen.

Dem ungeheuren Leiden in der Welt müssen sich langsam auch die Theologen stellen. Ganz übersehen können es ja nur noch die Rücksichtslosesten. Aber wie reagieren sie, wenn sie überhaupt reagieren? Im Grunde weiterhin triumphalistisch, indem sie ihren Gott nicht antasten lassen, von ihm alles Negative fernhalten, alles Übel und Böse weiterhin den Menschen und anderen geschöpflichen Ursachen anlasten. Der berühmte Frère Roger, Abt des ökumenischen Klosters von Taizé, erklärt in dem Buch »Liebe aller Liebe. Die Quellen von Taizé« in einer Emphase, die keine Einschränkung von Gottes Liebe, keinen Zweifel an ihr zuläßt: »Gott ist niemals der Urheber des Bösen, von Erdbeben, Krieg, Unglück auf Erden. Weder Leiden noch Elend der Menschen sind gottgewollt. Gott sieht der Qual der Menschen jedoch niemals unbewegt zu. Er leidet mit dem Unschuldigen, dem Opfer unbegreiflicher leidvoller Prüfung, er leidet mit jedem. Es gibt einen Schmerz Gottes, ein Leiden Christi.«

Alle kennen ihn, den gütigen, versöhnlichen Frater Roger. Und doch hat bei ihm eine blinde Frömmigkeit bereits jeden Rest an Denken geschluckt. Und doch partizipiert dieser Mann an einem intoleranten Fundamentalismus, der den Leidenden damit »tröstet«, daß er ihm verbietet, die Erstursache des Leids bei Gott oder in der Idee eines persönlichen Gottes zu sehen, ihm vielmehr gebietet, gefälligst sich selbst oder andere irdische Ursachen für das Leid anzuklagen. Frère Roger wäre der letzte, der Gott die Allmacht abspräche. Wenn aber Gott allmächtig ist, muß er die Erstursache für alles sein. Wenn er Böses, Elend, Leid nicht gewollt hätte, gäbe es sie nicht. Der katholische Theologe Hermann Schell (1850–1906) erkannte mit simpler, aber glasklarer Logik: Nehmen wir einen allmächtigen Gott an und erkennen wir Böses in dieser Welt, dann wollte es Gott, sonst wäre es nicht da. Deswegen, und weil Schell die Ewigkeit der Höllenstrafe in Zweifel zog, kam er auf den Index der kirchlich verbotenen Bücher. Er selbst wurde als »modernistischer Theologe« verfolgt. Zu modern für die Theologie der beiden Großkirchen ist Schells Lehre noch heute, denn sie findet in beiden Lagern keinen Widerhall.

Nun steht Frère Roger mit seiner Leidenstheologie Gottes keineswegs allein. Angesichts des unübersehbaren furchtbaren Leidens in der Welt weiß sich christliche Theologie, so sie sich mit diesem Thema überhaupt befaßt, nicht mehr anders zu helfen, als indem sie verkündet: »Geteiltes Leid ist halbes Leid. Nimm's nicht so tragisch, Gott leidet ja mit dir.« So hört man's auch im »Wort zum Sonntag«. Da sagte die Fernsehpredigerin Bärbel Deifel-Vogelmann am 5. Oktober 1991: »Ich glaube, daß Gott in Jesus Christus in die Welt mitten unter uns gekommen ist, um in Mitleidenschaft gezogen zu werden, um alles mit uns zu erleiden.«

Viele Theologen glauben doch tatsächlich, mit dieser Behauptung der Sympathie Gottes für die Leidenden, ja seines Mitleidens mit ihnen, das Ei des Kolumbus entdeckt, alle Theodizeeprobleme im wesentlichen gelöst zu haben.[12] Sie liegen ja damit auch auf einer Generallinie der Bibel: »Denn so sehr hat Gott die Welt geliebt, daß er seinen einzigen Sohn dahingab, damit jeder, der an ihn glaubt, nicht verlorengehe, sondern das ewige Leben habe« (Joh 3,16).

Das also soll die »Lösung« des monotheistisch eben völlig unlösbaren Theodizeeproblems sein!

Gegenüber all diesen lächerlichen Versuchen, dem so unerschütterlich geglaubten persönlichen Gott das Leid der Welt nicht anzulasten, ist eindeutig zu konstatieren: Wenn die christliche, aber auch die jüdische, die islamische, überhaupt jede monotheistische Doktrin ausnahmslos Gott als den Absoluten, Allmächtigen und den Grund aller Dinge verkündet, was sie tatsächlich ohne jeden Zweifel tut, dann ist dieser Gott auch erstursächlich und voll verantwortlich für alles Negative, für alles Übel und Leid, das in dieser Welt geschieht. Dann gibt es nichts, was nicht vollständig von ihm verursacht wäre und auch bliebe. So daß alle »Sünden«, Untaten und Verbrechen der Geschöpfe erstursächlich auf ihn zurückgehen, Gott also dafür voll verantwortlich ist. Nach Thomas von Aquin macht (verursacht) Gott, daß die vernunftlosen Geschöpfe determiniert agieren, die freien Geschöpfe (Engel und Menschen) aus seiner göttlichen Kraft heraus frei agieren. »Ohne mich könnt ihr nichts tun«, spricht der Christus des Johannesevangeliums. Daraus geht hervor: Wenn die christliche, aber auch die islamische Lehre von den ewigen Höllenstrafen richtig ist, dann ist Gott erst- und hauptursächlich schuld daran, daß von ihm erschaffene und von ihm in ihrer ganzen Wesensstruktur und Willensdynamik abhängige Wesen in diese Hölle kommen. Denn deren Sünden sind zu einem sehr viel größeren Teil die Sünden Gottes selbst als der All- und Erstursache der gesamten Wirklichkeit, der also gewollt haben muß, daß diese Menschen sündigen. Calvin, der größte christliche Reformator neben Luther, war also gar nicht so inkonsequent (obwohl ihm das die katholische Theologie vorwirft), wenn er behauptete, daß Gott von vornherein und ohne Rücksicht auf künftige Verdienste und Taten der Menschen einen Teil der Menschheit für den Himmel, einen anderen für die Hölle vorbestimmt hat. Aber auch Thomas von Aquin, anerkannt größter Lehrer der katholischen Christenheit, dessen Lehre von den Päpsten immer wieder höchstamtlich und höchstinstanzlich empfohlen wurde, der also im Sinne der katholischen Amtskirche kein Ketzer und Häretiker oder Schismatiker wie Calvin ist, konnte in Wirklichkeit nie die Allursächlichkeit Gottes mit der Selbstbestimmung, der Willensfreiheit des Menschen in Einklang bringen. Auch er behauptet, gar nicht so weit entfernt von Calvin, daß Gott aufgrund seiner Dekrete (heute würden wir sagen: seiner Befehle, seiner unumstößlichen Regieanweisungen, die ja keinen Widerstand dulden) von vornherein weiß, wer in den Himmel und wer in die Hölle kommt. (Er muß ja alles wissen, weil er allwissend sein soll. Er kann aber zukünftiges, d. h. noch gar nicht daseiendes Verhalten von Menschen nur wissen, indem er es von vornherein anordnet und fügt.)

Angesichts der logisch nicht zu widerlegenden Vollursächlichkeit und Vollverantwortung eines persönlichen Gottes für das Leid in der Welt wird die These vieler heutiger Theologen von seinem Mitleiden mit den Geschöpfen zum so ziemlich Makabersten, das man sich denken kann: Der christliche Gott als der universale Sado-Masochist, als ein sadomasochistisches Monstrum! Denn dieser Gott entwirft in seinem Universalgehirn den Plan einer Welt, in der das Leid, der Schmerz an allen Ecken und Enden eine fatale, dominierende Rolle spielt. Genau diese Welt gefällt ihm, also schreitet er zur Tat und erschafft sie. Denn nur wenn die Menschen und überhaupt alle von ihm geschaffenen Wesen so richtig leiden, kann er ja mit ihnen mitleiden, kann er sein Mitleid mit den furchtbar vom Schmerz Gezeichneten zeigen, offenbaren. Sadistisch erschafft er die Welt, masochistisch erleidet er sie! Das alles wäre noch halb so makaber und furchtbar, wenn der göttliche Super-Man das ganz allein mit sich selbst machte. Aber die speziell Leidtragenden bei der ganzen Geschichte (die ja auch die tödlichen Viren, Bakterien, die durch keine menschliche Schuld erklärbaren tödlichen Krankheiten usw. einschließt) sind doch wir! Und wir wurden nicht mal gefragt, ob wir damit einverstanden seien. Wenn schon der himmlische Leidensverursacher leiden wollte, dann bitte schön ohne uns, ohne unsere Vermittlung für seinen Weltschmerz. Denn nur ein masochistischer Psychopath gäbe ihm eventuell die Erlaubnis, selber mit verschiedenen Übeln überhäuft zu werden, damit Gott so richtig mitleiden könnte.

Fundamentalistischer geht's also gar nicht mehr! Der absolut grundlegende Fundamentalismus monotheistischer Religionen besteht bereits darin, daß sie eben Monotheismen sind, daß sie auf dem Glauben an einen persönlichen Gott basieren. Hier liegt der Quellgrund aller weiteren Fundamentalismen dieser Religionen, nämlich im Unsinn einer metaphysisch sublimierten Projektion eines personalen Überwesens durch die menschliche, sprich: theologische Psyche.

Die monotheistische Vision glaubt in fundamentalistischem Starrsinn, auf die Absolutheit, Allmacht und Vollkommenheit eines persönlichen Gottes nicht verzichten zu dürfen. Doch gilt demgegenüber das Axiom, das der englische Philosoph James Stuart Mill bereits im vorigen Jahrhundert aufstellte: »Entweder Gott ist allmächtig, dann ist er nicht gütig. Oder er ist gütig, dann ist er nicht allmächtig!« Aber warum sollen wir uns darüber überhaupt noch den Kopf zerbrechen? Ein Auch-Theologe, der nun wirklich etwas vom Leid verstand, weil er im Unterschied zu den meisten Theologen tagtäglich hautnah mit dessen schlimmsten Wirkungen konfrontiert war, der Arzt von Lambarene, Albert Schweitzer, erteilte klipp und klar dem Glauben an einen persönlichen Gott eine eindeutige Absage: »Die Religion der Liebe kann ohne eine die Welt beherrschende Persönlichkeit existieren.«

Angesichts der Aporien des Gottes der Kirchen und Theologen gewinnt der Erfahrungsbegriff einer zugleich weltumfassenden wie weltimmanenten positiv-ethischen Kraft, die also in der Natur wie in uns gleichermaßen wirkt, ohne nun gerade unendlich mächtig und vollkommen zu sein, an Plausibilität. Sie genauer zu wissen, sie präziser zu beschreiben, fällt schwer bzw. ist gar nicht möglich. Aber der

Mensch, in der Dialektik von Positivem und Negativem, von Gut und Böse stehend, der sich ihr im ethisch-aktiven Vollzug anschließt, erfährt einen Zugewinn an Motivation und Lebenskraft. Er erfährt, daß ein positives Energiefeld von kosmisch-universaler Weite vorhanden ist, in das er sich einfügen, an das er sich anschließen kann. Wenn er sich dieser Kraft anvertraut, ihr durch dick und dünn folgt, an ihr, trotz aller Fehlschläge und Niederlagen des Lebens, festhält, wird er von ihr nach Phasen des Zweifels und der Einsamkeit immer wieder an die Hand genommen, vom Dunkel ins Licht geführt. Er spürt, daß es so etwas wie einen Lebensplan für ihn gibt, einen individuell und phantasievoll auf ihn zugeschnittenen ökologischen Ratgeber, der ihn die »Leichtigkeit des Seins«[13] lehrt, die ja so gut wie nie von vornherein einfach gegeben ist, sondern errungen werden muß. Er erfährt, was das »Weltkind« Goethe mit den Worten ausgedrückt hat: »Mein Empfangen war mein höchstes Schaffen.« Er ist, wenn er mit dieser Kraft längere Zeit zusammenarbeitet, überzeugt, daß ihm am Ende, manchmal allerdings nach furchtbaren Zwischenstadien, alles zum Guten gereicht, so daß er mit Giordano Bruno selbst im Angesicht des Todes durch die Schergen der Inquisition sagen könnte: »Mit größerer Furcht vielleicht verkündet *ihr* das Urteil, als *ich* es empfange!« »Auch ich habe einen Glauben … Ich bin erfüllt von der göttlichen Harmonie unseres Weltganzen … Ich fühle mich wie ein Stäubchen im Angesicht der Unendlichkeit und trotzdem größer als die Gewalt der Himmelskräfte, da ich sie begreife und teilhabe an der ewigen Weltseele. Ihr habt einen Glauben, der mir geringer scheint als der meine!«[14]

Auch im politisch-gesellschaftlichen Raum im weitesten Sinne des Wortes sehe ich Bestätigungen für meinen Glauben. Es dauert für das Maß unserer Geduld und die Struktur unserer Zeitlichkeit oft zu lang, viel zu lange, aber ich glaube, daß sich in großen Zeiträumen doch das Gute durchsetzt. Das Ende des Hitlerismus, das Ende des Stalinismus trotz ihrer geballten, übermächtigen Gewalt bestätigen mir das. Ebenso sehe ich einen Beleg für meine Sicht in der Entlarvung des verlogenen, Menschen erniedrigenden und ausbeutenden real existierenden Sozialismus durch die Völker Ungarns, Polens, der DDR und der Tschechoslowakei, ohne daß deshalb »christliche« Politiker wie Norbert Blüm recht hätten, wenn sie nun triumphal das Ende jeglichen Sozialismus verkünden. Denn auch in dem sich schon abzeichnenden Ende des technokratischen Kapitalismus, der unsere Welt in eine einzige Müllhalde verwandelt und an seiner eigenen monströsen, alles ausbeutenden Gefräßigkeit zugrunde gehen wird, sehe ich den Beweis für das Walten einer den Menschen und die Menschheit umfassenden, aber auch irgendwie übersteigenden Kraft der Gerechtigkeit.

Allerdings leide ich mit vielen anderen daran, daß diese Entlarvung und Niederlage aller großen Unwahrheiten und Ungerechtigkeiten nach langen Zeiträumen des scheinbaren Triumphs des Bösen auf die Hekatomben von Opfern, auf das Schicksal des einzelnen oft keine Rücksicht zu nehmen scheint.

So gewinnt für mich, den gläubigen Agnostiker, der das Metaphysische nicht ausklammert, sondern als hypothetische Größe zuläßt, die Sicht auf einen Gott an Bedeutung, der nicht so sehr am Anfang als am Ende steht; der sich, in unendlich entfernter Vorzeit einfach vorfindend, aus den Schleiern und Wolken des Unbewußten hervorarbeitet, durch die Evolution der Natur als seiner Materialisation und Verkörperung immer mehr Gesetzmäßigkeit und Bewußtsein gewinnt; der in gewaltigen Eruptionen des Geistes durch Homines religiosi wie Laotse, Konfuzius, Buddha, Sokrates, durch Genies wie Shakespeare, Goethe, Mozart, Beethoven, Einstein, durch Mystiker wie Meister Eckhart, Shankara oder Sri Aurobindo, durch Moralisten wie Gandhi oder Albert Schweitzer immer höhere Stufen der Vergöttlichung aufbaut; dies alles in einem Prozeß, der ja keineswegs auf unsere Erde beschränkt sein muß, sondern, wenn er real ist, Millionen von Leben ermöglichenden Planeten in Milliarden von Galaxien betrifft. Am Schluß dieses gewaltigen Prozesses, dieser fruchtbaren, aber auch furchtbaren Geburtswehen einer göttlichen Welt stünde das »Reich« alles dessen, was lebt, in unendlicher, endlich erreichter Harmonie.[15]

Trotzdem weiß ich, daß das zuletzt Gesagte mein ganz persönlicher Privatglaube ist. Wer diese Vision eines in und mit uns wachsenden und werdenden göttlichen Seins nicht zu ahnen, zu spüren, zu glauben vermag, ist, wie ich genau weiß, nicht schlechter als ich und auch nicht schlechter dran. Entscheidend im allerletzten ist überhaupt nicht, woran man glaubt, ob man an Gott, wie immer man ihn auffaßt, glaubt oder nicht. Ob man glaubt, daß er ist, oder glaubt, daß er nicht ist. Wichtig erscheint mir allein die entschiedene, im eigenen Leben hartnäckig durchgehaltene Option für das ethisch Gute, für soziale Gerechtigkeit und gütige Behandlung aller Menschen und aller Lebewesen ohne Ausnahme. Wobei ich allerdings zugebe, daß auch da ein Glaube nicht ganz entbehrlich ist, nämlich der Glaube, daß es Sinn hat, in dieser Welt dem Guten zum Siege zu verhelfen, sich für das Gute zu engagieren. Denn beweisen läßt es sich ja wiederum nicht, daß das Gute sein muß.

Vielleicht hat sich der Autor des ersten Evangeliums schon ähnliche Gedanken über das einzig Entscheidende in unserem Leben gemacht. Denn die Gerichtsrede, die er in Kapitel 25 Jesus in den Mund legt, stellt eine Ohrfeige für alle Verwalter des Heils, alle Kirchenfunktionäre, Theologen und Prediger dar, die das Erreichen des Himmelreichs vom rechten Glauben, von der »Orthodoxie« abhängig machen. Einzig und allein die ethische Praxis, das Tun des sozial Guten stellt bei Matthäus das Kriterium dar, an dem der Mensch gemessen wird und letztlich vielleicht doch noch genesen kann.

3. Der Tod der Kirche

Die hier in strukturell-hierarchischer Hinsicht wie im Blick auf ihre Gottesproblematik analysierte Kirche ist tot. Machtpolitisch ist sie zwar noch sehr lebendig, ja um so lebendiger, je toter sie in den Herzen der Gläubigen ist, indem sie sich dadurch am Leben zu halten versucht, daß sie alle staatlichen, politischen, gesellschaftlichen, medienstrategischen, ökonomischen, finanziellen usw. Kanäle und Machtinstrumente intensiv nutzt. Aber die steigende Zahl der Kirchenaustritte und, noch gravierender, die innere Emigration ihrer aus Faulheit, Feigheit oder Opportunismus in ihr verbleibenden Mitglieder zeigen deutlich die Totenstarre des gewaltigen Korpus Kirche an.

Hatte es dann aber überhaupt noch Sinn, sich in den vorangegangenen Ausführungen so intensiv mit dieser Kirche zu befassen? Mit einer Kirche, die trotz der Lautstärke der ständig in der Öffentlichkeit erhobenen Mahnungen ihrer Vertreter in den Herzen und im Handeln der meisten Menschen bereits den Tod der Gleichgültigkeit und Belanglosigkeit gestorben ist. Ich meine, daß ein Nachruf auf eine Organisation, die über anderthalb Jahrtausende lang die Geschichte maßgeblich, wenn auch oft äußerst negativ beeinflußt hat, nicht zuviel des Guten bzw. des Schlechten ist. Außerdem hat sich die eben erwähnte Art des Todes der Kirche noch nicht überall herumgesprochen. Die meisten Gegner der Kirche, von denen die Geistesgeschichte des Abendlandes berichtet, haben auf ein imposantes *Ereignis* im Zusammenhang mit dem Tod dieser gewaltigen Organisation gewartet, und einige ihrer Nachfahren tun es heute noch. Es kam jedoch kein Ereignis, sondern das Siechtum. Aber selbst der gewaltige Leichnam Kirche beherbergt und befehligt noch viele Klassen von Ausgebeuteten, denen die Kunde von Altersschwäche und Tod ihres Dienstherrn und ihrer Befreiung erst noch mit letzter Deutlichkeit plausibel gemacht werden muß. Gerade im Hinblick auf sie und ihre Befreiung bleibt es nötig, immer wieder, natürlich in stets aktualisierter, auf die jeweilige geschichtlich-gesellschaftliche Situation bezogener Kritikform auf die Machtstrukturen, die heuchlerische Moral und die widersprüchliche Gotteskonzeption der Kirche hinzuweisen.

Kirche kann mit ihrer antidemokratischen, hierarchischen Struktur und ihrem maskulin-patriarchalischen Gottesbild als ihrer letzten Legitimationsbasis sowie ihrem vom historischen Jesus himmelweit entfernten, völlig ungeschichtlichen Christus-Prinzip in demokratischen, pluralistischen und liberalen, auf den Menschenrechten basierenden Gesellschaften auf die Dauer nicht überleben. Allein schon die in unserem Jahrhundert zur mächtigen Auswirkung gekommene »Revolution der Frauen« wird ihr den endgültigen Todesstoß versetzen. Hat doch die römisch-katholische Kirche einen strukturell und fundamental antifeministischen und sexualrepressiven Charakter.[16]

Ideologische Stützpfeiler dieses Systems totalitärer Geschlechtsunterdrückung und antifeministischer Grundtendenzen sind u. a. die ständige Berufung auf ein vermeintlich objektiv und unwandelbar vorgegebenes sittliches Naturgesetz, das den kirchlichen Machthabern die theoretische Rechtfertigung für die exklusiv matrimoniale Kanalisierung der Sexualität liefert (nach dem Motto: alle Betätigung der Sexualität außerhalb der Ehe ist schon von der menschlichen Natur her illegitim – was aber die Kirche nicht hindert, auch noch die Intima des ehelichen Lebens durch vermeintlich die Integrität und Gottwohlgefälligkeit des Eheaktes normierende Naturgesetze zu reglementieren); die Erniedrigung, in manchen Jahrhunderten sogar Dämonisierung der Frau als des dem »bösen Geschlechtlichen« vermeintlich ergebeneren (Natur-)Wesens; die zu dieser Erniedrigung nur scheinbar konträre, Verachtung für andere Frauen implizierende Erhebung einer einzigen Frau als »unbefleckt empfangende« jungfräuliche Gottesmutter aus den Niederungen des Fleisches, der Natur, der verunreinigenden Geschlechtsberührung (vergleiche den offiziellen Madonnenkult der Kirche mit den Dogmen der seit Beginn ihrer Existenz bestehenden Freiheit Marias von der Erbsünde, der »manneslosen« Zeugung Jesu im Schoße Mariens durch den Heiligen

Geist und der Aufnahme der Unversehrten in den Himmel); weiter: die Aufspaltung der religiösen Gesellschaft in ein niederes Volk der Laien, dem in gewissen, enggezogenen Grenzen der Ehe die Sexualität erlaubt ist, und in einen höheren, über den Gesetzen des Fleisches stehenden Stand der Ehelosen (Priester, Ordensleute; auch damit war selbstredend jeglicher Vollzug des Sexuellen als niedere Handlungskategorie diffamiert); die dementsprechende theologisch-metaphysische Aufspaltung des obersten Prinzips der römisch-katholischen Religion in einen im Grunde niederen *Schöpfergott*, der alles, also auch die Sexualkraft des Menschen, gut geschaffen habe, und in einen nur verbal mit ihm identischen *Erlösergott*, der einer höher gearteten Gruppe von Menschen (Papst, Kardinäle, Bischöfe, Priester, Mönche, Nonnen), eben dem gottgeweihten Stand der Jungfräulich-Ehelosen, das Charisma gebe, die vom Schöpfergott installierten Naturgesetze des Fleisches zu mißachten und über sie erhaben zu sein; Kult und Liturgie als sozio-dramatische Veranschaulichungsformen der frauenlosen, patriarchalischen Herrschaft des Mannes in der Kirche; die Erhebung des Zölibats zum Charakter eines gleichsam existentiellen, über Bewährung oder Versagen im christlichen Vollkommenheitsstreben überhaupt entscheidenden Tests oder mit den Worten Papst Pauls: eines »einzigartigen Zeichens, das den Wert des Glaubens, der Hoffnung, der Liebe und der christlichen Vollkommenheit bezeugt«; und damit die Einführung und Grundlegung des Primats der sterilen Castitas vor der Caritas, der sexuellen Enthaltsamkeit vor der Brüderlichkeit und Menschenliebe, somit eine radikale Umkehrung, eine »Pervertierung« eines Fundamentalanliegens des frühen Christentums.[17]

Man sieht schon anhand der Aufzählung der ideologischen Pfeiler des Systems kirchlicher Sexualrepression, daß die römisch-katholische Religion eine typische Priesterreligion, eine *Klerikalreligion* im klassischen Sinn ist und sein muß. Man versteht in geschichtlichem Rückblick, daß Luthers Eintreten für das Priestertum aller Gläubigen den erbittertsten, prinzipiellen Widerstand von seiten der Altkirche herausfordern mußte. Ist doch der katholische, zölibatäre Priester *die persongewordene Zusammenfassung aller Rechtfertigungsgründe des kirchlichen Systems gegen die Sexualität und das »Weib«; die personifizierte Form der sexualrepressiven katholischen Institution; konzentriertes Symbol, Repräsentant und Verkörperung der männlich-hierarchisch und frauenfeindlich bestorganisierten Religion* (die in abgeschwächter Form allerdings auch in anderen christlichen Kirchen Triumphe feiert. Man denke etwa an den immer wieder aufbrechenden Widerstand gegen die Ordination der Frau und gegen bereits ordinierte Frauen im Protestantismus).

Hier stehen wir vor der entscheidenden Ursache der Weigerung der Kirche als totalitär organisierter Religion, den Zwangszölibat für Priester fallenzulassen. Hat doch für das Empfinden der Masse die Herrschaft der katholischen Kirche im allgemeinen und über den Sexualtrieb im besonderen im zölibatären Priester ihren anschaulichsten, massivsten und effektivsten Ausdruck und Darstellungswert gefunden.

Man könnte das in diesem Abschnitt bisher Ausgeführte auf folgenden Nenner bringen: *Religion ist nicht voll durchorganisiert, nicht total(itär) organisiert, wenn sie sich nicht auch grundlegend wider den unberechenbaren, gefährlichen, stets potentiellen Aufruhr gegen bestehende Ordnungsformen im Keim enthaltenden Sexus wappnet und organisiert. Als perfekteste Form organisierter Religion hat die katholische Kirche auch und gerade die Sexualität in ein perfektes Knebelungssystem eingeschlossen. Als* (im Unterschied zur »abstrakten« Philosophie) *konkret-anschauliche Lebensform für die Masse hat sie sich im ehelosen Priester jenes Werkzeug geschaffen, das ihr umfassendes System der Repression alles Sexuellen personal vorlebt und ihm (als Leithengst für das Fußvolk) Geltung verschafft.*

Aus alldem wird auch der strukturell antifeministische Affekt jener klassischen Form organisierter Religion, wie sie die römisch-katholische Kirche darstellt, erklärlich und ebenso die aus diesem System perfekter Sexualrepression notwendigerweise resultierende Antipathie gegen jede Form der Emanzipation der Frau. Verkörpert doch die Frau in allen Religionen mit männlicher Dominanz die Nähe und Analogie zum Sexualprinzip: Das Dunkle, Unausgegorene, daher Gefährliche; das Ungeordnete, dumpf, aber explosiv Aufbrechende, das Chaotische als Summe aller unberechenbaren Eventualitäten; das Potentielle, der Gestaltung Harrende wird wie diesem Prinzip, so auch ihr zugeschrieben. Daher ist der katholische Priester-Zölibatär die Institution gewordene Petrifikation der primitiv-religiösen Urangst des Mannes nicht bloß vor dem Sexualtrieb und seiner Herrschaft, sondern auch vor der Frau und ihrer Dominanz. Hinzu kommt, daß der Katholizismus in seiner Sucht, sich alles einzuverleiben, religionsgeschichtlich und inhaltlich betrachtet ein Synkretismus ist, der in seiner Frühzeit alle leib- und frauenfeindlichen Elemente der antiken Mysterienreligionen und der hellenistischen Popularphilosophie »schluckte«, »taufte« und »christianisierte« und sie jetzt aus Machtgründen natürlich nicht mehr ausstoßen kann und will.

Natürlich liegt es auf der Linie desselben nie aufgegebenen Synkretismus der katholischen Kirche, daß sie ihr Gesicht, ihr klerikales, antisexuelles und antifeministisches Macht- und Herrschaftsprinzip heute nicht mehr so deutlich zutage treten lassen kann, wie dies oben herausgearbeitet wurde. Sie eignet sich heute ständig Elemente der Neuzeit und Moderne an, die sie noch gestern verteufelt hat. Sie muß daher auch notgedrungen Konzessionen an Bewegungen machen, die die Befreiung der Frau und der Sexualität aus jahrtausendealter gesellschaftlicher und kirchlicher Bevormundung und Unterdrückung bezwecken. Insofern ist ein konsequenter Traditionalist wie der seinerzeit von Paul VI. des Amtes enthobene französische Erzbischof Marcel Lefèbvre, der keinerlei Abstriche von der »stets gleichgebliebenen« autoritär-patriarchalischen Doktrin und Liturgie der Kirche zuläßt, *strukturell ehrlicher,* was immer auch seine subjektiven Absichten dabei sein mögen. Aber im Prinzip unterscheidet sich das Kirchenbild Pauls VI. und Johannes Pauls II. sowie der Kardinäle und Bischöfe keineswegs wesentlich von dem Lefèbvres. Nur glauben die ersteren, *schlauer* zu sein, wenn sie sich der säkularisierten Welt gegenüber konzilianter und kompromißbereiter geben, ohne dabei im entferntesten daran zu denken, das zölibatär-klerikale, sexualrepressive, antifeministische Strukturprinzip aufzugeben. Somit wird auch die Heuchelei als *Strukturform* notwendig, und zwar im Sinn eines konstitutiven Mittels zur Bewahrung des Grundprinzips durch Verschleierung der wahren Absichten mit Hilfe halbherziger und akzidentieller Konzessionen.

Es ist daher kein Argument gegen das antifeministische Kirchenprinzip, wenn katholische Frauen auf die vielen Dienste verweisen, zu denen sie Hierarchie und niederer Klerus heute berufen, einladen oder zulassen. Denn alle diese Dienste sind bloße Hilfsdienste, nirgendwo verantwortliche Entscheidungsfunktionen oder -ämter.

4. Perspektiven und Merkmale einer neuen kirchen-losen und öko-logischen Spiritualität und Ethik[18]

Aufgrund einer von mir durchgeführten Umfrage[19] und Untersuchung gelangte ich zu folgenden Aspekten und Attributen einer neuen Religiosität und Spiritualität:

Ein überwältigendes erstes Merkmal ist die *elementare* Religiosität, die, in der Natur des Menschen offenbar ganz fest und wurzelhaft angelegt, immer wieder neu aufbricht. Sie ermöglicht dem Menschen, den Kontakt zu den transzendenten, metaphysischen Schichten der Wirklichkeit stets von neuem aufzunehmen, ihn im Grunde nie ganz abreißen zu lassen. Dieser Kontakt – das sahen wir – ist die Quellkraft, aus der viele Umfrageteilnehmer leben, die sie auch im ethischen Bereich stark motiviert.

Die Religiosität der großen Mehrheit der Umfrageteilnehmer umfaßt zwar etwas Grenzüberschreitendes, insofern Transzendentes, Höheres, Göttliches. Aber sie lehnen es strikt ab, dieses Göttliche mit dem dogmatisch genau definierten monotheistischen Gottesbegriff, mit dem maskulinen (männlichen) und patriarchalischen Gott der evangelischen oder römisch-katholischen Amtskirche gleichzusetzen. Darin ist durchaus etwas Positives zu sehen. Denn wenn es etwas Göttlich-Absolutes gibt, dann überschreitet es mit Sicherheit unsere Vorstellungen von ihm sowie alle theologischen Begriffe und amtskirchlichen Dekretierungen zur Gottesfrage. Selbst der von der katholischen Kirche als größter Lehrer der Christenheit gefeierte Thomas von Aquin (1225–1274) betonte noch: »Von Gott können wir nur wissen, was er *nicht* ist, nicht, was er ist.«

Ein weiteres Merkmal der neuen Religiosität: sie ist und will *keine kirchliche* mehr sein. Amtskirchen, institutionalisierte Massenkirchen, die das religiöse Erleben und Erfahren reglementieren und kanalisieren, die unfehlbar verordnen, worin Religion und Moral zu bestehen haben, die als Zentrum der Religiosität den personalen Gottesglauben dogmatisch festsetzen, haben bei der Mehrheit der Befragten, die heute echt religiös sein wollen, ausgedient. Der auffällige Glaubwürdigkeitsschwund der beiden großen Kirchen in der Bundesrepublik selbst bei den eigenen Gläubigen unterstreicht diese Tatsache noch einmal, ebenso wie der große Zulauf von Jugendlichen zu den neuen religiösen Bewegungen und Gruppen. Gerade der Instinkt der Jugendlichen hat das arrogant Unfehlbare, das stur Dogmatische, starr Orthodoxe, Veraltete, Verkrustete, Repressive, Einengende der Altkirchen besonders klar gewittert, wie mir viele ihrer Aussagen gezeigt haben, obwohl auch Angehörige der älteren Generation in dieser Hinsicht bisweilen eine recht deutliche, drastische Sprache sprechen.

Ein drittes Merkmal ist das *Umgreifende* der neuen Religiosität. Sie will alles umfassen, alle Innen- und Außenräume der Wirklichkeit, die Tiefenschichten der Psyche wie die äußersten Ränder des Weltraums. Sie duldet keine willkürlichen Grenzen der Konfession, Tradition, Rasse, der isolierten Gruppe, der gesellschaftlichen Schicht, der wie immer gearteten Vorurteile. Sie will alles umgreifen und alles durchdringen. Dieser Drang der neuen Religiosität zur Allumfassung, zum Grenzenlosen und Unendlichen schlägt sich dann in bestimmten Konkretisationen, aber auch Übertreibungen und Überschwenglichkeiten nieder, in galaktischer Religiosität und Parapsychologie, in verschiedenerlei Okkultismen und Irrationalismen bis hin zur Ufologie und zur Götter-Astronauten-Theorie, die von Kritikern oft kurz als »Dänikitis« bezeichnet wird.

Tatsache aber bleibt: Die neue Religiosität will in Entsprechung zu einer anthropologischen Grundbefindlichkeit und Grundausrichtung die Ausweitung, Ausdehnung, Verlängerung der menschlichen Perspektiven, die Erweiterung der raumzeitlichen Existenz in bisher nur geahnte Dimensionen. Das will und tut zwar im großen und ganzen auch die Wissenschaft, etwa als Astronomie, Atomphysik oder Tiefenpsychologie. Doch ist bei der neuen Religiosität der zugrunde liegende Vitalimpuls ganzheitlicher, nicht bloß verstandesmäßig-rational wie bei den wissenschaftlichen Bemühungen.

Jedenfalls erwächst den Kirchen auf der Grundlage dieser Komponente der raumzeitlichen Expansion und Überschreitungstendenz der neuen Religiosität ein Gegner auf ihrem bis dahin kaum angefochtenen ureigensten Feld. Dinge, die bis dahin ohne die Annahme eines persönlichen Gottes nicht »zu gehen« schienen, wie Fortleben nach dem Tode, Substantialität des Geistes, seine Überlegenheit über die Materie usw., werden nun auch ohne diese Annahme, z. B. im Rahmen einer evolutionären Religion bzw. parapsychologischer Auffassungen, für möglich gehalten. Die Verwalter der (herkömmlichen) Religion fühlen sich plötzlich in ihrer eigenen Domäne beengt und bedrängt.

Das grenzüberschreitende, umgreifende Element der neuen Religiosität zeigt sich bei den jüngeren Umfrageteilnehmern in etwa wiederum am deutlichsten. Sie bestätigen damit das, was von »der« Jugend – vor allem in entwicklungspsychologischer Hinsicht – ohnehin gesagt wird: Sie möchte in sicherlich oft ungerechtfertigtem Überschwang alle vorgegebenen Grenzen der eigenen Individualität, der Charaktereigenart, unter der sie manchmal so schwer trägt, des Kollektivs, in das sie hineingeboren ist, überwinden. Sie leidet und wird depressiv, wenn sie an Grenzen stößt, die sie nicht zu überschreiten vermag. Sie greift zum Alkohol, nimmt Drogen, um sich die Befreiung von beengenden Zwängen vorzutäuschen. Gerade der Drogengenuß zeigt auf negative Weise besonders kraß die hier eben charakterisierte Eigenschaft der neuen Religiosität: Jugendliche brechen durch Einnahme von Drogen aus einer Umwelt und Gegenwart aus, die sie als Begrenzung und Behinderung empfinden. Sie nehmen Drogen, weil diese ihnen das Gefühl einer Bewußtseinsentgrenzung und eines umfassenden Einsseins mit allem, was da west und lebt, vermitteln.

Die *mystische Komponente* des umfassenden Charakters der neuen Religiosität ist unübersehbar. Man hat ja nicht zu Unrecht Mystik als »das Ankommen eines Umfassenden im Versunkenheitsbewußtsein oder das ekstatische Erleben eines Umfassenden«[20] charakterisiert. Von 82 Versuchspersonen der Harvard-Universität hat mehr als die Hälfte nach LSD-Genuß Gefühlserlebnisse gehabt, die nach W. T. Stace[21] für die Mystik charakteristisch sind: ein starkes Einheitsbewußtsein, das verschiedene Ebenen des Verlaufs (auch rückläufige) in einer umfassenden, beseligenden Gefühlsaufwallung integriert; den Verlust des Zeitbewußtseins; eine reichere und vollere Wahrnehmung der Dinge; ein höchstes Lustempfinden, eine paradiesische Ekstase und Freude; den Eindruck, in dem Zentrum zu stehen, in dem alle Dinge »eins« sind, und ihr tiefes Einssein zu erfassen; den Eindruck der Unaussprechlichkeit.[22]

Damit ist schon ein weiteres Kennzeichen der neuen Religiosität angesprochen: Sie will das Supramentale, das *Überbewußtsein* des Menschen viel stärker akzentuieren und intensivieren. Dieses Überbewußtsein ist nicht etwa mit dem Über-Ich der Psychoanalyse, also der vom Kind verinnerlichten Normenwelt der Erwachsenen und der Gesellschaft gleichzusetzen. Es handelt sich dabei vielmehr um überkonzentrierte, überwache Zustände des Bewußtseins wie Hellwachsein, Entzückung (Exzitation), Entrückung (Exaltation), Außersichsein (Ekstase, Nirwana), eine höhere Qualität inneren Friedens, innerer Ruhe, um Gipfelerfahrungen auf dem Höhepunkt großer existentieller Erlebnisse oder Leistungen. Führende Religionswissenschaftler und Psychologen wie Th. Achelis, M. Buber, F. Heiler, W. Gruehn, R. Otto, A. Maslow, St. Grof, Ken Wilber haben sich mit zum Teil umfangreichen Abhandlungen in die Diskussion über das Problem des Verhältnisses zwischen Mystik und Überbewußtsein eingeschaltet. In methodischer Weise gerät man auf die Stufe des Überbewußtseins, indem man – etwa in der Meditation – die Konzentration der Aufmerksamkeit auf einige wenige Hauptinhalte des Bewußtseins willentlich-willkürlich hinlenkt und bei ihnen – durch nichts abbringbar – verbleibt. Allmählich erfüllt nur noch ein Gedanke, eine Vorstellung das ganze Bewußtsein. Diese Vorstellung aber erfährt eine qualitative Veränderung. Sie eröffnet dem inneren Blick Tiefendimensionen und neue Bedeutungsebenen ihres vorher so normalen Verständnisses, sie scheint im Lichte des Überbewußtseins immer reicher, tiefer, bedeutsamer, einzigartiger, kraftvoller und gewisser zu werden. Sie strahlt Ruhe, Stärke, Sicherheit, Freude aus. Sie macht den Menschen schöpferisch, kreativ.

Hiermit stehen wir vor einer weiteren wichtigen Eigenschaft der neuen Religiosität: ihrer *Kreativität.* Treffend hat man oft genug darauf hingewiesen, daß alle großen geistigen Leistungen der Menschheit in Philosophie, Kunst, Sittlichkeit und Religion ihren Quellpunkt im Überbewußtsein, in jenen hellwachen und exzitierten Stufen haben, von denen soeben die Rede war. Das Unter- und Unbewußte ist dadurch keineswegs ausgeschaltet, denn eine Inkubationszeit, eine Verarbeitung, ein Ausgetragen-, gleichsam Ausgebrütetwerden jeder neuen großen Idee im Unbewußten bleibt stets notwendige Voraussetzung. Inkubation im Unbewußten und Illumination (Erleuchtung) im Überbewußtsein schließen sich nicht aus, sondern ein.

Überbewußtsein und Kreativität der neuen Religiosität beinhalten zugleich eine neue *Reflexivität und Sensibilität.* Höchste Reflexion, intensivste Wachheit des Verstandes (Rationalität) und intimste Sensibilität schließen sich nur für eine vordergründige Betrachtungsweise gegenseitig aus. Daß aber das fast mystische, gefühlsmäßige Einswerden mit dem erforschten Gegenstand höchste Erkenntnis der Vernunft möglich machen kann, hat unüberbietbar Goethe zum Ausdruck gebracht: »Es gibt eine zarte Empirie, die sich mit dem Gegenstande innigst identisch macht und dadurch zur eigentlichen Theorie wird. Diese Steigerung des Vermögens aber gehört einer hochgebildeten Zeit an.«[23]

Der wohl genialste Kopf der modernen theoretischen Physik, Albert Einstein, ist ganz ähnlich überzeugt: »Das tiefste und erhabenste Gefühl, dessen wir fähig sind, ist das Erlebnis des Mystischen. Aus ihm allein keimt wahre Wissenschaft. Wem dieses Gefühl fremd ist, wer sich nicht mehr wundern und in Ehrfurcht verlieren kann, der ist seelisch bereits tot. Das Wissen darum, daß das Unerforschliche wirklich existiert und daß es sich als höchste Wahrheit und strahlendste Schönheit offenbart, von denen wir nur eine dumpfe Ahnung haben können – dieses Wissen und diese Ahnung sind der Kern aller wahren Religiosität ... Meine Religion besteht in der demütigen Anbetung eines unendlichen geistigen Wesens höherer Natur ... Diese tiefe gefühlsmäßige Überzeugung von der Existenz einer höheren Denkkraft, die sich im unerforschlichen Weltall manifestiert, bildet den Inhalt meiner Gottesvorstellung.«[24] Ausdrücklich möchte Einstein seine Gottesvorstellung als pantheistisch-spinozistische verstanden wissen. »Es ist gewiß, daß eine mit religiösem Gefühl verwandte Überzeugung von der Vernunft bzw. Begreiflichkeit der Welt aller feineren wissenschaftlichen Arbeit zugrunde liegt. Jene mit tiefem Gefühl verbundene Überzeugung von einer überlegenen Vernunft, die sich in der erfahrbaren Welt offenbart, bildet meinen Gottesbegriff; man kann ihn also in der üblichen Ausdrucksweise als ›pantheistisch‹ (Spinoza) bezeichnen.«[25]

In den Aussagen von Umfrageteilnehmern finden sich schon zahlreiche Elemente dieser – allerdings auch stets neu aufgegebenen und in Angriff zu nehmenden – schöpferischen Synthese zwischen Rationalität und mystischem Elan, zwischen möglichst intensiver Reflexion und sensibelster Religiosität; eine Synthese, die eventuell auch eine Umpolung, ja fast begriffssprengende Umidentifizierung herbeiführen kann, indem man von einer *mystischen Rationalität* und einer *rationalen Mystik* zu sprechen berechtigt sein wird. Nüchternste, kalte Reflexion also, die aber im Den-Dingen-auf-den-Grund-Gehen nicht nachläßt, weil sie von der glühendheißen Lava der mystischen Energie vorangetrieben wird, wie umgekehrt enthusiastischste, heißeste Mystik, deren blinder Überschwang durch die kalte Ratio immer wieder abgekühlt und den wissenschaftlichen, kulturellen, sozialen, ökologischen Zielen zugeführt und nutzbar gemacht wird – das wäre die zu beachtende Leitlinie der Selbsterziehung der neuen Religiosität.

Alle vergangenen Epochen der Religionsgeschichte zeigen ja, daß ohne die Ratio die Religion schwärmerisch, sentimental, schwülstig und blind-fanatisch wird; daß aber auch andererseits ohne Religion die Ratio zu trocken-abstraktem, kein Leben mehr weckendem Rationalismus, zu hölzernen oder knöchernen Begriffsgerippen in Theologie, Philosophie oder Wissenschaftstheorie verkommt.

Auf die heutige Weltlage angewandt, hieße das, daß auch die globalsten und präzisesten psychologischen, anthropologischen, soziologischen, politologischen und ökologischen Analysen der gegenwärtigen Menschheitskrise keine tiefgreifende Besserung herbeiführen können, wenn kein neues Lebensgefühl, kein neuer *élan vital,* kein neuer Enthusiasmus, wie er bei der Entstehung aller epochalen Bewegungen Pate gestanden hat, aufbricht und sich mit der gesellschaftsanalysierenden Ratio verbündet. Auch für die neuzeitliche Aufklärung gilt ja: Ohne Aufklärung war die Religion blind und dumm; ohne Religion war die Aufklärung flach und schwachbrüstig.

Religion, auch die neue Religiosität, muß sich also zweifellos ständig rational überprüfen lassen. Aber Religion, die sich rational auflösen ließe, wäre nicht mehr Religion, sondern höchstens Religionskritik, -theorie, -philosophie o. ä. Sie wäre vor allem nicht mehr die ganzheitliche Urenergie und -kraft des Menschen, die auch noch die Vernunft des Menschen zum Forschen und Erforschen in bisher unbekannte Dimensionen der Wirklichkeit voranzutreiben vermag. Das Geheimnis, das *Mysterium* läßt sich also nicht ganz aus dem Bereich des Religiösen verbannen. Die Mehrheit der Umfrageteilnehmer erwähnte diese notwendige Verbindung von Religion und Mysterium vor allem im Zusammenhang mit der Universalitätstendenz ihrer Religiosität. Gerade weil echte Religiosität sich nach dem Ganzen der Wirklichkeit ausstreckt, bleibt sie dem Mysterium verhaftet. Denn das All, das Ganze der Wirklichkeit, das Sein in seiner Totalität und Universalität – sie sind nie rational ganz auflösbar, sie entziehen sich immer wieder dem Zugriff der Wissenschaft, die zwar stets weiter in Neuland vorstößt, aber zugleich erkennt, daß der be- und erkannte Ausschnitt der Wirklichkeit wesentlich kleiner ist als das noch zu Erforschende.[26]

Erwähnen wir noch ein weiteres gemeinsames Merkmal der neuen Religiosität, wie sie von den Umfrageteilnehmern geschildert wird, ihre *Dynamik,* ihren Veränderungsimpuls. Echte Religion hat in der Tat immer etwas *Revolutionäres* im guten, ursprünglichen Sinne des Wortes, d. h. etwas Umwälzendes, Umwandelndes an sich. Viele Umfrageteilnehmer, die sich im Sinne der neuen Religiosität ausgesprochen haben, erlebten diese als Befreiung und Ermächtigung zur ethischen Aktion, als Motivation, Anspruch und Aufforderung, sich mit der bestehenden Misere der Welt, mit ihrem schlechten Zustand nicht abzufinden. Diese *ethische Komponente* sei hier noch als ganz wesentliches Merkmal der neuen Religiosität ohne Gott besonders hervorgehoben.

Damit zeigt sich zum wiederholten Male, daß die neue Religiosität von den Verfechtern der alten keineswegs als defizitäre Religion abgetan werden kann. Denn es fehlt ihr keines der Merkmale, keine der

Funktionen, die von der vergleichenden Religionswissenschaft als notwendige Kriterien einer echten Religion herausgestellt und gefordert werden.

Vergleicht man die hier kurz skizzierte Religiosität mit dem, was man im landläufigen und traditionellen Sinn unter Religion versteht, dann darf man berechtigterweise geradezu von einer epochalen Metamorphose der Religion, von qualitativ transformierter Religiosität sprechen. Von ihr kann mit Fug und Recht behauptet werden, daß sie keine Illusion ist, weil in ihr das *Funktional-Dynamische, nicht das Inhaltlich-Gegenständliche* ausschlaggebend ist. Die neue Religiosität versucht zwar in ständigen dynamischen, grenzüberschreitenden und sinnsuchenden Akten das Ganze der Wirklichkeit (also auch eine Art Gegenstand) in den Blick zu bekommen, zu umfassen, am universalen Ganzen teilzuhaben und von ihm ergriffen zu sein. Sie muß in diesem Prozeß dementsprechend ebenfalls Modelle, Leitbilder und -ideen, Hypothesen, Wünsche, möglicherweise also auch Illusionen konstruieren, aber sie bleibt an ihnen und überhaupt an keinem Provisorium, an keinem Stadium ihres Prozesses mit dogmatischer Starrheit und Sturheit kleben. Sie ist auf dogmatisch-inhaltlich-gegenständliche Fixierungen wie Gott, Götter, Vorsehung, Belohnung, Vergeltung, Himmel, Hölle etc. nicht essentiell angewiesen. Gerade diese gegenständlichen Fixierungen aber boten immer die breiteste und dankbarste Angriffsfläche für den Illusions- und Projektionsvorwurf der Feuerbach, Marx, Freud usw. Demgegenüber wirkt sich bei der neuen Religiosität positiv aus, daß sie in keinem Gegensatz mehr zur Rationalität steht. Bleibt sie doch im Prozeß ihrer dynamischen Entwicklung stets bereit, alles inhaltlich von ihr für wahr und echt Gehaltene zu verifizieren, zu überprüfen, mit dem Stand unserer Wirklichkeitserkenntnis ständig zu vergleichen und gegebenenfalls ohne jeden fixierenden Unfehlbarkeitsdünkel über Bord zu werfen. In dieser Hinsicht gleicht sie übrigens dem Prozeß wissenschaftlichen Erkenntnisfortschritts.

Kein Zweifel kann jedenfalls daran bestehen, daß eine kosmische[27] oder auch eine ökologische Religiosität, die die Selbstverwirklichung des Menschen in einer ständig auf gerechtere Verhältnisse hin zu reformierenden Umwelt aufgrund der grenzüberschreitenden Dynamik des menschlichen Seins herbeizuführen sucht, dem Illusionsvorwurf weit eher Paroli bieten kann als die Religionskonzeption des personalen Gottes- oder Götterglaubens. Gerade die neue Religiosität sollte so starkes Gewicht auf Rationalität und Ethik legen, daß sie die einzigartige Chance hätte zu zeigen, daß und wie Religion, die selbstlos wäre, die ein (partikulare) Interessen überwindendes (universales) Über-Interesse hätte, die bereit wäre, machtsuchtlos und grenzenlos kommunikativ alles für alle zu tun, einen entscheidenden positiven ökologisch-politisch-gesellschaftlichen Veränderungseffekt haben könnte. Das wäre dann die Religion, die keiner mehr als Opium bekämpfen könnte, als Beruhigungspille oder verschleierndes Trostrezept angesichts trister Verhältnisse. Die Frage, ob Religion eine Illusion im metaphysischen Sinn, in bezug auf ihre inhaltlichen Gegenstände und Überzeugungen sei, wäre dann zweitrangig angesichts des Umstands, daß sie im Hinblick auf die Selbstlosigkeit ihrer Hingabe an alles und aufgrund des redlichen Totaleinsatzes gegen alle Herrschaft von Menschen über Menschen in Kirche, Staat und Gesellschaft einen *eigenständigen, originären Primärimpuls* darstellte, der nicht mehr als »ideologischer Überbau«, als »himmlische Spiegelung« und Verklärung bestehender Unrechtsverhältnisse diskreditiert werden könnte.

Auf die in den hier umrissenen Konturen sichtbar werdende neue Religiosität, die den Erfordernissen unserer Zeit am weitestgehenden zu entsprechen und zu genügen scheint, trifft am besten der Ausdruck »ökologische Religion«[28] zu. Dieser Ausdruck »ökologische Religion« stammt von mir. Als gesellschaftlich verfaßte Gruppe oder Organisation gibt es sie (noch) nicht. Aber innerhalb der immer stärker werdenden ökologischen Bewegung ist sie eine nicht wegzuleugnende, an Bedeutung zunehmende Unterströmung. Auch in der Partei der Grünen, die sich u. a. als theoretische und politische Artikulatorin der Anliegen der weit umfassenderen ökologischen Bewegung versteht, entfalten viele aus religiösen Motiven ein starkes Engagement. Darüber hinaus werden alle jene, die sich heute nicht mehr mit den Anreizen und Zwängen der modernen Leistungs-, Produktions- und Konsumgesellschaft zufriedengeben, in ihrer alternativen Lebenssehnsucht und -form oft von einer neuen Religiosität motiviert, die – das beweist ein geschichtlicher Rückblick – fast stets dann aufbrach, wenn eine Epoche der menschlichen Geschichte zu Ende ging und ihre verkrusteten Strukturen zum Hemmschuh neuer, besserer Entfaltungsmöglichkeiten geworden waren. Die Reaktion auf die horrende Ausmaße annehmende Plünderung, Verwüstung, Verödung und Vergiftung unserer Umwelt und der Gesamtnatur kann zwar sehr unterschiedlich aussehen, sie kann sich philosophisch-weltanschaulich oder wissenschaftskritisch-analytisch oder in sozialethischem, aktivem Protest ausdrücken oder entladen. Aber manche Menschen überfällt heute angesichts einer in Tierversuchen und Genmanipulationen, durch Säureregen und giftige Abwässer, durch Abholzung und chemische Überdüngung erbarmungslos mißhandelten Natur geradezu ein religiöser Schauer (etwa im Sinne des »mysterium tremendum« Rudolf Ottos). Die »Ehrfurcht vor dem Leben« (Albert Schweitzer), die alle ökologisch Betroffenen eint, hat nicht nur eine ethische, sondern, wie von manchen erkannt, auch eine religiöse Komponente. Schweitzer selbst, diesem Genie der Menschlichkeit, stand die Verbindung von Ethik und Religion in dem von ihm geprägten Begriff der »Ehrfurcht vor dem Leben« stets vor Augen. Er umschrieb diese Ehrfurcht als »Ergriffensein von dem unendlichen, unergründlichen, vorwärtstreibenden Willen, in dem alles Sein gegründet ist. Sie hebt uns über alle Erkenntnis der Dinge hinaus … In der Ehrfurcht vor dem Leben liegt die Frömmigkeit in ihrer elementarsten und tiefsten Fassung vor … Die Weltanschauung der Ehrfurcht vor dem Leben hat also religiösen Charakter. Der Mensch, der sich zu ihr bekennt und sie betätigt, ist in elementarer Weise fromm … Diese tiefe, universale Ethik hat die Bedeutung einer Religion. Sie *ist* Religion.« Mit ökologischer Religiosität ist also nicht irgendeine konventionelle Religion oder Konfession gemeint, sondern ein neues Lebensgefühl, ein spontaner, ursprünglicher Aufbruch des Mitfühlens und Mitleidens mit der Natur, ein neues Erleben und Erfahren von Kommunikation, Sensibilität für sie und Solidarität mit ihr, mit allen Lebewesen auf dem Schicksalsschiff Erde. Es geht also der ökologischen Religiosität auch primär nicht um etwas abstrakt Philosophisches oder Theoretisches, sondern um zutiefst Praktisches. Nur so ein religiöser Aufbruch der Tiefenschichten des Menschen kann überhaupt an den Negativitäten des Bestehenden etwas ändern und hat auch in der Geschichte der Menschheit je und je Veränderungen zustande gebracht, etwa bei der Entstehung des neuzeitlichen Humanismus, der nicht als akademische Philosophie, sondern als neues Lebensgefühl, als neuer *élan vital* entscheidend dazu beitrug, die alten, beengenden Strukturen des Mittelalters und des Feudalismus zu überwinden.

Aber heute müssen alle neuzeitlichen Formen des Humanismus als überholt betrachtet werden, weil sie sich als zu eng erwiesen, weil sie das *Ganze* der Wirklichkeit, der Natur in ihren organischen Zusammenhängen mit dem Menschen vernachlässigten, weil sie sich mehr oder minder anthropozentrisch auf den Menschen oder die

Menschheit in ihrer »splendid isolation« von allen anderen Lebewesen und Wirkkräften der Erde und des Kosmos beschränkten. Der vom Verfasser dieses Beitrags mitbegründete »Ökologische Humanismus« (auch »Öko-Humanismus«) sieht dagegen den Menschen in seiner essentiellen organischen Bezogenheit auf das ganze Haus der Natur, ihren gesamten Haushalt (οἶχοζ = Wohnhaus, Haus; daher Ökologie als die »Wissenschaft von den Beziehungen des Organismus zur umgebenden Außenwelt«, von den »sämtlichen Verhältnissen des Organismus zu allen übrigen Organismen«, wie das E. Haeckel 1866 in seiner »Generellen Morphologie der Organismen« als notwendig für die »Oeconomie des Natur-Ganzen« formuliert und herausgestellt hat). Dem Öko-Humanismus ist der Mensch in seiner Einbindung in die Zusammenhänge und das Zusammenwirken aller Elemente des Kosmos bedeutsam und Gegenstand höchster Aufmerksamkeit und Sorge. Er betrachtet die Natur als erweiterten Leib des Menschen, den Menschen als (bewußten) Teil der Natur. Oberstes Axiom und Postulat des Öko-Humanismus ist es, die durch die neuzeitlichen kapitalistischen Ausbeutungsmethoden und -mechanismen längst auseinandergedrifteten Größen *Erde* und *Mensch, Natur* und *Mensch, Kosmos* und *Mensch* als unentbehrliche, wesensnotwendige, in bezug auf Lebensfähigkeit und Gesunderhaltung des Menschen gleichberechtigte und gleichwertige Pole wieder in ein Gleichgewicht zu bringen, das allein dem Globalorganismus gerecht wird, den die Erde und wahrscheinlich auch die Gesamtwirklichkeit als solche darstellt. So ist der Öko-Humanismus die zumindest rahmenmäßig globalste Antwort auf die Herausforderung durch die gegenwärtige Weltsituation. Als solche Antwort auf den kritischsten Zustand unseres Planeten seit seiner Entstehung muß sich der Öko-Humanismus – das machen selbst seine Anhänger sich nicht immer klar – auch als neue *Weltanschauung* im Sinne einer plausiblen Erklärung wesentlicher Existenz- und Sinnfragen der Menschheit, als neue *Ethik* und *Religiosität* verstehen und aufbauen. Im Keim schließt er diesen weltanschaulichen, ethischen und religiösen Aspekt ohnehin von vornherein ein.

Die dem Öko-Humanismus gemäße Form der Religion muß aufgrund des dem religiösen Vitalimpuls eigenen Energiepotentials verhindern, daß der Mensch zum gefühllosen Automaten, zum außengelenkten, vermeintlichen Sachzwängen blind folgenden Computermenschen (im Sinne der makabren Vision vermenschlichter Computer einerseits und verdateter, automatisierter, »computerisierter«

Menschen andererseits) wird. Die religiös getönte Ehrfurcht vor dem Leben wird der lebenszerstörenden, technokratischen Hybris des Menschen entgegenwirken. Nach Ludwig Feuerbachs anthropologischer, Karl Marx' sozioökonomischer und Sigmund Freuds psychoanalytischer Phase der Religion(skritik und -sbetrachtung) muß jetzt die ökologische Phase der Religion einsetzen. Sie wird – entsprechend ihrem Oberbegriff der Öko-Logik – den richtigen Haushalt, das Gleichgewicht wiederherzustellen versuchen zwischen Körper und Geist (die ja fast in der gesamten europäischen Geistes- und Religionsgeschichte dualistisch getrennt wurden), zwischen Psychischem und Geistigem, zwischen körperlichen und (echten) geistigen Bedürfnissen, zwischen Gefühl und Verstand, zwischen dem Menschen als Naturwesen und als Geistwesen, zwischen Aktion und Kontemplation bzw. Meditation, zwischen Spontaneität und Reflexion, zwischen dem Biorhythmus des Menschen und dem der Erde, zwischen psychischem Wohlbefinden und Ernährungsweise, global: zwischen Mensch und Kosmos. Wenn die ökologische Religion ihr umfassendes Programm der Öko-Logik konsequent ausbaut und verwirklicht, hätte sie die Chance, *die* Religion der Zukunft zu werden.

UTA RANKE-HEINEMANN

* 1927 in Essen; Studium der evangelischen Theologie in Bonn, Basel, Oxford und Montpellier; 1953 Konversion zum Katholizismus; 1954 Promotion und 1969 – als erste Frau der Welt – Habilitation in katholischer Theologie; seit 1970 Professorin für Neues Testament und alte Kirchengeschichte in Neuss und Essen; Verlust der theologischen Lehrbefugnis, weil sie die Jungferngeburt ausschließlich theologisch und nicht biologisch deutet; seit 1987 Inhaberin des Lehrstuhls für Religionsgeschichte an der Universität Essen; die radikale Pazifistin engagiert sich sehr stark in der Friedensbewegung; Uta Ranke-Heinemann ist verheiratet und hat zwei Söhne.

Auswahlbibliographie

1962 Der Protestantismus. Wesen und Werden
1968 Christentum für Gläubige und Ungläubige
1988 Eunuchen für das Himmelreich. Katholische Kirche und Sexualität
1992 Nein und Amen

UTA RANKE-HEINEMANN

Der Zölibat und die Folgen

Die Entwicklung des Zölibats

Der katholische Zölibat hat heidnische Wurzeln. Die zölibatären Reinheitsvorschriften stammen aus der Steinzeit des religiösen Bewußtseins. Sie sind gewachsen aus der Scheu vor dem unnahbar Numinosen oder dem furchterregend Göttlichen. Im Evangelium der Liebe Gottes haben sie keinen Sinn.

Damit sie nicht durch Geschlechtsverkehr befleckt würden, sondern reine und heilige Mittler zwischen den Menschen und dem Gott oder der Göttin sein könnten, haben sich viele heidnische Priester entmannt. Kultische Entmannung findet sich z. B. in Babylonien, im Libanon, in Phönizien, auf Zypern, in Syrien, beim Artemiskult in Ephesus, im Osiriskult in Ägypten, im phrygischen Kybele-Attis-Kult, der sich im Morgen- und im Abendland weit verbreitete.[1]

Daß gemäß uraltem Glauben die Nähe zu den Göttern sexuelle Abstinenz erfordert, beschreibt K. Deschner in seinem Buch »Das Kreuz mit der Kirche. Eine Sexualgeschichte des Christentums« (1974). Laut Demosthenes († 322 v. Chr.) war vor jedem Tempelbesuch und vor dem Berühren der heiligen Geräte »eine bestimmte Zeit von Tagen Enthaltung zu üben«. Tibull († ca. 17 v. Chr.) schreibt: »Fern weg heiße ich euch bleiben, vom Altar fern jeden, der in der vergangenen Nacht Freuden der Liebe genoß« (Eleg. II, 11). Ebenso warnt Plutarch († ca. 120 n. Chr.) vor dem Tempelgang und dem Opfer nach einem Sexualkontakt. Wenigstens die Nacht und der Schlaf sollen dazwischenliegen (Quaest. conv. 3,6). Die Tempelinschrift in Pergamon fordert nach ehelichem Umgang einen, nach außerehelichem zwei Tage Reinigung.

Kirchlicherseits bemüht man sich um zölibatäre Anklänge aus der Antike wie um eine Ahnenreihe alten Adels und scheut sich nicht, sie passend umzuinterpretieren. Pius XI. schrieb 1936 über den Zölibat: »Schon die alten Römer hatten das Geziemende eines solchen Verhaltens erkannt. Eines ihrer Gesetze, das folgenden Wortlaut hat: ›Man soll keusch zu den Göttern hintreten‹, wurde vom größten ihrer Redner angeführt.«[2] Der Papst scheut sich also nicht, Cicero, den er hier zitiert[3], als Zölibatsprediger zu interpretieren. Er tut das, indem er die von dem Römer gemeinte Reinheit mit Zölibat und demzufolge Ehe mit Unreinheit gleichsetzt.

Auf dem Hintergrund der Ehe- und Sexualfeindlichkeit führender Theologen und insbesondere der Päpste kam es zur Zwangsehelosigkeit des katholischen Priesterstandes, wie wir sie heute vorfinden. Die Ansätze der zölibatären Entleiblichung finden sich schon in den ersten Jahrhunderten, aber den rechtlichen Abschluß fand die Entwicklung erst spät, und zwar in zwei Etappen: erstens 1139, als Papst Innozenz II. die Klerikerweihen zu einem trennenden Ehehindernis erklärte. Eheschließung und Priestertum schlossen damit einander nach Empfang der Priesterweihe juristisch aus; jede später eingegangene Priesterehe war ungültig. Hatte die Kirchenführung damit ein Instrument an der Hand, zu verhindern, daß Priester heirateten, so schuf sie sich später noch ein zweites Kontrollinstrument, nämlich auf dem Konzil von Trient (1545–1563), auf dem die Formpflicht für die Eheschließung eingeführt wurde. Bis dahin war die Eheschließung formfrei, d. h., man konnte auch ohne Pfarrer und Zeugen heimliche, aber gültige Ehen schließen. Durch die Formpflicht, d. h. Eheschließung vor dem zuständigen Pfarrer und Zeugen, wurde verhindert, daß solche heimlich Verheirateten zu Priestern geweiht wurden. Seit 1139 wurde also unmöglich gemacht, daß Priester heirateten; seit Trient wurde verhindert, daß Verheiratete Priester wurden. Nach dem Zeitalter der erlaubten Priesterehen kam das Zeitalter der heimlichen (klandestinen) und verfolgten Priesterehen; nach Trient blieb nur mehr das Konkubinat der nicht selten gelebte, trübe letzte Ausweg. Die Geschichte des Zölibats war keine leichte Geschichte, nicht so sehr für ihre Initiatoren und Durchpeitscher, als vielmehr für die Betroffenen. Viele sind an ihr zugrunde gegangen, insbesondere Frauen.

Die päpstliche Zwangsidee, »den Umgang der Geistlichen mit Weibern durch ewiges Anathem zu zerreißen«, wie es der Hauptkämpfer für den Zölibat, Papst Gregor VII. († 1085), forderte[4], hatte schon lange vor ihm in der Kirche Stimme und Raum. Der erste wesentliche offizielle Schritt findet sich im Canon 33 der spanischen Synode von Elvira am Anfang des 4. Jahrhunderts. Er bestimmte, »daß den Bischöfen, Priestern und Diakonen sowie allen Klerikern, die den Altardienst versehen, zu befehlen sei, sich des ehelichen Verkehrs mit ihren Ehefrauen zu enthalten und keine Kinder mehr zu zeugen. Zuwiderhandelnde sollen aus dem Klerikerstand ausgestoßen werden«. Es handelt sich hier also noch nicht um den eigentlichen Zölibat, es wurde nicht die priesterliche Ehelosigkeit verlangt, es wurde nicht die Entlassung der Ehefrauen gefordert, aber die Untersagung weiteren ehelichen Verkehrs für Priester war der erste Schritt zu einer langen Geschichte der Unterdrückung.

Für die Gesamtkirche bedeutete die Forderung von Elvira noch nicht viel, und hier sei gleich hinzugefügt, daß die Ostkirche ohnehin die fortschreitende Zwangszölibatisierung nicht mitvollzog und daß nicht zuletzt diese Entwicklung des Westens schließlich zur Spaltung von Ost- und Westkirche führte. Aber es blieb nicht bei der einen Synode. Es folgten andere Synoden und Kirchenväter und insbesondere Päpste, die den Zölibat immer mehr durchzusetzen trachteten. Auf dem ersten allgemeinen Konzil von Nicäa (325) allerdings schlug der Versuch fehl, ähnliche ehefeindliche Gesetze, wie sie in der Synode von Elvira erlassen worden waren, der Gesamtkirche aufzuoktroyieren. Es wird angenommen, daß der spanische Bischof Hosius von Córdoba, der bereits maßgebend in Elvira teilgenommen hatte, es war, der das Verbot priesterlichen Ehevollzugs auch in Nicäa vorschlug. Nach einem Bericht des Historikers Sokrates († ca. 450) erhob sich der ägyptische Bischof Paphnutius, selbst ehelos, ein Mann von hohem Ansehen, der während der Christenverfolgung unter dem Kaiser Diokletian ein Auge und eine Kniesehne verloren hatte, und sagte, man solle den Geistlichen kein so hohes Joch auferlegen, denn die Ehe sei etwas Ehrwürdiges. Es genüge, wenn der, welcher unverheiratet in den Klerus eintrete, keine Ehe schließe, aber man solle keinen Geistlichen von der Frau trennen, die er früher, als er noch Laie war, geheiratet habe. Ob der Auftritt des Paphnutius historisch oder, wie einige – vor allem westliche Zölibatsbefürworter – später meinten, legendär ist, ist nebensächlich, da das eine wie das andere die Praxis im Osten und den zeitgenössischen Widerstand gegen den Zölibat deutlich macht.

Die folgenden Synoden waren uneinheitlich. Die Synode von Gangra (340/41) nahm verheiratete Priester in Schutz und wandte sich gegen die, die an Messen Verheirateter nicht teilnehmen wollten. Die sog. Apostolischen Canones (um 380) lassen jeden Bischof oder Priester exkommuniziert sein, der seine Frau unter dem Vorwand der Frömmigkeit verstößt. Aber z. B. das Konzil von Karthago aus dem Jahre 390 spricht die gleiche Verpflichtung für Kleriker wie Elvira aus (Can. 2), desgleichen eine Synode in Karthago 401 (Can. 4). Es gab auch noch schärfere Forderungen. Die römische Synode des Papstes Innozenz I. († 417) aus dem Jahre 402 bestimmt: »Die Bischöfe, Priester und Diakone müssen unverheiratet sein« (Can. 3). Dies hatte jedoch noch keine kirchenrechtlichen Konsequenzen. Nach wie vor wurden Verheiratete zu Priestern geweiht, und es blieb auch in der Folge auf vielen Synoden bei der Forderung der ehelichen Enthaltsamkeit für Kleriker, z. B. der Synode von Arles 443 (Can. 3 f.) und der 3. Synode von Orleans 538 (Can. 2). Konkret sah das dann so aus: »Priester und Diakone dürfen mit ihren Frauen nicht das gleiche Bett und das gleiche Zimmer haben, damit sie nicht in den Verdacht des fleischlichen Umgangs geraten« (4. Synode von Orleans 541, Can. 17). Die Synode von Clermont 535 bestimmt: »Wer zum Diakon oder Priester ordiniert wird, darf den ehelichen Umgang nicht fortsetzen. Er wird Bruder seiner bisherigen Frau« (Can. 12). Die Synode von Tours (567) reglementiert das Eheleben der Bischöfe: »Der Bischof darf seine Frau nur wie seine Schwester betrachten. Er muß stets, wo immer er sich aufhält, von Klerikern umgeben sein, und seine und seiner Frau Wohnungen müssen voneinander getrennt sein, daß die ihm dienenden Kleriker in keine Berührung kommen mit den Dienerinnen der Frau des Bischofs« (Can. 12). Weiter heißt es: »Weil sehr viele Erzpriester auf dem Land, ebenso Diakone und Subdiakone, im Verdacht stehen, den Umgang mit ihren Frauen fortzusetzen, soll der Erzpriester stets einen Kleriker bei sich haben, der ihn überallhin begleitet und in demselben Zimmer mit ihm sein Bett haben muß.« Das war eine Totalobservierung, denn: »Es können sich hierbei sieben Subdiakone, Lektoren oder Laien abwechseln« (Can. 19). Das war also kirchlicher Schichtdienst im Kontrollbett. Der Bischof selbst mußte und durfte allein schlafen. Die Synode von Toledo 633 unter dem Vorsitz des hl. Isidor von Sevilla erklärte allerdings: »Da die Geistlichen durch ihr Leben nicht wenig Skandal verursacht haben, so sollen, damit den Laien aller böse Argwohn genommen wird, die Bischöfe in ihren Zimmern Zeugen ihres Lebenswandels bei sich haben« (Can. 22). Andererseits war man bezüglich der Bischöfe in einer Zwickmühle. So bestimmte die Synode von Paris 829, es sei »einem Priester nicht erlaubt, die Sünden des Bischofs zu verraten, weil dieser ihm vorgesetzt ist« (Can. 20). Etwas Sicherheit in diese Angelegenheit bringt es, wenn die Priestereheleute getrennt wohnen. Die Synode von Lyon 583 bestimmte: »Die verheirateten Kleriker dürfen nicht mit ihren Frauen zusammenleben« (Can. 1). So auch die Synode von Toledo 589 (Can. 5).

Besonders die Kirchenväter engagierten sich für den Zölibat. Der Kirchenvater Cyrill von Jerusalem († 386) meint, daß »ein guter Priester sich des Weibes enthält« (Katechesen 12,25). Und Hieronymus schreibt gegen Bischöfe, die dulden, »daß die Frauen der Kleriker in Hoffnung sind und Kinder auf den Armen der Mütter schreien«, in einer Schrift gegen Vigilantius: »Schließlich unterscheiden wir uns durch nichts mehr von den Schweinen.«[5] Ambrosius behauptet von Priestern, die weiter »Kinder bekommen«, daß sie »sowohl unreinen Geistes als auch unreinen Leibes für andere beten«.[6] Augustinus gab in Nordafrika der zölibatären Idee praktischen Nachdruck. Als er 395 Bischof von Hippo wurde, errichtete er sofort ein Kloster: Alle Geistlichen der Stadt veranlaßte er, in dieses »Klerikerkloster« zu ziehen, und jeder neu zu weihende Priester mußte sich verpflichten, unter seiner Aufsicht in diesem Kloster zu leben.

Entscheidend war, daß sich die Päpste der Sache annahmen. An erster Stelle ist hier Siricius zu nennen. In einem Brief an den Bischof Himerius von Tarragona aus dem Jahre 385 nennt er das Verhalten der Priester, die mit ihren Frauen verkehren, eine »Schmach der ehrwürdigen Religion« und ein »Verbrechen«. Diese Priester sind für ihn »Lehrmeister der Sünde«, solche, die »den Lüsten frönen«. In einem Brief an die Bischöfe Afrikas von 386 spricht er von »Schmach«, von »Befleckung durch fleischliche Begierlichkeit« und bezieht auf die von ihm beschimpften Priester die Worte des Titusbriefs: »Den Befleckten und Ungläubigen ist nichts rein.« Übrigens hat entweder Papst Siricius oder sein Vorgänger, Papst Damasus († 384), in einem Brief an die Bischöfe von Gallien (die Zuschreibung des Briefes ist nicht ganz sicher) bei der Einschärfung der Enthaltsamkeit der Priester gegenüber ihren eigenen Frauen warnend auf Adam verwiesen, der wegen Übertretung des Enthaltsamkeitsgebotes »aus dem Paradies vertrieben« worden sei. Papst Damasus oder Papst Siricius war offenbar ein Anhänger einer besonderen Version der wenig später durch Augustinus überwundenen Idee vom geschlechtsverkehrsfreien Paradies. Papst Leo I., der Große († 461), war der Papst, der als erster die Pflicht zur ehelichen Enthaltsamkeit auch für die Subdiakone aussprach. In einem Brief an Bischof Athanasius von Thessaloniki aus dem Jahr 446 schreibt er: »Denn während es den außerhalb des Ordo der Kleriker Stehenden erlaubt ist, sich der ehelichen Gemeinschaft und der Kinderzeugung hinzugeben, wird hingegen, um die Reinheit der vollkommenen Enthaltsamkeit darzustellen, auch nicht einmal den Subdiakonen die fleischliche Ehe gestattet, so daß auch die, welche Frauen haben, so sein sollen, als hätten sie dieselben nicht.«[7] Ähnlich in einem späteren Brief (458 oder 459) an Bischof Rusticus von Narbonne, wobei er allerdings verbietet, die Frauen zu entlassen: »Das Gesetz der Enthaltsamkeit ist für Diener des Altares dasselbe wie für die Bischöfe und Priester. Diese konnten, als sie Laien oder Lektoren waren, erlaubtermaßen heiraten und auch Kinder zeugen. Nachdem sie aber zu den vorgenannten Stufen gelangt waren, begann das, was ihnen bisher erlaubt war, nicht mehr erlaubt zu sein. Daher dürfen sie, damit aus der fleischlichen Ehe eine geistige werde, zwar ihre Frauen nicht entlassen, müssen sie aber so haben, als hätten sie sie nicht, auf daß sowohl die eheliche Liebe bewahrt bleibe wie auch das eheliche Werk aufhöre.«[8] Eine ähnliche Anweisung erteilt Papst Gregor I., der Große († 604), in einem Brief an Bischof Leo von Catana: »Möge deine Brüderlichkeit bei den schon zu dieser Weihe Erhobenen mit aller Sorgfalt darauf sehen, daß sie sich nicht die Freiheit nehmen, mit ihren Frauen zu verkehren, wenn sie solche haben, sondern bestimme selbst mit aller Strenge, daß alles ebenso beachtet werde, wie es unter den Augen des Apostolischen Stuhles gehalten wird.« Von den Priestern verlangte er, vom Tage ihrer Weihe an ihre Frau nur noch »wie eine Schwester zu lieben und sich vor ihr wie vor einem Feind zu hüten«.[9]

Papst Gregor berichtet in diesem Zusammenhang von dem vorbildlichen »Hinscheiden der Seele eines Priesters von Nursia«. Der Fall wurde ihm von dem ehrwürdigen Abt Stephanus, »der vor nicht langer Zeit hier in Rom gestorben ist«, erzählt. Dieser Priester von Nursia also hatte die Devise, »seine Frau wie eine Schwester zu lieben und vor ihr wie vor einem Feind zu fliehen«, sein Leben lang beispielhaft verwirklicht. Gregor berichtet: »Deshalb weigerte sich dieser Mann, sich von seiner Frau im Notwendigsten bedienen zu lassen, damit er nicht durch sie in Sünde falle.« Nachdem der Papst so des heiligen Mannes aus Nursia heroisches Maß an Heiligkeit gewürdigt hat, das die normale Vollkommenheit der Kleriker weit übersteigt, da diese sich sehr wohl von Frauen gern und vollkommen bedienen lassen und es eher ablehnen, sich auch einmal selbst zu bedienen, fährt er fort: »Dieser ehrwürdige Priester also wurde, nachdem er ein langes Leben hinter sich hatte, im vierzigsten Jahr nach der Priesterweihe heftig von einem Fieber ergriffen und kam dem Ende nahe. Als nun seine Frau bemerkte, wie die Glieder sich lösten und wie er sich streckte, als ob er tot wäre, da wollte sie sehen, ob noch ein Lebensatem in ihm sei, und hielt ihr Ohr an seine Nase.« Dies fühlte der Vorbildliche und rief: »Frau, geh weg von mir, ... willkommen, meine Herren, willkommen, meine Herren, ... ich komme, ich komme.« Damit war er eingegangen in den himmlischen Herrenklub der Zölibatäre. Gregor meint abschließend, die heiligen Apostel (natürlich sämtlich ohne ihre Frauen) seien diesem heiligen Priester von Nursia entgegengekommen, als er verschied.[10]

Infolge des westlichen Zölibatsrigorismus begann die Weltkirche auseinanderzubrechen. Der Bruch, der sich schon auf dem ersten allgemeinen Konzil von Nicäa (325) angebahnt hatte, vergrößerte sich beträchtlich auf dem Trullanum II, einer Synode im Jahr 691/692, die ihren Namen von »Trullos«, dem gewölbten Sitzungssaal im Kaiserpalast von Byzanz, hat. Für die orthodoxe Kirche hat diese Synode noch heute eine entscheidende Bedeutung und wird von ihr als das Siebte Allgemeine Konzil gezählt. Das Konzil war von Kaiser Justinian II. als Reichssynode einberufen worden. In der Zölibatsfrage stellte sich die Synode in Opposition gegen den Papst, teilweise suchte sie nach einem Kompromiß. Der Canon 13 lautet: »In der römischen Kirche müssen die, welche das Diakonat oder Priestertum erhalten wollen, versprechen, mit ihren Frauen keinen Umgang mehr zu haben. Wir aber gestatten ihnen gemäß den Apostolischen Canones (Nr. 6) die Fortsetzung der Ehe. Wer solche Ehen trennen will, soll abgesetzt, und der Kleriker, der unter dem Vorwand der Frömmigkeit seine Frau entläßt, exkommuniziert werden. Beharrt er darauf, so wird er abgesetzt.« Als Kompromißformel gegenüber Rom läßt sich Canon 48 deuten: »Wird jemand zum Bischof geweiht, so soll seine Frau in ein ziemlich entferntes Kloster gehen. Aber der Bischof muß für sie sorgen. Ist sie würdig, so kann sie auch Diakonissin werden.«

Man sieht, der Gedanke der Unreinheit des Ehevollzugs bzw. der Verunreinigung des Priesters durch die Ehe war auch in Byzanz lebendig, er hatte jedoch mildere Konsequenzen als bei den Päpsten. Und so ist es denn kein Wunder, daß Papst Sergius I. die vom Kaiser und 211 Patriarchen, Bischöfen oder bischöflichen Vertretern unterschriebenen Beschlüsse nicht unterschrieb. Er erklärte, er wolle lieber sterben. Es gab in der Folge erhebliche Verwicklungen, bis Papst Johannes VIII. (872–882) fast zwei Jahrhunderte später mit einer Gummiformel die Beschlüsse anerkannte: Er nehme alle jene Canones des Trullanum II an, welche »dem wahren Glauben, den guten Sitten und den Dekreten Roms nicht widersprechen«.[11] Er gab damit zu verstehen, daß in seinen Augen priesterlicher Ehevollzug allen dreien widersprach. Die orthodoxe Kirche gründet ihre Praxis in dieser Frage bis heute auf die Beschlüsse des Trullanum. Priester dürfen vor der Priesterweihe heiraten und nach der Priesterweihe verheiratet bleiben. Lediglich für die Bischöfe hat sich etwas geändert: Um die Abschiebung der Frauen zu vermeiden, werden nur Mönche zu Bischöfen ernannt.

Im Westen dagegen war die Entwicklung, wie auf der spanischen Synode von Elvira vorgezeichnet, weiterhin härter verlaufen. In Deutschland betrachtete Bonifatius († 754), der sogenannte Apostel der Deutschen, den Kampf gegen den verheirateten Klerus seiner Zeit als seine Hauptaufgabe. Mit welcher Härte der hl. Bonifatius seine Ziele verfolgte, zeigen die Strafen gegen »unzüchtige« Priester, Mönche und Nonnen, die er auf dem ersten deutschen Konzil, das er 742 einberief, verhängte. Ein schuldiger Priester soll »zwei Jahre im Kerker bleiben, vorher jedoch öffentlich gestäupt und gepeitscht werden, nachher mag der Bischof diese Strafe wiederholen lassen«. Mönche und Nonnen sollen »nach der dritten Prügelung in den Kerker gebracht werden und daselbst bis zum Ablauf eines Jahres Buße tun«. Zugleich sollen den Nonnen »alle Haare des Hauptes abgeschoren werden«.[12] Trotz der Härte kirchlichen Vorgehens scheint noch um das Jahr 1000 die Mehrzahl der Kleriker verheiratet gewesen zu sein.

Mit Papst Leo IX. († 1054) beginnt die sogenannte Gregorianische Reformbewegung, genannt nach dem Reformpapst Gregor VII. († 1085). Reformbewegungen in der katholischen Kirche bedeuteten neben der Stärkung der päpstlichen Macht immer vor allem: Zurückdrängung der Frauen und Einschärfung des Zölibats. Papst Leo IX. ließ auf einer römischen Synode die Frauen der Priester für den Lateranpalast versklaven.[13] Sein Legat Kardinal Humbert war es, der die Einheit mit dem Osten, in dem bis heute die Priester verheiratet sind, endgültig zerbrach. Es ist kein Zufall, daß die große Spaltung zwischen Ost- und Westkirche zur Zeit der Gregorianischen Reform erfolgte, denn die Frage der Priesterehe spielte eine entscheidende Rolle bei dieser Reform. Kardinal Humbert, der als päpstlicher Legat die päpstliche Delegation nach Byzanz leitete und am 16. Juli 1054 den Bannfluch über die Ostkirche aussprach, bezeichnete den Unterschied in diesem Punkt zwischen Rom und Byzanz so: »Junge Ehemänner, soeben von fleischlicher Lust erschöpft, dienen am Altar. Und unmittelbar danach umarmen sie mit ihren vom unbefleckten Leib Christi geheiligten Händen wieder ihre Frauen. Das ist nicht das Kennzeichen eines wahren Glaubens, sondern eine Erfindung Satans.« In der lateinischen Kirche werde nur der zum Priester geweiht, der Enthaltsamkeit verspreche, sagte der Kardinal.[14]

Patriarch Petros von Antiochien reagierte auf die Zölibatsvorschrift in der abendländischen Kirche mit Ironie. Die Lateiner hätten wohl die echten Urkunden des Konzils von Nicäa bei der Besetzung der Stadt Rom durch die Vandalen verloren. Auch er stellte sich vor den verheirateten Klerus seines Patriarchats.[15]

Ein anderer Vertreter der Gregorianischen Reform ist der Bußprediger und Frauengegner Petrus Damiani († 1072). Er meint, da Christus von einer Jungfrau abstamme, müsse er auch in der Eucharistiefeier von jungfräulichen Seelen bedient werden. Nur jungfräuliche Hände dürften den Leib des Herrn berühren.[16] Zu der nicht ins Konzept passenden Tatsache, daß Petrus, der erste Papst, verheiratet war, meint der fromme Zölibatseiferer: »Petrus hat den Schmutz der Ehe mit dem Blut seines Martertodes abgewaschen.«[17]

Der unerbittlichste Kämpfer für den Zölibat war Gregor VII. (1073–1085). Nach der kirchlichen Gesetzgebung seiner Zeit konnte ein Geistlicher zwar auch nach seiner Weihe eine gültige Ehe eingehen, er verlor aber sein kirchliches Amt. Diese Bestimmung blieb jedoch weithin bloße Theorie, viele Priester hatten Frau und Amt. In nicht wenigen Gegenden war dies allgemeine Praxis. In einem Brief an den Konstanzer Bischof Bernold machte Gregor deutlich, was die Priesterehe für ihn war, er nannte sie ein *crimen fornicationis*, ein Verbrechen der Unzucht. Er rief das Volk zum Boykott auf und verbot den Laien unter Strafe der Exkommunikation, an Messen oder überhaupt kirchlichen Funktionen verheirateter Priester teilzunehmen. Für ihn bedeutete Priesterehe Konkubinat.

Bei den betroffenen Geistlichen erntete Gregor offenen Widerspruch. Lambert von Hersfeld berichtet, nicht wenige hätten deshalb den Papst geradezu für einen Häretiker gehalten, der das Wort Christi (»nicht alle fassen es«) und das des Apostels (»wer sich nicht enthalten kann, mag heiraten«) vergessen habe. Er wolle die Menschen mit Gewalt zwingen, wie Engel zu leben. Und während er dem gewöhnlichen Gang der Natur entgegentrete, fördere er nur die Unzucht. Wenn er auf seiner Absicht beharre, so würden sie lieber das Priestertum als die Ehe aufgeben, und er möge dann sehen, woher er zum Kirchendienst Engel bekomme.[18] Und Sigebert von Gemblours schreibt: »Viele haben in dem Verbot, der Messe eines verheirateten Geistlichen beizuwohnen, einen offenen Widerspruch gesehen gegen die Lehre der Väter. Hieraus ist ein so großes Ärgernis entstanden, daß die Kirche nie durch ein größeres Schisma (Spaltung) gespalten worden ist. Die Enthaltsamkeit halten nur wenige.«[19]

Erzbischof Siegfried von Mainz ging nur sehr zögernd im Sinne des Papstes vor.[20] Er ermahnte seine Kleriker, »freiwillig« das zu tun, was sie doch tun müßten, nämlich entweder auf die Ehe oder das Priesteramt zu verzichten, und versicherte zugleich, daß er durch den Papst gezwungen wurde, so zu handeln. Die Empörung unter den Priestern war so groß, daß manche die Absetzung, einige sogar die Ermordung des Erzbischofs forderten, um seinen Nachfolger von ähnlichen Attentaten gegen die Ehen abzuschrecken. Der Erzbischof schickte Boten nach Rom mit der Bitte an den Papst, weniger rigoros zu sein. Doch sollte seine Bitte unerfüllt bleiben. Auf der Synode 1075 in Mainz erschien Bischof Heinrich von Chur als Bevollmächtigter des Papstes und befahl dem Erzbischof, seine Kleriker entweder zum Eheverzicht oder zum Amtsverzicht zu zwingen. Wieder war der wütende Protest so stark und die Lage für den Erzbischof so bedrohlich, daß er in dieser Angelegenheit nichts weiter unternahm. Ähnliche Proteste gab es in Passau gegen Bischof Altmann, der übrigens die Priesterehe ein »Laster« nannte, das der ewigen Strafe verfallen sei.[21] Es kam sogar zu tätlichen Angriffen gegen den Bischof.

Bischof Otto von Konstanz ist das genaue Gegenteil von dem, was der Papst befahl: Er erlaubte nicht nur den verheirateten Priestern die Beibehaltung ihrer Ehe, sondern er gestattete auch den unverheirateten Priestern zu heiraten. Der Papst schrieb eine Enzyklika, in der er alle Priester und Laien Deutschlands aufforderte, zölibatsunwilligen Bischöfen nicht mehr zu gehorchen. 1078 belegte der Papst einen Brief des hl. Ulrich von Augsburg, in dem sich dieser zugunsten der Priesterehe ausgesprochen hatte, mit dem Bann.[22]

Proteste gab es auch in anderen Ländern, so z. B. auf der Pariser Synode von 1074. Fast alle Bischöfe, Äbte und übrigen Kleriker waren hier der Auffassung, daß der Papst unrecht tue, und als Abt Galter von St. Martin bei Pontoise erklärte, die Herde müsse dem Hirten gehorchen, gab es einen Tumult. Die Priester bespuckten und schlugen den Abt und warfen ihn hinaus.[23] Auch Erzbischof Johann von Rouen, der 1074 eine Synode abhielt und die verheirateten Priester mit dem Bann bedrohte, wurde von diesen mit Steinwürfen aus der Kirche vertrieben. Unter seinem Nachfolger Goisfred von Rouen kam es während der Synode 1119 wegen der Zölibatsfrage zu Schlägereien in der Kirche.

Wie sehr die betroffenen Frauen die Leidtragenden waren, zeigen folgende Tatsachen: Schon 1089 hatte Papst Urban II., der Nachfolger Papst Gregors VII., auf der Synode zu Melfi bestimmt, wenn ein Subdiakon sich nicht von seiner Frau trennen will, »darf der Fürst seine Frau zur Sklavin nehmen«.[24] Erzbischof Manasse II. von Reims erlaubte 1099 dem Grafen von Flandern, die Frauen von Klerikern gefangenzusetzen.[25] Eine von dem berühmten Anselm von Canterbury veranstaltete Synode von London (1108), die den Zölibat mit aller Kraft durchzusetzen suchte, erklärte die Frauen der Priester zum Eigentum des Bischofs (Can. 10).

Um diese Zeit hatte sich in den Köpfen der Oberhirten die Vorstellung festgesetzt, daß eine Ehe von Priestern überhaupt ungültig sei, obwohl solche Vorstellung dem geltenden Kirchenrecht nicht entsprach. 1130 erklärt Papst Innozenz II. († 1143) auf der Synode von Clermont: »Da die Priester Tempel Gottes, Gefäße des Herrn und Heiligtümer des Hl. Geistes sein sollen, ... verstößt es gegen ihre Würde, daß sie in Ehebetten liegen und in Unreinheit leben.«[26] Aufgrund solcher Denkweise galten die Ehefrauen nur noch als »Konkubinen«, die rechtlos waren.

Den entscheidenden rechtlichen Schritt vollzog Innozenz II. auf dem zweiten Laterankonzil 1139. Hier wird die Priesterehe nicht mehr nur verboten, sondern es wird offiziell erklärt, daß die nach der Weihe geschlossenen Ehen ungültig seien, d. h., die Kirche sieht sie fortan einfach nicht mehr als Ehen an. Für sie ist ein Priester eheunfähig. Diejenigen, die nach der Weihe geheiratet hätten, müßten getrennt werden. Begründet wird das so: »Damit so sich die Gott wohlgefällige Reinheit unter den kirchlichen Personen und Weihegraden ausbreitet.« Ansonsten sind die Ehen unauflöslich in der katholischen Kirche, aber im Interesse der »Reinheit« der Priester werden hier gültige Ehen nachträglich für ungültig erklärt und die Ehepartner getrennt.

Seit 1139 wurden Verheiratete erst gar nicht mehr zum Priester geweiht, sofern der Kirche ihre Ehe bekannt war. Das allerdings war vor 1563 (Einführung der sogenannten Formpflicht bei der Eheschließung) nicht immer der Fall. Es gab also kirchenrechtlich gesehen bis 1563 noch gültig verheiratete Priester, sofern diese vorher heimlich geheiratet hatten. Die Frauen der Priester heißen aber nach kirchlicher Sprachregelung seit 1139 ohne Rücksicht auf das Kirchenrecht nur noch »Konkubinen« oder »Huren«, wie Papst Alexander III. († 1181), oder »Ehebrecherinnen«, wie Papst Innozenz III. († 1216) sie nennt. 1231 bestimmte die Provinzialsynode von Rouen, die Konkubinen der Priester vor versammelter Gemeinde im Gottesdienst zu scheren und mit einer empfindlichen Strafe zu belegen.

In Deutschland beauftragte 1227 Papst Gregor IX. den gefürchteten Conrad von Marburg, wirksame Maßnahmen zu ergreifen, damit die deutschen Geistlichen ihre Konkubinen entlassen. Conrad von Marburg, ermordet 1233, Beichtvater der hl. Elisabeth von Thüringen und seit 1227 »päpstlicher Inquisitor für ganz Deutschland«, Werkzeug des päpstlichen Zentralismus, Visitator (Kontrolleur) des Klerus, Sammler von Kreuzzugsgeldern und maßgeblicher Vorbereiter des Kreuzzugs von 1227, wurde Opfer des Widerstandes gegen die durch ihn eingeleitete erste große Ketzerverfolgung in Deutschland.

Noch jahrhundertelang protestierte der dänische Klerus gegen den Zölibatszwang. In Schweden begann seine Einführung erst im 13. Jahrhundert. In Italien wandte sich die Generalsynode von Melfi 1284 gegen die, die »als Minoristen [Kleriker minderer Weihegrade] heirateten und dann nach Empfang der höheren Weihen ihre Frauen nach griechischer Weise behalten«. In Spanien müht sich die Synode von Salamanca 1335, dem Verbot der Eheschließung für höhere Kleriker Nachdruck zu verleihen. Überhaupt zeigt die große Zahl der mittelalterlichen Synodenstimmen gegen die Priesterehen die starke Verbreitung derselben. Gegen das »Konkubinat« von Priestern wandten sich z. B. die Synoden von Saumur 1253, Albi 1254, Köln 1260, Wien 1267, Ofen 1279, Bourges 1280, St. Pölten 1284, Würzburg 1287, Grado 1296, Rouen 1299, Peñafiel (Spanien) 1302, Köln 1310, Bergamo 1311, Notre-Dame-du-Pré bei Rouen 1313, Bologna 1317, Valladolid 1322, Prag 1349, 1365 und 1381, Benevent 1378, Palencia 1388 usw. Die Aufzählung ließe sich ergänzen und fortführen.

Zu welcher Gefühllosigkeit man kirchlicherseits zur Durchsetzung des Zwangszölibats fähig war, zeigt eine Synode von Münster um 1280, die den Priestern verbot, an der Hochzeit oder der Beerdigung ihrer Kinder teilzunehmen (Can. 2). Dasselbe gilt für die mancherorts anzutreffende Bestimmung, daß die Priesterfrauen nicht kirchlich beerdigt werden durften, so z. B. durch die Synode von Valladolid 1322 (Can. 7). Gegenseitige Denunziation der Priester ordnete die Synode zu St. Pölten 1284 an.

Von den allgemeinen Schwierigkeiten, die zu dieser Zeit in Deutschland fortbestanden, gibt die Synode von Bremen 1266 unter dem päpstlichen (Clemens IV.) Legaten Kardinal Guido ein Zeugnis: »Die Subdiakone und höheren Kleriker, welche eine Beischläferin unter dem Titel Frau zu sich nehmen und sich faktisch mit ihr ehelich verbinden, sind auf immer aller kirchlichen Ämter beraubt. Die Sprößlinge solcher unerlaubten Verbindungen haben keinen Anspruch auf die Mobilien ihrer Väter, und was diese bei ihrem Tode hinterlassen, ist zwischen dem Bischof und der Stadt zu teilen. Die Söhne solcher Geistlichen sind für immer infam. Weil aber einige Prälaten die Unlauterkeit um Geld zulassen, so exkommunizieren und anathematisieren wir alle, Geistliche und Laien, Prälaten und Untergebene, welche solche Beischläfer öffentlich oder heimlich beschützen, ebenso jene, welche dazu helfen, daß dies Statut, das auf allen Diözesan- und Provinzialsynoden verlesen werden muß, nicht eingehalten wird. Jene aber, Kleriker und Laien, welche fortan ihre Töchter oder Schwestern an Kleriker der höheren Weihen vergeben, sei es zu einer vermeintlichen Ehe oder zum Konkubinat, sind vom Eintritt in die Kirche ausgeschlossen.«[27]

Die Widerstände gegen den Zölibat bleiben. Und langsam treiben die Ereignisse auf eine andersgeartete als die Gregorianische Reform zu: die Reformation. Unter dem Namen des Kaisers Sigismund machte sich auf dem Konzil von Basel (1435) eine Reformschrift (Reformatio Sigismundi) zum Fürsprecher derjenigen, die den Zölibat abschaffen wollten: Die Priester sollten so leben wie im Orient oder in Spanien, »wo die Priester Frauen haben«. Außerdem bestehe von Christus her kein Verbot der Priesterehe und habe zudem dieses Gesetz mehr schlechte als gute Früchte hervorgebracht.[28] Die Schrift setzte sich nicht durch.

Auf der anderen Seite hielten sich weiterhin viele Priester nicht an den Zölibat. Obwohl in Spanien keine anderen Kirchengesetze galten als sonstwo im Westen, scheint dort die Priesterehe praktisch etabliert gewesen zu sein. Der dritte General des Jesuitenordens beispielsweise, Francisco de Borgia (1510–1572), Urenkel des Papstes Alexander VI., verbrachte seine Kindheit im Bischofspalast zu Zaragoza, wo seine Großeltern, der Erzbischof Don Alonso von Aragón und die Edeldame Anna Urrea, ganz offiziell gemeinsam residierten. Und der baskische Pfarrer Pedro Lopez, Bruder des Ignatius von Loyola, des Begründers des Jesuitenordens, hinterließ bei seinem Tod 1529 vier Kinder. Damit fiel er nicht aus dem Rahmen.

Was die Priester in Deutschland betrifft, so stellt der Mainzer Kanonikus Karl von Bodmann 1525 eine »fast unglaubliche Zunahme der Zuchtlosigkeit bei dem deutschen Klerus seit der Verkündigung des neuen angeblichen Evangeliums« (Luthers) fest. Der Augustinermönch Luther hatte sich des Problems angenommen. Die Wirkung seiner Angriffe auf Zölibat und Mönchsgelübde war so ungeheuer, daß eine Heiratsbewegung den gesamten Klerus ergriff und auf die Mönche und Nonnen überging. Die ersten Reformatoren waren außer Melanchthon sämtlich Priester. Auch der berühmte Humanist und Priester Erasmus von Rotterdam († 1536), zweiter Sohn eines Priesters und einer Arzttochter, spricht sich dafür aus, »die Konkubinen in Ehefrauen umzuwandeln«.[29]

Als der päpstliche Nuntius Morone den Erzbischof Albrecht von Brandenburg 1542 auf die Dringlichkeit des Zölibats hinwies, sagte der Erzbischof: »Ich weiß, daß alle meine Priester Konkubinarier sind. Doch was soll ich dagegen tun? Wenn ich ihnen ihre Konkubinen verbiete, wollen sie entweder Ehefrauen oder werden Lutheraner.«[30] Da half auch nicht, daß Papst Paul IV. († 1559) den Künstler Daniele da Volterra beauftragte, den nackten Figuren auf Michelangelos Riesengemälde »Das Jüngste Gericht« in der Sixtinischen Kapelle Kleider aufzumalen. Der päpstliche Nuntius Commendone berichtet 1561 vom Hof des Herzogs von Kleve nach Rom, daß es nach den Worten des Herzogs in seinen Ländern »keine fünf Priester gebe, die nicht in öffentlichem Konkubinat lebten«.[31] Der Delegierte des Herzogs Albrecht von Bayern, Augustin Baumgartner, berichtet dem Konzil von Trient 1562, daß bei jüngsten Visitationen in Bayern »unter hundert Priestern kaum drei oder vier gefunden wurden, die nicht öffentlich im Konkubinat lebten oder schon heimlich oder in aller Öffentlichkeit die Ehe geschlossen hätten«. In dieser aufsehenerregenden Rede auf dem Konzil betont Baumgartner, daß die meisten protestantischen Provinzen Deutschlands Rom treu geblieben wären, wenn Rom in diesem nebensächlichen Punkt der Priesterehe Entgegenkommen gezeigt hätte.[32]

Aber das Konzil von Trient, bis heute wesentliche Grundlage katholischer Lehre, zeigte nicht nur nicht den Priesterehen Entgegenkommen, sondern erklärte schroff: »Wenn jemand sagt, es sei nicht besser und gottseliger, in der Jungfrauschaft oder Ehelosigkeit zu bleiben als zu heiraten, der sei im Banne.« Von den drei möglichen Maßeinteilungen – aber wer will hier überhaupt messen ohne Vermessenheit –, daß entweder die Ehe im Vergleich zur Ehelosigkeit vor Gott höherwertig sei oder daß Ehe und Ehelosigkeit gleichwertig seien oder daß schließlich die Ehelosigkeit vor Gott höher stehe als die Ehe, entschieden sich also die zölibatären Konzilsväter für die letzte. Das ist zu verstehen, denn sie meinen ja ihre eigene Höherwertigkeit und wollten diese durch einen Glaubenssatz fixieren. Aber wenn kein Verheirateter mehr die Vermutung äußern darf, Ehe und Ehelosigkeit seien vor Gott gleich, ohne in Bann getan zu werden, wird die zölibatäre Arroganz unerträglich.

Nach Beendigung des Konzils von Trient wandte sich Kaiser Ferdinand 1564 in einem Schreiben an mehrere Kardinäle und betonte, wenn die Möglichkeit der Priesterehe gegeben wäre, würden von denen, die zu den »Sektierern« (Lutheranern) überliefen, fast alle bei der katholischen Kirche bleiben.[33] Aber es änderte sich nichts. In zölibatären Augen ganz traurige Verhältnisse herrschten z. B. im Bistum Konstanz. Nuntius Bartholomäus von Portia schreibt 1576 an den Konstanzer Weihbischof, das Priesterkonkubinat gelte weder als Schande noch als Laster. Die Geistlichen scheuten sich überhaupt nicht, mit unreinen Herzen und von schändlichstem Lager besudelten Händen zum Altardienst zu gehen, um in Gegenwart der Engel den Heiligen Leib Christi zu berühren. Er könne an solche Frevel nicht lange denken, ohne in Tränen auszubrechen.[34]

Übertretungen des Zölibats wurden häufig mit Geldstrafen belegt. Der Bischof von Konstanz, Hugo von Landenberg, bezog, wie seine protestantischen Gegner behaupteten, 1521 für sein Bistum für die jährlich etwa 1500 zur Welt kommenden Pfaffenkinder an die 6000 Gulden Strafgelder.[35] Und so spielte die Frage der Priesterehe für die Ausbreitung der Reformation Luthers eine nicht geringe Rolle: Viele wurden Protestanten aus Sparsamkeit, wie z. B. der katholische Pfarrer Samuel Frick aus Maienfeld, der 1515 bis 1521 für seine sieben Kinder immer pünktlich seine Gebühren an den Bischof zahlte, bis er evangelisch wurde.[36] Das war für ihn wie für viele andere ein ökonomischer Gewinn. Ob einer evangelisch oder katholisch war, konnten die Visitatoren (kirchliche Kontrolleure) daraus schließen, ob ein Pfarrer das in seinem Haus befindliche weibliche Wesen als »uxor« (= Ehefrau) oder als »famula« (= Dienstmädchen) bezeichnete. »Uxor« oder »famula«, Ehefrau oder Putzfrau, wurden zu Stichwörtern konfessioneller Unterscheidung. Und in diesem Konfessionsbildungs- und Rollenfindungsprozeß bestand der ganze Unterschied zunächst manchmal nur darin, daß der eine seine Ehefrau als Putzfrau (katholischer Pfarrer) und der andere seine Putzfrau als Ehefrau (evangelischer Pfarrer) deklarierte. Und der katholische Vizekurat von Heerdt fand eine ökumenische Kombination und sagte den Visitatoren 1569 ins Gesicht, daß er ohne seine Haushälterin (famula) und seine vier Kinder seinen armseligen Bauernhof nicht betreiben könne.[37]

Aber es gab auch nach der Reformation noch viele katholische Priester, die sich als verheiratet betrachteten. Bischof Philipp von

Worms schrieb in einem Brief an den Dekan von Wimpfen 1598: Mit Ausnahme des Dekans seien »alle geistlichen Personen mit dem schändlichen, ärgerlichen Laster des Konkubinats behaftet«. Eine Visitation 1624/25 in Osnabrück ergab, daß der größte Teil des Klerus im Konkubinat lebte. Man ging jedoch wieder mit brutaler Gewalt dagegen vor. Die Synode von Osnabrück 1651 kündigt an: »Wir werden ... die Häuser der Verdächtigen bei Tag und Nacht visitieren und die schändlichen Personen öffentlich durch den Henker brandmarken lassen, und sollten die Obrigkeiten lässig oder nachlässig sein, so sollen sie von uns bestraft werden.«[38] Ebenfalls im 17. Jahrhundert ließ Erzbischof Ferdinand von Bayern die Priesterfrauen ins Gefängnis werfen oder außer Landes verweisen.[39] Der Bamberger Bischof Gottfried von Aschhausen wandte sich an die weltliche Gewalt, »damit sie in die Pfarrhöfe eindringe, die Konkubinen heraushole, öffentlich auspeitsche und in Haft setze«.[40]

Zu welchen Wirren die reformatorischen Auffassungen Luthers über Heirat von Priestern und Ordensleuten führten, sieht man für England, das sich infolge der Ehescheidungsaffäre Heinrichs VIII. von Rom gelöst hatte, am Beispiel der Augustinernonnen des Klosters Lacock, Das Kloster wurde im 13. Jahrhundert gegründet und 1539 als eines der letzten Klöster durch Heinrich VIII. aufgelöst. Das Kloster wurde an William Sherrington, Gentleman in der Hofhaltung Heinrichs VIII., verkauft und ist bis heute im Besitz dieser Familie. Die Augustinerchorfrauen wurden von Heinrich zunächst nach Hause geschickt. Doch Heinrich – hierin noch ganz in der katholischen Tradition verhaftet – bestand darauf, daß keine englische Nonne heiraten durfte. Von den neumodischen lutherischen Ideen aus Deutschland wollte er nichts wissen. Dann aber, unter seinem Sohn Eduard VI., wurde England entschiedener protestantisch. Die Nonnen durften heiraten, und viele taten das auch. Aber kurz darauf saß Mary, die Tochter Heinrichs aus seiner ersten Ehe mit Katharina von Aragón, auf dem Thron, und Mary war katholisch. Die Nonnen, die inzwischen geheiratet hatten, mußten nun hören, daß sie in Todsünde lebten. Man befahl ihnen, schnellstens ihre Nonnengewänder wieder anzulegen. Das war aber auch alles, was sie tun konnten. Denn selbst Königin Mary wollte es nicht gelingen, William Sherrington aus dem schönen Bau, für den er viel Geld bezahlt hatte, wieder herauszuholen. Dann kam schließlich als drittes Kind Heinrichs Elisabeth auf den Thron. Sie entschied, die Nonnen seien legal verheiratete Frauen. Wir wissen nur von einer Nonne, der es gelang, ihren Ehemann wiederzufinden und das Eheleben wiederaufzunehmen, das durch die Gegenreformation unterbrochen worden war.[41]

Aufklärung und Französische Revolution waren dem Zölibat nicht freundlich. Die Französische Revolution erklärte 1791, daß kein Mensch gehindert werden dürfe zu heiraten. Tausende französischer Priester schlossen die Ehe, darunter auch Bischof Talleyrand. Die Wiederbelebung des Zölibats in Frankreich ist Napoleon und seinem Konkordat mit Pius VII. im Jahre 1801 zu verdanken. Das 19. Jahrhundert sollte mit seinen Dogmen der Unbefleckten Empfängnis 1854 und der Unfehlbarkeit des Papstes 1870 neben einem papalistischen und mariologischen auch ein Jahrhundert des Zölibats werden. Im 20. Jahrhundert taten in Italien die Faschisten mit den Lateranverträgen und dem Konkordat zwischen dem Vatikan und der italienischen Regierung das Ihre zur Durchsetzung der kirchlichen Zölibatsidee. Im Konkordat von 1929 heißt es, daß Priester weder in staatlichen noch öffentlichen Dienst aufgenommen noch darin bleiben dürfen ohne Erlaubnis des zuständigen Bischofs. Damit war die Misere der verheirateten Priester programmiert.

Die Idee, daß der menschliche Leib etwas Negatives sei, von dem der Gott-Nahe sich befreien soll, hat auch in unserem Jahrhundert für die Zölibatäre bestimmende Bedeutung. In seinem Rundschreiben »Das katholische Priestertum« aus dem Jahr 1936 betont Pius XI: »Da Gott Geist ist, scheint es angebracht, daß ein jeder, der sich seinem Dienste widmet und weiht, sich auch in gewisser Weise von seinem Leibe freimache.«[42] Und in schöner Bescheidenheit meint er weiter: »Wenn jemand ein Amt hat, das in gewisser Hinsicht selbst jenes der reinsten Geister überragt, die vor dem Herrn stehen, ist es dann wohl nicht das richtige, daß er möglichst wie ein reiner Geist leben muß?«[43] Mit dem Willen, wie reine Geister zu leben, haben sich die Zölibatäre ihrer ersten und wichtigsten Aufgabe entledigt, nämlich als Menschen unter Menschen zu leben.

Paul VI. betete am 25. Oktober 1969 in der Basilika Maria Maggiore zu Maria: »Lehre uns das, was wir schon kennen und demütig und gläubig bekennen: rein zu sein, wie du bist; keusch zu sein, d. h. treu zu diesser gewaltigen und erhabenen Pflicht, die unser heiliger Zölibat ist; heute, da der Zölibat von so vielen diskutiert und von einigen nicht mehr verstanden wird.« Hier handelt es sich allerdings um einen Aufruf nur an die hl. Maria der römischen Westkirche, die auf der Seite der reinen und keuschen Zölibatäre im Kampf gegen einen unreinen und unkeuschen priesterlichen Ehestand steht. Einige Längengrade weiter östlich fehlt Maria wegen der dort seit alters her bestehenden Priesterehen das entsprechende Lehr- und Wirkungsfeld.

Daß auch heute der Zölibat bei den Betroffenen vielfach abgelehnt und folglich nur mehr oder weniger widerwillig gelebt oder ertragen wird, zeigen Umfragen, die 1974 bei Priesteramtskandidaten erhoben wurden. »52 Prozent der Kandidaten halten es für notwendig, daß die Zölibatsverpflichtung in Zukunft aufgehoben und dem einzelnen die Entscheidung überlassen wird. Ebendies halten außerdem noch 27 Prozent für erwägenswert, elf Prozent für nicht notwendig und nur neun Prozent für unvertretbar.«[44] Bei Priestern, jedenfalls bei den jüngeren, sind die Ergebnisse ähnlich: »In der Zölibatsfrage denken die Priesteramtskandidaten ganz ähnlich wie die jüngeren Priester.«[45]

So ist es verständlich, daß viele Priester dem Zölibat den Rücken kehren. Man liest von Schätzungen, die für die Bundesrepublik Zahlen bis zu 6000 nennen.[46] Für Italien werden 8000, für Frankreich ebenfalls 8000 und für die USA 17 000 genannt, worin die Frauen und Männer, die Orden angehörten, nicht einbezogen sind.[47] Weltweit wird von der 1984 in Bad Nauheim ins Leben gerufenen »Vereinigung katholischer Priester und ihrer Frauen« die Zahl 80 000 genannt. Das wären etwa 20 Prozent des gesamten Weltklerus. »Während der Amtszeit von Papst Paul VI. (1963–1978) wurden rund 32 000 Priester aus aller Welt laisiert, das heißt von ihrem Amt und damit von der Verpflichtung zur Ehelosigkeit entbunden. Seit Johannes Paul II. spricht der Vatikan so gut wie keine Laisierungen mehr aus. Von einem ›Laisierungs-Stau‹ in Rom ist die Rede. ... Derweilen liegen – inoffiziellen Zahlen zufolge – über 10 000 Anträge auf Eis.«[48] Gewiß wäre die Zahl derer, die den Zölibat aufgeben und heiraten wollen, noch größer, wenn nicht die Betroffenen nach dem Ausscheiden aus ihrem bisherigen Amt weit-hin vor dem beruflichen Nichts ständen, da ihnen weder Arbeitslosengeld oder -hilfe noch berufsfördernde Leistungen zuteil werden. Schon jetzt ergibt sich in einer Vielzahl von Fällen ein so schwerwiegendes Problem, daß sich der Petitionsausschuß des Deutschen Bundestages in dieser Angelegenheit an die Bundesregierung gewandt hat.

Es dürfte auf der Hand liegen, daß im Vergleich zu den verheirateten Priestern die Zahl der Priester, die, ohne zu heiraten, mit Frauen sexuelle Beziehungen haben, wesentlich höher liegt. Offenbar schätzen die Priester selbst sich untereinander auch gar nicht anders ein. »Eine unlängst vom ›Arbeitskreis Zölibat‹ in Auftrag gegebene Umfrage unter 1500 Priestern im Erzbistum Köln ergab, daß 76 Prozent aller Befragten der Meinung waren, viele Geistliche würden ohnehin mit einer Frau zusammenleben.«[49]

Damit ist der Zölibat zu einer Fiktion geworden, auch die päpstliche künstliche Beatmung wird den Patienten nicht retten. Die päpstlichen Rechtfertigungsversuche des Zölibats sind fragwürdig. Eine der dürftigsten Begründungen hat Papst Johannes Paul II. in einem Schreiben an alle Priester der Kirche zum Gründonnerstag 1979 geliefert: »Jene, die eine ›Laisierung‹ des priesterlichen Lebens fordern und deren verschiedene Ausdrucksformen begrüßen, werden uns ganz gewiß im Stich lassen, wenn wir der Versuchung erliegen. Wir würden dann aufhören, gefragt und populär zu sein.«[50] Wenn das der Sinn der zölibatären Lebensweise ist, »gefragt und populär zu sein«, mit anderen Worten: sich interessant zu machen, dann ist es an der Zeit, den Bankrott dieses Systems zu erklären.

Die Angst der Zölibatäre vor den Frauen

Jesus war ein Freund der Frauen, der erste und fast zugleich schon der letzte Freund der Frauen in der Kirche. Er erregte Aufsehen dadurch, daß er mit Frauen Umgang hatte und in seiner Umgebung »viele Frauen« waren (Lk 8,3), was für einen jüdischen Gesetzeslehrer, einen Rabbi, absolut unpassend und ohne Beispiel in der Zeitgeschichte war. Er hatte durchaus nicht nur zwölf Jünger, sondern viele Jüngerinnen, darunter Damen der Gesellschaft wie Johanna, die Frau eines hohen Beamten des Herodes. Man würde diese Frauen heute Emanzen nennen, weil sie die herkömmliche Rolle der Frau nicht akzeptierten, sondern im Gegenteil ihrerseits die Jesus-Gruppe »mit ihrem Vermögen« finanzierten (Lk 8,3).

Zu Jesu Zeiten war es im allgemeinen so: Schon wenn eine Frau mit einem Mann auf der Straße sprach, konnte sie von ihrem Mann ohne Auszahlung der Hochzeitsverschreibung – das entspricht etwa unserem Versorgungsausgleich – verstoßen werden. Und umgekehrt galt es als Schimpf für einen Gelehrtenschüler (= Jünger), erst recht für einen Rabbi, mit einer Frau auf der Straße zu sprechen. Diese Frauen um Jesus, seine Jüngerinnen, waren nicht passive Hörerinnen. Frauen waren die ersten, die Jesu Auferstehung verkündeten. Bei Lukas (24,9) heißt es: »Sie, die Frauen, verkündeten dies alles den Elf und allen übrigen.« Das ist keine bloß private Information, das für »verkündeten« verwendete griechische Wort *apaggellein* hat einen offiziellen Charakter. Jesu Unbefangenheit den Frauen gegenüber fiel sogar seinen eigenen Jüngern auf. Er bittet eine Samariterin am Brunnen, ihm zu trinken zu geben, und unterhält sich mit ihr, obwohl die Juden mit den Samaritern in Feindschaft lebten. »Und währenddem kamen seine Jünger, und sie verwunderten sich, daß er mit einer Frau sprach. Keiner jedoch sagte: Was willst du? oder: Was sprichst du mit ihr?« (Joh 4,27).

Die Nachfolger sind ihm in alledem nicht nachgefolgt. Aus Jesu Unbefangenheit gegenüber Frauen, aus der Achtung, die er ihnen erwies, entwickelte sich nach seinem Tod auf der Seite der amtlichen Männer der Kirche in ihrer Beziehung zu Frauen ein sonderbares Gemisch von verklemmter Furcht, Mißtrauen und Überheblichkeit. Ein poetisches Zeugnis frommer Distanz zu Frauen finden wir im zweiten pseudoclementinischen Brief »An die Jungfrauen«, der vermutlich im 3. Jahrhundert entstand, bis in die jüngste Neuzeit aber unter dem Namen Papst Clemens' I. (91–100) lief und darum für die geistliche Männerbildung von großer Bedeutung war: »Wir halten es mit Gottes Hilfe so: Mit Jungfrauen wohnen wir nicht und haben nichts mit ihnen gemein. Mit Jungfrauen essen und trinken wir nicht, und wo eine Jungfrau schläft, da schlafen wir nicht. Auch waschen Weiber nicht unsere Füße, noch salben sie uns. Auch schlafen wir durchaus nicht dort, wo eine gottgeweihte Jungfrau ist, ja, wir bleiben dort nicht einmal über Nacht« (Kap. 1). Und wo der Pseudo-Clemens doch über Nacht bleibt, »darf daselbst keine Frauensperson sein, weder ein Mädchen noch eine Verheiratete, weder eine Alte noch eine Gottgeweihte, weder eine christliche noch eine heidnische Magd, sondern nur Männer dürfen bei den Männern sein« (Kap. 2). Dieses Pseudo-Papstwort ist insbesondere deshalb kurios, weil sein Verfasser offenbar das Verlangen hat, Jesus an Keuschheit zu übertreffen. Zu deutlich sind seine Anspielungen auf die Szene mit der Sünderin, die die Füße Jesu mit ihren Tränen wusch und sie küßte und salbte. Der Autor hätte aus zölibatärer Reinheit niemals dergleichen an sich geduldet und bildet mit seinem eigenen Keuschheitsmaß und -muster einen Affront gegen Jesus, der mit Frauen aß und trank, mit ihnen sprach und keinen Anstoß daran nahm, in einem Haus zu schlafen, in dem auch Frauen schliefen.

Ein unbefangener Umgang mit Frauen ist den Zölibatären niemals gelungen. Ihr Stand und ihre Lebensform ist zu sehr in Abgrenzung und Gegensatz zu Ehe und Weiblichkeit gegründet, als daß sie nicht

Frauen immer als Verneinung und Bedrohung ihres zölibatären Daseins sehen müßten. Frauen erschienen ihnen dabei manchmal als die Personifizierung der Fallstricke des Teufels. Von ihrer Seite lauert auf dieser Erde die größte Gefahr. Chrysostomus machte das in seiner Schrift »Über das Priestertum« deutlich: »Gibt es doch in der Welt gar viele Gelegenheiten, welche die Gewissenhaftigkeit der Seele schwach werden lassen. Dazu gehört zuallererst der Umgang mit den Frauen. Der Vorsteher darf über der Fürsorge für das männliche Geschlecht das weibliche nicht vergessen, welches gerade wegen seiner leichten Geneigtheit zur Sünde einer größeren Sorgfalt bedarf. Bei dieser Gelegenheit kann der böse Feind viele Wege finden, um sich heimlich einzuschleichen. Denn das Auge des Weibes berührt und beunruhigt unsere Seele, und zwar nicht nur das Auge des zügellosen, sondern auch das des züchtigen Weibes.«[51] Es gelingt offenbar auch dem Zölibat nicht, Männer zu geschlechtslosen Wesen zu mutieren, so bleibt »das Auge des Weibes« eine dauernde Gefahr.
Eine maßgebende Bedeutung für die zölibatäre Beziehung zu Frauen hatte Augustinus. Dieser Heilige hat das christliche Frömmigkeitsideal geprägt wie kein anderer vor ihm und kein anderer nach ihm. Darum ist seine negative Haltung gegenüber Frauen besonders fatal. Es läßt sich schwerlich ein größerer Gegensatz denken, als wir ihn zwischen dem Verhalten Jesu und dem dieses großen Heiligen finden. Possidius, sein langjähriger Hausgenosse und Freund, berichtet von ihm: »Keine Frau setzte je einen Fuß in das Innere seines Hauses, niemals sprach er mit einer Frau ohne Beisein eines Dritten und außerhalb des Sprechzimmers. Sogar für seine eigene ältere Schwester und seine Nichten, alle drei Nonnen, machte er keine Ausnahme« (Vita 26). Solches Verhalten dürfte auf eine psychische Störung schließen lassen.

Frauen waren eine moralische Gefahr, die um so mehr wuchs, je strikter die Kirchenführung auf dem Zwang zur priesterlichen Ehelosigkeit bestand. Die Phobie vor Frauen, wie wir sie bei Augustinus antreffen, konnte so lange als eine skurrile Privatangelegenheit angesehen werden, wie solche pathologischen Verhaltensweisen in der Kirche nicht gesetzliche Folgerungen hatten. Aber sie hatten gesetzliche Folgen, die für viele Frauen eine massive Beeinträchtigung bedeuteten. Die Synode von Elvira verbot Geistlichen, ihre eigenen Töchter in ihrem Hause zu dulden, es sei denn, es handele sich um Jungfrauen, die Keuschheit gelobt hätten. Zahllose Synoden wandten sich gegen den Aufenthalt von nicht verwandten Frauen in Häusern von Klerikern, z. B. die 5. Synode von Orleans 549 (keine fremden Frauen im Haus, »und selbst verwandte Frauenspersonen dürfen nicht zu unpassender Stunde im Hause sein«[52]), Tours 567 (»nur Mutter, Schwester, Tochter« darf der Kleriker im Haus haben, »keine Nonne, keine Witwe, keine Magd«), Mâcon 581 (»nur Großmutter, Mutter, Schwester oder Nichte darf, wenn nötig, bei ihnen wohnen«), Toledo 633 (»Bei den Klerikern darf keine Frau wohnen außer Mutter, Schwester, Tochter, Tante«), Rom 743 (»Keine Frauen außer der eigenen Mutter oder nächste Verwandte«). Die 3. Synode von Toledo (589) bestimmt, daß alle Kleriker, die fremde Frauenspersonen in ihrer Wohnung haben, die Verdacht erregen, bestraft werden sollen, die Frauen aber sollen vom Bischof in die Sklaverei verkauft werden. Ähnlich eine Provinzialsynode von Sevilla (um 590), gemäß der die weltlichen Richter beauftragt wurden, die in Klerikerhäusern angetroffenen Frauen zu verkaufen. Die 4. Synode von Toledo (633) wiederholt den Befehl der 3.: Wenn Kleriker mit fremden Frauenspersonen Umgang haben, so werden letztere verkauft, sie selbst mit Buße belegt. Die Augsburger Synode 952 bestimmte, daß »verdächtige« Frauen in Häusern von Klerikern ausgepeitscht werden. Die Synoden von Sens 1269, Bourges 1286 und das deutsche Nationalkonzil in Würzburg 1287 verboten den Klerikern, Köchinnen zu haben.

Aber nicht nur fremde, d. h. nicht verwandte Frauen wurden in den Häusern der Kleriker verdächtigt, sondern sogar die nächstverwandten: Papst Gregor I. († 604) rät in einem Brief (Brief 60) den Bischöfen, nicht einmal mit Mutter oder Schwester zusammenzuwohnen. Die Synode von Nantes (658) berichtet von schlimmen Beziehungen von Priestern zu ihren Müttern oder anderen Verwandten, wenn sie erklärt: »Nicht einmal Mutter, Schwester und Tante darf der Geistliche bei sich im Hause haben, weil schon schreckliche Inzeste vorgekommen sind.« Daß nicht einmal Mutter und Schwester im Hause von Geistlichen wohnen durften, bestimmt auch die Reformsynode von Metz 888, und die Synode von Mainz im selben Jahr sagt im Artikel 10: »Kleriker dürfen durchaus keine Frauenspersonen im Hause haben, da sich einige sogar mit ihren eigenen Schwestern vergingen.« Solche Sätze lassen ahnen, wieviel Unglück wie vielen Menschen durch den unseligen Zölibatszwang widerfahren ist.

Zu der kirchlichen Versucherrolle der Frau passen auch folgende Bestimmungen: Wo sich ein Priester aufhält, dürfe kein Weib eintreten, so die Synode von Paris 846. Der Abt Regino von Prüm in der Eifel bestimmt 906 in seiner – vom Trierer Erzbischof Ratbod veranlaßten – Anweisung für die Kontrolle der Priester, es sei darauf zu achten, »ob der Priester neben der Kirche ein Kämmerlein« habe oder »ob verdächtige Türlein im Umkreis« seien.[53] Die Synode von Coyaca 1050, die von König Ferdinand I. veranstaltet wurde, erklärte, innerhalb des näheren Umkreises um die Kirche dürften keine Frauen wohnen. Dieselbe Synode verlangte, daß Frauen in Klerikerhäusern schwarz gekleidet zu sein hätten.

Die heilige Vorbildlichkeit des Augustinus hatte auch in der Neuzeit heilige Nachbilder. Von dem 1888 verstorbenen und 1934 heiliggesprochenen Don Bosco berichtet sein Biograph La Varende 1951: »Don Bosco war so keusch, er ließ sich nur von seiner Mutter bedienen.« So gesehen hat in bezug auf seine Mutter mancher Sohn Anlage zur Heiligkeit. Und Papst Johannes XXIII. schreibt 1895 (als Vierzehnjähriger) im gleichen Geist wie Augustinus in sein geistliches Tagebuch: »Zu jeder Zeit ... es vermeiden, mit Frauen – gleichgültig welchen Standes, Alters oder Verwandtschaftsgrades zu verkehren, zu spielen, zu scherzen.« 1897 schreibt er: »Frauen jeden Standes, auch wenn sie mit mir verwandt oder heiligmäßig sind, werde ich mit achtungsvoller Zurückhaltung begegnen und jede Vertraulichkeit, jedes Zusammensein und Gespräch mit ihnen meiden, vor allem, wenn sie jung sind. Ich werde auch nicht den Blick auf ihr Gesicht heften, eingedenk dessen, was uns der Heilige Geist lehrt: ›Betrachte eine Jungfrau nicht genau, damit du ihretwegen nicht in Strafe fällst.‹«[54] Der Papst hat natürlich die von ihm zitierte Stelle Jesus Sirach 9,5 völlig falsch verstanden. Gemeint ist nämlich, man soll kein Mädchen verführen, um nicht dem Vater Strafe zahlen und das Mädchen heiraten zu müssen.

Die Gefahr ist auch heute noch für die Zölibatäre weiblich, dem wird bei der priesterlichen Ausbildung Rechnung getragen. Auf welche Weise das geschieht, konnte man einer 1966 im WDR ausgestrahlten Sendung und dem danach erschienenen Buch gleichen Titels[55] entnehmen. Zahlreiche Stimmen von Priestern und Theologiestudenten kommen darin zu Wort, wenngleich bedauerlicherweise anonym. Aber die katholische Kirche ist keine Kirche, die das freie offene Wort kultiviert. Die Erziehung zum angstvollen Gehorsam von Klerikern ohne Rückgrat gegenüber ihren Herren wäre ein weiteres Kapitel priesterlicher Ausbildung. Nun, anonym wagten es doch einige, sich zu äußern: z. B. daß die Studenten im Konvikt ermahnt wurden, »nicht mit den Schwestern und Mädchen des Hauses zu sprechen«.[56] Ein Kaplan berichtet von dem »Verbot, die Mädchen zu grüßen, die die Flure putzten«.[57] Ein Pfarrer schreibt: »Auch wurde man tatsächlich in den Fragen des Zölibats fast ganz allein gelassen und als beste Verhaltensweise meist die Flucht vor der Frau angeraten.«[58] Ein Kaplan berichtet: »Priesterliche Lebensführung: Das Thema ›Zölibat‹ war tabu. Auf Anfrage beim Direktor, ob er nicht einmal die Hausstunden nutzen wollte, uns dazu etwas zu sagen statt zu den üblichen Themen (Rubriken, Hausordnung, Umgangsformen, Übersetzung lateinischer Hymnen aus dem Brevier), bekamen wir die Antwort: ›Was ist dazu schon zu sagen? Sie dürfen nicht heiraten, und damit ist alles gesagt.‹ Später sagte er dann doch etwas dazu: Man solle mit Frauen vorsichtig sein ... und: auch an geweihten Kerzen könne man sich die Finger verbrennen.«[59]

Bei der Einhaltung des gebührenden Abstandes von den Frauen kommt den Zölibatären das Bewußtsein ihrer eigenen geistigen Überlegenheit zu Hilfe. Wenn sie sich Frauen gegenüber einmal unvermutet zu Komplimenten herablassen, so geraten diese zu Formulierungen, deren Komik noch bestürzender sein kann als die der gewöhnlichen alltäglichen Mißachtung, so daß, was die klerikale Arroganz betrifft, die Geringschätzung der Frauen seitens der Zölibatäre von ihrer Hochschätzung noch übertroffen wird. Und hier ein Kompliment, das mir einmal ein Essener Bischof schrieb (11.5.64): »Ich freue mich, daß Sie als Frau und Mutter noch geistig so tätig sein können.«

DAVID RICE

in Nordirland geboren; in Clongowes von Jesuiten erzogen;
1958 Weihe zum Dominikanermönch; neben der Tätigkeit für seinen Orden arbeitete er als Journalist für mehrere Zeitungen in den USA; 1977 verließ er den Dominikanerorden, um zu heiraten.

Im deutschsprachigen Raum erschienen

1991 Kirche ohne Priester. Der Exodus der Geistlichen aus der katholischen Kirche

DAVID RICE

Die Brüder und die Amtskirche

»Jeder Mann tötet, was er liebt.«
OSCAR WILDE

»O harte Herzen! arge Männer Roms!«
WILLIAM SHAKESPEARE *(Julius Caesar)*

»Wenn die Kirche um Berufungen betet, habe ich das Gefühl, als würde Kain Gott um einen kleinen Bruder bitten.«
EIN US-AMERIKANISCHER PRIESTER

»Es ist leicht, für die Kirche zu leiden. Weit schwerer ist es, unter der Kirche zu leiden.«
GEORGES BERNANOS

»Könnt ihr uns vergeben?«
BISCHOF TOM COSTELLO (zu ehemaligen Priestern)

An einem Morgen des Jahres 1971 standen die Priester und Fratres des Dominikaner-Priorats von Tallaght im irischen Dublin um den Altar, um gemeinsam die Messe zu zelebrieren. Später an diesem Tag stand einer von ihnen rund 10 000 Kilometer entfernt vor einem anderen Altar und wartete auf seine Braut.

In dem Dubliner Kloster trat ein junger Priester vor, um die Fürbitte zu verlesen: »Laßt uns für David Rice beten, einst Mitglied dieser Gemeinde, der heute in Portland, Oregon, heiraten wird. Möge Gott ihn und seine Braut segnen und ihnen Glück bringen. O Herr, höre uns.« Und vor dem Altar antworteten 40 Stimmen: »O Herr, sei so gnädig, uns anzuhören.«

Einige Stunden später, als meine Hochzeit in der St. Andrew's Church von Portland begann, fiel mir ein Korb mit Blumen vor dem Altar auf. Auf einem Kärtchen las ich: »Von deinen Brüdern.«

Falls ich Euch Dominikaner je vergessen sollte, soll mir die rechte Hand abfallen.

Ich hatte das Glück, einer Gruppe aufgeklärter Männer anzugehören, Angehörigen eines weltweit tätigen religiösen Ordens, der alt und groß genug war, tolerant und sogar liebevoll zu handeln. Eine solche Güte und Fürsorge für Männer, die einen Orden verlassen, findet man bei weitem nicht überall. In einzelnen Diözesen sind sie noch seltener zu finden.

Diese Haltung ist jedoch verständlich. Priester leiden fast wie Verwandte, wenn ein Kollege geht, und durchlaufen einen ähnlichen Prozeß der Trauer.

Steve und Bertie waren Priester, und beide unterrichteten in einem irischen Internat, das für seine Rugby-Mannschaften berühmt war. Die beiden waren eng befreundet, gingen zweimal pro Woche zum Hunderennen, hockten dauernd zusammen und trainierten gemeinsam die Junior-Rugby-Mannschaft der Schule.

Eines Tages erklärte Bertie: »Steve, ich muß dir etwas sagen, ich gehe.«

»Wo schicken sie dich denn hin?« wollte Steve wissen.

»Man schickt mich nicht. Ich gehe, um zu heiraten«, lautete die Antwort.

Eine Pause. Dann sagte Steve: »Meinst du, daß ich den kleinen Murphy in dem Spiel am Mittwoch als Gedrängehalbspieler einsetzen sollte?«

Nachdem Bertie weg war, saß Steve eine volle Woche am Fenster und starrte auf die Wicklow-Berge. Er war unfähig, mit jemandem zu sprechen.

Die Trauer und Einsamkeit derer, die Priester bleiben, wenn andere gehen, ist eine der unzähligen Geschichten der heutigen Kirche. »Es ist so, als würde jemand sterben«, erklärt ein Priester. »Besonders, wenn man mit ihm befreundet ist. Sein Weggang hinterläßt eine Lücke. Und diese Lücken im Leben werden nie wirklich ausgefüllt. Jetzt, wo ich älter bin, werde ich mir dieser Lücken schmerzlich bewußt.«

Dieser Priester ist der Meinung, daß es in dem Herzen eines Mannes, der zurückbleibt, einen Aufruhr gibt. Er wird sich fragen, ob er auch gehen soll. Oder sich die Frage vorlegen: »Warum mußte er uns verlassen? Ist mit uns etwas nicht in Ordnung?« Viele Priester werden sich der Unvollkommenheit ihrer Kirche schmerzlich bewußt, wenn jemand geht.

In Zeiten wie diesen kann es manchmal ungeheure Reserven an Kraft und persönlichem Glauben erfordern, Priester zu bleiben, und es ist ein Wunder, daß so viele weitermachen. Ein Jesuit erklärte mir einmal, es gebe drei Stufen der Reaktion eines Priesters, wenn ein Kollege geht: »Erst bekommt man einen Schock – doch nicht der. Der würde nie gehen. Unmöglich. Dann leugnet man, daß es passiert ist – man macht weiter, als wäre nichts geschehen. Und schließlich wird es zu einem Tabuthema – man einigt sich stillschweigend darauf, über solche Priester nicht zu sprechen. Oder man erwähnt sie nur en passant: ›Heute habe ich an der Ampel den und den gesehen.‹ Antwort: ›Tatsächlich?‹ Und damit ist die Unterhaltung beendet.

Ich glaube«, fuhr dieser Priester fort, »daß solche Gemeinschaften eine regelrechte Trauerarbeit leisten müssen. Wir müssen uns zusammensetzen, alles offen aussprechen, was uns bewegt, und unsere Trauer bewältigen.«

Eine Trauerarbeit dieser Größenordnung kann Jahre erfordern, und es ist verständlich, daß einige Priester verletzt und feindselig bleiben. Die Feindseligkeit äußert sich auf mannigfache Weise: Es kann vorkommen, daß sich ein Priester auf der Kanzel abfällig über den ehemaligen Kollegen äußert, oder jahrelang eine kalte Gleichgültigkeit an den Tag legt.

Paradoxerweise zeigen diejenigen Kollegen das größte Verständnis und die größte Wärme, die selbst durch ihr Priesteramt und ihren Zölibat ausgefüllt sind oder aber eine Krise bewältigt haben, an der sie gewachsen sind.

Oft scheinen dies Männer zu sein, die aufrichtig nach Vergeistigung streben: Man findet unter ihnen oft Mitglieder von priesterlichen Gebetsgruppen wie etwa der Jesu Caritas. Hinzu kommt, daß sie sich mehr Gedanken um das Wohlergehen des Mannes machen, der gegegangen ist, als um die Auswirkungen seines Weggangs auf den Orden oder die Diözese. Die Amtskirche wird ohnehin weitermachen, scheinen sie mit ihrem Verhalten zu sagen, aber mein Freund Jim hier braucht jetzt sofort Hilfe und Unterstützung.

Ein Kurat (Pfarrassistent) in einer einsam gelegenen Pfarrgemeinde des County Cork in Irland war einmal »drauf und dran«, sein Amt zu verlassen, hatte aber niemanden, dem er sich anvertrauen konnte. Schließlich faßte er sich ein Herz und sprach mit seinem Gemeindepfarrer.

»Ich bat ihn, sich zu setzen, und erzählte ihm alles. Der alte Knabe dachte eine Weile nach und sagte dann: ›Ich habe etwas Geld auf die hohe Kante gelegt – Sie können es haben. Und vergessen Sie nicht, daß Sie in meinem Haus immer willkommen sein werden, Sie und jeder, den Sie mitbringen.‹ Das waren genau seine Worte. Mir war zumute, als hätte man mir ein neues Leben geschenkt. Es war eine der schönsten Erfahrungen meines Lebens.«

Ich bin gelegentlich Priestern begegnet, die wahre Samariter sind und von ihren verheirateten Brüdern hoch verehrt werden. Im texanischen Houston etwa spricht man voller Liebe über den verstorbenen Pater Bill Steele, der 16 Jahre lang, bis zu seinem Tode, regelmäßig seine alten Freunde und ihre Ehefrauen zum Essen in sein Pfarrhaus bat.

In Rio de Janeiro ist der US-amerikanische Laienbruder Ed Leising zur Legende geworden. In der Hilfsorganisation FASE, die er 1964 gegründet hat, bietet er sowohl Erziehungs- wie Sozialprogramme und hat seit der Gründung 120 ehemaligen Priestern Arbeit vermittelt. Einige davon sind inzwischen in andere Berufe abgewandert, während manche bei der FASE geblieben sind. »Wir würden eine Todsünde begehen«, sagte mir Leising unverblümt, »wenn wir uns die Talente dieser Männer nicht zunutze machten. 95 Prozent von ihnen haben den tiefsten christlichen Glauben ohne eine Spur von Zweifel. Wir sind Erzieher, und ich brauche Leute, die sich in Fragen des Glaubens mit anderen verständigen können.«

Vereinzelt gibt es auch Bischöfe, die für ihre verheirateten Priester wahre Brüder sind. Als Augustin und Anne Marie Joseph von Haiti zu einem internationalen Treffen verheirateter Priester nach Rom flogen, wurde ihre Reise von haitianischen Bischöfen bezahlt. Gerald Mahon, Weihbischof von Westminster, bezahlte die Reise für ein englisches Ehepaar.

Erzbischof Pat Flores von San Antonio hat es sich zur Aufgabe gemacht, zwischen den verheirateten und den zölibatären Priestern seiner immer noch leidenden Diözese Frieden zu stiften. »Ich möchte ein Freund derer sein, die auch schon vor ihrem Weggang meine Freunde gewesen sind«, sagte er mir in einem Interview. »Ich werde sie nicht aussperren oder ihnen meine Liebe oder mein Herz vorenthalten, obwohl ich ihnen leider keine Teilnahme am liturgischen Gottesdienst anbieten kann.«

Es gibt noch einige weitere Bischöfe, die alles in ihren Kräften Stehende tun, aber wie Nikodemus können sie sich nur nachts hervorwagen. Sie bewegen sich in einem kafkaesken Klima der Furcht, das man selbst kennenlernen muß, um es überhaupt für möglich zu halten. Bei meinen Reisen bin ich immer wieder gebeten worden: »Bitte veröffentlichen Sie das nicht« oder: »Nennen Sie meinen Namen nicht.« Ich bekam dann etwa zu hören: »Sehen Sie doch, was sie mit

Hunthausen gemacht haben« (dem Erzbischof von Seattle, den der Vatikan öffentlich seiner Funktionen enthob, weil er unter anderem ehemaligen Priestern gegenüber eine verständnisvolle Haltung an den Tag legte).

Am 2. Februar 1988 war ich mit Kardinal Arns in São Paulo zu einem Gespräch verabredet. Ich wurde ihm in der Halle des großen alten Hauses vorgestellt, in dem die Diözesanverwaltung untergebracht ist. Dies sei ein Journalist aus Europa, erklärte der Priester, der mich vorstellte. »Ah, wie schön. Seien Sie willkommen«, sagte der Kardinal. Ich bekam einen herzlichen Händedruck. »Er möchte mit Ihnen über verheiratete Priester sprechen«, wurde Arns schließlich aufgeklärt.

Arns erstarrte. »Kommt überhaupt nicht in Frage«, bellte er. »Zu diesem Thema gebe ich keine Interviews.« Damit verschwand er in ein angrenzendes Zimmer, wo er sich über einen Arbeitstisch beugte und dann vorsichtig hochblickte, um zu sehen, ob ich schon gegangen war. Mir kam plötzlich das bedrängte weiße Kaninchen in *Alice im Wunderland* in den Sinn.

Arns ist jedoch alles andere als ein Kaninchen und hat sich in der Vergangenheit als couragierter und hartnäckiger Befürworter der Pristerehe hervorgetan. Mir wurde jedoch erklärt, daß er im Augenblick vom Vatikan sorgfältig beobachtet werde. Ein falscher Schritt, und man könne ihn nach Rom zitieren und ihm irgendein unbedeutendes Amt übertragen, was ihm jeder weiteren Möglichkeit beraube, etwas für sein geliebtes Brasilien zu tun. »Und für Leute wie Sie wird er das nicht aufs Spiel setzen«, erklärten mir die Brasilianer liebenswürdig.

In der Frage ausgeschiedener und verheirateter Priester findet man diese Furcht auf allen Stufen der Hierarchie der römisch-katholischen Kirche. An der Spitze äußert sie sich als Angst vor dem Verlust des Amts oder vor einer Beförderungssperre; in Afrika etwa ist es die Furcht, die finanzielle Unterstützung Roms zu verlieren; und am Boden der Pyramide ist es die Angst vor Entlassung, Obdachlosigkeit und Not, mitunter sogar vor dem Tod durch Selbstmord. Und diese Ängste sind durchaus begründet, wie das folgende belegen wird.

Die Angst der afrikanischen Kirche, die finanzielle Unterstützung des Vatikans zu verlieren, wurde in einer Ansprache, die Patrice Kalilombe, der Bischof von Malawi, in London hielt, mehr als deutlich:

> »Soviel ich weiß, hat es Momente gegeben, in denen afrikanische Kirchenführer den Wunsch hatten, die ganze Frage des Priester-

Zölibats einer Neubewertung zu unterziehen. Man hat ihnen aber in unmißverständlicher Weise klargemacht, dies zu unterlassen. Da die Führer der afrikanischen Kirche nicht die Absicht haben, sich als rebellische Mitglieder der Kirche hervorzutun, haben sie einfach aufgehört, über diese Frage zu sprechen. Sie haben nur zu gut verstanden, welches Risiko sie eingehen würden, wenn sie hier Ungehorsam zeigten. Die Konsequenzen würden selbst in praktischer Hinsicht viel zu ernst sein. Unsere Hilflosigkeit infolge unserer Abhängigkeit von den Kirchenoberen ist selbst in Haushalts- und sogar Überlebensfragen so groß, daß es reiner Selbstmord wäre, die Hände zu beißen, die uns füttern.«[1]

Todesangst vertreibt die Liebe

Als ich mit den Vorarbeiten zu diesem Bericht begann, ging ich davon aus, dabei einer Reihe von Geschichten über die Hilfsbereitschaft gnädiger Kirchenoberen erzählen zu können, die keinen Bruder im Stich ließen, der in Not war, wie ich es selbst bei den Dominikanern erlebt hatte, die sich in mancherlei Hinsicht so liebevoll zu mir verhalten hatten. Statt dessen mußte ich entdecken, daß man um so mehr Gleichgültigkeit und manchmal sogar Grausamkeit findet, je tiefer man in die Amtskirche eindringt und je höher man an die Spitze der Kirchenpyramide kommt. Ich mußte mich entscheiden, ob ich nur die Sonnenseite der Kirche zeigen oder erzählen wollte, was ich tatsächlich gesehen hatte.

Institutionen können sich seltsam verhalten, wenn sie das Bedürfnis verspüren, sich zu schützen, und die katholische Kirche, die schließlich aus Menschen besteht, ist da keine Ausnahme. Aber angesichts ihres Auftrages, Gottes Wort zu verbreiten, müssen einige der Dinge, die sie tut, schon sehr seltsam erscheinen.

Es gibt ein Wort, das für jeden Iren unvergeßlich ist, ein Wort, das selbst jemandem, der nicht mehr in Irland lebt, sondern nur irischer Abstammung ist, kalte Schauer über den Rücken jagt. Dieses Wort ist »Zwangsräumung«. Es weckt Bilder von einer ärmlichen Familie, die in der Kälte auf der Straße kauert; von Gerichtsvollziehern, die eine Tür aufbrechen, weil ein brutaler Hauswirt befohlen hat, die armselige, reetgedeckte Hütte zu zerstören; Bilder von behelmten Polizeibeamten, die eine erregte Menschenmenge zurückhalten, oder das Bild von einem arroganten Gerichtsvollzieher, der mit dem Räumungsbefehl in der Hand zu Pferde erscheint.

Diese sich jahrhundertelang wiederholenden Szenen wurden am 11. Dezember 1981 in Templeogue noch einmal zum Leben erweckt. Diesmal waren nur einige Dinge anders: Die zusehenden Menschen trugen Bluejeans und hatten zum Schutz vor dem Regen Schirme in der Hand, und die Polizei trug Mützen statt Helmen. Es handelte sich auch nicht um eine Hütte mit Strohdach, sondern um ein Vorstadt-Reihenhaus. Fernsehkameras waren auf die Eingangstür gerichtet. Der hohe Verwaltungsbeamte, der seinem Mercedes entstieg, trug einen eleganten Anzug und Krawatte.

Es gab jedoch noch zwei weitere Unterschiede: Der Mann, der im Haus auf die Zwangsräumung wartete, trug einen schwarzen Anzug und einen Priesterkragen; und der Hauswirt, der den Räumungsbefehl erwirkt hatte, war Seine Gnaden, der Erzbischof Dermot Ryan, Erzbischof von Dublin und Primas der katholischen Kirche Irlands.

Der Priester war der in Mayo geborene Pater Michael Keane, er sollte aus seinem Pfarrhaus geworfen werden, weil der Erzbischof ihn vom Dienst suspendiert und die Zwangsräumung beantragt hatte. Ein Sprecher der Dubliner Erzdiözese erklärte mir, der Erzbischof »habe sich die Entscheidung, die Räumung zu erwirken, sehr schwer gemacht« und vier Jahre damit gewartet. Was die Menschen Irlands jedoch so schockierte, war die Tatsache, daß sich ein Erzbischof überhaupt dazu entscheiden konnte, einen Priester aus seinem Haus zu werfen, daß die Mutter Kirche dies einem ihrer Kinder, einem ihrer Priester antat, welche Gründe es dafür auch geben mochte. In der Zeitung *Western People* schrieb ein noch aktiver Priester:

> »Wie steht es mit all den Theorien, die wir über Gemeinschaft und Liebe und Brüderlichkeit zu hören bekommen? Was ist mit all den Predigten, die man uns über Versöhnlichkeit und christliche Versöhnungsbereitschaft hält? Und was ist mit dem Bibelzitat, in dem es heißt, wir sollten die andere Wange hinhalten, noch eine Meile weiterlaufen und unser letztes Hemd hergeben? Oder gilt das, was gepredigt wird, nicht auch für die Prediger? Das fragen sich jedenfalls die Menschen. Hat die Disziplinierung des Klerus in unserer Kirche einen solchen Vorrang, daß sie es vorzieht, ein bürgerliches Gericht anzurufen, statt im Geist des Evangeliums der Liebe zu handeln, wie Christus gepredigt hat?«[2]

Die Antwort scheint in manchen Fällen ja zu lauten. Im Jahre 1969 zelebrierten zwei Priester in Cleveland, Ohio, eine unautorisierte Protestmesse, bei der sie eine Erklärung über Rassismus, Armut und

Krieg verlesen wollten. Die Diözesanverwaltung, bei der auch ein Polizeikaplan tätig war, bekam Wind davon. Einer der beiden Priester erzählte mir, was dann folgte: »Als wir beim Offertorium angelangt waren, hatte man schon alle Leute außer einem Paar aus der Kirche entfernt, und der Altarraum war von etwa 40 Polizisten umstellt. Dann war es Zeit für die Kommunion. Wir mußten dem Paar, das noch da war, die Kommunion geben. Dabei mußten wir uns durch die Polizisten hindurchdrängen: Es kam zu einem Gerangel, und die Hostie flog zu Boden. Die Polizisten zerrten mich hinaus, schubsten mich in meinem vollen Ornat in die grüne Minna und fuhren davon.«

Dieser Priester arbeitet heute als Laienprediger in Seattle; der zweite wurde später wieder als Priester derselben Diözese eingesetzt.

Die Weißen Morde

In Italien spricht man von den »Weißen Morden« der Kirche. Es war der Priester und Journalist Gianni Gennari, der diesen Begriff prägte, um damit die Grausamkeit und Gleichgültigkeit der italienischen Kirche gegenüber ausgeschiedenen Priestern und Nonnen zu beschreiben.

In einem Artikel der Tageszeitung *Paese Sera* druckte Gennari den Brief einer Nonne ab, die ihr Kloster nach 25 Jahren verlassen hatte. Sie hatte in all diesen Jahren in der Schule des Konvents unterrichtet, erhielt jetzt aber keine Pension. Ihr Brief lautet wie folgt:

> »Vierzehn Jahre bin ich auf den Straßen der Stadt umhergeirrt, stets auf der Suche nach Wohnung und Arbeit; neun Wohnungswechsel; vier Jahre ohne jede Arbeit und völlig verzweifelt. Vor ein paar Tagen habe ich mich den Oberen zu Füßen geworfen und um eine Arbeit in der Schule des Instituts gebeten, da mir keine andere Wahl blieb. Man erklärte mir, eine ehemalige Schwester könne nicht mehr unterrichten ... Ich habe Hunger ... Ich habe auch in einer anderen Einrichtung der Kirche um Hilfe gebeten, wurde aber abgewiesen. Soll ich so weiterleben und am Ende völlig verzweifelt sterben?«[3]

In demselben Artikel erzählt Gennari von einer anderen Nonne, die ihr Kloster verließ und als Prostituierte auf den Straßen von Florenz landete. Gennari kennt ihren Namen und den Namen des Priesters, der sie fand und rettete.

Gennari schreibt von Menschen, die nach zehn Jahren ihr Leben in der Kirche beendeten, »denen man 500.000 Lire in die Hand drückte und *arrivederci'* sagte«. 500.000 Lire – das sind etwa 700 DM. In den letzten 20 Jahren, sagte Gennari, sei es Tausenden von Nonnen und Priestern so ergangen, »ohne soziale Garantien und ohne jede Würde, von allen vergessen, von ihren Brüdern und Schwestern und all denen, mit denen sie Jahre ihres Lebens verbracht haben, mißtrauisch betrachtet und behandelt, als wären sie nur halbe Männer oder Frauen, als wären sie Würmer und nicht Menschen.

Außer Gott und der Freundschaft derer, die jenes schreckliche Gesetz ablehnen, dem zufolge die Amtskirche mehr gilt als die Menschen, der gute Name mehr als das Evangelium und der Schein mehr als das Sein, ist ihnen nichts geblieben. Sie sind sich selbst überlassen, aus dem Gedächtnis ausradiert, die Freunde sind weg, so daß man voller Zorn sagen kann, ›Siehe, welch ein Schicksal dich erwartet, wenn du nicht treu bist‹.«[4]

Diese Behandlung komme einem Mord gleich, sagt Gennari. Es seien die Weißen Morde der Kirche.

Eine solche Praxis hat eine lange Tradition. Giustino Zampini, heute ein sehr alter Mann, der in Genua lebt, wurde vor mehr als 50 Jahren gezwungen, als Landstreicher zu leben und mit seiner jungen Frau in Hauseingängen und unter Brücken zu schlafen, nachdem er seinem Priesteramt den Rücken gekehrt hatte.

Denjenigen, denen man einen »Fehltritt« vorwarf, brachte die Kirche nicht nur Gleichgültigkeit entgegen: Manchmal wurden diese Männer bewußt verfolgt und durch die Kirchenoberen ihrer Arbeit beraubt, selbst wenn sie beim Staat beschäftigt waren. Das 1929 geschlossene Konkordat zwischen dem Vatikan und dem italienischen Staat enthält beispielsweise den Artikel 5, der besagt:

> »Kein Geistlicher darf ohne das *nihil obstat* (Genehmigung) des Bischofs seiner Diözese ein Amt des italienischen Staates oder eine Arbeit im öffentlichen Dienst oder einer vom Staat abhängigen öffentlichen Körperschaft annehmen oder darin verbleiben. Der Widerruf des *nihil obstat* entzieht dem Geistlichen die Berechtigung, eine solche Beschäftigung fortzusetzen oder im Amt zu bleiben. In keinem Fall dürfen abtrünnige Priester oder solche, die getadelt worden sind, eine Stellung als Lehrer annehmen oder darin verbleiben, ebensowenig in einem Amt oder in einem Dienst, in dem sie direkten Kontakt mit der Öffentlichkeit haben.«[5]

Von dem Moment an, in dem das Konkordat unterzeichnet war, konnte ein Bischof vom italienischen Staat verlangen, daß ein »abtrünniger« Priester aus dem Staatsdienst entfernt wurde. Er konnte es und tat es auch.

Der Fall Buonaiuti

Ein tragischer Fall ist der des Ernesto Buonaiuti, den man den »am meisten exkommunizierten Mann in der Geschichte der Kirche« genannt hat. Er wurde zu Anfang des Jahrhunderts des »Modernismus« beschuldigt und von Job zu Job gehetzt.[6]

1906 wurde er im Alter von 25 Jahren von seinem Posten als Lektor für Kirchengeschichte am päpstlichen Priesterseminar in Rom entfernt, nachdem die Zeitschrift *Civiltà Cattolica* seine Lehren angegriffen hatte. Von da an bestand sein Leben aus einer langen Reihe von Verfolgungen. Er wurde verdächtigt, verhört, bedroht, verdammt. Er betete jedoch auch weiterhin und trug Priesterkleidung, obwohl er später mehrmals exkommuniziert wurde.

1915 sicherte sich Buonaiuti eine Stellung, in der er sich vor dem langen Arm des Vatikans sicher wähnte – er wurde Professor für Religionslehre an der Universität Rom. Ein Jahr später jedoch, als es den Anschein hatte, er könne an den Folgen einer Operation sterben, wurde er von Kardinal Gasparri im Krankenhaus besucht. Dieser bot ihm die heilige Kommunion unter der Bedingung an, daß er seine Stellung an der Universität aufgebe.

Als Buonaiuti dies ablehnte, verweigerte ihm der Kardinal die Kommunion.

Im Jahr 1926 wurde er für *excommunicatus vitandus* erklärt (auf Lebenszeit exkommuniziert). Dies war nicht nur eine Exkommunikation, sondern ein offizieller Boykott der Kirche. Katholiken sind in einem solchen Fall verpflichtet, einen derartig exkommunizierten Menschen zu meiden, und zwar um jeden Preis, sie dürfen nicht einmal berufliche oder gesellschaftliche Kontakte zu ihm unterhalten.

Konkret bedeutete dies, daß kein Katholik Buonaiutis Vorlesungen besuchen durfte, was die Universität dazu zwang, ihm die Lehrerlaubnis zu entziehen. Die Universitätsverwaltung ließ ihn anschließend als Lektor arbeiten.

Dann wurde 1929 zwischen Mussolinis Italien und dem Vatikan das Konkordat unterzeichnet. Es enthielt nicht nur den bereits zitierten Artikel 5, sondern auch den Artikel 29, wie maßgeschneidert für einen Mann, der darauf bestand, weiterhin Priesterkragen und kirchliche Kleidung zu tragen.

»Art. 29 (i). Das Tragen von Priester- und Ordenshabit durch Laien, Welt- oder Ordensgeistliche, denen die Kirchenbehörden dies ausdrücklich verboten haben (wovon die italienische Regierung offiziell informiert wurde), ist verboten und wird mit den gleichen Sanktionen und Strafen belegt, mit denen das unberechtigte Tragen militärischer Uniformen verboten und unter Strafe gestellt wird.«[7]

Kurz darauf empfing Pius XI. den Parteisekretär der Faschisten. Eine Woche darauf wurde Buonaiuti zu einem Minister der Regierung zitiert, der sich ausdrücklich auf das Gespräch des Parteisekretärs mit dem Papst berief und Buonaiuti befahl, keine klerikale Kleidung mehr zu tragen: »Herr Professor«, sagte er, »Sie kennen Artikel 29 des Konkordats. Er sieht vor, daß die Regierung gegen jeden vorgehen kann, der in der Zeit der Exkommunikation kirchliche Gewänder trägt. Wenn Sie dieser Vorschrift nicht Folge leisten, wird sich die Regierung gezwungen sehen, gegen Sie vorzugehen.«

Im Jahr darauf wurde Buonaiuti seinen Posten bei der Universität los, und zwar mit der Begründung, er habe sich geweigert, einen Treueid auf den Faschismus zu leisten.

Ernesto Buonaiuti starb am Ostersonnabend 1946 und wurde ohne jede religiöse Zeremonie beigesetzt. Schon Jahre zuvor hatte er geschrieben, der Gedanke, die Kirche zu verlassen, erfülle ihn »mit namenloser Angst«, da ihn dies »in die Dumpfheit einer Laienwelt« stürzen würde, »der jede geistliche Festigkeit und jeder christliche Idealismus fehlt«.

Selbst nach all seinen Exkommunikationen und Suspensionen betete er jeden Tag zusammen mit seiner Mutter den Rosenkranz, bis diese starb, ihretwegen verließ er auch jeden Morgen das Haus, als begäbe er sich in die Kirche, um die Messe zu zelebrieren.

Das Konkordat von 1929 ist vor kurzem durch ein neues ersetzt worden, aber alte Gewohnheiten sind zählebig. Im letzten Jahr wurde ich von Don la Bella, dem Gemeindepfarrer von Sciacca auf Sizilien, in ein Café am Ort geführt, das von einem verheirateten Priester geleitet wird. »Nachdem der Priester die Diözese verlassen hatte, um zu heiraten«, sagte la Bella, »fragte er den Bischof, ob er in der Schule des Orts die christliche Lehre unterrichten dürfe. Der Bischof befragte seine Priester. Ich war sehr dafür, die anderen nicht. Folglich bekam er den Job nicht. Die Familie seiner Frau besaß dieses Café. Und jetzt arbeitet er hier.«

Rosario Mocciaro, ein verheirateter Priester in Rom, erzählte mir: »Es gibt in Italien immer noch viele Fälle, in denen verheiratete Priester keine Arbeit als Religionslehrer finden. Und das selbst unter dem neuen Konkordat, das wir inzwischen haben. Dabei ist dieser Beruf für viele ehemalige Priester die einzige Möglichkeit, sich ihren Lebensunterhalt zu verdienen. Vor allem dann, wenn sie es nach ihrem Weggang nicht schaffen, einen Dispens zu erhalten, werden sie als Religionslehrer sofort entlassen. Ein Dispens ist jedoch praktisch unmöglich zu bekommen.«

Mocciaro erzählte mir, daß selbst Religionslehrer an staatlichen Schulen meist immer noch von den jeweiligen Bischöfen am Ort ernannt würden, so daß ausgeschiedene und verheiratete Priester hier die gleichen bekannten Probleme hätten.

Pater John McHugh war Pfarrer im texanischen Corpus Christi, wo er in den sechziger und frühen siebziger Jahren arbeitete. »Er galt als einer der besten Priester der Diözese – man sagte, er habe das Zeug zum Bischof«, erinnerte sich ein Kollege. »Als er 1973 sein Amt aufgab, schlug die Nachricht bei allen Priestern wie eine Bombe ein, weil er so hervorragende Arbeit geleistet hatte.«

Der Rest der Geschichte findet sich in einem Brief, den mir John McHugh vor kurzem schrieb:

> »Am 1. März 1973 begann ich für Oscar Soliz zu arbeiten, den Bezirksrichter von Nueces County. Dies war zwei Monate, nachdem ich die Sacred Heart Church verlassen hatte. Einen Monat lang hatte ich in San Antonio eine Arbeit gesucht, jedoch vergeblich.
> Anfang April erhielt ich einen Anruf ... ich wurde gebeten, Bischof Drury aufzusuchen ... Er bot mir an, mich zum ersten Pfarrer seiner neuen Missionsstation in Arteaga in Südamerika zu machen. Ich habe das Angebot natürlich abgelehnt.
> Einige Zeit darauf erhielt mein Chef Besuch von einem prominenten Mitglied einer katholischen Laienorganisation. Dieser Mann forderte von Oscar, mich zu entlassen, da meine Anwesenheit im Gericht für die Katholiken der Diözese von Corpus Christi eine Quelle der Entrüstung sei. Wir wissen nicht, ob er als Vertreter des Bischofs erschien, aber Oscar hatte das Gefühl, daß er nicht aus eigenem Antrieb handelte ... Oscar erklärte, er habe keinerlei Probleme mit meiner Arbeit ...

Ich möchte an dieser Stelle betonen, daß ich beim Klerus der Diözese immer große Unterstützung gefunden habe, und bis zum heutigen Tag kann ich fast alle Priester zu meinen Freunden zählen. Das war vor allem in den drei Jahren hilfreich, in denen ich auf den Dispens warten mußte.

Es gab noch einen Zwischenfall, der mir viel Kopfzerbrechen bereitete. Nachdem ich mein Amt aufgegeben hatte und schon bei Gericht arbeitete, gingen Del und ich an einem Wochentag einmal zur Abendmesse in die St. Joseph's Church. Der Pfarrer (ich erinnere mich nicht einmal mehr an seinen Namen) verweigerte Del und mir öffentlich die Teilnahme an der Kommunion. Er stand nur da und befahl uns weiterzugehen, da er uns die Kommunion nicht geben könne.«[8]

16 Jahre später arbeitet John McHugh noch immer mit Oscar Soliz am Bezirksgericht von Nueces County in Texas zusammen. Er wird nach wie vor in Corpus Christi von jedermann respektiert, und seine Arbeit für die mexikanischen Amerikaner wird hoch geschätzt und geachtet.

In den Niederlanden ersuchte Kardinal Simonis die Universität von Utrecht, sieben Professoren zu entlassen, die verheiratete Priester waren. Drei von ihnen haben inzwischen aus eigenem Antrieb aufgegeben.[9]

Im brasilianischen Fortaleza befahl der päpstliche Nuntius Kardinal Lorscheider, drei Professoren an dessen Priesterseminar aus dem gleichen Grund zu entlassen. Einer von ihnen hat mir erzählt, was dort passiert war: »Kardinal Lorscheider erwiderte, wenn ihm der Nuntius drei neue Lehrer zur Verfügung stellen könne, werde er dessen Forderung erfüllen. Sonst werde er die Professoren behalten und die gesamte Verantwortung übernehmen!« Die drei sind immer noch da.[10]

Der verheiratete Priester Francis McNutt, heute ein geachteter Vertreter des christlichen Heilungsamts, wurde bei einer Konferenz an der amerikanischen Westküste von der Rednerliste gestrichen, nachdem ein Bischof Einspruch erhoben hatte. Bei einem Heilungs- und Gebetsseminar rief ein anderer Bischof Kirchenobere an und drohte, die finanzielle Unterstützung einzustellen, falls McNutt in dem Programm bleibe.[11]

Ein Priester aus Sri Lanka schreibt: »Mir sind Fälle bekannt, in denen sich potentielle Arbeitgeber bei Kirchenoberen über einen Expriester erkundigten, die sich tatsächlich abträglich über ihn äußerten. Ich freue mich sagen zu können, daß andere Bischöfe und Kirchenobere einen etwas mitfühlenderen Standpunkt einnehmen.«[12]

John Dubay, verheirateter Priester und Familienpsychotherapeut in Binghampton im Staat New York, hat jahrelang mit ehemaligen Priestern gearbeitet. In einem Brief spricht er von seiner Sorge »um jene Männer, die bei ihrer Abkehr vom aktiven Priesteramt ehrlich waren oder zumindest ehrlich zu sein versuchten und dafür von ihren Mitklerikern auf monströse, unchristliche und unmenschliche Weise behandelt wurden«:

> »Die Bandbreite der Geschichte streift das Absurde, wenn wir von den üblen Methoden erfahren, die von Gottesmännern gegen diese abtrünnigen Priester angewandt worden sind. Man hat mir von nächtlichen Telefonanrufen des Diözesanbüros in Privatwohnungen berichtet. Andere haben erzählt, daß auf mögliche Arbeitgeber Druck ausgeübt worden sei, vermutlich in der Hoffnung, daß der Betreffende wieder ins aktive Priesteramt zurückkehren würde, falls er im Beruf keinen Erfolg habe. Manche Bischofsämter haben Zeugniskopien zurückgehalten. Dies führte bei manchen zu großen Schwierigkeiten bei ihrer Weiterbildung oder bei dem Versuch, eine Anstellung zu finden oder auch nur die Einstellungsvoraussetzungen zu erfüllen. Als ein Bischof von einem verheirateten Priester um diese Unterlagen gebeten wurde, der sie brauchte, um seine Ehefrau und vier Kinder zu ernähren, ließ der Würdenträger antworten, dies sei nicht das Problem der Kirche; der Priester hätte sich schon darum kümmern müssen, als er sein Amt aufgab. Verheiratete Priester haben darüber berichtet, daß man auf ihre Familien mit Anrufen Druck ausübte, um so die Beziehungen zu ihren Partnern zu gefährden, die in der Übergangsphase von besonderer Wichtigkeit sind.
>
> Einige Priester, die nach ihrem Ausscheiden katholische Colleges besuchten, mußten oft die Erfahrung machen, daß von Bischöfen und anderen Kirchenoberen auf das College Druck ausgeübt wurde, um ihre Anwesenheit am College zu beenden. Einige leitende Vertreter der Colleges blieben jedoch standhaft, und bei denen bedanken wir uns. Andere fielen um. Und von denen wiederum haben sich einige später für diesen Moment der Schwäche entschuldigt und sich versöhnungsbereit gezeigt.
>
> Vor fünf Jahren stand ein Bischof bei einer Versammlung verheira-

teter Priester auf. Er bat darum, man möge der Kirche vergeben und ihr nachsehen, wie sie die Männer behandelt habe, die ihr einst gedient und es dann vorgezogen hätten, ihr Priesteramt aufzugeben. Diese Offenheit, diese Demut und die Courage bewegten mich tief.«[13]

Obwohl die ehemaligen Priester in den sechziger und siebziger Jahren, also in den beiden Jahrzehnten nach dem Zweiten Vatikanischen Konzil, nicht sehr christlich behandelt wurden, war die Zeit vor dem Konzil noch weit schlimmer. Pater Paul Winninger schrieb 1963 in einem Bericht für die Bischöfe des Konzils:

»Die Situation dieser Unglücklichen ist schrecklich ... Es ist uns gelungen, sie mit einem Mythos zu umgeben, als wären sie Aussätzige ... Sie selbst scheinen vor Entsetzen wie gelähmt zu sein und vergraben sich in Schweigen. Sie lehnen es sogar ab, sich selbst zu verteidigen.
Hat denn kein Konzilvater das Herz, sich zu ihrem Anwalt zu machen? Ihr Fehlverhalten verdient keine solche Strafe, und dieses Urteil ist der Kirche nicht würdig. Keine Mutter würde eine solche Strafe aussprechen. Sie gilt heute als brutale Reaktion, vergleichbar der von Eltern, die mit ihrem Kind nichts mehr zu tun haben wollen, einer ledigen Mutter etwa, die sie ›entehrt‹ habe. Vertrauenerweckende Stimmen wollen uns versichern, daß die Kirche schwer und kummervoll an der Last dieser ›gefallenen Priester‹ trage. Das ist nicht wahr, denn sie exkommuniziert sie ...
In Ländern wie Italien und Spanien etwa, in denen das bürgerliche Recht nur die kirchliche Eheschließung getaufter Personen als rechtsgültig anerkennt, wird die Ungerechtigkeit auf die Spitze getrieben: Diese Priester können nicht einmal eine zivilrechtliche Ehe eingehen. Sie werden ihrer religiösen Rechte beraubt und aus der Kirche ausgeschlossen, verlieren aber gleichzeitig grundlegende bürgerliche Rechte und werden mit Frauen und Kindern von der Gesellschaft geächtet.
Sie entsprechen genau der Definition des berühmten Unberührbaren: des Paria. Tatsächlich ist das einzige Exemplar des Paria in der westlichen Zivilisation ein katholisches Erzeugnis, nämlich der Priester.
Gibt es einen internationalen Gerichtshof, vor dem die Menschenrechte eingeklagt werden können? Wenn ja, könnten diese Priester ihr Recht dort einklagen.«[14]

Bei aktiven Priestern wird streng darauf geachtet, daß sie nicht aus der Reihe tanzen, und diejenigen, die ihr Amt aufgeben, werden seitens der Amtskirche mit harter Hand bestraft. Manchmal läßt sich schwer feststellen, ob diese Behandlung nur das Ergebnis von Gleichgültigkeit ist, und das Unvermögen zeigt, weltliche Dinge zu begreifen, oder ob finanzielle Sanktionen ganz bewußt eingesetzt werden.

Bei meinen Nachforschungen habe ich zahlreiche Fälle kennengelernt: etwa den englischen Priester und Lehrer, der vor seinem Ausscheiden seinem Superior sein letztes Gehalt zurückgab. Dieser nahm es auch tatsächlich an und gab ihm für den Start ins neue Leben ganze 25 Pfund zurück. Ich weiß von irischen Priestern, die sich mit ihren Kleidern am Leib und 20 Pfund in der Tasche auf einem Schiff nach England wiederfanden. Das Geld war ein »Abschiedsgeschenk« der Kirche. Irgendeine Berufsausbildung besaßen diese Männer nicht.

In Portland im US-Staat Oregon ließ sich Pater Gerald Linahen wegen seiner angeschlagenen Gesundheit mit 61 Jahren pensionieren. Drei Jahre später wurde er in den Laienstand zurückversetzt und heiratete. Als er im Februar 1988 starb, sagte ein Priester in der Grabrede, daß »Gerry sich strikt an die Vorschriften hielt. Er wartete, bis man ihn in den Laienstand zurückversetzt hatte, und heiratete erst dann.« Den Rest der Geschichte erfahren wir in einem Brief von Bob Beh aus Portland:

> »Eines wurde in der Grabrede nicht erwähnt, nämlich daß er nach der Zurückversetzung in den Laienstand seine Krankenversicherung verlor, die irgend jemand gekündigt hatte. Seine Frau nahm sich einen Anwalt und drohte, (den neuen) Erzbischof Levada zu verklagen, so daß Levada ihm von da an 100 Dollar pro Monat schickte. Seine Krankenversicherung wurde jedoch nicht erneuert, er starb mit einer Menge unbezahlter Arztrechnungen in relativer Armut.«[15]

Gerald Linahens Frau hat mir diese Tatsachen bestätigt.[16]

Mehrere Priester haben mir gesagt, was sie in erster Linie daran hindert, ihr Amt aufzugeben, sei die Angst, ihre Pension und ihre Krankenversicherung zu verlieren. Einer von ihnen drückt es so aus: »Wenn man erst mal pensioniert ist, hat man seine Rente. Wenn man heiratet, ist man sie los. Falls ich der Kirche 75 Jahre lang treu gedient habe, bin ich dann 90 oder 100 Jahre alt. Und wenn ich dann heirate – streichen sie mir die Rente. Sie werden sagen: ›Alter Knabe, wie kannst du es wagen, uns so im Stich zu lassen!‹«

Das Kuh-Syndrom

Eine der beschämendsten kirchlichen Verhaltensweisen, denen ich je begegnet bin, ist das, was ich »das Kuh-Syndrom« nenne. Es trifft sowohl Frauen wie Männer. Als ich noch ein sehr junger Priester war, dem der Zölibat sehr zu schaffen machte, verriet mir ein älterer Priester eine alte Weisheit: »Merk dir eins, junger Freund, wenn du ein Glas Milch willst, brauchst du nicht die ganze verdammte Kuh zu kaufen.«

Eine solche Einstellung kann das persönliche Leben eines Priesters vergiften. Wird sie zu einem Teil der offiziellen – oder vielmehr inoffiziellen – Kirchenpolitik, vergiftet sie die Kirche selbst. Wird diese Einstellung zur offiziellen Doktrin, läuft sie darauf hinaus, daß die Kirche von einem Priester verlangen kann, daß er Frau und Kinder verläßt. Ich zitiere aus dem Brief eines US-Bischofs an einen seiner Priester, der »sich verirrt« hatte.[17]

> »Lieber ...,
> Ich habe mit großem Kummer von Ihrer Entscheidung erfahren, das Priesteramt zu verlassen und es mit einer Ehe zu versuchen. Als Ihr Bischof bin ich verpflichtet, Sie davon in Kenntnis zu setzen, daß Sie gegen die Kanones der Kirche verstoßen haben, die Ihr Leben als Priester regeln. Sie haben gegen die Kanones 2388, 188, 132 Nr. 1 sowie 1072 verstoßen und werden daher, da Sie eine Ehe eingegangen sind, jetzt *latae sententiae* exkommuniziert.
> Falls Sie nach Erhalt dieses Schreibens, gründlichem Nachdenken über seinen Inhalt und ausreichendem Beten um Erleuchtung den Wunsch haben sollten, in das Priesteramt zurückzukehren, müssen Sie Ihre Frau und Ihre Kinder verlassen, falls Sie welche haben, sich scheiden lassen und Buße tun. Nach einiger Zeit werden wir beim Heiligen Stuhl Ihre Wiedereinsetzung in den geistlichen Stand beantragen.
> Mit den besten Wünschen
> Bischof von ...«

Im Süden der USA nannte man mir den Namen eines 52jährigen Priesters aus einer bestimmten Diözese. »Er lernte irgendwann eine Frau kennen«, erzählte mir ein anderer Priester. »Sie verliebten sich, und er beschloß, sein Priesteramt aufzugeben. Sie gab ihren Job auf und zog aus ihrem Haus aus, verließ die Stadt, in der sie lebte, um ihn zu heiraten. Sie war schon zweimal verwitwet und eine sehr liebenswerte Person. Wie auch immer: Er konnte keine Arbeit finden und wollte wieder zurück in sein Priesteramt. Er ließ sich zivilrechtlich mit allen Konsequenzen scheiden. Man kann sich vorstellen, daß die Frau am Boden zerstört war. Dann gab ihm unser Bischof eine Pfarrgemeinde.«

Auf meinem Schreibtisch liegt die Fotokopie eines Briefs vom 12. April 1983. Absender ist der Generalvikar des Erzbischofs von Köln, Empfänger Dr. Heinz-Jürgen Vogels, ein verheirateter Priester aus Bonn. Das Schreiben setzt Dr. Vogels davon in Kenntnis, daß Kardinal Ratzinger im Namen des Vatikan entschieden habe, daß er seine Pflichten als Priester nie wieder aufnehmen, aber als Laie in die Kirche zurückkehren könne:

> »... daß Sie in die Gemeinschaft der Kirche wieder aufgenommen werden können, jedoch nur mit den Rechten eines Laien. Dies bedeutet für den Fall, daß Sie eine Dispens von den Weiheverpflichtungen nicht anstreben, daß Sie die eheliche Lebensgemeinschaft mit Ihrer Frau auflösen müssen, da Sie nur zivilrechtlich, aber ohne Dispens und entgegen den Normen des kirchlichen Rechts geheiratet haben.
> Wenn Sie zu dem Entschluß kommen, in eindeutiger Form, was die Bereitschaft zum Verzicht auf die priesterlichen Rechte und Vollmachten einschließen muß, um Dispens von den Weiheverpflichtungen zu bitten, wird die Glaubenskongregation Ihr Gesuch dem Heiligen Vater zur Dispensgewährung empfehlen.«[18]

Das bedeutet, daß Vogels die Versöhnung mit der Kirche nur um den Preis haben konnte, daß er sowohl auf sein Priesteramt wie auf seine Frau verzichtete. Und tragischerweise geschah genau das. Vogels verzehrte sich so sehr nach Frieden mit seiner Kirche, daß er tat, was der Vatikan verlangte. Er ließ sich von seiner Frau scheiden.

Jetzt lebt er zwar immer noch mit ihr zusammen, aber in »geschiedenem Personenstand«.

Der Vatikan hat kein Recht zu verlangen, daß Vogels seine Frau verläßt. Die frühere Ehe der Ehefrau war schon von einem katholischen Kirchengericht annulliert worden, so daß sie für die Ehe mit Vogels keinerlei Hindernis darstellte.

Ich habe vor kurzem ein paar Tage bei Heinz und seiner Frau gewohnt und in ihnen zwei intensiv betende Christen kennengelernt. Beide leiden aber unter der fast byzantinisch zu nennenden Grausamkeit der Kirche. Heinz hat seinen Lektorenposten bei der Kirche nie zurückerhalten – er hatte bis zu seiner Exkommunikation an einer historisch-kritischen Gesamtausgabe der Werke Alberts des Großen mitgearbeitet. Noch im Februar 1989 traf Vogels in Rom mit Kardinal Ratzinger zusammen, der ihm versprach, sich für seine Wiedereinstellung einzusetzen. Im April 1989 erhielt Vogels jedoch einen Brief des neuen Kölner Kardinals Meisner, in dem ihm mitgeteilt wurde, es gebe keinerlei Möglichkeit, ihn in seinen früheren Stand einzusetzen. Statt dessen wurde er gebeten, sich an sein ursprüngliches Zölibatsgelübde zu halten. Dieser begabte deutsche Theologe ist noch heute arbeitslos.

Frank, Anfang 30, war Priester in einer Diözese im Südwesten der Vereinigten Staaten. Vor etwa drei Jahren schwängerte er ein Mädchen, was er dann auch seinem Bischof mitteilte. »Der Bischof hatte jedoch«, wie sich Frank erinnerte, »nur die Sorge: daß niemand etwas erfährt. Er sagte, ›geben Sie das Kind zur Adoption frei‹. Er war der Meinung, das sei die beste Lösung. Ich hatte das Gefühl, daß ihm die ganze Angelegenheit nur unangenehm war.

Nachdem Jimmy geboren war, wollte er, daß ich mich von Margaret fernhalte. Ich wollte mit ihm über meine Verantwortung sprechen, aber er wollte nichts davon hören.«

Als das Kind 18 Monate alt war, war Frank überzeugt, bei Mutter und Kind bleiben zu müssen. Er schrieb einen Brief, in dem er seiner Pfarrgemeinde in dürren Worten mitteilte, daß er gehe. Aber alle wollten wissen, warum. Folglich schrieb er einen zweiten Brief, in dem er eingestand, was geschehen war, und erklärte, er habe das Gefühl, heiraten und dem Kind ein Vater sein zu sollen. 50 Ehepaare der Gemeinde organisierten eine große Party für das Paar, wie sie bei Geburten oder Hochzeiten veranstaltet werden, und stifteten viele Geschenke für das Baby. Frank erhielt dann von seinem Bischof den folgenden Brief:

> »Ich habe soeben Kopien Ihres Briefs an Ihre Pfarrgemeinde erhalten, den Sie kurz vor Ihrem Ausscheiden geschrieben haben. Es ist wirklich sehr unangenehm, daß Sie meinten, einen zweiten Brief schreiben zu müssen. Mir tun die Leute der Gemeinde leid ... Ich kann kaum glauben, daß Sie den Leuten Ihre persönliche Situation vorgetragen, ja sie sogar mit der Nase darauf gestoßen haben ... Sie scheinen von Ihrem Gewissen und Ihrem gesunden Menschenverstand völlig verlassen zu sein. Ihr Bruder in Christo ...«[19]

Während ich in Franks Küche diesen Brief las, kletterte sein kleiner Junge, der jetzt ein flachshaariger Zweijähriger mit dem verschmitzten Gesicht eines kleinen Trolls ist, auf meinem Schoß herum. Sein junger Vater, der von der Sozialhilfe lebt, wusch gerade das Geschirr ab. Die Mutter schlief im Nebenzimmer, da sie Nachtdienst hatte.

Let my people go

Für Priester, die der Amtskirche den Rücken kehren, ist der seltsame Vorgang, der unter dem Begriff »Laisierung« bekannt war und heute häufiger »Dispens« genannt wird, eine Quelle stets neuen Leidens. Der Begriff bedeutet, kurz gesagt, die offizielle vatikanische Erlaubnis, das Priesteramt aufzugeben. Kirchenfunktionäre haben ihm jedoch oft eine weit umfassendere Bedeutung gegeben: Man hat den Vorgang auch »Zurückversetzung in den Laienstand« genannt. Wie kann ein Mann jedoch derart degradiert werden, wenn er einmal »zu einem Priester ewiglich« gesalbt worden ist? Überdies fordert dieses Dokument der Laisierung, daß dieser »Laie« bei Lebensgefahr für einen anderen Menschen das Sakrament der Versöhnung spenden muß, was nur ein Priester tun darf.

Dies ist jedoch keineswegs die einzige Kuriosität jenes seltsamen Vorganges. Der Journalist Gianni Gennari veröffentlichte 1984 in einer italienischen Zeitung »einen Weihnachtsbrief an den Papst«, in dem er ihm vorwarf, es gegenüber Priestern, die heiraten, gleich in dreifacher Hinsicht an Fairneß fehlen zu lassen. »Erstens«, erklärte Gennari dem Papst, »erlauben Sie Priestern keine Eheschließung ohne den Dispens, das Amt zu verlassen. Dann verweigern Sie jedoch diesen Dispens. Und drittens, nachdem Sie den Dispens verweigert haben, beleidigen Sie die Priester noch, indem Sie sagen, sie lebten in ungesetzlichen Beziehungen.«[20]

»Vergogna«, schrie der verheiratete sizilianische Priester Antonio Corsello, als er mit mir hoch über Linguaglossa auf den schwarzen vulkanischen Abhängen des Ätna wanderte. »Ich sage *vergogna,* Schande! Schande über den Papst für das, was er uns verheirateten Priestern angetan hat. Der Papst hat die Christenpflicht, Menschen von ihrer Sünde zu befreien. Indem er aber verheirateten Priestern den Dispens verweigert, zwingt er diese Männer geradezu in einen Zustand der Sünde. Und dabei beläßt er es dann. Christus ist erschienen, uns zu erlösen, und dieser Mann zwingt die Menschen in die Sünde. Wo bleibt da die Christlichkeit ... Wenn der Papst Priester in ihrer Sünde beläßt, in einem Zustand geistlichen Todes,

schäme ich mich zutiefst. Schande über ihn, Schande, Schande, *vergogna!*«

Das schwarze Magmageröll, das unter unseren Schuhen knirschte, und der Rauch, der aus dem Krater des Ätna aufstieg, schienen mir eine angemessene Untermalung dieser Äußerung zu sein.

Der Vorsitzende der brasilianischen Bischofskonferenz, Dom Luciano Mendes, erklärte einer Versammlung verheirateter Priester Brasiliens im Mai 1987, alles hänge davon ab, wer in Rom für die Anträge auf Dispens verantwortlich sei. Wenn die Anfrage auf einem bestimmten Schreibtisch lande, komme die Angelegenheit schneller voran; ein anderer Schreibtisch, und die Sache komme kaum von der Stelle. Es sei also nicht überraschend, bemerkte er, daß die Ergebnisse oft völlig unerwartet ausfielen.[21]

Aber stimmt es denn tatsächlich, daß der jetzige Papst alle Hoffnung auf Dispens praktisch zunichte gemacht hat? Ist es zu Einschränkungen der früheren Praxis gekommen?

Jim Cantwell, Pressesprecher der Dubliner Erzdiözese, bejaht die Frage. »Unter Papst Paul VI. wurden Dispense fast routinemäßig erteilt«, sagte er. »Eine Analyse der Situation würde jedoch ergeben, daß in manchen Fällen jemand eine Ehe eingegangen war, die er nicht aufrechterhalten konnte, oder daß er nach einiger Zeit den Wunsch äußerte, ins Priesteramt zurückzukehren. Deshalb ist es jetzt zu Einschränkungen gekommen.«[22]

Ich bin auf der ganzen Welt kaum einem Priester begegnet, ob noch aktiv oder ausgeschieden, der diese Erklärung akzeptiert hätte. »Die Praxis des Dispenses treibt die Priester geradezu aufs Standesamt«, erklärt ein Priester. »Sie hält sie nicht im Amt. Und wenn sie es tut, ist es noch schlimmer. Falls ein Mann nur deshalb Priester bleibt, weil er keinen Dispens bekommt, wird er sich wie ein Tier in der Falle fühlen. Welchen Nutzen hat er dann noch als Priester?«

Als der Papst von einer Gruppe US-amerikanischer Bischöfe gebeten wurde, den Vorgang des Dispenses zu beschleunigen, entgegnete er: »Ich habe es nicht eilig. Sie haben uns verlassen und nicht etwa umgekehrt.«[23]

Der Papst hat es tatsächlich nicht eilig. Ein verheirateter Priester hat es einmal geschafft, so weit in die Vatikanhierarchie vorzudringen, daß er in Kardinal Ratzingers Abteilung einen Kirchenfunktionär sprechen konnte. Dieser blonde, junge deutsche Kleriker erklärte ihm, ein Dispens sei höchst unwahrscheinlich, »es sei denn, Sie lägen auf dem Totenbett«.[24]

Der Antrag auf Laisierung ist für den Antragsteller beleidigend und demütigend. Wenn der Antrag Erfolg haben soll, muß man sich entweder selbst für verrückt erklären oder sich als schlechten Menschen deklarieren. Am erfolgversprechendsten ist es, wenn man gesteht, eigentlich hätte man gar nicht Priester werden dürfen. Mit anderen Worten: Man soll bekennen, daß man seine Sexualität nicht unter Kontrolle halten kann, ein psychiatrischer Fall ist oder daß man dazu gezwungen wurde, Priester zu werden. Das ganze Verfahren ist ein grober Abklatsch des Vorgangs, mit dem Ehen annulliert werden.

Ein Missionar aus Lima in Peru erzählte mir, er habe für einen Kollegen, der einen Dispens gewünscht habe, vor einem Tribunal aussagen müssen. Die Erkenntnisse des Tribunals sollten an den Vatikan weitergeleitet werden. »Er brauchte den Dispens, weil seine Frau kirchlich heiraten wollte. Ich sollte aussagen, daß er eigentlich gar nicht hätte Priester werden wollen. Man hatte mich gewarnt, daß es keinen Sinn habe, den Leuten zu erzählen, er sei ein großartiger Bursche. Man erklärte mir, ich könne ihm nur helfen, wenn ich negative Dinge über ihn äußerte. Ich hatte das Gefühl, als sollten wir die Schauprozesse in der UdSSR imitieren.«

»Was für negative Dinge?« wollte ich wissen.

»Daß seine Familie Zwang auf ihn ausgeübt hat. Daß sein Vater Lehrer gewesen sei und sein Sohn nicht so begabt sei, wie sein Vater sich dies gewünscht hätte. Und daß sein Vater ihm stark ablehnend gegenüberstehe und daß, wenn mein Freund das Priesterseminar vorzeitig hätte verlassen müssen, der Vater erklärt hätte: ›Hab ich's doch gewußt, daß du es nie schaffen würdest.‹ Im Kern sollte meine Aussage darauf hinauslaufen, daß er nur seinem Vater zuliebe Priester geworden sei. Das ist genau das, was sie hören wollten.«

Ein verheirateter italienischer Priester erzählte, führende Vertreter des Vatikan hätten ihm erklärt, der Dispens lasse sich beschleunigen, wenn der Betreffende zu einem Psychiater gehe und sich bescheinigen lasse, daß er geistesgestört sei. Ein Monsignore habe ihm erklärt, wie der Priester sich beim Psychiater verhalten solle: »Er soll darauf achten, daß er zornig spricht und mal weint und mal lächelt.« Auf Briefpapier mit dem Briefkopf der Kirche schrieb der Monsignore die Adressen von zwei Psychiatern auf. Der heute verheiratete Priester hat diesen Brief aufbewahrt und mir eine Fotokopie davon überlassen.[25]

Was diese Männer mir erzählten, wird durch einen Fragebogen vollauf bestätigt, der Priestern vorgelegt wurde, die einen bestimmten Orden in den Vereinigten Staaten verlassen wollten. Hier nun einige Fragen, die er enthält:

- »Wie alt waren Sie, als Sie in den Orden eintraten?
- Sind Sie aus freien Stücken in den Orden eingetreten, oder wurden Sie durch andere zu diesem Schritt bewogen? Falls ja, wer waren diese Personen?
- Wie stellten sich Ihre Eltern zu dem Entschluß, ein religiöses Leben zu beginnen und Priester zu werden?
- Haben Sie vor Ihrem Eintritt in den geistlichen Stand um die Verpflichtungen dieses geistlichen Berufs und vom Gebot des Zölibats gewußt?
- Hatten Sie vor Ihrem Eintritt in den Orden und während der Jahre Ihrer religiösen und priesterlichen Vorbereitungszeit Schwierigkeiten mit der Keuschheit?
- Sind es diese Schwierigkeiten, die Sie jetzt um eine Laisierung und einen Dispens von Ihren Gelübden und dem Gesetz des Zölibats bitten lassen?
- Haben Sie in den Jahren Ihrer Vorbereitung Zweifel an Ihrer Berufung gehabt? Sind Sie der Meinung, zu dieser Zeit angemessene Schritte unternommen zu haben, um diese Zweifel zu überwinden? Worum kreisten Ihre Zweifel an Ihrer Berufung?
- Hatten oder haben Sie nach Ihrer Priesterweihe mit moralischen Problemen zu kämpfen, die mit dem Gelübde der Tugend, der Keuschheit und dem Gesetz des Zölibats zu tun haben?
- Haben oder hatten Sie irgendwelche Probleme mit dem Trinken? Sind Sie Alkoholiker?
- Haben Sie infolge von Geisteskrankheit an seelischen Störungen gelitten? Wenn ja, bitte nähere Angaben.
- Haben Sie im Zusammenhang mit Ihrem Entschluß, das religiöse Leben und das Priesteramt zu verlassen, mit einem Arzt oder Psychologen oder einem Berufsberater Verbindung aufgenommen? Wenn ja: Besitzen Sie ein Dokument oder eine Erklärung von ihm in bezug auf diese Entscheidung, oder wären Sie bereit, ein Dokument zu unterzeichnen, das ihn von seiner beruflichen Schweigepflicht befreit und ermächtigt, eine solche Erklärung zur Unterstützung Ihres Antrags abzugeben?«[26]

Diese Fragen fordern den Antragsteller deutlich dazu auf, zu erklären, daß er nicht aus freien Stücken Priester wurde, sondern durch andere dazu gedrängt worden sei; daß er sowohl vor wie nach der Priesterweihe seinen Geschlechtstrieb nicht beherrschen konnte und daß er seelische, geistige oder Alkohol-Probleme habe. Ebenso deutlich ist, daß eine entsprechende Bescheinigung eines Psychiaters einem Dispens förderlich sein würde.

Dahrendorf und andere Soziologen betonen, daß sich jede Gruppe gegen rebellische oder gefährliche Mitglieder zu schützen versucht, indem sie sie entweder für krank oder für amoralisch erklärt.[27] Darin unterscheidet sich die Kirche nicht von anderen Organisationen. Der entscheidende Punkt ist jedoch, daß die Kirche einen neuen und anderen Weg gelehrt hat, nämlich den der Liebe des Evangeliums.

Der Dispens – falls er je erteilt wird – kann genauso demütigend sein wie der Antrag. Selbst wenn man akzeptieren könnte, daß es sich tatsächlich um eine Rückkehr in den Laienstand handelt und daß eine solche Rückkehr eine »Degradierung« ist, sieht es in Wahrheit so aus, daß die »laisierte« Person noch unter den Stand eines normalen Laien versetzt wird.

So wird sie etwa ausdrücklich von vielen Funktionen ausgeschlossen, die Laien sonst offenstehen. Sie darf beispielsweise beim Abendmahl nicht ministrieren und in der Kirche auch nicht die Lesung halten. Eine offizielle Anweisung der Glaubenskongregation des Vatikans (die frühere Inquisition) verbietet es »laisierten« Priestern ausdrücklich, »in irgendeiner Weise beim Gottesdienst einen liturgischen Teil zu übernehmen, wenn die Gemeinde weiß, daß es sich um einen ehemaligen Priester handelt; er darf nie eine Predigt halten«. Es ist ihm ferner verboten, in Priesterseminaren oder ähnlichen Instituten in der Verwaltung tätig zu sein oder dort zu lehren. »Ferner darf er nicht das Amt eines Schuldirektors an katholischen Schulen übernehmen und darf auch keinen Religionsunterricht erteilen, ob an katholischen oder sonstigen Schulen.«[28]

Demselben Dokument zufolge sollte ein laisierter Priester »nicht an einem Ort bleiben, an dem er als Priester bekannt ist«. Falls der Bedauernswerte eine Ehe schließen möchte, »soll der Bischof darauf achten, daß äußerer Pomp vermieden wird und daß die Eheschließung vor einem anerkannten Priester und ohne Zeugen stattfindet, oder, falls nötig, vor höchstens zwei Zeugen. Die Eheschließung sollte im Geheimarchiv der Diözesanverwaltung notiert werden«. Es bleibt dem Bischof überlassen »zu entscheiden, wie der Dispens und die Eheschließung geheimzuhalten sind ... Im Taufregister der Heimatgemeinde des Antragstellers sollte über ihn und seine Frau vermerkt werden, daß der örtliche Bischof zu konsultieren ist, wann immer Informationen oder Dokumente aus dem Kirchenregister erbeten werden«.

Diese Geheimhaltung scheint ein direkter Widerspruch zum Charakter einer Eheschließung zu sein, die im Grunde ein öffentlicher Vorgang ist.

Das 1983 revidierte Gesetzbuch der Kirche *(Codex iuris canonici)* macht die Dinge noch komplizierter. Während der neue Kodex es Laien in Notfällen erlaubt, bei Bedarf verschiedene religiöse Funktionen wahrzunehmen, sind laisierte Priester »sämtlicher Ämter, Funktionen und delegierter Befugnisse« zu berauben (Canon 292).[29]

Trotzdem ist alles andere als klar, wo der neue Kodex anzusiedeln ist. Kenner des kanonischen Rechts sind der Meinung, er enthalte zahlreiche Schlupflöcher, und einige von ihnen haben den Kodex an einer katholischen Universität der USA daraufhin untersucht, ob er sich zum Vorteil laisierter Priester nutzen läßt. Manche erwägen die Möglichkeit, den Kodex dazu anzuwenden, solchen Priestern einige religiöse Funktionen zu übertragen, statt sie von ihnen auszuschließen.

Wie immer aber man den neuen Kodex interpretieren mag: Noch im Jahr 1988 zeigen die wenigen Dispense, die tatsächlich erteilt wurden, daß die oben genannten Einschränkungen und Vorschriften angewendet werden.

Ich habe Dom Angelico Sandalo Bernardino, den Weihbischof von São Paulo in Brasilien, gefragt, was er von diesem Dispens-Zirkus hält. Er zeigte sich mir gegenüber zwar äußerst vorsichtig, schien das Ganze aber doch nicht allzu ernst zu nehmen. »Dieses ganze Problem der Laisierung ist nur eine rechtliche Maßnahme«, erklärte er mir. »Der Priester bleibt weiterhin Priester: Daran besteht kein Zweifel. Jedenfalls handelt Rom gegenwärtig so. Zur Zeit von Paul VI. war die eine Praxis üblich; heute herrscht eine andere. In naher Zukunft könnte sie sich schon wieder ändern. Es hat Zeiten gegeben, in denen es überhaupt keinen Ausweg gab. Dann gab es plötzlich einen. Das ist ein großer Fortschritt, und wenn wir Heiligkeit walten lassen, echtes christliches Leben praktizieren und einen brüderlichen Dialog führen, wird es weitere Fortschritte geben. Ich weiß zwar nicht wann, aber der Heilige Geist erleuchtet immer.«

Wie kommt es dann, daß sich heute jemand überhaupt noch um die Laisierung bemüht? Ein Grund ist, daß eine kirchliche Eheschließung ohne Zurückversetzung in den Laienstand nicht möglich ist, was bedeuten würde, daß die Kinder in den Augen der Kirche Bastarde wären.

Ein weiterer Grund: Wenn sich ein Priester nicht laisieren läßt, ist er von vielen Berufsmöglichkeiten ausgeschlossen. Das kann sogar seine Frau treffen. In einer bestimmten kalifornischen Diözese bewarb sich beispielsweise die Frau eines Priesters um die Leitung einer katholischen Schule, der Posten wurde ihr auch zugesagt. Aber, wie mir ihr Mann erzählte, fand die Diözese heraus, daß ihr Ehegatte Priester ohne Dispens war. »Die Zusage wurde sofort zurückgezogen.«

Der verstorbene Viktor Power, Dramatiker, Schriftsteller und früher einmal Redenschreiber für Chicagos einstigen Bürgermeister, war früher im irischen Waterford Priester gewesen. Er gab sein Priesteramt 1968 auf, nachdem er an der Universität von Iowa Zeitungswissenschaft studiert hatte. Kurz vor seinem Tode schilderte er mir in dem folgenden Brief seine Arbeitssuche nach der Rückkehr nach Irland:

> »Nach meiner Rückkehr aus Saudi-Arabien bewarb ich mich beim Dundalk Regional College um eine ausgeschriebene Stelle. Zu meinem Erstaunen sah ich, daß der Vorsitzende des Schulbeirats ein Priester war, Monsignore Peter McKevitt aus Termonfeckin im County Louth, der mir als Autor eines Buches mit dem Titel *The Just Society* (Die gerechte Gesellschaft) bekannt war.
> Beim Einstellungsgespräch sah ich mich einem Gremium von neun Personen gegenüber, einschließlich eines anstandshalber hinzugezogenen älteren Protestanten, der die ganze Zeit starr an die Decke blickte.
> ›Ich habe mit Ihrem Bischof in Waterford gesprochen‹, begann McKevitt. ›Sind Sie laisiert?‹
> Ich verneinte.
> ›Sagen Sie mal‹, sagte er, ›sind Sie nicht sehr naiv, sich um einen Job zu bewerben, wenn Sie nicht einmal laisiert sind?‹
> Ich erklärte ihm, ich sei davon ausgegangen, daß dies ein weltliches College sei.
> Er schnaubte verächtlich: ›Meinen Sie nicht, daß ein Lehrer ein paar moralische Grundsätze haben sollte?‹
> Ich erklärte, die hätte ich durchaus, aber meine seien nicht mehr mit seinen identisch. Ich sagte, ich sei irischer Staatsbürger und hätte ein Recht auf eine faire Prüfung meiner Bewerbung. Er ent-

gegnete, ich hätte vielleicht Nerven, mich um diesen Job zu bewerben, bei dem ich es mit jungen Leuten aus mehreren Grafschaften in der Nähe des Colleges zu tun haben würde. Ich verließ das Einstellungsgespräch wie ein begossener Pudel, aber voller Wut. Der Rektor des Colleges, ein Dr. Soundso, begleitete mich zum Parkplatz und entschuldigte sich im Namen aller. Er erklärte, der Vorsitzende sei senil.

›Und was hat er hier dann als Vorsitzender zu suchen?‹ fragte ich.

Auf Wiedersehen, Irland.

Anschließend brach ich in die USA auf, wo ich zehn glückliche Jahre im Mittelwesten verbrachte, nämlich als einer der höchstbezahlten Manager Chicagos.«[30]

In einem 1986 in den Niederlanden von Gooi & Sticht unter dem Titel *Pastor* veröffentlichten Buch werden 18 Punkte genannt, die von Personen erfüllt werden müssen, die im Umfeld der Kirche beruflich arbeiten wollen. Diese 18 Punkte sind das Ergebnis von zehnjährigen Erfahrungen verheirateter Priester in den Niederlanden und sind von Vertretern der niederländischen Kirche weder dementiert noch bestätigt worden.[31]

Manche dieser 18 Punkte diskriminieren verheiratete Priester. Wer keinen Dispens hat, wird von vornherein als Bewerber ausgeschlossen. Und seit der holländischen Synode von 1980 können nicht einmal Priester mit Dispens auf irgendeine Einstellung hoffen, in welcher Funktion auch immer.

Wenn die Kirche jedoch einen Dispens erteilt, enthebt sie den Priester damit seiner Gelübde und erklärt diese für null und nichtig.

Der verheiratete Priester Anthony Padovano fragt: »Wozu bestraft man uns dann und unsere Kinder dazu? Würde jemand von uns ein Kind von einem Versprechen entbinden und es anschließend bestrafen?«

Von der Frage der beruflichen Möglichkeiten einmal abgesehen, ist die Laisierung für viele Priester, die ihr Amt aufgeben wollen, noch immer eine Gewissensangelegenheit. Ich habe einen Mann kennengelernt, der sein Priesteramt schon vor vielen Jahren aufgegeben hat und jetzt schon sieben Jahre auf seinen Dispens wartet, um die Frau heiraten zu können, die er liebt. »Aber das Gesetz ist wichtig für mich«, erklärte er. »Ich möchte in den Laienstand zurückversetzt werden, bevor ich Diane heirate. Wenn ich es ohne Dispens tun würde, hätte ich das Gefühl, als würde ich die Rettungsleine zu Gott kappen.« Bis jetzt ist jedoch von einem Dispens auch nicht die Spur zu sehen.

Für manche Männer, die doch heiraten, ist das Warten auf einen Dispens, der nie kommt, etwa so wie das Warten von Franz Kafkas Held, der bis zum Tode auf die Erlaubnis wartet, das Schloß betreten zu dürfen. Dieses Warten kann lebenslängliche Qual bringen und hat in einigen Fällen, die mir persönlich bekannt sind, auch dazu geführt, daß Ehen scheiterten. Ein verheirateter Mann, den die wiederholten Weigerungen Roms fast verzweifeln ließen, zeigte mir eine Fotokopie des jüngsten Briefs aus dem Vatikan an den Chef seines Ordens:

»Pater Superior:
Dieses Dikasterium (Gericht) hat den von Pater ... aus Ihrem Institut gestellten Antrag auf Dispens von den priesterlichen Pflichten geprüft.
Da wir in den vorgelegten Dokumenten keine überzeugenden Gründe gefunden haben, wie sie den in unserem Brief vom 14. Oktober 1980 aufgestellten Kriterien entsprechen, sieht sich diese Kongregation außerstande, den Antrag des genannten Antragstellers beim Heiligen Vater zu befürworten.
Euer Paternität werden gewiß nicht versäumen, dem Antragsteller geistlichen Beistand zu leisten und ihm all die Hilfe zu geben, deren er bedürfen wird.
Joseph Kardinal Ratzinger.«[32]

Während ich diesen Brief las, beobachtete mich die junge Frau des Mannes schweigend. Ich spürte ihren Kummer, als sie mir gegenübersaß, den Kummer einer Frau, deren einziges Verbrechen darin bestand, geliebt zu haben. Als ich sie ansah, füllten sich ihre Augen mit Tränen.

Es ist also keineswegs überraschend, daß immer mehr Priester sich gar nicht mehr darum bemühen, in den Laienstand zurückversetzt zu werden. Es ist nicht mehr wichtig für sie.

Die Dispensverweigerungen schaden der Kirche jedoch noch mehr, als sie den Priestern weh tun. Eine Gruppe verheirateter österreichischer Priester versuchte dies dem Papst vor seinem Besuch im Jahr 1988 klarzumachen: »Obwohl wir uns bemühen, unsere Konfratres zu trösten und ihnen Hoffnung zu machen«, schrieben sie, »empfinden sie diese Behandlung als unmenschlich und unchristlich. Es besteht die Gefahr, daß nicht wenige von ihnen zu Feinden der Kirche werden, wie Sie selbst vorhergesagt haben, als sie noch Weihbischof von Krakau waren.«[33]

Sogar das einfache Kirchenvolk geht inzwischen eigene Wege. Im brasilianischen Recife bereitete der Heilig-Geist-Missionar Brian Eyre die Trauung eines Mädchens aus der Stadt vor. Eyre: »Am Tag vor der Hochzeit organisierten die Leute eine gemeinsame Messe mit dem ordinierenden Bischof in meiner Kirche und luden dazu alle Priester der Nachbarschaft ein – vier kamen; Marthas Eltern und ihre Brüder und Schwestern erschienen ebenfalls. Die Kirche war brechend voll, und Martha und ich saßen unter den Gemeindemitgliedern. Einmal riefen uns die Leute nach vorn, die Leute legten uns die Hand auf den Kopf und sagten: ›Auch wenn die Amtskirche Sie nicht segnet, so segnen wir Sie, wir, das Volk Gottes.‹ Am nächsten Tag fand die zivilrechtliche Trauungszeremonie im Haus ihrer Eltern statt.«

Menschenrechte

Man könnte behaupten, daß die Amtskirche mit ihrer Behandlung von Priestern, vor allem von solchen, die ihr Amt aufgeben, gegen die UNO-Menschenrechtsdeklaration verstoße. Der Missionar Cathal Cullen nennt die Artikel, gegen die verstoßen wird:

Artikel 2 wird durch die Diskriminierung verheirateter Priester und ihrer Ehefrauen verletzt, die man entläßt und so ihrer Arbeit beraubt. Ein Verstoß gegen Artikel 10 liegt ebenfalls vor, da keinem Priester, der mit den Kirchenoberen in Konflikt gerät, ein ordentlicher Rechtsweg offensteht. Priester werden bestraft, entlassen, aus ihren Wohnungen gejagt, man nimmt ihnen Pensionen und Krankenversicherungen, ohne daß sie sich wehren können, in welcher Form auch immer. Selbst in den seltenen Fällen, in denen bei Kirchendisputen eine freiwillige Schiedsgerichtsbarkeit eingeführt wird, gibt es keinen unabhängigen, unparteiischen Gerichtshof, der ein faires Verfahren garantiert. Man sagt den Angeschuldigten nicht, was man ihnen vorwirft, und erlaubt ihnen auch nicht, ihren Anklägern gegenübergestellt zu werden.

Artikel 16, der jedem Menschen das Recht auf eine Ehe garantiert, wird mit der Behandlung von Priestern verletzt, die zu heiraten wünschen, sowie in der willkürlichen Weigerung, sie in den Laienstand zurückzuversetzen. Artikel 21 wird dadurch verletzt, daß Priester in kirchlichen Angelegenheiten keinerlei Mitspracherecht haben. Artikel 22 wird verletzt, weil ehemaligen Priestern und Nonnen jede soziale Sicherheit genommen wird, sei es, daß man ihnen ihre Pensionen streicht oder sogenannte »Weiße Morde« an ihnen verübt.

Artikel 23 wird verletzt, weil Priester keinen Schutz vor Arbeitslosigkeit genießen und weil man ihnen nicht erlaubt, ihre Rechte durch Gründung von Gewerkschaften wahrzunehmen; es gibt weder Priesterkörperschaften noch -zusammenschlüsse, die eine solche Funktion wahrnehmen könnten.[34]

Anthony Padovano schreibt: »Eine Politik, die sich nur mit Schrecken und Unehrlichkeit durchsetzen läßt, erzeugt im Leib der Kirche ein Herz der Finsternis, einen Geist, dem sich Christus mit all seiner Liebe widersetzt.«[35]

Es gibt in der Kirche erschreckende Parallelen zu dem, was in Diktaturen geschieht. Im Jahr 1986 gab Rosemary Radford Reuther diesem Gedanken in der Jesuitenzeitschrift *America* Ausdruck: »Es fällt schwer, einer Kirche zu glauben, die nach außen hin Religionsfreiheit, Meinungsfreiheit, die Gleichheit aller Menschen vor dem Gesetz, gerechte Entlohnung und ein gerechtes politisches Leben verteidigt, die es aber versäumt, diesen Grundsätzen in ihren eigenen Mauern Geltung zu verschaffen ... Man hat Theologen vor die inzwischen zwar umbenannte, jedoch im übrigen unveränderte Heilige Inquisition zitiert, um sie zu befragen. Dort werden ihnen alle Grundrechte verweigert, die jedes moderne Rechtssystem seinen Bürgern garantiert; sie erfahren nicht, was man ihnen vorwirft, und sie bekommen ihre Ankläger auch nicht zu sehen. Manchen hat man ihre Arbeit oder ihre offizielle Stellung in der Amtskirche genommen ...«[36]

Schon bei den ersten zwölf Aposteln, die von Christus auserwählt wurden, gab es Ungerechtigkeit und Machtgier. Und all das, was wir heute miterleben, bedeutet, daß auch Kirchenobere nur menschliche Wesen sind. Es bedeutet jedoch nicht, daß wir es lediglich mit harmlosen Launen und Exzentrizitäten zu tun haben – wenn man Menschen mit einer ungeheuren Machtfülle ausstattet und alle Kontrollen und Gegengewichte ausschaltet, können die Ergebnisse monströs sein.

Die Ohnmacht der ehemaligen Priester läßt nicht einmal mehr dem Haß Raum. John Dubay schreibt: »Wenn ich mir verheiratete Priester ansehe, frage ich mich, ob ihre Erfahrung mit den Kirchenoberen nach ihrem Ausscheiden mit jenen Vorstellungen so unvereinbar waren, wie christliche Männer der Kirche Menschen behandeln sollten, daß sie danach in einem ständigen seelischen Schockzustand lebten. Sie sind jenseits von Haß und Zorn. Sie hätten nicht einmal in ihren wildesten Träumen geglaubt, daß ein Bischof, eine Kirchenkanzlei oder ein Papst sie so behandeln können, als wären sie Gekreuzigte. Die Konsequenz des Lebens mit diesen schmerzlichen Realitäten besteht darin, daß für diese Männer Bischof, Kirchenkanzleien und Papst gesichtslos und fast nicht existent geworden sind. Die Kirche ist zu einer gesichtslosen Quelle des Seelenzustands dieser Männer geworden. Sie leben in einer eigenen Welt. Sie nehmen ihre seelische Lähmung nicht mehr wahr, sind jenseits von Verzweiflung, Haß und Versöhnlichkeit.

Es stehen ihnen zwar viele Wege zur Rückkehr offen, aber dennoch entlassen diese die Gesichtslosen nicht aus ihrer Verantwortung. Eine der Aufgaben, die vor uns liegen, besteht darin, laut und deutlich die harten Worte auszusprechen, mit denen die Verantwortlichen dazu aufgefordert werden, ihrer Rolle in der gegenwärtigen Krise des Priestertums in der Kirche gerecht zu werden. Die jetzige Situation ehrt das Priestertum, das jedoch verloren sein wird, wenn es nicht zur Versöhnung kommt.«[37]

Wer mit diesem Phänomen der gesichtslosen Grausamkeit der Kirche konfrontiert wird, muß sich die Frage stellen, wie so etwas in einer Kirche geschehen kann, die Jesus gegründet hat.

Die Kirche befindet sich in einer Krise. Sie sieht sich dem uralten Dilemma gegenüber, das Antoine de Saint-Exupéry so ausdrückte: Sollte der einzelne für die Gruppe sterben oder die Gruppe für den einzelnen?

Die Kirche ist eine Gruppe wie jede andere. Wenn es zu einem inneren Konflikt kommt, wird sich eine Gruppe dadurch verteidigen, daß sie den Unruhestifter unschädlich macht oder ausschließt. Das Vorgehen einer Gruppe wird jedoch meist durch Institutionen wie Gerichte gemildert, die dazu beitragen, daß beide Seiten die gleichen Chancen haben. Die Kirche hat solche Strukturen und Institutionen aber bis heute noch nicht entwickelt, so daß es für den einzelnen keinerlei Schutz vor der vollen Wucht ihrer Abwehrmechanismen gibt.

Die Kirche besteht jedoch nicht nur aus der rein menschlichen Dimension. Sie ist eine Gemeinschaft, die sich auf Jesus Christus beruft, den Mann, der uns gelehrt hat, daß der Sabbat für die Menschen da ist und nicht die Menschen für den Sabbat. Die wirkliche Krise der Kirche liegt darin, daß sie diese Anweisung ignoriert. Thomas Merton, der große Trappistenmönch, spricht von »der Autoritätskrise, die durch die Tatsache ausgelöst worden ist, daß die Kirche als Institution und Organisation jene Kirche usurpierte, die einst als Gemeinschaft von Menschen gedacht war, die sich in Liebe und in Christo vereint wußten. Liebe wird mit Gehorsam und Konformität im Rahmen einer unpersönlichen Körperschaft gleichgesetzt. Die Kirche versteht sich als Gemeinde, wird in Wahrheit aber als Gesamtheit vieler Einzelglieder und sogar als Ganzes totalitär regiert.«

Dennoch ist die Kirche nichts, was wir abschaffen sollten. Wir sollten sie reformieren. Wir sprechen von der *ecclesia semper reformanda.* Jesus hat gelehrt: »Daran, daß ihr euch liebt, soll alle Welt erkennen, daß ihr meine Jünger seid.« Diese Liebe ist unter Kirchenmitgliedern als Individuen lebendig, wo immer man sie findet, und es gibt sehr viele rührende Beispiele dafür. Diese Liebe muß jetzt aber auch innerhalb der Amtskirche in die oberen Führungsschichten eindringen und die Spitze der Pyramide so verwandeln, daß sie den Worten Christi entspricht: »Du sollst nicht über sie herrschen, wie es die Heiden tun.« Bis heute hat es die Kirche auf eklatante Weise versäumt, diesen Worten nachzukommen.

Ein verheirateter Priester fragt sich, ob diese Worte das Rätsel »einer Kirche aus lauter schönen Personen« erklären könnten, »die jedoch eine öffentliche oder kirchliche Persona haben – eine Art Gruppenpersönlichkeit, wenn Sie wollen –, die alles andere als schön ist. Es ist fast so, als könnte man von einer kirchlichen Schizophrenie sprechen«, meinte er.

Dazu fällt mir ein lateinisches Sprichwort ein: »*Canonici boni viri; capitulum autem mala bestia*« (Die Priester des Domkapitels sind anständige Männer; das Domkapitel selbst aber ist ein wildes Tier).

»Es gibt in Brechts *Galileo Galilei* eine Szene«, erzählte mir ein befreundeter verheirateter Priester, »in der Galileo mit dem Papst spricht. Der Papst begeistert sich für Galileos Theorien ... Zwischen den beiden Männern beginnt sich Verständnis zu entwickeln.

Dann macht sich der Papst zum Gehen bereit und kleidet sich an. Während ihm ein Kleidungsstück nach dem anderen angelegt wird, reißt die Verbindung zwischen den beiden Männern immer mehr ab. Die Substanz dessen, was der Papst äußert, verändert sich ... Er beginnt aus der Bibel, aus dem Prediger Salomo, zu zitieren.

Der Papst als Mensch tritt immer mehr zurück, und plötzlich steht der Amtsträger herrisch vor uns. Zwischen den beiden Männern ist keine Verständigung mehr möglich. Es endet mit dem kanonischen

Recht und mit Rügen, und schließlich steht der Pontifex Maximus brandmarkend, anklagend, verdammend da.«

Aber nicht nur der Pontifex Maximus in Rom verurteilt und verdammt. Seine Kardinäle und Erzbischöfe stehen ihm nicht nach, wenn es um die Behauptung ihrer Macht geht.

Peter de Rosa

* 1932 in London; Priesterseminar am St. Edmund's College in Westminster; Studium der katholischen Theologie an der Gregoriana, der päpstlichen Universität, in Rom; 1956 Priesterweihe; danach Dozent für Philosophie an der Gregoriana; später Professor für Metaphysik und Ethik an der Universität von Westminster; Dekan für Theologie am Corpus Christi College in London; 1970 Aufgabe des Priesteramtes; seit 1978 hauptberuflicher Autor; Peter de Rosa lebt mit seiner Frau und seinen zwei Söhnen in Irland.

Auswahlbibliographie

1989 Gottes erste Diener. Die dunkle Seite des Papsttums
1991 Der Jesus-Mythos. Über die Krise des christlichen Glaubens
1992 Rebellen des Glaubens

PETER DE ROSA

Jesus, die Kirche und ihr Kult

Der Mythos der von Christus gestifteten Kirche

Manchmal verändert eine kleine, bislang unbekannte Tatsache unser Weltbild und unsere Sicht der Religion vollkommen. Eine solche Tatsache ist es, daß Jesus durchaus keine neue Religion gegründet hat, sondern ein loyaler Jude war; er hat durchaus nicht eine Kirche vorbereitet, die bis ans Ende der Zeiten überdauern sollte, sondern er glaubte, daß die Zeit bald zu Ende ginge und Israel wiederhergestellt werden würde.

Wenn wir dies begreifen – und weniges scheint klarer im Neuen Testament –, dann sehen wir, daß die Kirche *faute de mieux* entstand, weil das Gottesreich nicht kam. Die Identifikation der Kirche mit dem Gottesreich hat einige üble Folgen gehabt, nicht zuletzt die Behauptung, die Kirche brauche nicht reformiert zu werden, weil sie vollkommen sei.

Die ersten Christen warteten auf die Wiederkunft Christi

Für Paulus und die apostolische Gemeinde war die Lehre Jesu wichtig, daß er bald in Herrlichkeit wiederkommen und sein messianisches Reich errichten werde. Die ersten Christen stahlen Bilder aus jüdischen Apokalypsen; sie verwendeten diese Literatur mehr als die Juden selbst. Das Buch der Offenbarung von einem unbekannten Autor vermischt jüdische und christliche Bilder mit Charme, Wildheit und nicht wenig Konfusion. Das Tier mit den zehn Hörnern steht für das kaiserliche Rom. »Und ich sah die Seelen derer, die wegen ihres Zeugnisses für Jesus und für das Wort Gottes enthauptet worden waren und die dem Tier nicht gehuldigt hatten ... und sie lebten und herrschten mit Christus tausend Jahre lang.« Dies würde »bald« geschehen. Nach dem Tausendjährigen Reich würden die Auferstehung der Toten und das Jüngste Gericht folgen.

Diese Lehre weckte gewaltige Begeisterung bei einer Sekte namens Montanisten. Der große Tertullian trat ihr bei. Sie glaubten, das himmlische Jerusalem werde demnächst auf die Erde herniederkommen. Papias (geboren um 60), der alle Jesusworte aus erster Hand aufbewahrte, glaubte daran. Ebenso Justinus, der in seinem *Dialog mit dem Juden Trypho* schreibt, daß viele überzeugt waren, die Heiligen würden 1000 Jahre im neu aufgebauten, erweiterten Jerusalem leben. Der heilige Irenäus, dessen Lehre mit dem Apostel Johannes verbunden war, schrieb, alles, was im Buch der Offenbarung steht, werde sich erfüllen, wie Jesus verheißen habe. Hier, auf dieser Erde, wo sie gelitten hatten und gestorben waren, würden die Seligen mit Christus herrschen.

Im 4. Jahrhundert lehrte auch Lactantius, Christus werde die Toten zu ewigem Leben auferwecken, das Reich werde 1000 Jahre dauern, von den Felsen werde Honig tropfen und aus dem Boden Milch und Wein sprudeln.

Doch hier und da begann die alte Hoffnung zu verblassen. Der zweite Petrusbrief, um 150 geschrieben, legte nahe, daß Christus seine Wiederkunft verzögerte, um Sündern Zeit zur Buße zu geben. Die christlichen Apokalypsen wurden eine nach der anderen beiseite gelegt. Am Ende überlebte nur das Buch der Offenbarung, weil es den Namen eines Apostels trug.

Es war aber Origenes, der große Theologe des 3. Jahrhunderts, der den Chiliasmus am meisten diskreditierte. Im Gegensatz zur Lehre Jesu sagte er, daß das Gottesreich sich in der Seele des Menschen ereigne, überhaupt nicht auf dieser Erde. Augustinus stimmte damit überein, und bald wurde der Wandel offiziell. Die alte Orthodoxie wurde fallengelassen. Künftig würden nur noch Spinner und Ketzer Chiliasten sein.

Die Wahrheit ist, als die Kirche respektabel wurde, besonders als sie Reichsreligion wurde, wollte niemand mehr vom Ende der Welt hören. Das Römische Reich, einst das Tier mit den zehn Hörnern, war gut genug für sie. Die chiliastischen Kapitel bei Irenäus wurden verboten. Eine neue Orthodoxie war geboren, und ihn zum Gegner zu haben, war peinlich. Erst 1575 wurden die unterdrückten Kapitel wiederentdeckt.

Die Kirche, die aus dem Bruch vom Judentum hervorging, brach schließlich mit der Lehre Jesu vom *Eschaton*. Das war unvermeidlich. Es ist schade, daß die Kirche dies nicht zugab, sondern versuchte zu vergessen, daß sie zentral für die Botschaft von Jesus, Paulus, dem Buch der Offenbarung, Papias, Justinus, Irenäus und vielen anderen gewesen war.

Jesus wollte keine Kirche gründen

Wir müßten den größten Teil der Evangelien streichen, auch die Gleichnisse, um zu behaupten, daß Jesus eine Kirche gegründet hat. Das war nicht nur nicht seine wichtigste Absicht, sondern ihm lag buchstäblich *nichts* ferner. Als gänzlich institutionsferne Figur hatte er keine vom Judentum getrennte Institution im Sinn. Er hatte kein göttliches Horoskop. Er plante keine Hierarchie mit Papst, Bischöfen, Klerikern (ausschließlich Männern), Laien, Sakramenten, unfehlbarem Neuem Testament, unfehlbaren Lehrorganen, kirchenrechtlichen Kodizes und so fort. Der Jüngste Tag stand vor der Tür. Das Gottesreich würde einen ganz neuen Äon, eine ganz neue Zeit bringen. Israel würde wieder gesammelt werden. Er und die zwölf würden darüber herrschen, der neue Tempel würde durch Gott gebaut werden, die Heiden würden der Segnungen Israels teilhaftig werden. Es ist seltsam, daß dieser prophetische und vollkommen loyale jüdische Laie bald als Gründer einer neuen Religion und als Großer Hoherpriester geehrt wurde, den ordinierte Priester am Altar repräsentieren.

In *Jesus and the World of Judaism* erinnert sich der jüdische Gelehrte Geza Vermes an einen amüsanten Augenblick im Jahr 1981, als er an der English University in Newcastle eine Vorlesung vor hauptsächlich christlichen Hörern hielt. Er sagte: »Jesus war kein Sozialreformer oder nationalistischer Revolutionär ... Und so provozierend es scheinen mag, das zu sagen: Die Dringlichkeit seiner religiösen Vision ließ keinen Raum dafür, eine kirchliche Organisation gleich welcher Art zu gründen, zu organisieren und mit Dauerhaftigkeit auszustatten.« Davor hatte Vermes die Gottheit und Auferstehung Christi in Frage gestellt. Seine Hörer hatten es mit stoischem Schweigen quittiert. Nur seine Zweifel daran, daß Jesus eine Kirche gegründet hatte, provozierte eine lautstarke Reaktion.

Für Bultmann ist es in seiner *Theologie des Neuen Testaments* ebenso klar, daß Jesus keinen Orden, keine Sekte und erst recht keine »Kirche« gegründet hat. Er schreibt: »Selbstverständlich meint die eschatologische Gemeinde nicht eine neue Religionsgemeinschaft – also ein neues historisches Phänomen – zu sein und *grenzt sich nicht als neue Religion gegen das Judentum ab.*«

Jesus hätte nur eine Kirche gründen können, wenn er vorgehabt hätte, eine neue Religion zu gründen. Es gibt keine Anzeichen dafür, daß er mit derjenigen, in die er hineingeboren war, nicht zufrieden war. Seine Sendung galt ausschließlich den verlorenen Schafen Israels. Die Urkirche machte das Alte Testament zu ihrer Bibel und sah Jesus in dessen Licht; das zeigt, daß sie ganz von Israel abhing. Sie war im Kern so jüdisch wie Jesus selbst, und deshalb *überhaupt keine neue Religion.* Darum gingen die ersten Jünger weiterhin in den Tempel und hielten die Gesetze der Synagoge. Warum? Weil sie sich nicht als neue Religion sahen, sondern *als das wahre Israel.*

Vor langer Zeit zitierte Albert Schweitzer in *Geschichte der Leben-Jesu-Forschung* Reimarus (1694–1768): »Nur die, welche ihre Katechismusvorstellungen in die Verkündigung des Judenmessias zurücktragen, können auf den Gedanken kommen, daß er ein Religionsstifter war. Für die Unbefangenen ist es offenbar, ›daß Jesus die jüdische Religion in keinem Stücke abschaffen und statt derselben eine neue hat einführen wollen‹.«

Aber hat Jesus denn nicht gesagt: »Du bist Petrus, und auf diesen Felsen will ich meine Kirche bauen« (Mt. 16,17 ff.)? Zwar ist hier ein Wortspiel, das nur auf aramäisch möglich ist – sowohl Petrus als auch Fels heißt *Kepha* – und nicht auf griechisch. Freilich sind wir inzwischen daran gewöhnt, daß ein aramäischer Ausdruck nicht notwendigerweise auf Jesus zurückgeht. Bornkamm bezweifelt, daß der historische Jesus wirklich diese Worte aussprach – erstens, weil dies die einzige Stelle im Neuen Testament ist, wo das Wort Kirche im Sinn der ganzen Gemeinschaft der Gläubigen vorkommt. Wichtiger ist jedoch, daß Jesus auch nach Bornkamms Meinung das unmittelbar bevorstehende Kommen des Gottesreiches verkündete. Wie konnte er eine Zukunft voraussehen (»ich *werde* bauen«) mit einer Art Organisation (deren Leitung Petrus hat)? Er schließt: »Man wird darum den Spruch von der ›Kirche‹ schwerlich dem irdischen Jesus zuschreiben können, vielmehr hat ihn die Überlieferung ihm erst in den Mund gelegt, und zwar eine nicht eben breite Sonderüberlieferung, die sich mit andern Nachrichten über Petrus und die Urgemeinde nur schwer zusammenreimen läßt.«

Als Petrus nach Golgotha wichtig wurde und als der Gemeinde in Palästina ihre Rolle in der Endzeit bewußt wurde, war es natürlich, daß die Christen Jesus in der Erzählung des Evangeliums diese Worte in den Mund legten. Sie wurden zum wichtigsten Wortspiel in der Geschichte der Religion.

Kein Exeget bezweifelt, daß Jesus zwölf Jünger wählte, um die Stämme des wiederhergestellten Israel zu repräsentieren. Warum sollten die Christen die zwölf dann als Repräsentanten einer Organisation ansehen, die Jesus gründete, um Israel abzulösen? Wie Bultmann es ausdrückt: Die »zwölf« waren nicht Apostel, sondern »eschatologische Regenten«. Sie waren nicht die ersten christlichen Bischöfe, sondern jüdische Repräsentanten des neuen Gottesreiches. Sie waren Menschenfischer: Es war nicht ihre Aufgabe, Juden und Heiden zu einer Kirche zu bekehren, sondern das verstreute Israel zum neuen Königreich Israel zusammenzurufen. Die Annahme, Petrus, Jakobus, Johannes und die übrigen seien christliche Bischöfe gewesen oder Petrus sei der oberste Bischof gewesen, der seine Privilegien an seine Nachfolger in Rom weitergab – all dies hätte Jesus unfaßbar gefunden. Er sah nie über die Grenzen Israels hinaus und erwartete, das Gottesreich werde alle irdischen Reiche hinwegfegen. Das einzige, das »Rom« für ihn bedeutete, war eine kaiserliche Besatzungsmacht, deren Tage Gott gezählt hatte.

Dies ist entscheidend. Jesus erwartete mit Bultmanns Worten »eine kosmische Katastrophe, die allen Bedingungen des jetzigen Weltlaufs ein Ende macht. ... Der alte Äon geht seinem Ende entgegen, und unter Schrecken und Nöten wird der neue Äon anbrechen. ... Diese Weltzeit ist abgelaufen.« Weltuntergangspropheten planen nicht für eine nichtexistente Zukunft; sie überlassen alles Gott. Und ein solcher war Jesus.

Die Kirche heute muß sich wie die Kirche des ersten Jahrhunderts mit der niederschmetternden Tatsache abfinden, daß das »unmittelbar bevorstehende Hereinbrechen« des Gottesreiches, wie Bultmann es ausdrückt, sich nicht erfüllte – daß Jesu Erwartung vom nahen Weltende sich als Illusion erwies.

Die Entstehung der Dogmen

Angesichts der bekannten Entstehung und Zielsetzung von Dogmen ist es schwer verständlich, warum Christen sie noch verteidigen, warum sie noch immer glauben, die Kirche habe durch sie überlebt und das Ziel der gespaltenen Kirche sei die Wiedervereinigung in Übereinstimmung über die Dogmen. All dies ist ein tiefgreifender Irrtum.

Christen werden gewöhnlich in dem Glauben erzogen, Jesus habe die Kirche gegründet. Er war Gott; deshalb sah er in die Zukunft, wie Gott es tat, als er die Welt erschuf. Jesus-Gott verhieß seinen wichtigsten Jüngern außerdem göttliche Einsicht in das, was seine Kirche nach seinem Willen glauben und tun soll. Dagegen müssen wir ständig daran erinnert werden, daß die Gottheit Christi zum Jesus-Mythos gehört.

Es gibt eine ständige Tendenz, den Mythos zu objektivieren. Die Geschichte erweist, daß die Gottheit Christi infolge einer politischen Entscheidung verkündet wurde. In der frühen Kirche herrschte Verwirrung darüber, ob Jesus ein Sohn Gottes war oder *der* Sohn Gottes, ob er der jüdische Messias war oder mehr, nämlich ein hellenisches Gottwesen. Dies war unvermeidlich, da die Evangelien aus vielen Traditionen entstanden waren und voller Widersprüche steckten. Arius' Ansicht, daß Jesus nicht im wörtlichen Sinn ein göttliches Wesen war, war am Anfang beliebter.

Dann kam Konstantin. Als er seine Rivalen vernichtet und Byzanz als neues Rom erwählt hatte, wurde er 324 der einzige Kaiser. Er beschloß, daß die Kirche, die dem Kaiserreich dienen sollte, das gleiche Maß an Einheit brauchte wie der Staat.

325 berief er in Nizäa das Erste Ökumenische Konzil ein und übernahm die Reisekosten für alle Teilnehmer. Er war nicht nur ungetauft, sondern baute auch weiterhin römischen Göttern Schreine. Doch die christliche Kirche, nun effektiv seine Beamtenschaft, mußte eine Ordnung haben. Unter seinem Druck verkündigten die Bischöfe in Nizäa die Gottheit Christi, und er zwang sie der Kirche auf. Ein göttlicher Herr war den Bedürfnissen des Kaiserreiches dienlich. Die diktatorischen und imperialistischen Ansprüche Christi sollten seinen eigenen als Staatsoberhaupt entsprechen.

Die Evangelien waren viel zu komplex und subtil, um diese grobe Vereinfachung zu erzwingen, aber er setzte sich durch. Diese Entscheidung setzte einen Präzedenzfall: Die ökumenischen Konzilien waren geboren. Von nun an wurde weithin angenommen, die Definition der Wahrheit sei möglich und nötig, um den Glauben der Kirche für immer zu bekräftigen. In unserer Zeit des historischen Relativismus ist das eher ein Grund, ihn in Frage zu stellen. Wahrheit ist nicht »für immer«, sondern, wie wir wissen, immer historisch bedingt – auch die kirchlichen Wahrheiten über Gott. Gott mag unwandelbar sein; Gottesbilder sind es nicht. Die Kirche kam 300 Jahre recht gut zurecht, ohne eine starre Uniformität zu *erzwingen.* Tatsächlich waren die in Nizäa vereinbarten Worte und Formeln früher von vielen großen christlichen Denkern angegriffen worden. Doch von Konstantins Zeit an galt als ausgemacht, daß man über die Gottheit endgültige Entscheidungen treffen kann. In Nizäa wurde die Wahrheit per Diktat erfunden, Wahrheit durch Unduldsamkeit, Wahrheit als

Ergebnis alter Männer, die redeten, Druck ausübten und vielleicht insgeheim Köpfe zählten. Die Vergangenheit, erwies sich nun, hatte nur eine mögliche Auslegung, und das bedeutete, daß das Dogma sich über die Geschichte hinwegsetzen konnte, seine eigene Geschichte erfinden konnte. Nizäa wies auch den einzigen Weg in die Zukunft. Das Dogma bestimmte den Sinn der Schrift, als hätte es je nur einen gegeben; daher das Unbehagen jedes modernen Christen, wenn er zum erstenmal hört, daß es in der Schrift viele, oft gegensätzliche Standpunkte gibt. Es war, als habe Nizäa ein paar Zitate aus der Schrift herausgeschnitten, sehr eng ausgelegt und den Rest fortgeworfen.

Nizäa machte Schluß mit der Vorstellung, daß der Glaube auf einem Mythos von unerschöpflichem Reichtum beruht. Es wählte statt dessen die Vorstellung, der Glaube könne in einer kleinen Anzahl von Aussagen ausgedrückt werden, die in Glaubensbekenntnissen und Katechismen zusammenzufassen seien. Religiöse Diktatur war der schnelle, leichte Weg, Fragen nach der Wahrheit zu lösen. Abstrakte Theologie erhielt den Vorrang. Das Ergebnis ist, daß noch heute die meisten Theologen nicht von der Schrift ausgehen, sondern von Konzilstexten. Sie kommen einfach nicht mit den theologischen Veränderungen zurecht, die der modernen Exegese abgefordert werden.

Fassen wir dies zusammen: Seit Nizäa nehmen die Christen an, die Wahrheit könne bei wichtigen Treffen wichtiger Leute definitiv vereinbart werden. Der Begriff der Orthodoxie wurde geboren. Die Wahrheit über Gott, sogar über *Gott in sich* konnte *definiert* werden. Eine politische Entscheidung wurde als göttlicher Schiedsspruch herausgeputzt. Eine Gruppe gut oder schlecht informierter Männer, die fehlbar und vorläufig sprach, gab vor, Gott zu sein, der letztgültige, unwiderrufliche Wahrheiten über sich selbst aussprach. Dies war eine schlimmere Form der Götzenanbetung als alles, was es im Heidentum gab. Dahin war alle Demut vor dem unbekannten Gott, der in Leben und Tod Jesu erlebbar geworden war. Dies war die Religion der großen Politik. Eine theologische Mauer konnte um die Kirche herumgebaut werden wie eine Steinmauer um eine Stadt, um den Feind draußen und die Bürger drinnen zu halten. Später wurden dann dem Heiligen Geist die Entscheidungen aller derartigen Gruppen angelastet, gleichgültig, wie schwachsinnig sie waren. Gott selbst hatte den Worten und Sätzen, mit denen er manchmal gotteslästerlich beschrieben wird, seinen persönlichen Stempel der Zustimmung gegeben.

Wahrheit als Zwang

Mit der Orthodoxie kam die Idee, daß *die* Wahrheit – denn es kann nur eine geben – aufgezwungen werden kann, und daß Dissidenten mit Strenge zu behandeln sind. Konstantin entließ einfach die Bischöfe, die mit der Konzilsentscheidung nicht einverstanden waren. Arius' Buch *Thalia* wurde als erstes formell von der Zensur verurteilt, verboten und verbrannt. Die Kirche war kaum der Verfolgung dafür, daß sie die Wahrheit sprach, entgangen, da begann sie Christen für ihre »heterodoxen« Ansichten zu verfolgen. Zwischen dem ersten christlichen Dogma, dem vatikanischen Index verbotener Bücher und der Bücherverbrennung unter Hitler besteht eine starke Verbindung. Die Wahrheit ist einfach und einzig, und Machtstrukturen können die Opposition vernichten, indem sie Ideen mit dem Bann belegen, besonders die Bücher, die sie verbreiten.

Bald nach Nizäa zerstörten Kaiser, von der Kirche ermutigt, nicht nur die Bücher, sondern die Bauten und die Kultur von »Heiden« wie »heterodoxen« Christen. Wie Campbell in *Die Kraft der Mythen* schreibt: »In den ersten Jahrhunderten gab es eine Vielzahl von Christentümern, eine Vielzahl von Arten, Christ zu sein. Und dann war in der Zeit des Theodosius im 4. Jahrhundert als einzige Religion im Römischen Reich das Christentum erlaubt; und die einzige Form des Christentums, die im Römischen Reich erlaubt war, war das Christentum des byzantinischen Throns. Der Vandalismus der Zerstörung antiker heidnischer Tempel hat in der Weltgeschichte kaum seinesgleichen.« Die Zerstörung von Klöstern und Kunstwerken in der Reformation war nur ein blasser Abklatsch des byzantinischen Vandalismus.

»Warum«, fragt Campbell, »konnten die Christen nicht mit einer anderen Religion leben? Was war los mit ihnen? ... Es ist die Macht. ... Ich glaube, der Machtimpuls ist der grundlegende Impuls in der europäischen Geschichte. Und er ist in unsere religiösen Traditionen eingegangen.«

Die Geschichte bestätigt dies. Theodosius' kaiserlicher Erlaß, der 380 dem Reich das Christentum aufzwang, lautete: »Wir werden an die einzige Gottheit des Vaters, des Sohnes und des Heiligen Geistes glauben ... Wir befehlen, daß diejenigen, die dieses Gesetz befolgen, den Namen katholische Christen annehmen. Die übrigen aber, die Wir für schwachsinnig und verrückt befinden, sollen der Schande anheimfallen, die mit häretischen Dogmen verbunden ist. Ihre Orte der

Zusammenkunft sollen nicht den Namen Kirchen erhalten, und sie sollen erstens von der göttlichen Rache gezüchtigt werden und zweitens durch die Vergeltung Unserer eigenen Initiative, die Wir in Übereinstimmung mit dem göttlichen Urteil üben werden.«

Wie Hitler »ein Volk, ein Reich, ein Führer« verkündete, so verkündeten die Kaiser den Faschismus von »ein Gott, ein Reich, eine Religion«. Dies hatte nichts mit Jesus zu tun; es war staatliche Orthodoxie zu staatlichen Zwecken. Auf einen Schlag wurden Millionen treuer Untertanen zu Ketzern *und* Staatsfeinden gemacht. Dieses Unheil sollte Europa weit mehr als 1000 Jahre plagen; »Häresie« war gleichzeitig ein ziviles Vergehen, da sie die Einheit des Staates zerstörte. Epiphanius zählte in seinem *Panarium* (377–380) schon 80 Häresien.

Das Edikt des Theodosius wurde später an den Anfang des großen zivilrechtlichen Kodex gesetzt, in dem Justinian schrieb: »Wir wissen, daß nichts Gott so gefällig ist wie die Einmütigkeit im Glauben aller Christen in der Sache des wahren, makellosen Glaubens.« Zum Beweis ließ er allein in Kleinasien 70 000 Menschen zwangstaufen und zwang alle Christen, die Dogmen des Konzils von Chalkedon anzunehmen. Prokopius schreibt in seiner *Geheimen Geschichte* über Justinian: »Er schien ein überzeugter Christusgläubiger zu sein, doch dies bedeutete den Untergang für seine Untertanen. ... Er steckte hinter einer unkalkulierbaren Zahl von Morden. Da es sein Ehrgeiz war, alle in eine einzige Form christlichen Glaubens zu zwängen, vernichtete er skrupellos jeden, der sich nicht anpaßte, und dabei erhielt er den Anschein der Frömmigkeit aufrecht. Denn er betrachtete es nicht als Mord, solange diejenigen, die starben, zufällig nicht seine Überzeugungen teilten.«

Die schrecklichen Verfolgungen durch eine einst verfolgte Kirche machten die Kirche verhaßt. Sie garantierten, daß viele Christen ein Jahrhundert später den Islam mit offenen Armen aufnahmen.

Die Sprache des Theodosius und des Justinian wurde die des Papstes, als dieser den Kaiser ablöste, einschließlich des kaiserlichen »Wir«. Selbst der Jesus des Johannes sagt nicht: »Wir sind der Weg, die Wahrheit und das Leben.« Statt die byzantinische Entstellung des Evangeliums zu korrigieren, betonte das Papsttum sie noch. Solange es starke Kaiser gab, wurden sogar Päpste abgesetzt und wegen Häresie exkommuniziert. Später waren die Päpste mächtig genug, um Kaiser sowie jeden anderen abzusetzen und zu exkommunizieren, der anzweifelte, daß jedes ihrer Worte von Gott war. Ketzer wurden zu Hunderttausenden verbrannt, weil sie die Kühnheit besaßen, nebensächliche Meinungen anzufechten, die der Bischof von Rom vorschrieb. Bigotterie ist untrennbar von Orthodoxie. Zu zweifeln, zu hinterfragen – einst die edelsten Leistungen des Menschen – wurde Sünde; noch schlimmer, im Christentum wurde es ein todeswürdiges Verbrechen. Glaube und Zweifel waren nicht mehr Verbündete, sondern Todfeinde. Glaube, der im Dunkel mit dem Zweifel ringt, war vom Teufel. Wahrer Glaube war von nun an nur als Friede, Stille, Ergebenheit bekannt. Er mußte gehorsam und blind sein.

Der Mythos vom Gottmenschen

Nach Nizäa war es unmöglich, die Evangelien anders zu lesen als mit Konstantins (heidnischen und kaiserlichen) Augen. Das Johannesevangelium hatte schon Einfluß darauf, wie die Christen die Synoptiker lasen; sie lasen seine Sicht vom ewigen Wort in Matthäus, Markus und Lukas hinein. Nach Nizäa wurde Konstantins Pauschalauslegung des Johannesevangeliums als christliche Orthodoxie Vorschrift.

Obwohl das Johannesevangelium Jesus als das Wort und Gott bezeichnet, bleiben Aspekte seines Menschseins erhalten. Nach Nizäa begann seine göttliche Natur die menschliche auszulöschen, selbst wenn man die Synoptiker las. 451 nahm das Konzil von Chalkedon die griechischen mythischen Titel als Beschreibungen Jesu:

»Unser Herr Jesus Christus ist ein und derselbe Sohn, derselbe vollkommen in der Gottheit, derselbe vollkommen in Menschheit, wahrhaft Gott und wahrhaft Mensch, der aus Geistseele und Leib besteht, gezeugt vom Vater vor aller Zeit in seiner Gottheit, und geboren von Maria, der jungfräulichen ›Gottesgebärerin‹ *(theotokos)* in seiner Menschheit.«

Dies reflektiert nicht im entferntesten den Reichtum des Neuen Testaments. Bei den Synoptikern macht Jesus nie eine Andeutung über seine Präexistenz oder Gleichheit mit Gott. Er wartet auf das Handeln Gottes, er ist völlig in Gottes Hand und abhängig von seiner erlösenden Macht. Gott, nicht er, wird das Gottesreich bringen, dessen Herold oder Bote er ist. Selbst er weiß nicht, wann es kommt, obwohl er annimmt, es werde sehr bald sein. Chalkedon ist buchstäblich eine Welt von den Evangelien entfernt. Das eine gehört zur griechischen Welt der Spekulation, das andere hauptsächlich zur jüdischen Welt, wo die Transzendenz Gottes die Grundlage allen religiösen Denkens ist.

Chalkedon war so abstrakt, daß eine Gruppe von »Häretikern« namens Monophysiten es in Frage stellte. Sie sagten, das Konzil habe Christus zweigeteilt, während er in Wirklichkeit eins sei. Sie bekannten die Einheit Christi *aus (ek)* zwei Naturen, Chalkedon hingegen die Einheit Christi *in (ev)* zwei Naturen. Es war nicht das einzige Mal, daß ein einziger Konsonant die christliche Gemeinschaft spaltete und zu Blutvergießen führte, obwohl wahrscheinlich die wenigsten auch nur einen blassen Schimmer hatten, wofür sie starben.

Die Bereitschaft, für seinen Glauben zu sterben, kann fast so ekelerregend sein wie die, für ihn zu töten. Die beiden Extreme sind verwandt, und eines ist oft die Ursache des anderen.

Das Problem mit der Definition von Chalkedon ist erstens, daß es allem widerspricht, was die Religion schon immer über die Unerkennbarkeit Gottes gesagt hat. Weil zweitens ein Wort verwendet wird (*homoousios*, das heißt von gleicher Substanz eines Wesens), um die göttliche und menschliche Natur Christi zu definieren, entsteht der Eindruck, *homoousios* habe auf der göttlichen und der menschlichen Ebene dieselbe Bedeutung. Drittens erweckt die Verbindung von wahrhaft Gott *und* wahrhaft Mensch den Eindruck, Jesus sei das Ergebnis einer Zusammensetzung von zwei unendlich verschiedenen Wirklichkeiten, der göttlichen und der menschlichen, in derselben einen Person Jesus Christus.

Von dem Göttlichen *und* dem Menschlichen zu sprechen ist tatsächlich so unannehmbar, wie Gott und das Universum zu addieren und zwei herauszubekommen. In Jesus gibt es keine tatsächliche Zusammensetzung der göttlichen und der menschlichen Natur. Zu sagen, es gebe sie, und dann die daraus folgenden Anomalien lösen zu wollen, ist lächerlich. Die Probleme müssen nicht gelöst, sondern aufgelöst werden.

Das Evangelium sagt nur, daß wir in der Begegnung mit Jesus Gott begegnen. Er zeigt uns aufgrund seines Lebens und seiner Liebe, wie Gott zu uns ist – wahrhaftig, aber nicht erschöpfend. Er ist unser Weg zu Gott, aber nicht *der* Weg, als gäbe es für Völker mit anderen Traditionen keinen anderen. Mehr zu sagen führt zur Gotteslästerung, zur Objektivierung Jesu als Gott und zu den zahllosen unlösbaren Dilemmas gelehrter Theologen, die das mythische Genre der Evangelien nicht begreifen. *Uneingeschränkt* zu sagen, Jesus sei Gott, ist logisch ebenso falsch, wie zu sagen, Gott habe eine Erkältung, einen Kater oder eine Blinddarmentzündung.

Das Mysterium der Dreifaltigkeit

Johannes spricht davon, daß Gottes Wort in Jesus Fleisch geworden sei. In Israels Weisheitsliteratur war das Wort, das mythisch bei Gott war, freilich in aller Schöpfung. Deshalb können Christen dieses Wort, das schon in der ganzen Welt war, mythisch in Christus verkörpert finden. In der Begegnung mit ihm begegnen wir dem Wort Gottes, das unser Leben erhellt und uns von Schuld und Leere befreit. Wenn Jesus das für uns tut, ist er Gott-mit-uns.

Jesus wird auch als Sohn Gottes bezeichnet. Da Jesus zu Gott als »*Abba*, Vater« betete, sagten die Christen: »Jesus betet nicht zu sich selbst; er nennt sich nicht ›Vater‹.« Deshalb muß es Verschiedenheit, ja Mehrzahl in der Gottheit geben. Die Theologen waren entzückt über die Herausforderung. Dies gibt dem Christentum erst Pfiff, sagten sie. Es beweist, daß es allen anderen Religionen wie Judentum und Islam überlegen ist, die nichts über die Gottheit in sich wissen.

Wieder sehen wir verblüfft zu, wie Theologen den Grundstein aller Religion verwerfen: Gott ist in sich nicht erkennbar. Wir haben keinen Einblick in die Gottheit. Nicht einmal Jesus kann uns einen solchen Einblick geben.

Statt zu sagen, daß Jesus Gott mythologisch als Vater ansprach, bestehen die Theologen darauf, daß es wörtlich gemeint war. Gott in sich muß Vater *und* Sohn sein – und später wurde anerkannt, daß er auch der Heilige Geist war. Doch wie können wir von Gott als »er« sprechen, wenn alle drei Personen »er« sind? Die Theologen sagen eilends, dies sei ein Mysterium. Nun, ein Rätsel ist es gewiß.

In seiner *Kritik der dogmatischen Theologie* drückt Tolstoi seine Ungeduld mit sogenannten Mysterien aus. Er schreibt: »Nehmen wir an, Gott lebt auf dem Olymp, Gott ist aus Gold, es gibt keinen Gott, es gibt vierzehn Götter, Gott hat mehrere Kinder oder einen Sohn. All diese Aussagen mögen seltsam und barbarisch sein, aber jede beruht auf einem Gedanken, einem Begriff. Doch daß Gott einer *und* drei sei, kann auf keinem Begriff oder Gedanken beruhen.«

Keinem Physiker würde im Traum einfallen zu sagen, wir könnten das Atom beschreiben. Der Romanautor Aldous Huxley weist auf die Schwierigkeit hin, auch nur den einfachsten Gegenstand zu beschreiben. Angenommen, sagt er, wir sollten einem Marsmenschen einen Korkenzieher beschreiben. »Ich fürchte, nach ein paar Minuten stammelnden Zögerns wüßten die meisten von uns nichts Besseres, als mit dem Zeigefinger eine Spirale zu beschreiben und das Öffnen einer Flasche pantomimisch vorzuführen.« Theologen stammeln nicht. Mit atemberaubender Beredsamkeit erzählen sie uns: »Gott ist unendlich, unsterblich« und so fort. Sie sind sogar imstande, mit erstaunlichem Selbstbewußtsein und ganz ohne Fingergesten zu beschreiben, wie Gott in sich ist: »Gott ist eine Trinität, drei in einem, drei ewige, wesensgleiche Personen in einer göttlichen Substanz« und so fort. Sie täten gut daran, erst einmal mit Korkenziehern zu üben, um Demut zu lernen.

Die Großen sind von Natur aus demütig. In einer der bekanntesten Passagen der englischen Literatur schreibt Isaac Newton: »Ich weiß nicht, wie ich der Welt erscheine; aber mir selbst kommt es so vor, als wäre ich nur wie ein Junge gewesen, der am Strand spielt und sich damit vergnügt, daß er hin und wieder einen anderen Kiesel oder eine hübschere Muschel findet als die gewöhnlichen, während der große Ozean der Wahrheit ganz unentdeckt vor mir lag.« Ein überragendes Genie, ist er zufrieden, sich mit Kieseln und hübschen Muscheln zu erfreuen. Nur Theologen sind fähig, den Ozean der Wahrheit auszuloten.

Der Islam argumentiert: »Der Vater ist Gott, ebenso der Sohn, ebenso der Heilige Geist, und der Vater ist nicht der Sohn oder der Geist. Darum lehrt das Christentum drei Götter: 1 plus 1 plus 1 = 3.« Und das Christentum erwidert lahm: »Nein, alle drei Personen ergeben nur einen Gott: 1 mal 1 mal 1 = 1.«

James Pike, ein amerikanischer Bischof der Episkopalkirche, sagte einmal ironisch: »In Afrika predigt das Christentum drei Götter und eine Ehefrau. Der Islam predigt einen Gott und drei Frauen. Kein Wunder, daß der Islam sich in Afrika schneller verbreitet als das Christentum.«

Ich widerspreche der üblichen christlichen Trinitätslehre nicht; sie kommt mir, offen gesagt, nicht sinnvoll vor, und ich fürchte, auch niemand anderem. Es ist keine Lehre über das innerste Leben Gottes. Abhandlungen über die Dreifaltigkeit sind bestenfallls harmlose Betrachtungen über Liebe und Verbundenheit, ja Gemeinschaft, in lächerlicher Weise auf die Gottheit angewandt, um Gott irgendwie menschlicher erscheinen zu lassen. Ich habe Abhandlungen gelesen, in denen Theologen fragen: »Wie kann Gott Vater sein, ohne eine Frau zu haben?« Und erstaunlicherweise versuchten die Autoren tatsächlich, eine Antwort zu geben!

Es liegt mir fern, die biblische Lehre über Vater, Sohn und Geist zu leugnen. Wir wissen nichts über Gott in sich, nur was Gott für uns ist. Und Gott ist für uns seit der Zeit Jesu Jesus Christus; und Jesus Christus gibt uns seit Golgotha den Geist der Sohnschaft, so daß wir Söhne Gottes sein können, »Kindschaft, so daß wir Kinder ...«. Dies ist wunderbare Mythologie, aber sie zu personifizieren und das Ergebnis in einen ewigen, dreieinigen Gott zu projizieren, ist, gelinde gesagt, verwirrend. In *The Remaking of Christian Dogma* (Die Neugestaltung des christlichen Dogmas) stellt Maurice Wiles fest, daß die moderne Deutung des Neuen Testaments es nicht mehr zuläßt, daß Theologen darin nach Texten schürfen, um ihre Thesen zu untermauern. »Innerhalb der christlichen Tradition wurde das Neue Testament lange durch das Prisma der späteren konziliaren Glaubensbekenntnisse gelesen.« Die Situation im Neuen Testament war viel mehr im Fluß und reich an Potential. Er schreibt: »Die Rede von Jesus als Sohn Gottes hatte im ersten Jahrhundert eine ganz andere Konnotation als seit Nizäa. Die Rede von seiner Präexistenz sollte in den meisten, vielleicht allen Fällen analog zur Präexistenz der Thora verstanden werden: als Hinweis darauf, daß der ewige, göttliche Zweck durch ihn erreicht wird, nicht auf eine Präexistenz vollkommen persönlicher Art.«

Ein unmenschlicher Christus

Nach Nizäa und Chalkedon galt Jesus buchstäblich als Gott, zwar mit einem menschlichen Geist, aber auch mit einem göttlichen Geist, der jenen praktisch auslöschte. Jesus war menschlich schwach, aber seine göttliche Allmacht machte seine Schwachheit faktisch unwichtig. Seine Menschheit wurde rein theoretisch; was wirklich zählte, war seine Gottheit. Entsprechend wurden die Evangelien ausgelegt. Passagen, die mythisch davon sprechen, daß Jesus seine Passion und Auferstehung detailliert ankündigt, sollten ausdrücken, daß Gottes Vorsehung in der scheinbaren Katastrophe der Kreuzigung am Werk war. Theologen deuteten sie so, daß Jesus buchstäblich nicht nur seine eigene Zukunft voraussah, sondern auch die seiner »Kirche« und der Welt.

Diese »Hellsichtigkeit« muß Jesus in eine sehr merkwürdige Lage gebracht haben. Ging er jeden Tag seinen nächsten Tag durch? Probte er alles, was er sagen und tun würde, alles, was ihm getan und gesagt werden würde? Wie lange dauerte das? Eine Minute, einen Sekundenbruchteil, so daß sein nächster Tag in Lichtgeschwindigkeit vorwärts abgespielt wurde, wie wir einen Videorecorder mit einem Mehrfachen der normalen Geschwindigkeit vorwärts und rückwärts laufen lassen? Und wenn er alles voraussah, wie war er dann frei? Das war nur sinnvoll für Leute, die bereit waren, ihren Glauben zu suspendieren und die Absurdität zu akzeptieren, daß jemand seine Zukunft und seine Vergangenheit *jetzt* sehen kann und sogar ändern kann, *was sein wird und was war!* Als würde nicht sein, was sein wird, und als wäre nicht gewesen, was war!

Ein legendärer Priester pflegte über Jesus als vollkommen heiligen kleinen Jungen zu predigen. Er ging nie zum Spielen mit anderen Kindern hinaus. Er verbrachte seine ganze Freizeit in der Kapelle vor dem allerheiligsten Sakrament und betete seinen Rosenkranz. Der Mythos von Jesus als Gottmensch oder Gott und Mensch ist mit nicht minder komischen Ergebnissen theologisch entwickelt worden. Das Problem war, eine scheinbare Dualität in Jesus zu erklären. Er war das fleischgewordene Ewige Wort, der Gottmensch mit zweifachem Geist und Willen, einem menschlichen und einem göttlichen. Er war eine göttliche Person, die in zwei Naturen existierte, einer menschlichen und einer göttlichen. Wie brachte er die beiden in Einklang? Warum löschte sein göttliches Wissen nicht sein menschliches aus? Wenn sein menschlicher Geist vom Augenblick seiner Empfängnis an Gott schaute, muß er ständig die beseligende Gottesschau gehabt haben. Wie kann ein Mensch in seinem irdischen Leben gleichsam im Himmel sein?

In meinem Buch *Jesus Who Became Christ* (Jesus, der Christus wurde) habe ich einen Großteil der Scholastik als »Theologie der Heuchelei« charakterisiert. Im 13. Jahrhundert lehrte Thomas von Aquin, daß Jesus von niemandem je etwas lernte, nicht einmal von seinen Eltern. In der Krippe konnte er sich die Sandalen binden und Griechisch sprechen; in seiner Demut verzichtete er allerdings einige Jahre lang darauf, sein Können zu zeigen. Er war frei von allen Krankheiten – Erkältungen, Rheuma, Mumps oder Masern. Er wußte alles, was große Wissenschaftler wußten. Er konnte alles tun, was er wollte – *quidquid voluit, potuit* –, Wunder eingeschlossen. Keine heroische Tat vergrößerte seine Liebe und Güte, denn er war von Anfang an perfekt. Er sah jede Einzelheit seines Lebens voraus, und aus irgendeinem Grund schmälerte das nicht die Freiheit seines Willens. Er wurde versucht, aber nur, um uns zu helfen; es bestand keine Gefahr, daß er nachgab, denn er hatte die beseligende Gottesschau. Durch ein

Wunder ermöglichte er, daß er litt, um *uns* ein Beispiel zu geben, wie man leidet.

Das Bemerkenswerte an diesem bizarren Theoretisieren ist nicht, daß Theologen die Form der »Frohen Botschaft« mißverstanden – das war verständlich –, sondern daß sie nicht sahen, daß sie Mythologie schrieben, und obendrein schlechte Mythologie. Hätte man einen von ihnen gefragt: »Wissen Sie, wie Gott in sich ist?«, so hätte er geantwortet: »Nein.« Wäre er gefragt worden: »Ist es möglich, Gott und alles Geschaffene zusammenzufügen, so daß es von allem zwei gibt?«, so hätte er geantwortet: »Nein.« Die Aussage, Jesus habe zwei Naturen gehabt, ist ebenso mythologisch wie die, daß Jesus der Christus war oder am Ostertag aus dem Grab erstand. Dennoch wurden theologische Aussagen behandelt, als ginge es buchstäblich um »Fakten«.

Sosehr Christen die Schriften mittelalterlicher Scholastiker auch belächeln – die meisten haben die gleichen Ansichten über Jesus. Sie sehen Jesus noch immer als einen Menschen *und etwas anderes,* nämlich den Sohn Gottes. Dies ist Mythologie der übelsten Sorte. Tatsache ist, daß Jesus ein Mensch war und nichts weiter. Dadurch, daß er Mensch war und nichts weiter, war er das uns zugewandte Antlitz Gottes. Er hatte keinen Vorteil über uns. Es gab kein göttliches *anderes,* das in ihm war oder zu ihm hinzukam. Man kann Göttlichkeit nicht einer Sache hinzufügen und zwei herausbekommen: eine göttliche Person in zwei Naturen, einer menschlichen und einer göttlichen.

In *The Person of Christ* von Vincent Taylor lesen wir: »Viele Fragen kommen einem in den Sinn, die das göttliche Bewußtsein Jesu betreffen. Auf welche Weise bildete es sich unter den Bedingungen Seines Erdenlebens? War Sein Bewußtsein der Sohnschaft einer Entwicklung unterworfen? War es bewußt und direkt am Werk in allem, was Er sagte und tat? Oder war es eher Unterton und geheime Quelle Seines Handelns? Wie weit entstand es durch Intuition und wie weit durch Offenbarung von oben? War Sein göttliches Bewußtsein immer auf der Höhe, oder gab es Zeiten, in denen Er sich an die großen Momente der Offenbarung erinnern mußte, Zeiten, in denen es für eine Weile in Eklipse war?«

Bei aller Hochachtung, dies sind keine vernünftigen Fragen, und das Telefonbuch würde ebenso passendes Material für ihre Beantwortung liefern wie die Evangelien. Es ist seltsam, daß ein Exeget, nicht einmal ein katholischer, nicht sieht, daß diese mittelalterlichen Fragen nicht dem Neuen Testament entspringen, sondern Mustern, die Kirchenkonzilien in einer Zeit durchsetzten, als das Genre der Evangelien nicht annähernd verstanden wurde.

Mit der Apotheose des »Gründers« gefror der Jesus-Mythos in Buchstäblichkeit. Weil er göttlich war, erlöste er die ganze Welt. Mit der Offenbarung, daß Gott sein Vater war, offenbarte Jesus angeblich, daß er, der Sohn, *buchstäblich* der Eine war, durch den die Welt geschaffen wurde. Nichts existierte, außer durch ihn, kein Geschöpf vom Anbeginn der Zeit bis zum Ende wurde erlöst außer durch ihn. Der kosmische Mythos wurde zu einer übernatürlichen Geschichte des Kosmos.

Ökumene durch christliche Mythologie

Der christliche Glaube bezieht sich auf mythologische Themen, die – mit Abwandlungen – zur klassischen Mythologie gehören, die die Christen jedoch allzu lange für ihr Alleineigentum angesehen haben.

Anders als der Hinduismus hält sich das Christentum für einzigartig; daher seine traditionelle Verachtung anderer Religionen. Christen sind ein auserwähltes Volk, von Gott sogar noch mehr geliebt als das Judentum von einst. Dies ist etwas, das der moderne Mensch mit seinem Wissen über andere Zeiten und andere Kulturen nicht mehr akzeptieren kann. Er will eine erkennbare Religion, wie er eine erkennbare Nationalität will, aber nicht eine, die ihn vom Rest der Menschheit trennt.

Es ist entscheidend, zu sehen, daß das Christentum nicht aus einer Ansammlung von Dogmen besteht, die mit denen anderer Religionen konkurrieren, ja sogar mit denen anderer Richtungen der eigenen Religion. Dogmen sind aus dem byzantinischen Imperialismus entstanden. Sie haben die reiche Katholizität der Evangelien auf fade Einheitlichkeit reduziert. Sie erweckten die Illusion, Wahrheit sei etwas ewig Wahres, in dem alle Christen einig sein sollten. Rückblickend sehen wir, daß die Vergangenheit mit toten Orthodoxien übersät ist wie die Wüste mit den Knochen toter Kamele. Der Versuch, sich über Dogmen – gleichgültig wie alt – als Verkörperung der letztgültigen Wahrheit über Gott zu einigen, ist sowohl vergebliche Liebesmüh' als auch areligiös. Das Ergebnis ist nicht Glaube, sondern Fanatismus; es führt zur Forderung nach blindem Gehorsam. Jede Gruppe, die meint, sie besäße die letztgültige Wahrheit und die Antworten auf alle Probleme des Lebens, bringt sich um ihre eigene Glaubwürdigkeit.

Wie C. H. Dodd in *The Authority of the Bible* schreibt: »Religiöser Glaube ist, mehr noch als wissenschaftliche Aussagen, der Relativität unterworfen. Der religiöse Mensch sollte ebenso wie der Wissenschaftler wissen, daß die beste Aussage, die er sich selbst gegenüber machen kann, nicht mehr ist als ein sehr unzulängliches Symbol der letzten Wirklichkeit.« Das Christentum ist keine Ansammlung von Dogmen, sondern ein großartiger Mythos. Dies läßt die Ökumene in einem neuen Licht erscheinen. Wir brauchen nicht darauf zu bestehen, daß wir absolut recht haben und andere unrecht. Statt einer imperialistischen Auffassung von Wahrheit haben wir eine Reihe mehr oder weniger befriedigender Mythen. Diese haben sich aus dem jüdischen Mythos entwickelt, daß der Messias am Ende der Zeit das Gottesreich einleiten wird. Deshalb sollte dem jüdischen Volk, das den Christen nicht nur ihren Namen gegeben hat, sondern auch ihre erste Bibel, die schuldige Anerkennung gezollt werden. Lange Zeit hatten die Christen keine andere, und ohne sie gäbe es kein Neues Testament. Hätte nicht Paulus darauf beharrt, daß nichtjüdische Christen nicht beschnitten werden mußten, und wäre Jerusalem nicht an die Römer gefallen, so daß die jüdische Partei sie ausschloß, dann wären Christen vielleicht Juden geblieben. Jesus zog gewiß nie etwas anderes in Betracht.

Es ist hilfreich, sich klarzumachen, daß der christliche Mythos sich nach dem Bruch vom Judentum auf verschiedene Weise weiterentwickelte. Zum Beispiel haben Katholiken einen Papst, und Protestanten haben nur Bischöfe und Geistliche oder Kirchenälteste. Die schlechte Nachricht für beide Gruppen ist, daß dies nichts mit Jesus zu tun hat. Deshalb ist es sinnlos, von anderen zu verlangen, sie sollten Dogmen als Gottes Wort akzeptieren, die sie jahrhundertelang entschlossen abgelehnt haben. Weit besser wäre es, sich zu einigen, daß man uneinig ist, und anderen in Liebe zu zeigen, wie der Mythos für uns funktioniert.

Selbst innerhalb jeder Konfession wird es immer Meinungsverschiedenheiten darüber geben, was wichtig im Mythos ist und ob dieser oder jener Aspekt wörtlich zu verstehen ist. Die Inquisition löste diese Probleme mit Gewalt. Die römische Kirche kriminalisiert Andersdenkende nach wie vor. Sie schreibt eine abstrakte, wörtliche Formel vor, ohne Rücksicht auf die Grundwahrheit, daß wir Gott in sich nicht kennen und nicht kennen können. Die Formel wird wichtiger als der Mythos und führt dazu, daß der Mythos ungenießbar und schließlich unannehmbar wird.

Wenn sich die Christen einmal über den Mythos einigen und vereinbaren, manche seiner Auslegungen und Entwicklungen unterschiedlich zu sehen, steht es dem Christentum offen, respektvolle Beziehungen zu anderen Weltreligionen zu entwickeln. Radhakrishnan schreibt in *Recovery of Faith* (Der wiedergefundene Glaube): »Die Unterschiede zwischen den Religionen scheinen wichtig zu sein, weil wir die Grundwahrheiten unserer eigenen Religionen offenbar nicht kennen«, und zitiert den Gründer von Pennsylvania, den Quäker William Penn: »Die demütigen, sanftmütigen, barmherzigen, gerechten, frommen und ergebenen Seelen gehören überall zu einer Religion; und wenn der Tod die Maske abgenommen hat, werden sie einander erkennen, obwohl die verschiedenen Livreen, die sie tragen, sie hier wie Fremde erscheinen lassen.«

Der Mythos des von Christus gestifteten Kultes

Jesus hat keine Kirche geplant. Daraus folgt, daß er keinen Kult und keine Hierarchie nach seinem Tode plante. Er war kein Priester; die einzige Priesterschaft, die er kannte und achtete, war die jüdische. Er sagte das Ende und den Wiederaufbau des Tempels in einer mächtigen Tat Gottes voraus, aber er dachte nicht an eine christliche Priesterschaft. Es gibt keine Anzeichen dafür, daß er seinen Tod als Opfer in einem kultischen Sinn sah. Es war der vierte Evangelist, der schrieb, daß Jesus starb, als das Paschalamm geschlachtet wurde. Es war der Autor des Hebräerbriefes, der Jesus als den Großen Hohenpriester im neuen, himmlischen Heiligtum darstellte.

Die Kirche schafft einen Kult

Jede Religion braucht ihren Kult; und der Kult, der den auf jüdischer Mythologie aufbauenden Jesus-Mythos ritualisiert und feiert, hat erwiesene Kraft. Er umfaßt die Eucharistie, ein auf dem jüdischen Paschamahl basierendes Mahl, obwohl es unwahrscheinlich ist, daß Jesus mit seinen Jüngern ein Paschamahl feierte, bevor er starb.

Der mythische Kult – Zeremonien, Sakramente, Priester – entsprang den Reaktionen seiner Jünger auf ihre wechselnden Lebensumstände in verschiedenen Zeiten und an verschiedenen Orten. Zuerst war es ihr Hauptproblem, daß er nicht bald zurückgekommen war. Später war der Bruch vom Judentum nach der Zerstörung Jerusalems ein zweites Problem; hätte Jesus das vorausgesehen, was nicht der Fall war, so hätte es ihm das Herz gebrochen. Sein Weinen über Jerusalem macht anschaulich, was er für die Heilige Stadt empfand.

Von dieser Warte her sehen viele Streitfragen unter Christen ganz anders aus. Hat Jesus sieben Sakramente »eingesetzt« oder zwei oder drei? Sah er einen Papst und eine Hierarchie vor oder nur Älteste? Beschloß er ein für allemal, daß Frauen nicht Priesterinnen sein können, oder ließ er die Frage offen? Die Fragen werden behandelt, als könnten sie historisch gelöst werden statt mythisch. Da Jesus keine Kirche gründete, setzte er keine Priesterschaft oder Sakramente ein. Die zwölf waren Israel, nicht die ersten christlichen Bischöfe. Die Kirche war die *Ekklesia* Israel, die Gemeinde des Alten Bundes mit Gott, das ganze Volk Israel, die Gemeinschaft der letzten Tage. Sie war ebensowenig eine christliche Institution, wie Jesus selbst Christ war. Die Kirche war eine eschatologische Sekte innerhalb des Judentums, die sich nur dadurch unterschied, daß sie die baldige Rückkehr des gekreuzigten Messias in Herrlichkeit erwartete. Deshalb gingen die Jünger nach der Erfahrung der Auferstehung in Galiläa zurück nach Jerusalem, um dort das Ende abzuwarten. Jerusalem mit seinem Tempel war der Brennpunkt der Gottesherrschaft, die sehr bald erscheinen sollte. Außerdem lasen sie weiterhin die einzige heilige Schrift, die sie hatten, nämlich die hebräische Bibel, und suchten darin Prophezeiungen über Jesus Christus, um ihn besser zu verstehen.

Die Mythologie der Taufe

Die meisten Christen glauben, daß Jesus die Taufe eingesetzt hat, obwohl sie sich nicht einig sind, wann. War es vor seinem Tod? Nach der Auferstehung und vor der Himmelfahrt? Nach der Himmelfahrt durch den verherrlichten Christus? Katholiken haben ein besonderes Problem, weil die römische Kirche die Taufe auf den Vater, den Sohn und den Heiligen Geist als Grundlage aller Sakramente lehrt. Da sie behauptet, die zwölf seien die ersten Bischöfe gewesen, müssen diese beim heiligen Abendmahl geweiht worden sein und die heilige Kommunion empfangen haben. Es gehört eine Reihe Wunder dazu, zu erklären, wie sie das Merkmal der Weihe ohne das Merkmal der Taufe empfangen konnten und so weiter.

Tatsächlich wurde die Taufe nicht von Christus eingesetzt; sie war ursprünglich ein jüdisches Bußbad, das vom ersten Lehrer Jesu, Johannes, übernommen und der neuen Situation angepaßt wurde. Die ersten Christen wurden durch die Taufe Mitglieder einer heiligen, eschatologischen Gemeinde Israels, um für das Ende bereit zu sein. Erst später kam der Gedanke auf, auf Tod und Auferstehung Christi zu taufen. Dies war gute Mythologie, aus der die Theologen allzu oft sehr schlechte Theologie gemacht haben. Wie die Genesis absurd wurde, sobald sie von der Kirche als eine Folge abstrakter Aussagen über Vater und Mutter der Menschheit gedeutet wurde, so wurde der christliche Mythos einer neuen Genesis in Christus, dem neuen Adam, von Päpsten und Theologen ebenfalls dumm wörtlich genommen.

Adam war kein Mann am Anfang der Menschheit, der zum erstenmal Tod in die Welt brachte und die gesamte Menschheit mit seiner Sünde ansteckte, die bei der Geburt weitergegeben wird. Der Tod gehörte von Anfang an zu dieser Welt. Die standhafte Weigerung christlicher Führer, das Offensichtliche zu akzeptieren, beleidigt die Intelligenz aller Gläubigen. Es gab nie einen repräsentativen Menschen mit großen geistigen und körperlichen Gaben, der sozusagen uns alle in einen sündigen Schlamassel gebracht hat. Die Kirche klammert sich hieran, um zu erklären, wie ein Mann die Sünde eines anderen rückgängig machen konnte. Dieses Problem stellt sich nicht, wenn man sieht, daß beide zu Mythen gehören.

Die Menschheit begann nicht mit einer so schrecklichen Sünde, daß sie einen göttlichen Erlöser brauchte. Das Christentum versucht noch immer, mit diesem Fehler fertig zu werden. Er hat zu einem tiefen Pessimismus geführt. Ein mittelalterlicher Mönch gab 1154 an, er habe 30 000 Seelen sterben sehen, von denen als einziger der heilige Bernhard direkt in den Himmel einging. Drei gingen in die Besserungsanstalt Fegefeuer, der Rest an den bösen Ort. Es war eine stehende Redewendung, daß Seelen in die Hölle hinabfuhren wie Schneeflocken in einem Sturm.

Tatsächlich gab es so etwas wie Ursünde im Sinn eines Erbes von Adam nicht; die Vorstellung besudelt den Sex, die Fortpflanzung und jedes Neugeborene. Noch heute wird ein Baby bei der Taufe »exorziert«, als müsse man Dämonen aus ihm austreiben, nachdem es im Schoß einer Frau genährt worden ist. Die Lektion scheint zu sein: Geburt ist schlecht; Wiedergeburt ist gut. Beim Taufritus wird ein ansonsten sicher geistig normaler Erwachsener anstelle des Kindes gefragt, ob er dem Satan und all seiner Bosheit und all seinen Verlockungen widersagt. Er antwortet mit ernstem Gesicht, das zu der Komik des Anlasses nicht paßt: »Ich widersage.«

Es täte dem gegenwärtigen Taufritus gut, zu einer Art Weihe eines sündenlosen Kindes umgestaltet zu werden, das in eine herrliche und sündenbeladene Welt geboren wird. Kein Spiel, das Kleinkinder spielen, ist so infantil wie die heute übliche Taufe. Wie George Bernard Shaw einmal sagte, ist die Mehrheit christlicher Rituale unvertretbar. Die meisten Menschen ziehen weltliche Zeremonien vor, »nicht weil sie areligiös sind, sondern weil sie im Gegenteil zu religiös sind, um in den feierlichsten Momenten ihres Lebens ertragen zu können, daß ein Kleriker Dinge sagt, die sie nicht glauben und die er nicht glaubt, es sei denn, er wäre schwachsinnig«. Shaw ging recht gern in Kirchen, aber nur, wenn sie leer waren. Er konnte nicht verstehen, wie Christen schöne Gebäude errichten und dann solche barbarischen Gottesdienste in ihnen dulden konnten.

Über die Jahrhunderte haben sich christliche Theologen als ebenso glänzende Satiriker gezeigt wie Shaw und Butler, wenn auch ohne Wissen um ihre Talente. Nachdem sie den Mythos der Taufe wörtlich verstanden haben, versuchen sie einige der unmöglichen Rätsel zu lösen, die sich daraus ergeben.

Die Erbsünde ist zum Beispiel eine Sünde der Natur. Sie wird angeblich mit der Natur weitergegeben, die wir über unsere Eltern von Adam erhalten. Gleichzeitig lehrt die Kirche, daß die Seele direkt von Gott geschaffen wird und daß die Sünde in der Seele ist. Wie kann die Sünde von Adam weitergegeben werden, wenn sie in der Seele ist und die Seele direkt von Gott kommt?

Die meisten Menschen auf der Welt sind keine Christen und daher nicht getauft. Wie wird ihnen ihre Erbsünde abgewaschen? In früheren Zeiten lautete die Antwort: Gar nicht, sie sterben in Erbsünde, der sie eine Vielzahl aktueller Sünden hinzugefügt haben. Später, in barmherzigeren Zeiten, begannen Christen zu sehen, daß erwachsene Heiden, die versuchen, gut zu sein, nicht verdammt werden sollten. Eine Tat der Liebe genügt, um sie von der Erbsünde zu reinigen. Da jedoch die Mehrheit aller Menschen im Kindesalter stirbt, blieb das Problem, wie sie gerettet werden können. Die Antwort lautete: Gar nicht. Ohne Taufe, ohne die Möglichkeit zu einer Tat der Liebe waren Babys für alle Ewigkeit zur Hölle verdammt. Auch dies wurde im Lauf der Zeit gemildert; sie konnten nicht in den Himmel, aber Gott würde sie in der Hölle auch nicht bestrafen. Ein besonderer Teil der Hölle namens Limbo wurde für sie reserviert, wo sie eine Art natürliches Glück hatten. Mit einem Wort, sie lebten ewig als zufriedene Heiden.

Dies sind einige der absurden Folgen, wenn ein Mythos wörtlich genommen wird.

Die größte Gefahr hierin ist, daß es Eltern, deren Kinder tot geboren werden oder vor der Taufe als Säuglinge sterben, sehr große Not bereitet. Stellen wir uns das Schicksal von zwei Babys vor, die bei Autounfällen sterben; das eine stirbt auf dem Weg zur Taufe und kommt in die Limbo, das andere stirbt auf dem Rückweg von der Taufe und kommt in den Himmel. Die Kirche erzählt den Eltern, da das erste mit Erbsünde auf seiner Seele gestorben sei, könne es nicht in den Himmel eingehen. Es wird bestenfalls in ein natürliches Glück in der Limbo eingehen, wo es nicht einmal Babysitter gibt.

Vor über 20 Jahren schrieb ich in *Christ and Original Sin* (Christus und die Erbsünde), daß bei der Erbsünde nicht die Menschheit die Sünde eines einzelnen erbt, sondern der einzelne die Sünde – und die Herrlichkeit – der Menschheit. Der Mythos anerkennt einfach, daß kein Mensch eine Insel ist. Genauer gesagt, jeder von uns wird in eine Gemeinschaft mit positiven und negativen Aspekten hineingeboren. Das Negative kann überwiegen, zum Beispiel wenn ein Kind Eltern hat, die Drogen nehmen, rauchen oder exzessiv trinken. Doch die Taufe wäscht nicht die Sünde ab; sie ist ein kultischer Ausdruck der Tatsache, daß es eine Gemeinschaft von Gläubigen gibt, eine Zone der Güte, die für die Güte der Welt steht, in der ein Kind, jedes Kind hoffentlich, den Trost Gottes in Christus finden kann.

Was das Baby betrifft, das ungetauft stirbt, so sagen mir viele Priester, daß etwas, das ich in *Christ and Original Sin* geschrieben habe, viele Eltern getröstet hat. Das sterbende Baby braucht keine Taufe. Die Taufe ist das Sakrament der Lebenden, nicht der Sterbenden. Das Baby stirbt daher nicht *in* Erbsünde, sondern *aus der* Erbsünde *heraus*.

Päpste und Bischöfe sind in letzter Zeit normalerweise nicht grausam gewesen. Ich kann nur annehmen, daß ihre Weigerung, diese humane Lösung eines dornigen Problems zu akzeptieren, eine ungute Erklärung hat. Würde man die Gläubigen lehren, daß sterbende Babys keine Taufe brauchen, so würden sie daraus schließen, daß Abtreibung doch nicht so schlimm sei. Sie könnten sie dann mit gutem Gewissen anwenden, in dem Wissen, daß sie zwar den Leib, nicht aber auf irgendeine Weise für ewig die Seele töteten. Um also Befürworter der Abtreibung in Schach zu halten, ist es besser, daß unglückliche Eltern, deren Babys auf natürliche Weise gestorben sind, leiden. Ein feinsinniger Theologe könnte sogar argumentieren, daß gute Eltern durch ihr unschuldiges Leiden vielleicht das Leben anderer Kinder retten, die sonst abgetrieben würden. »Gottes Wege sind unerforschlich.«

Das Festhalten daran, daß die Taufe eine Vorbedingung für Babys ist, um in den Himmel zu kommen, hat Folgen gezeitigt. Katholische Ärzte und Krankenschwestern werden gelehrt, daß sie in Notfällen Babys mit einer Spritze im Mutterleib taufen sollen, womit sie der natürlichen Angst einer Mutter neues Entsetzen hinzufügen. Ein nasser Finger reicht für die Gültigkeit nicht aus, weil das Wasser von Körperteilen der Mutter abgewischt werden könnte. Noch bizarrer ist, daß der Heilige Stuhl erlaubt, freilich nicht verlangt, wie er logischerweise sollte, daß Fehlgeburten getauft werden. In *The Catholic Nurse and the Dying* (Die katholische Krankenschwester und die Sterbenden) schreibt Pater W. S. Bowdern: »Wenn der Embryo erkennbar ist, nehmen Sie ihn in die Finger, zerreißen Sie die Membranen, und tauchen Sie ihn in das Wasser, und heben Sie ihn wieder heraus, während Sie die Taufformel sprechen.« Sieht die Schwester nur einen Blutklumpen, muß auch dieser getauft werden. Ebenso, wenn die Fehlgeburt zwei oder mehr Köpfe hat. Es werden Anweisungen gegeben, wie sie dabei vorgehen soll, alles in der ruhigen Gewißheit, daß Jesus genau dies im Sinn hatte, als er das Sakrament der Wiedergeburt »einsetzte«.

Die Mythologie der Eucharistie

Was die Eucharistie betrifft, so sind Päpste und Theologen nicht weniger »buchstäblich« gewesen.

Sie wurde tatsächlich nicht von Christus eingesetzt. Er hatte keine Absicht, irgend etwas einzusetzen. Sie kam wahrscheinlich in den frühchristlichen Gemeinden auf und beruhte zum Teil auf seinen Mahlzeiten mit Sündern, zum Teil auf dem Abschiedsessen Jesu beim Abendmahl. Mit der Zeit entwickelte sie sich zu einem Mahl, bei dem alle Glieder der neuen Gemeinde Freude erlebten, weil sie wußten, daß sie bald das Ende sehen würden. In der weiteren Entwicklung wurde sie ein sakramentales Mahl in Gemeinschaft mit dem geopferten und auferstandenen Christus.

Dies ist gute Mythologie, aber es liefert keine Munition für den

Kampf verschiedener Konfessionen. Manche glauben, die Worte »Dies ist mein Leib ... dies ist mein Blut« bedeuten, daß das Brot nach der Konsekration nicht mehr Brot ist, sondern der Leib Christi. Dann versuchen sie zu erklären, wie das Brot, das aussieht, schmeckt, riecht, sich anfühlt und nährt wie Brot, in den Leib Christi verwandelt worden ist. Natürlich ist das ehemalige Brot außerdem das Blut, die Seele und Gottheit Christi, weil er nicht in Leib und Blut geteilt werden kann, nicht nach der Auferstehung. Man ist sprachlos vor solch schwachsinnigen Folgen wie diesen. Als wenn Jesus, der nie eine Kirche gründen wollte, direkt vor seinem Tod eine Methode erfand, sich durch ein Wunder in Brot und Wein zu begeben, ohne daß es so aussah. Das war ein schlauer Schachzug seinerseits, denn Ungläubige, die die heiligen Elemente sehen, würden nie ahnen, daß es nur scheinbar Brot und Wein ist, in Wirklichkeit aber sein Leib und Blut.

David Hume erzählt in seiner *Natural History of Religion* von einem jungen Türken, der als Gefangener nach Paris gebracht wird. Die Doktoren der Sorbonne wollen nicht, daß er aus Mangel an Unterweisung verdammt wird, und geben dem armen Mustafa einen Theologiekurs. Dazu gehört die Belehrung über Trinität und Transsubstantiation sowie die Verheißung einer Menge Wein in diesem Leben und des Paradieses im nächsten. Diese Aussicht findet er unwiderstehlich, und er bittet um Aufnahme in die Kirche. Nach seiner Aufnahme fragt ihn sein Lehrer strahlend: »Nun, Benedikt (sein Taufname), wie viele Götter gibt es?« »Keinen, Hochwürden.« »Was soll das heißen, *keinen?*« sagt sein Lehrer stirnrunzelnd. »Nun, Hochwürden, Sie selbst haben mich gelehrt, daß es nur einen Gott gibt, und den habe ich gestern gegessen.«

Hume war kein Dummkopf. Er hatte die katholische Lehre zur Eucharistie studiert und für götzenanbeterisch befunden. Er meinte, künftige Generationen würden nie glauben, daß je ein Zweibeiner etwas so Ungeheuerliches glaubte wie die Realpräsenz von irgend jemandem in der Eucharistie.

Die Eucharistie ist ein Sakrament, das heißt ein heiliges Zeichen. Dies hätte jeden davon abhalten sollen, etwas so Komisches zu sagen, wie daß das Brot aufhört, Brot zu sein – das steht gewiß nicht in den Evangelien – und in Christus transsubstantiiert wird, das heißt, Christus tritt an die Stelle, wo das Brot nicht mehr ist. Offizielle römische Dokumente erklären, das Brot sei nach der Konsekration nicht mehr Brot, sondern Leib und Blut, Seele und Gottheit Christi.

Theologen der Eucharistie verstanden das Sakrament wörtlich und stellten dann äußerst abstruse Fragen. Angenommen, Christus war ein mittelgroßer Mann, wie bringt er es dann fertig, sich sozusagen in das Brot hineinzuzwängen? Wenn er im Himmel ist – wo immer das auch sein mag –, vollzieht er die Bilokation, um auch im Brot zu sein? Vielmehr die Proliferation statt die Bilokation, da er in jeder der Millionen Hostien ist, die je auf der Erde konsekriert werden. Ist er nur einmal in jeder Hostie (oder dem Inhalt jedes Kelches) oder mehr als einmal? Die Frage stellt sich infolge der Tatsache, daß ein Stück Brot keine einzelne Substanz ist wie ein Mann oder ein Papagei, sondern aus vielen Teilen besteht. Ist er unzählbar oft in jeder Hostie gegenwärtig? Gewiß ist er, wenn eine Hostie entzweigebrochen wird, in beiden Hälften gegenwärtig. Jeder, der eine halbe Hostie empfängt, empfängt Christus nicht halb, sondern ganz, denn natürlich bricht der Priester nicht Christus selbst, wenn er die Hostie bricht. Bis vor kurzem unterzog ein Priester nach dem Austeilen der Kommunion all seine Gefäße, seine Hände, selbst das Altartuch einer mikroskopischen Inspektion, damit bestimmt kein Krümel einer Hostie zurückblieb, denn das bedeutete, den ganzen Leib, Blut, Seele und Gottheit in einem Krümel auf dem Altar zurückzulassen. Und wann ist ein Krümel kein Krümel? Dies ist eine ernste Frage. Wann hat er aufgehört, groß genug zu sein, um das Vehikel für den Leib Christi in der Kommunion zu sein? Manchmal brechen Priester recht kleine Hostien in ein halbes Dutzend Stücke; gibt es da keine Grenze? Wo ist diese Grenze? Und ist der Akt des Brechens gleichbedeutend mit einer weiteren Transsubstantiation, oder ist diese das Ergebnis der ersten – aber wie ist dies dann zu erklären? Und wenn jemand die Hostie schluckt, wie lange ist Christus dann in ihm? Wirken die Verdauungssäfte als eine Art Rückwärts-Transsubstantiation, so daß Jesus den Kommunizierenden schließlich verläßt und zum Himmel »zurückkehrt«? Die Theologen müssen sogar Hegels Spöttelei ernst nehmen, daß sie eine Maus, wenn sie eine geweihte Hostie angeknabbert hat, anbeten müssen – wenigstens für eine Weile. In T. F. Powys Kurzgeschichte *Mr. Pym and the Holy Crumb* (Herr Pym und der heilige Krümel) geschieht genau dies. Eine Maus empfängt einen heiligen Krümel. Die Theologen müssen erklären, wie man auf dieses bewegliche, nagende Tabernakel reagieren soll. Nicht weniger schwierige Probleme hatten sie mit der Wirkung der Weiheformel auf Hostien, die vom Sakristan übersehen wurden und nicht auf dem Altar waren. Angenommen, die Altarbrote für die Gemeinde wurden in der Sakristei vergessen oder auf dem Kredenztisch? Waren sie in die Weihe der Hostie für den Priester einbezogen? Moraltheologen debattierten tatsächlich darüber, wie nah die Hostien sein mußten, um in Christus transsubstantiiert zu werden. Man einigte sich allgemein darauf, daß sie gewöhnliches Brot blieben, wenn sie nicht in Rufweite waren, und daß es deshalb nicht sicher war, sie Kommunizierenden als Leib und Blut Christi zu verabreichen.

Der Vatikan produziert weiterhin brillante Satiren über seine eigene Position. Einige Jahre lang buken Nonnen die Hostien wegen einer Bauchkrankheit, von der ein Zweitausendstel der Bevölkerung betroffen war, ohne Gluten. Die Betroffenen sind allergisch gegen dieses Protein, das in Substanzen wie Weizen vorkommt. Das Gluten greift den Dünndarm an und macht sie sehr krank.

Die Glaubenskongregation unter Kardinal Ratzinger mußte nicht nur entscheiden, wann Brot *nach* der Konsekration nicht Brot ist, sondern wann Brot *vor* der Konsekration nicht Brot ist. Dies kommt dem gar schrecklichen Problem gleich, das sich den Theologen stellte, als auf dem amerikanischen Doppelkontinent Schokolade entdeckt wurde: Um zu beurteilen, ob man sie an Fastentagen zu sich nehmen dürfe, mußten sie zuerst entscheiden, ob sie zum Trinken oder zum Essen war. Wie dem auch sei – sie befanden, sie sei ein Aphrodisiakum und daher für Priester und Nonnen verboten.

Zweifellos mit der Autorität Christi erklärte Ratzinger feierlich, Brot ohne Gluten sei nicht mehr Brot. Vielleicht transsubstantiierte es in etwas anderes. Folglich befahl er den Nonnen, das Backen glutenfreier Oblaten einzustellen. Die Allergiker mußten entweder riskieren, sehr krank zu werden, oder auf die Kommunion verzichten. Ein junges Mädchen in meiner Gemeinde mußte mehrere Monate auf die Kommunion verzichten, bis man arrangierte, daß sie in einem eigens für sie gefertigten kleinen Kelch etwas von dem Wein bekam. Übrigens beschied die Glaubenskongregation ihr und allen Glutenallergikern, daß ihre früheren, glutenfreien Kommunionen ungültig waren.

Man hat gelernt, über die Trivialisierung des Heiligen durch die Glaubenskongregation nicht mehr überrascht zu sein. Nichts, das Jesus unter dem Begriff Pharisäertum angriff, ist destruktiver für echte Religion als dies.

Die katholische Kirche befand vor langer Zeit offiziell, daß Jesus gegorenen Wein zur Messe verlangt, wenn er sich in ihn transsubstantiieren soll. Gewöhnlicher Traubensaft ist nicht geeignet, Christus zu werden. Deshalb können Priester die Eucharistie zum Beispiel nicht mit dem ortsüblichen Getränk zelebrieren. Sie müssen sich an Maßstäbe halten, die Jesus gesetzt hat, wohl beim Abendmahl, und die die Kirche unfehlbar präsentiert.

Die römische Kirche hält weiter daran fest, daß Sakramente immer wirksam sind. Sie wirken *ex opere operato,* das heißt automatisch und unfehlbar, wann immer die richtigen Formeln und Materialien verwendet werden, vorausgesetzt, der Zelebrant will tun, was er nach dem Willen der Kirche tun soll – gleichgültig, wie sündig er ist. Wird hingegen das falsche Material verwendet, haben die Sakramente nicht die geringste Wirkung – gleichgültig, wie heiligmäßig der Priester ist.

Bei der Eucharistie hat dies unerfreuliche Konsequenzen. Zum Beispiel konnten Priester in Konzentrationslagern ihrer Gemeinde keine Messe halten. Dies beraubte sie der wichtigsten Tröstung ihres Glaubens, denn erwartungsgemäß weigerten sich ihre Bewacher, selbst Katholiken Wein aus Trauben zu geben. Einer meiner Freunde, der Priester und Alkoholiker ist, kann keine Messe zelebrieren, weil er nicht einmal eine symbolische Menge Alkohol trinken kann, ohne wieder unter dessen Einfluß zu geraten.

Es ist tröstlich, zu lesen, daß Las Casas, einer der größten Männer seiner Zeit und als erster Priester 1510 in der Neuen Welt ordiniert, keinen Wein für seine Primiz hatte; dieser war noch nicht aus Spanien eingetroffen. Er zelebrierte deshalb ohne ihn. In den Augen der Kirche, wenn auch nicht in den Augen Gottes, war Christus nicht in der Eucharistie gegenwärtig, und die Kommunion, die Las Casas austeilte, war gewöhnliches Brot. Warum? Weil seine Absicht, ohne Wein die Messe zu feiern, das Ganze ungültig machte.

Es ist jedoch Zeit, all diese kontroversen Kinkerlitzchen beiseite zu lassen, um den christlichen Glauben und den Kult, der ihn feiert, als Mythos zu akzeptieren. In der Eucharistie kommuniziert man sakramental mit Christus, der noch heute sagt: »Sooft ihr die Hungrigen und Durstigen speist, speist ihr mich.« Die Theologen Südamerikas haben diesen Text mit der Messe kombiniert und den Mythos mit Recht auf die Befreiung der Armen ausgeweitet. Für sie ist die Eucharistie ein Ruf nach sozialer Gerechtigkeit. Dies war der Kontext, in dem die lateinamerikanischen Bischöfe 1979 in Puebla sagten: »Gottes Liebe muß für uns heute vor allem ein Werk der Gerechtigkeit für die Unterdrückten sein, ein Mühen um Befreiung für die, die ihrer am meisten bedürfen.« Es beweist, daß der Jesus-Mythos noch immer lebendig ist, zumindest in Teilen Südamerikas.

Die Sprache der Eucharistie

In der Zeit des Neuen Testaments sprach man von dem Essen des Brotes, das für den Leib Christi stand, und vom Trinken des Weines, der für sein vergossenes Blut stand, als Essen des Leibes und Trinken des Blutes. Mit pädagogischer Sturheit und Beschränktheit läßt Johannes Jesus die Juden ärgern, ohne sie zu erleuchten. Sein Jesus wiederholt eins ums andere Mal, wer nicht sein Fleisch esse und sein Blut trinke, habe das Leben nicht. Ignatius von Antiochia, einer der frühen Märtyrer, ging sogar noch weiter und sprach davon, den Leib Christi zu zernagen, wie ein Löwe seine eigenen Knochen im Kolosseum zermahlen sollte. Dieser grobe, mißtönende Realismus ging nicht auf Jesus zurück, der ihn als Jude entsetzlich gefunden hätte, nicht einmal auf die frühchristliche Gemeinde. Es ist eine Sache, zu sagen, wir essen Brot, das der Leib Christi ist, und eine ganz andere, zu sagen, wir essen den Leib Christi. Es ist eine Sache, zu sagen, wir trinken den Kelch mit Wein, der das Blut Christi ist, und eine ganz andere, zu sagen, wir trinken das Blut Christi.

Das Sakrament der Priesterweihe

Wenn Jesus keine Kirche gründete, sah er offensichtlich keine Priesterschaft des Neuen Testaments vor. Noch weniger legte er harte, feste Regeln zur Handhabung der priesterlichen Macht fest. Die Aussage, eine oder die andere Kirche wisse genau, was Jesus an Materie, Form und Absicht verlangt, damit das Sakrament der Priesterweihe gültig ist, ergibt keinen Sinn. Natürlich setzt jede Kirche Regeln fest, um Priester ihres Kultes zu wählen und zu beauftragen. Es wäre weiser, nicht daran festzuhalten, daß all dies die ausdrückliche Absicht Jesu, des Gottessohnes war.

Ein Alptraum, der sich aus dem katholischen Sakramentalismus ergibt, ist, daß ein abtrünniger Priester selbst ohne Glauben weiterhin als Priester wirkt. Er ist Priester auf ewig, was bedeutet, daß seine Seele mit dem unauslöschlichen Merkmal der Priesterschaft gezeichnet ist. Nicht der Papst, nicht einmal Jesus oder Gott können dieses Zeichen tilgen. Es ist untilgbar. Es fährt mit einem sündigen Priester zur Hölle.

Deshalb kann ein ehemaliger Priester weiterhin gültige Messen zelebrieren. Jedesmal, wenn er das tut, konsekriert er Brot und Wein, wodurch sie zu Leib und Blut Christi werden. Vor vielen Jahren habe ich einen französischen Film gesehen, *Le Défroqué*. Darin geht ein ehemaliger Priester zum Abendessen mit einem frommen Katholiken, der ihn mit seiner übertriebenen Frömmigkeit ärgert. Um sich zu rächen, bestellt er beim Kellner eine riesige Karaffe Wein. Er spricht die Weiheformel darüber und geht. Der arme, fromme Katholik bleibt zurück, um sozusagen reinen Tisch zu machen. Er kann das Blut Christi nicht den Kellnern überlassen, und so versucht er, die ganze Karaffe allein auszutrinken. Es ist unklar, was er getan hätte, wenn *le défroqué* aus Ärger oder Bosheit beschlossen hätte, in eine Bäckerei zu gehen, *Hoc est enim corpus meum* auszurufen, dann zum Weinhändler nebenan und *Hoc est enim sanguis meus* zu rufen. Die Realpräsenz wäre erheblich vervielfacht gewesen.

Ich bin einmal zum katholischen Priester geweiht worden. Ich glaube nicht, daß dies ein bleibendes Zeichen oder eine geistliche Narbe auf meiner Seele hinterlassen hat. Solche Dinge können mit Seelen nicht geschehen. Auch glaube ich nicht, daß die Weihe durch einen Kardinal mir die Macht gegeben hat, die Substanz von Brot und Wein in den Leib und das Blut Christi zu verwandeln. Nicht einmal geheiligte Worte können physikalische Realitäten ändern, auch nicht metaphysisch. Darum glaube ich nicht, daß irgend etwas Geistiges oder Materielles mit dem Brot geschehen würde, wenn ich in eine Bäckerei ginge und riefe: »Dies ist mein Leib.« Ich beschließe diesen Abschnitt mit dieser Meinung, die für meine Mitkatholiken sehr tröstlich sein sollte.

Eine letzte satirische Note

Am allerbesten wurde die unerschöpfliche Eignung der Religion zur Satire im Oktober 1990 von Johannes Paul II. persönlich vorgeführt. Er erlaubte, daß zwei verheiratete Männer ordiniert wurden, mit der Auflage, daß sie *wie Bruder und Schwester* mit ihrer Frau zusammenlebten, was auf vatikanisch »ohne Geschlechtsverkehr« bedeutet. Einer der Männer war über siebzig wie Johannes Paul selbst.

Dies wird wahrscheinlich einen ganz neuen Bereich der Kasuistik eröffnen. Darf der verheiratete Priester im selben Haus, Zimmer, Bett schlafen wie seine Frau? Wenn er in seine frühere Gewohnheit zurückverfällt, Geschlechtsverkehr mit ihr zu haben, der jetzt verboten ist, welche Art von Sünde ist das? Ist es eine Sünde gegen die Ehe oder eine Sünde des Ungehorsams gegenüber dem päpstlichen Erlaß, der ihm den sexuellen Verkehr mit seiner Frau verbietet? Ist es eine Todsünde oder eine läßliche? Zwar ist der volle Geschlechtsakt verboten, aber wie steht es mit dem Coitus interruptus ohne Samenerguß oder mit Liebesspiel oder mit leidenschaftlichem Küssen, vorausgesetzt, ein Siebzigjähriger bringt diese Dinge fertig? Wenn die Frau ihre ehelichen Rechte einfordert, ist ihr priesterlicher Gatte dann verpflichtet, dem nachzukommen, und wenn ja, muß er sich dann bemühen, keine Lust dabei zu empfinden?

Der Papst hat etwas Bemerkenswertes, wenn auch Verrücktes getan: Er hat eine neue Sünde erfunden. Oder vielmehr eine alte wiedererfunden. Denn diese Disziplin wurde in der frühen Kirche ausprobiert. Sie scheiterte damals, und angesichts der eucharistischen Hungersnot und faktischen Exkommunikation von Millionen römischer Katholiken wird sie nicht einmal wieder scheitern, sondern bedeutungslos sein.

Das Schlimmste an dieser Entscheidung ist, daß Rechte und Würde der Frau von einem männlich-chauvinistischen klerikalen System wieder einmal mißachtet werden.

Anmerkungen

Georg Denzler: Die Frau als Untergebene des Mannes

[1] Erich Fromm, Märchen, Mythen, Träume, Zürich 1957, S. 197.
[2] Johannes Leipoldt, Die Frau in der antiken Welt und im Urchristentum, Gütersloh 1962, S. 35.
[3] Ernest Borneman, Das Patriarchat. Ursprung und Zukunft unseres Gesellschaftssystems, Frankfurt/M. 1975, S. 198.
[4] Gerda Weiler, Ich verwerfe im Lande die Kriege. Das verborgene Matriarchat im Alten Testament, München 1985, S. 128.
[5] Diese Vorstellung kehrt später bei Theologen der Scholastik wieder.
[6] Johannes Leipoldt, a.a.O., S. 85 f.
[7] Werner Schöllgen, Die soziologischen Grundlagen der katholischen Sittenlehre, Düsseldorf 1953, S. 141.
[8] Sidney C. Callahan, The Illusion of Eve, New York 1965, S. 37.
[9] Vgl. Josef Burri, »als Mann und Frau schuf er sie«. Differenz der Geschlechter aus moral- und praktisch-theologischer Sicht, Zürich 1977, S. 145 f.
[10] CSEL, Bd. 50, S. 243; vgl. Ida Raming, Der Ausschluß der Frau vom priesterlichen Amt. Gottgewollte Tradition oder Diskriminierung? Köln 1973, S. 52–54.
[10a] Ilsemarie Mundele, »Augustinus und Aristoteles und ihr Einfluß auf die Einschätzung der Frau in Antike und Christentum«, in: Jahrbuch für Antike und Christentum 22 (1979), S. 66.
[11] Hildegard von Bingen, Gott sehen, hrsg. von Heinrich Schipperges, München/Zürich 1985, S. 151.
[12] St. Teresa of Avila, Way of Perfection, übers. von E. Allison Peers, London 1977, S. 13.
[13] Irene Behn, Spanische Mystik, Düsseldorf 1957, S. 265.
[14] Christine de Pizan, »Das Buch von der Stadt der Frauen«, Berlin 1986, S. 94.
[15] Elisabeth Gössmann (Hrsg.), Das wohlgelahrte Frauenzimmer, München 1984, S. 30.
[16] Erasmus von Rotterdam, Colloquia familiaria. Vertraute Gespräche, hrsg. von Herbert Rädle, Stuttgart 1984, S. 17.
[17] Annegret Stopczyk, Was Philosophen über Frauen denken, München 1980, S. 60–67.
[18] Michael Dallapiazza, Minne, Hûsêre und das ehlich Leben. Zur Konstitution bürgerlicher Lebensmuster in spätmittelalterlichen und frühhumanistischen Didaktiken, Frankfurt/Bern 1981, S. 97 f.
[19] Dietrich Reichling (Hrsg.), Juan Luis Vives. Ausgewählte pädagogische Schriften des Desiderius Erasmus. Johannes Ludovicus Vives' pädagogische Schriften, Freiburg 1896, S. 380–409. Die Schrift, 1523 erstmals erschienen, erlebte 40 Auflagen und Übersetzungen.
[20] Friederike Höher, »Hexe, Maria und Hausmutter. Zur Geschichte der Weiblichkeit im Spätmittelalter«, in: Annette Kuhn/Jörn Rüsen (Hrsg.), Frauen in der Geschichte, Bd. 3, Düsseldorf 1983, S. 51.
[21] Martin Luther, Werke, Bd. 42, Graz 1964, S. 79.
[22] François Fénelon, Über die Erziehung der Mädchen, Paderborn 1956, S. 112.
[23] Arthur Utz/Brigitta von Galen, Die katholische Sozialdoktrin, Bd. 2, Aalen 1976, S. 1217.
[24] Herder-Korrespondenz 17 (1962/63) S. 479.
[25] LThK. Das Zweite Vatikanische Konzil, Bd. 3, S. 309

[26] Ebenda, S. 369.
[27] Gemeinsame Synode der Bistümer in der Bundesrepublik Deutschland. Beschlüsse der Vollversammlung, Bd. 1, Freiburg/Basel/Wien 1976, S. 633.
[28] Corinna Reinke, »Sie kämpfen für die Hälfte des Himmels«, in: Deutsches Allgemeines Sonntagsblatt (17.5.1987)
[29] Ebenda.

Eugen Drewermann: Jesus und die Kirche oder: Von Asche und Glut

[1] H. Hesse, Der Steppenwolf, S. 58–59.
[2] Ebenda, S. 69.
[3] Ebenda, S. 69–70.
[4] Ebenda, S. 61.
[5] Ebenda, S. 61–62.
[6] Vgl. S. Kierkegaard, Der Augenblick, Werkausgabe, Bd. 2, S. 562: »Aller Scharfsinn des ›Menschen‹ strebt auf Eines hin: daß er ohne Verantwortung leben könne. Des Pfarrers Bedeutung für die Gesellschaft sollte darin bestehen, daß er alles tut, um jeden Menschen ewig verantwortlich zu machen für jegliche Stunde, die er lebt, auch für das Geringste, was er sich vornimmt, denn das ist Christentum. Seine tatsächliche Bedeutung für die Gesellschaft aber ist die, daß er die Heuchelei deckt, indem die Gesellschaft die Verantwortung von sich weg dem ›Pfarrer‹ zuschiebt.«
[7] Vgl. O. Pfister, Das Christentum und die Angst, S. 175–181.
[8] Zu dem Gleichnis von Mt 18,21–35 vgl. J. Jeremias, Die Gleichnisse Jesu, S. 207–211; E. Linnemann, Gleichnisse Jesu, S. 111–119.
[9] Vgl. J. Jeremias, a.a.O., S. 29–35, S. 136–139; E. Linnemann, a.a.O., S. 87–94.
[10] Zur Stelle vgl. J. Gnilka, Das Matthäusevangelium, Bd. 2, S. 136–139, der vor allem die Nähe zu Qumran betont (1 QS 6,1; Dam 9,2–4) und dann hinzufügt: »Mt freilich sieht die Dinge anders und korrigiert die Praxis (sc. von 1 Kor 5; 2 Thess 3,6–15; 2 Joh 10; Did 15,3, d. V.) von *seinem* ekklesiologischen Konzept her ... Auf jeden Fall stellt er das Gleichnis vom verlorenen Schaf der Regel voran und läßt Aufforderungen zur Vergebung folgen. Zwar hat er das Verfahren aufgenommen und damit dessen Gültigkeit bestätigt. Doch verschiebt er den Akzent vom Rechtsdenken auf ein pastoral-ekklesiologisches Anliegen.« Doch was hilft's? »Jesus hatte sich den Zöllern vorbehaltlos geöffnet« (Bd. 1, S. 138). »Die Gemeinde war auf ihre Heiligkeit bedacht« (Bd. 1, S. 139). »Qumran bietet die nächste Analogie« (ebenda). H. Braun, Spätjüdisch-häretischer und frühchristlicher Radikalismus, Bd. 2, S. 27, fragt zu Recht: »Was steht ... anstelle der den Wandel festlegenden juridischen Institutionen der Sekte (sc. von Qumran)? Da steht der lebende Jesus, dessen Autorität beträchtlicher ist als die der führenden Sektenpersönlichkeiten. Darum geschieht das Lehren durch ihn ohne eine juridisch begründete Autorisierung, nicht durch ein Gremium oder durch eine Einzelpersönlichkeit mit juridisch festgesetzter Autorität.« M. a. W., das Christentum dürfte nie zu einer zentralistisch geführten Sekte entarten!
[11] Als Beispiele seien genannt die Fragen der Homosexualität oder der Ehescheidung; aber welche Frage der Moraltheologie kann da ausgenommen bleiben, wo es um die grundsätzliche Einsicht in die unüberwindliche Verlorenheit der menschlichen Existenz außerhalb der Gemeinschaft mit Gott geht?
[12] Zur Theologie der *Beichte* mit Berufung auf Mt 16; Joh 20 vgl. A. von Harnack, Lehr-

buch der Dogmengeschichte, Bd. 3, S. 593–600, der vor allem den überragenden Einfluß des hl. Thomas auf die katholische Praxis hervorhebt.

13 Insbesondere Can. 696–97 zeigt, wie die katholische Kirche in ihrem Rechtsbuch Mt 18,15–18 zu »aktualisieren« sucht.

14 Vgl. E. Fromm, Ihr werdet sein wie Gott, Gesamtausgabe, Bd. 6, S. 83–226, S. 179–190: Die Vorstellungen über Sünde und Buße, bes. S. 187, die Geschichte von Rabbi Eleasar ben Dordai.

15 Vgl. z. B. G. Lohfink, Wie hat Jesus Gemeinde gewollt?, S. 7, der gleich am Anfang es für »sinnlos« erklärt, »beim historischen Jesus nach einem förmlichen Stiftungsakt für die Kirche zu suchen«, dann aber meint, es sei »äußerst sinnvoll zu fragen, auf welche Weise Jesus Israel gesammelt und wie er sich die Gemeinschaft des wahren Israel vorgestellt hat«. Freilich entwickelt Lohfink dann ein kollektivistisches Idealgemälde von »Kirche«, das dem Bemühen Jesu gerade um die Rettung und Heilung *einzelner* im Matthäusevangelium eher widerspricht als entspricht. Zur Frage selbst vgl. H. Frankemölle, »Kirche«, in: P. Eicher (Hrsg.), Neues Handbuch theologischer Grundbegriffe, Bd. 2, S. 294–309. Vgl. ders., Jahwe-Bund und Kirche Christi, S. 84–158: Die Gemeindemitglieder als Jünger (Jesu); und S. 159–172: Die Gemeindemitglieder als Söhne (Gottes).

16 Bes. W. Trilling, Das wahre Israel, S. 124–163, der (S. 162) meint, Mt versuche, die »Eklesia Christi als das wahre *Volk Gottes* zu erweisen und mit ihm zu identifizieren«. Doch ist das die »Theologie« des Mt, nicht die Botschaft Jesu. Zur Gemeindesituation des Mt vgl. U. Luz, Das Evangelium nach Matthäus, I/1, S. 59–62, der vor allem auf die Verwurzelung des Mt im Gottesdienst hinweist (vgl. z. B. Mt 28,19) und damit die häufige Verwendung von Septuaginta-Zitaten bei Mt begründet und meint: »Wir vertreten ... die These, daß das Matthäusevangelium aus einer Gemeinde stammt, die von den wandernden Boten und Propheten des Menschensohns der Logienquelle gegründet worden ist und weiter in engem Kontakt mit ihnen steht. Die Überlieferungen von Q spiegeln also für die Gemeinde Erfahrungen aus ihrer eigenen Geschichte. Sie sind ›eigene Traditionen‹. – Zu dieser These paßt, daß das Matthäusevangelium zwar judenchristlich geprägt ist, aber den Herrenbruder Jakobus, der nach Jerusalem gehört, nur am Rande erwähnt (13,55). Mt hat eher mit den Teilen der Kirche Berührungen, die Petrus als zentrale Gestalt ansehen.« E. Schweizer, Matthäus und seine Gemeinde, S. 19–20, betont zu Recht »die enge Zusammengehörigkeit des Schicksals und Handelns Jesu mit dem seiner Jüngerschar«; so, wie schon in Mt 2 Jesus sich Verfolgungen ausgesetzt sieht, so die Gemeinde des Mt.

17 Vgl. J. Jeremias, Neutestamentliche Theologie, Bd. 1, S. 59, der zu Recht die *Geistmitteilung* bei der Taufe Jesu (Mt 3,16) als »prophetische Inspiration« deutet und (S. 81–84) Jesus wesentlich als »Propheten« kennzeichnet: »soviel wir wissen, fehlte Jesus die grundlegende Voraussetzung zum Schriftgelehrten, das theologische Studium« (S. 81). Und wie er über die *Priester* seiner Zeit dachte, zeigt Lk 10,25–37, das Gleichnis vom barmherzigen Samariter; vgl. J. Jeremias, Die Gleichnisse Jesu, S. 200–203.

18 Vgl. G. von Rad, Theologie des Alten Testamentes, Bd. 2, S. 27–38.

19 Vgl. A. Weiser, Der Prophet Jeremia, ATD 20, S. 61–64; S. 215–219.

20 Vgl. W. Trilling, Das wahre Israel, S. 32–40, S. 33–34; vgl. bes. die Verbindung von Kelch und Taufe in Mk 10,38 f. = Mt 20,22 f.

21 U. Luz, Das Evangelium nach Matthäus, I,1, S. 65, meint von den »Schriftgelehrten«: »Im Unterschied zu den Propheten (sc. die in der Q-Quelle als Wanderpropheten ihren festen Sitz haben, d. V.) werden sie vom Evangelisten redaktionell erwähnt

(13,52, vgl. 8,19; 23,34). Die Logienquelle sprach von den sophoi (sc. den Weisen, d. V.), die neben den Propheten zu Israel gesandt sind (23,34). Die Absicht des Mt ist es nicht, die Stellung der Schriftgelehrten in der Gemeinde besonders zu betonen. Im Gegenteil! Da ›einer euer Lehrer ist‹ (23,8) und ›alle‹ – auch die Schriftgelehrten – ›Brüder‹ und da die ganze Gemeinde Binde- und Lösegewalt hat (18,18), läuft die Mt-Tendenz daher darauf hin, die Schriftgelehrten als Glieder der Gemeinde einzuordnen.« – E. Schweizer, Matthäus und seine Gemeinde, S. 159–163: Die Frage des Amtes anerkennt wohl, daß es »faktisch immer eine bestimmte Gruppe von Gemeindemitgliedern gewesen sein (wird), durch die vor allem der Dienst des Lehrens geleitet worden ist«; aber die Gemeinde des Mt sei eine, »die weder die Ordnung der Ältesten noch die der Bischöfe und Diakone zu kennen scheint, ja, in der noch gegen eine Entwicklung gekämpft wird, die für diejenigen, die besondere Dienste ausüben, ... ein Amt schaffen will«.

22 A. Weiser, Der Prophet Jeremia, ATD 20, S. 69–73: »Die ›Verfälschung‹ des echten Jahwekultes ›zur Lüge‹ sieht Jeremia ... in der schriftlichen Thora der Gesetzesschreiber (›Lügengriffel‹), die dem ursprünglichen Bundeskult fremd war ... Die gesamte schriftliche Opferthora (man wird dabei an die Opferbestimmungen des Bundesbuchs und des Deuteronomiums, aber auch an andere rituelle Vorschriften zu denken haben ...) hält Jeremia ... für eine lügenhafte Verfälschung des Grundcharakters des Jahwekultes ... Jeremia rührt hier an die Wurzeln des schwierigen, im Laufe der Geschichte der Religionen immer wiederkehrenden Problems der Buchreligion und ihrer gesetzlichen Theologie.«

23 U. Luz, Das Evangelium nach Matthäus, I, 1, S. 65–66, meint, Mt liege auch nicht daran, die »Würde der Wanderradikalen, nämlich der Propheten und Gerechten (10,41), zu betonen, sondern eher daran, die ›Kleinen‹ der Gemeinde als Jesusjünger im Vollsinn des Wortes zu stärken.« (Vgl. 10,42!)

24 M. Buber, »Die chassidische Botschaft«, in: Werke, Bd. 3, S. 739–894, S. 876.

25 E. Schweizer, Das Evangelium nach Matthäus, S. 281, erinnert zu Mt 23,4 an Apg 15,10 und ordnet den Abschnitt Mt 23,1–7 in die Zeit zwischen 70 bis 85 n. Chr. ein, zwischen der Zerstörung Jerusalems und der Verfluchung der »Ketzer« durch das Judentum. Insgesamt meint er: »hier hören wir also die Stimme eines Reformjudentums oder einer jüdisch-christlichen Gruppe, für die das pharisäisch ausgelegte Gesetz nicht mehr Freude und Gottesgabe, sondern Last geworden ist. Die Mönche von Qumran oder die konsequenten Pharisäer, die es mit dem Gesetz besonders ernst nahmen, haben bei ihren Zeitgenossen oft eine Stimmung der Verzweiflung heraufbeschworen ... In der Gemeinde Jesu hat der Ansatz Jesu (... 5,21 ff.) schon vor Paulus zur Erkenntnis geführt, daß der Gehorsam Israels gegen Gottes Gebot zwar etwas Großes ist und dieses von den Heiden scheidet, aber noch nicht vor Gott gerecht macht« (S. 286).

26 Mt 23,14 »fehlt in allen alten Handschriften und ist erst durch Abschreiber aus Mk 12,40 ergänzt worden«. E. Schweizer, a.a.O., S. 282. Der Satz dürfte aber auf ein echtes Jesus-Wort zurückgehen. *Thomasevangelium* 102 gibt den Spruch so wieder: »Wehe ihnen, den Pharisäern, denn sie gleichen einem Hund, welcher liegt auf der Krippe der Rinder. Denn weder frißt er, noch läßt er die Rinder fressen. – Zu dem *Wehe* Jesu über Priester, Schriftgelehrte und Pharisäer vgl. J. Jeremias, Neutestamentliche Theologie, Bd. 1, S. 142–146.

27 Die offenbar recht aktive (!) jüdische Missionsarbeit muß spätestens von dem Zeitpunkt an in Konkurrenz zu der christlichen Mission getreten sein, als letztere die Forderung der Beschneidung und das Einhalten der Kultgebote aufgab. E. Schwei-

zer, a.a.O., S. 287, meint, das »doppelt so schlimm« könne auch bedeuten »noch zwiespältiger«.

28 S. Kierkegaard, Der Augenblick, Werkausgabe, Bd. 2, S. 396, frei zitiert: Ders.: Tagebücher, Bd. 5, S. 224, bringt den Gegensatz von Lehre und Leben, von Doktrin und Existenz auf die Formel: »Griechisch ist Glaube ein Begriff, der in den Bereich der Intellektualität gehört ... Dann verhält Glaube sich zum Wahrscheinlichen, und wir bekommen eine Steigerung: Glaube – Wissen. Christlich gehört Glaube in das Existentielle – Gott ist nicht als Dozent aufgetreten, der einige Lehrsätze hat, die man zuerst glauben, dann begreifen muß. Nein, ›Glaube‹ hat seinen Ort im Existentiellen und hat in alle Ewigkeit nichts mit dem Wissen zu schaffen als einer Steigerung oder Höchststufe. Glaube ist der Ausdruck für: das Verhältnis von Person zu Person. Person ist nicht eine Summe von Lehrsätzen, auch nicht etwas unmittelbar Zugängliches ... Nimm die beiden mit höchster Leidenschaft sich Liebenden, die jemals gelebt haben, wenn sie auch, wie es heißt, eine Seele in zwei Leibern sind: es kann doch niemals zu mehr kommen, als daß der eine glaubt, der andere liebe ihn oder sie. In diesem rein persönlichen Verhältnis zwischen Gott als Person und dem Glaubenden als Person im *Existieren* liegt der Begriff Glaube.«

29 E. Schweizer, Das Evangelium nach Matthäus, S. 153: »Matthäus erzählt die Einsetzung des Zwölferkreises nie; er setzt ihn hier (sc. in 10,1 d. V.) ... einfach voraus, obwohl er nur die Berufung von fünf Jüngern berichtet hat (4,18–22; 9,9). In ihrem Wort zieht Jesus weiter durch die Welt. Ihre Vollmacht ist ihnen von ihm ›gegeben‹. Sie ist weder die abgeleitete Autorität des Schriftgelehrten, der nur repetieren und interpretieren kann, noch die direkte des Gottbegeisterten ... Matthäus denkt dabei an die Zwölf als Vorbild aller Wanderapostel seiner Zeit.« A.a.O., S. 242, meint er zu 18,18: »Mit dem letzten Satz ist der ganzen Gemeinde zugesprochen, was 16,19 dem Petrus ... Wohl bleibt Petrus für die matthäische Gemeinde die Autorität, die Jesu neue Auslegung des Gesetzes tradiert und für das Leben der Gemeinde praktikabel gemacht hat; sein Nachfolger aber ist die Gesamtgemeinde.« Das ist wahr; doch läßt sich darauf folgern: »Es gibt also wohl Regeln für das Zusammenleben, aber keine institutionelle Hierarchie. Wortempfänger und Wortverkünder können noch nicht unterschieden werden; wer das Wort empfangen hat, muß es auch dem Bruder weitersagen, wenn dieser es nötig hat« (a.a.O., S. 242)? Bes. W. Trilling, Das wahre Israel, S. 106–122, zeigt, in welchem Umfang in 18,18 das Kirchenbewußtsein des Mt zum Ausdruck kommt, »nach dem der Entscheidung der Ekklesia als solcher göttliche Rechtskraft zukommt« (S. 120), sehr in Übereinstimmung mit qumranischen Vorstellungen. »Das Kirchenbild, das hinter den Worten steht, ist von einer dreifachen Struktur: der Vater im Himmel, der Erhörung schenkt, Christus in der Mitte und die Gemeinschaft seiner Gläubigen und die durch das Bekenntnis zu ihm geeinte Gemeinde« (S. 121). G. D. Kilpatrick, The Origins of the Gospel According to St. Matthew, Oxford 1946, S. 79, sieht wohl zu Recht in Mt 18 eine Anweisung für die *Leiter* der Gemeinde. Noch weiter geht J. Jeremias, Die Gleichnisse Jesu, S. 36, der Mt 18 als »die große Anweisung für die Führer der Gemeinden bezeichnet« und hinzufügt: »denn so ist dieses Kapitel gemeint, die übliche Bezeichnung als Gemeindeordnung ist ungenau«. Vgl. J. Jeremias, *»kleis«* (Schlüssel), in: Theologisches Wörterbuch zum NT, Bd. 3, S. 743–753), S. 751: »Sicher wird mit 18,18 auf Mt 16,19 Bezug genommen, wahrscheinlich auch in ... J 20,23. Die beiden Stellen zeigen, daß man im apostolischen Zeitalter die Vollmacht des Bindens und Lösens nicht mehr als ein Sonderrecht des Petrus betrachtet hat. Vielmehr ist sie J 20,23 auf die elf Apostel ausgedehnt. Schwieriger ist zu sagen, wie Mt 18,18 im jetzigen Zusammenhang als Träger

der Binde- und Lösegewalt gedacht ist. Der unmittelbar vorhergehende V. 17 scheint die Annahme zu empfehlen, daß die Gemeinde als Trägerin der Binde- und Lösegewalt gedacht sei. Doch ist das schwerlich die Meinung des Evangelisten. Denn 1. läßt er die ganze Rede Mt 18 an die *mathätai* (Jünger) gerichtet sein (18,1), unter denen er im allgemeinen die Zwölf versteht, 2. gibt er Mt 18,12 ff. Weisungen Jesu für die *mathätai* in ihrer Eigenschaft als Hirten der Herde Jesu ... Es kommt 3. hinzu, daß Tt 3,10 (wo ein analoges Zuchtverfahren wie Mt 18,15–17 vorgeschrieben wird ...) es der bevollmächtigte Vertreter des Apostels ist – nicht die Gemeinde –, der den Ausschluß vollzieht.«

30 Zu dem Begriff und der Funktion der *Zwölf* vgl. H. Rengstorf, *»dodeka«* (Zwölf), in: Theologisches Wörterbuch zum NT, Bd. 2, S. 321–328: »Die Zwölf gehören ... allein zwischen ihn (sc. Jesus) und sein eigenes Volk, sind aber keine Größe, die auch abgesehen von dieser Stellung das Recht oder nur die Möglichkeit der Existenz hätte« (S. 326). R. Bultmann, Die Geschichte der synoptischen Tradition, S. 368–369, betont zu Recht den »Schematismus«, mit dem bereits bei Mk »die Jünger (als Gruppe) als selbstverständliche Begleitung Jesu überall vorausgesetzt« werden. »... es versteht sich immer mehr von selbst, daß die Jünger Jesu ständige Begleiter waren ... Die Vorstellung wird dann dogmatisch: als die ständigen Begleiter sind die Zwölf die autoritativen Zeugen des Evangeliums, Act 1,21 f.; 10,39 f.« Vgl. auch E. Schweizer, Das Evangelium nach Markus, S. 66–68: Die »Zwölf« kommen »meist in redaktionellen Sätzen« vor und bleiben farblos; 1 QS 8,1 f. setzt ein Gremium von 15, nicht zwölf, Vorstehern voraus – echte Parallelen fehlen. »Vermutlich hat ... Jesus die Zwölf als eine besondere innere Gruppe seiner Nachfolge berufen und darin schon den Hinweis auf die kommende Vollendung des Gottesvolkes gesehen.« Wenn das so ist, läßt sich die Gruppe der Zwölf nach der Enttäuschung der Naherwartung nicht mehr aufrechterhalten, und übrig bleibt die Institution einer inneren hierarchischen Gliederung. Vgl. entsprechend auch H. Braun, Qumran und das Neue Testament, Bd. 2, S. 326–342: Fragen der Kirchenordnung und Disziplin, der (S. 327) die qumranischen Parallelen eher bestreitet, aber eine Gemeinsamkeit des eschatologischen Denkens hier wie dort betont. »Auch die drei Priester aus 1 QS 8,1 sollen ihre neutestamentliche Analogie besitzen« (S. 328), doch scheint auch das nicht zwingend. »Daß in Qumran die *Leitung* der Gemeinde *durch einen einzelnen und auch durch einen Kreis* geübt wird, kann man natürlich mit dem Nebeneinander von Mt 16,19 und Mt 18,18 vergleichen; beiderseits freilich dürfte das nicht ein geplantes Nebeneinander, sondern ein bei der Entwicklung der Führungsverhältnisse zustande gekommenes zeitliches Nebeneinander sein« (Bd. 2, S. 328).

31 Dies freilich schon entsprechend Mk 8,31–33; 9,30–32; 10,32–34.

32 E. Schweizer, Das Evangelium nach Matthäus, S. 152, meint zu Recht, daß mit Mt 10,1 »die Vollmacht der Jünger derjenigen Jesu gleich« gesetzt werde: Mt 9,35!

33 E. Schweizer, a.a.O., S. 164, findet »hier ausgesagt, daß im Boten Jesu Jesus selbst und mit ihm Gott bei dem einzieht, der ihn aufnimmt ... Hinter diesen Sätzen ... wird noch die Kirche sichtbar, in der Matthäus lebt: wandernde Missionare, Propheten und Gerechte, die vermutlich die Gebote Gottes und die Auslegung Jesu vollmächtig lehren, ziehen von Gemeinde zu Gemeinde, oft geschmäht und verfolgt, immer angewiesen auf die ihnen erwiesene Gastfreundlichkeit, und bringen das lebendige, sich in ihrem Leben ausprägende Wort Gottes mit sich.«

34 Die Konstruktion der Drei liegt schon fertig vor in Mk 5,37; 9,2; 13,3; 14,33. E. Schweizer, Das Evangelium nach Markus, S. 98, meint dazu: »Petrus, Jakobus, Johannes werden ... immer, wenn es sich um letzte Geheimnisse handelt, ausgewählt.« Wenn man

so will, sind sie das irdische, das kirchliche Pendant des »dreifaltigen« Geheimnisses Gottes (Mt 28,19), beides in archetypischer Parallelität.

35 U. Luz, Das Evangelium nach Matthäus, I/1, S. 176, gerät eigentlich in Widerspruch zu seiner eigenen Feststellung von der Vorrangstellung, die insbesondere die Berufung des *Simon* hier spielt (S. 175), wenn er resümiert: »Wir erhalten hier einen ersten Hinweis auf die Struktur der matthäischen Gemeinde, in der es weder eine Sondergruppe von Nachfolgern noch eine konstitutive Amtsstruktur gibt.« Es ist wahr, daß die »Nachfolge« der »Scharen« sich strukturell nicht unterscheidet von der »Nachfolge« der Jünger, aber es ist doch deutlich, wie sehr Mt im Erbe des Mk die Vorstellung einer hierarchischen Gliederung der Gemeinde auf die Gründung Jesu selber zurückzuführen sucht. Freilich ist es nicht möglich, aus den stark *symbolischen* »Gliederungen« des Kreises um Jesus linear die späteren institutionellen Hierarchiemuster der frühen Kirche abzuleiten; vgl. aber W. Trilling, »Amt und Amtsverständnis bei Matthäus«, in: Mélanges Bibliques, hrsg. v. A. Descamps u. a., Gembloux 1969, S. 29–44. Für uns entscheidend ist vor allem die Konzeption von Gliederung und Vermittlung innerhalb der »Gemeinde« und der »Jünger« selber. Interessant, weil *typisch* ist die Tatsache, daß gerade die Gestalt des *Andreas*, von dem wir bei Mt nichts weiter erfahren, in der Legende breit ausgemalt wird. Vgl. P. M. Peterson, Andrew, Brother of Simon Peter, His History and his Legends, New Testament Studies 1, 1958. J. de Voragine, Die Legenda aurea, S. 15–26, erzählt vor allem von dem Schutz, den der hl. *Andreas* gegenüber den vielfältigen Gefahren der Wollust zu spenden weiß.

36 Vgl. O. Cullmann, *»Petros, Käphas«*, in: Theologisches Wörterbuch zum NT, Bd. 6, S. 99–112, der (S. 101) betont: »Ein Unterschied in der Behandlung der Person des Petrus durch die einzelnen synpt Evangelien besteht nicht.« Freilich kann man mit E. Schweizer, Das Evangelium nach Matthäus, S. 220, fragen: »Seit wann ist Simon Kephas genannt worden? Nach Mk 3,16 seit der Berufung des Zwölferkreises, nach Mt 16,18 doch wohl, trotz 4,18, seit seinem Bekenntnis, nach Joh 1,42 seit der ersten Begegnung mit Jesus. Das zeigt die Unsicherheit; man weiß nicht mehr, wie weit der Name zurückreicht. Manches könnte für eine Namensverleihung nach Ostern sprechen. Die Simon widerfahrene Ersterscheinung des Auferstandenen (1 Kor 15,5) hätte ihn zum Felsgrund der ganzen Kirche gemacht. An Ostererfahrungen erinnern auch die hier (sc. in Mt 16,18, d. V.) mit der Namengebung verknüpften Worte vom zukünftigen (also nachösterlichen) Bau der Kirche ... Aber daß ihm die Gemeinde einen sonst nirgends belegten Namen gegeben hätte, ist nicht leicht denkbar, und ginge er auf die Begegnung mit dem Auferstandenen zurück, warum ist dies völlig aus der Tradition verschwunden, obwohl Spuren eines besonderen Auftrages an ›Simon‹ vorhanden sind (Lk 22,32; Joh 21,15–17)? Außerdem erscheint der Zuname in allen Evangelien schon in der Zeit des irdischen Jesus.« H. Franke-Mölle, Amtskritik im Matthäusevangelium?, Biblica 54 (1973) S. 247–262, S. 258, weist darauf hin, daß Petrus (Mt 4,18) als Sprecher des Jüngerkreises »und als Hauptfigur des matthäischen Sondergutes (14,28–31; 16,17–19; 17,24–27; 18,21 f.)« erscheine, und setzt diese Tatsache in Verbindung zu den »Anschauungen der Gemeinde des Matthäus im syrischen Raum, die sich später in der monarchischen Gemeindeauffassung des Ignatius von Antiochien unmißverständlich konkretisieren«. Eine »monokratische Tendenz« also!

37 Vgl. E. Drewermann, Das Markusevangelium, Bd. 1, S. 84–85; E. Schweizer, Jesus Christus, S. 128–132; ders., »Die theologische Leistung des Markus, in: Ev Th 24 (1964), S. 337–355.

38 E. Schweizer, Das Evangelium nach Matthäus, S. 209, vermutet, »daß hinter der Geschichte einmal eine Ostererzählung stand, vielleicht die nirgends geschilderte

Ersterscheinung Jesu vor Petrus (1 Kor 15,5; Lk 24,34). Nach Joh 21,7 stürzt sich Petrus dem auferstandenen Jesus entgegen ins Wasser und watet durch (nicht über) den See ihm entgegen. Sollte dies zu einer Episode im irdischen Leben Jesu umgestaltet worden sein? Darauf könnte vielleicht hindeuten, daß Matthäus den Satz des Markus, das Herz der Jünger sei verstockt geblieben, durch einen gegenteiligen ersetzt, der ihr anbetendes Niederfallen vor Jesus (... 8,2) und ihr Bekenntnis zu ihm als dem Gottessohn berichtet. Das entwertet eigentlich das Petrusbekenntnis 16,16, paßte aber gut in eine Ostergeschichte.« Vom »*Niederfallen*« vor Jesus, »das bei Mk nur 5,6 vorkommt«, spricht Mt zehnmal (2,2.8.11; 8,2; 9,18; 14,33; 15,25; 20,20; 28,9.17). R. Bultmann, Die Geschichte der synoptischen Tradition, S. 383.

39 Vgl. CIC, Can. 330: »Wie nach der Weisung des Herrn der heilige Petrus und die übrigen Apostel ein einziges Kollegium bilden, so sind in gleicher Weise der Papst als Nachfolger des Petrus (!) und die Bischöfe als Nachfolger der Apostel (!) untereinander verbunden.«

40 So spricht das Konzil von Trient von den »Bischöfen, die an die Stelle der Apostel getreten sind«; vgl. Denzinger–Schönmetzer, Enchiridion Symbolorum, S. 413, Nr. 1768. Dagegen schrieb M. Luther, Die Schmalkaldischen Artikel (1537): 4. Artikel, S. 189: »Der Papst ist nicht jure divino oder auf Grund von Gottes Wort das Haupt der ganzen Christenheit; denn das gehört einem allein zu, der heißt Jesus Christus. Vielmehr ist der Papst nur Bischof oder Pfarrer für die Kirche in Rom.« Und Nr. 3, S. 193: »Der Papst ... will nicht glauben lassen, sondern sagt, man solle ihm gehorsam sein; nur so werde man selig. Das wollen wir nicht tun; lieber wollen wir in Gottes Namen darüber sterben. Das kommt alles daher, daß er jure divino der Oberste über die christliche Kirche hat heißen sollen. Darum hat er sich Christus gleich und noch über Christus setzen müssen.« Beide Standpunkte bilden heute noch ein vermeintlich trennendes Hindernis zwischen den Konfessionen. Es sollte aber doch möglich sein, anzuerkennen, daß die kirchliche Hierarchie zwar nicht von Jesus »eingesetzt« wurde, dennoch aber aus den Grundlagen lebendigen Zusammenlebens einer Gruppe von Menschen sich in bestimmter Weise ergeben mußte; die Gesetze, die den Zusammenhalt von Gruppen in hierarchischen Formen regeln, mag man »menschlich« oder »göttlich« nennen – sie sind in ihren Auswirkungen ebenso verbindlich wie veränderlich; und nimmt man die *symbolische* Vorstellung (nicht die historische Begründung!) einer solchen hierarchischen Gliederung in den synoptischen Evangelien als eine feste Tatsache an, so steht einer innerkirchlichen Bedeutungsverleihung der gewachsenen Strukturen als einer »göttlichen« Stiftung eigentlich nichts im Wege – zwischen »göttlich« und »menschlich« bestünde kein Gesetz mehr, so wenig wie zwischen »Glaube« und »Geschichte«.

41 So J. J. Degenhardt (EB von Paderborn), »Zur ›Kölner Erklärung‹ der Theologen«, in: Worte zur Zeit, Nr. 21, S. 14: »Zum Auftrag von Papst und Bischöfen gehört nicht nur die Verkündigung der Lehre des katholischen Glaubens, wie sie etwa im Glaubensbekenntnis, in den Aussagen der Konzilien, in Aussagen von Bischofssynoden und Päpsten vorliegt, sondern auch die Erklärung und Anwendung der göttlichen Gebote und Weisungen, der sittlichen Normen und Regeln, der Anwendung der Aussagen der Heiligen Schrift auf unsere Zeit und die Stellungnahme zu aktuellen Fragen des sittlichen Lebens, wie etwa zur Unauflöslichkeit der sakramentalen Ehe, zur Homosexualität ...«

42 R. Riedl, Die Strategie der Genesis, S. 198–199.

43 Ebenda, S. 204–205.

[44] Ebenda, S. 264 f. Vgl. ders., Die Ordnung des Lebendigen, S. 188–269.

[45] R. Riedl, Die Strategie der Genesis, S. 269.

[46] Vgl. R. Schnackenburg, Die Kirche im Neuen Testament, S. 64–71, der (S. 69) mit Bezug zu Mt 18,17 erklärt: »nicht nur die von Jesus autorisierten Jünger haben leitende Funktionen, sondern es muß auch ›Gemeindehirten‹ geben.« K. Rahner, Kirche und Sakramente, S. 85–95, postuliert (S. 94) »die letzte Untrennbarkeit zwischen Amt und Existenz«. Denn: »Die Verleihung des Amtes der Sakramentenspendung ... durch Gott muß also notwendig das Angebot der Gnade implizieren, ohne die die Durchführung des Amtsauftrags unmöglich ist, weil sonst Gott gleichzeitig eine Leistung fordern und sie durch Verweigerung der notwendigen Mittel unmöglich machen würde. Amtsgabe ist also notwendig auch Gnadenangebot zum Vollzug dieses Amtes. Da aber diese Amtsgabe wirklich immer als Grundakt der indefektiblen Kirche eine solche wirkliche und gültige Amtsgabe ist und bleibt und nie zum bloßen Schein einer solchen Amtsverleihung entleert werden kann, ist dieses Gnadenangebot von seiten Gottes im Ritus der Amtsverleihung *absolut* zugesagt, opus operatum, Sakrament.« Der ganze Gedankengang läuft auf die simple Tautologie hinaus, daß die Priesterweihe ein Sakrament sein muß, weil sie ein Sakrament sein muß, mit der Nuance allerdings, daß das, was *priesterliche Existenz* bedeutet, fortan aus der Sakramentalität des Priesterseins selbst gefolgert werden kann. Rahner hat offenbar niemals gemerkt, wie er hier die Auslöschung der »Existenz« durch das Beamtete betreibt, indem er alle wesentlichen Bestimmungen der »Existenz« aus dem Amt glaubt ableiten zu können (zu müssen!). Man lese demgegenüber S. Kierkegaard, Tagebücher, Bd. 5, S. 349–350, die Betrachtungen über »Die zahme Gans«, und man sieht klar das Aberwitzige in all diesen gelehrten Herleitungen.

[47] H. Riedl, die Strategie der Genesis, S. 266 ff.

[48] S. Freud, Massenpsychologie und Ich-Analyse (1921), Ges. Werke, Bd. 13, S. 71–161.

[49] R. Riedel, Die Strategie der Genesis, S. 268.

[50] Ebenda, S. 269–270.

[51] Vor allem die Auslegung der Bergpredigt (Mt 5–7) wird Zug um Zug diesen Widerspruch thematisieren müssen.

[52] R. Schnackenburg, Die Kirche im Neuen Testament, S. 69–70, meint dazu: »Die paradoxe Forderung des Dienens gilt durchweg für alles ›Groß-sein-Wollen‹ in der Kirche (vgl. 20, 26 ff. par). Vielleicht wird sogar die Frage: ›Wer ist der Größte im Himmelreich?‹ (V. 1), bei der ›im Himmelreich‹ ein matthäischer Zusatz gegenüber den Rangstreitszenen der anderen Synoptiker ist (Mk 9,34; Lk 9,46; 22,24), als Frage nach der Rangordnung *in der Gemeinde* verstanden.«

[53] Vgl. E. Drewermann, Die Spirale der Angst (Der Krieg und das Christentum), S. 46–106.

[54] Vgl. E. Drewermann, Strukturen des Bösen, Bd. 3, S. 387–401, zur Sozialphilosophie bei J. P. Sartre, Kritik der dialektischen Vernunft, S. 367–597.

[55] So sehr schön J. Jeremias, Neutestamentliche Theologie, Bd. 1, S. 170–174, bes. S. 173: »der Täufer nimmt die Schuldigen an, *nachdem* sie ihre Bereitschaft, ein neues Leben zu führen, kundgetan haben; Jesus bietet den Sündern das Heil an, *ehe* sie Buße tun, wie Lk 19,1–10 besonders deutlich zeigt.«

[56] Vgl. E. Drewermann, Kleriker, S. 201–206, am Beispiel des *Eides*.

[57] Die katholische Kirche verfügt in der BRD zweifellos in Gestalt der Priester über die einzige Gruppe von Arbeitnehmern, die frühestens mit 75 Jahren daran denken können, pensioniert zu werden. Zur Frage der *lebenslänglichen* Dauer des Klerikerseins in der katholischen Kirche vgl. E. Drewermann, Kleriker, S. 744–750. Vgl. auch A. Ant-

weiler, Priestermangel, S. 238–239, der mit sehr guten Argumenten für ein Priestertum auf Zeit eintritt.

58 Vgl. H. Kühner, Lexikon der Päpste, S. 78–79. *Coelestin* wurde am 5. Juli 1294 mit 80 Jahren unter dem Einfluß von Karl II. nach zweijähriger Sedisvakanz aus dem Streit der Häuser Orsini und Colanna zum Papst »gemacht«, als politische Marionette für die einen, als endzeitlicher Engelpapst für die Spiritualen. Dante verweist ihn wegen seiner frühzeitigen Abdankung am 13. Dezember 1294 im 3. Gesang des *Inferno* unter die Feiglinge, weil er »den großen Auftrag von sich wies«. Papst Paul VI. pilgerte zum Grabe des 1313 von Klemens V. Heiliggesprochenen, um sich bei ihm Rat zu holen vor der Verkündigung der Enzyklika »Humanae Vitae«.

59 J. Gnilka, Das Matthäusevangelium, Bd. 2, S. 276, gibt zwar zu: »Man wird die Warnung vermutlich sehr konkret nehmen und in Zusammenhang mit der Ausbildung des offiziellen Rabbi-Titels in der Synagoge sehen dürfen. Die starke Einflußnahme der Synagoge auf das Judenchristentum und dessen Fortsetzung kann bei aller gegenseitigen Polemik kaum unterschätzt werden. Es lebten angesehene Juden in der christlichen Gemeinde wie der Herrenbruder Jakobus der Gerechte in Jerusalem. Daß es in der mt Gemeinde Leute gab, die den Dienst von Lehrern, den Schriftgelehrten entsprechend, taten, ist nicht zu bestreiten (23,34; 13,52). Ihnen wird eingeschärft, daß es in der Gemeinde letztlich nur einen Lehrer gibt, Christus, wie von V. 10 her zu ergänzen ist. Ihm gegenüber haben sich alle als Brüder (und Schwestern) zu begreifen ... Den Anfängen soll entgegengewirkt werden.« Nicht sehr wirksam, allerdings, betrachtet man das »Lehramt« und, ihm zu Diensten, die theologische Dozentenschaft der »christlichen« Kirche(n). Von dem Grundübel: der Verwandlung des Glaubens in eine »Lehre« im Rahmen der Exegese historisch-kritischer Provenienz, natürlich kein Wort! Man lese dagegen S. Kierkegaard, Der Augenblick, Werkausgabe, Bd. 2, S. 395–396: Der Amtliche – Das Persönliche –, und man weiß, worum es geht. Vgl. auch: E. Drewermann, Das Markusevangelium, Bd. 1, S. 180–202: Anders als die Schriftgelehrten oder: Die Vertreibung des bekennenden Dämons.

60 Vgl. Ch. Seeber, Untersuchungen zur Darstellung des Totengerichts im Alten Ägypten, S. 120–139 zu den Leitern des Totengerichtes; J. Assmann, Ma'at. Gerechtigkeit und Unsterblichkeit im Alten Ägypten, S. 122–159, der (S. 124) bes. auf die Dualität und Synthese von Fortdauer (Kontinuität) und Unsterblichkeit (Diskontinuität), von Leib (Mumie) und Seele (Ba) in den ägyptischen Jenseitsvorstellungen hinweist. Mt 19,27–30 (V. 28) hat sein Vorbild wohl in der altägyptischen Konzeption der *smsw-Hr*, der Gefolgsleute des Horus, jener »seligen Toten, die zusammen mit der Neunheit (sc. der Götter, d. V.) und Osiris zu Gericht sitzen«. Ch. Seeber, a.a.O., S. 115.

61 Es ist blamabel, aber immer noch die Wirklichkeit im Jahre 1991, daß Politik wesentlich in der Wahrung des Gruppenegoismus der einzelnen Nationalstaaten gesehen wird. Wie sagte doch in der Zeit des 1. Weltkrieges der EB von München, M. von Faulhaber, Waffen des Lichtes. Gesammelte Kriegsreden, S. 157: »Der einzelne kann aus höheren Beweggründen der Askese auf sein privates Recht verzichten und seinen Mantel verschenken ... Die staatliche Obrigkeit dagegen hat es nicht in der Hand, mir nichts dir nichts heilige Rechte des Volkes und des Landes ohne Schwertstreich zu opfern.« Das Büchlein wurde zigtausendfach vertrieben, geschrieben und gesprochen wurde es anderthalb Jahre vor Verdun.

62 Vgl. die ausgezeichneten Bemerkungen von F. Capra, Wendezeit, S. 257–289: Die Schattenseiten des Wachstums.

63 Recht hat E. Schweizer, Das Evangelium nach Matthäus, S. 104: »Es geht um den Be-

sitz, nicht nur um den schlecht erworbenen oder schlecht verwalteten.« Aber dann öffnet er gleich wieder scheunentorweit die Hintertüre: »Die einzig legitime Frage ist, ob man ihm dient oder ob er dient.« »Dienendes Geld« – genau das gibt es nicht für Jesus, so wenig wie es einen »dienenden« Baal oder einen »dienenden« Marduk gibt. »Was der fromme Jude täglich betet, muß gelebt werden: Gott ist nur einer.« Also!

64 M. von Padua, Der Verteidiger des Friedens, Teil II, Kap. 11, § 1–2, S. 133–135.

65 Erasmus von Rotterdam, Lob der Torheit, S. 90: »Das Wort des Evangeliums ›Wir haben alles verlassen und sind dir nachgefolgt‹ beziehen sie nicht auf Fluren, Städte, Steuereinkünfte, Hafenzölle und Gerichtsbarkeit des Kirchenstaates.«

66 S. Ebelseder/P. Juppenlatz, Schmutziges Geld, S. 288–313: Der Bankier der Mafia; S. 314–329: Der Gauner und der Vatikan; vgl. auch E. Drewermann, Kleriker, S. 369–385, S. 372–375; D. Lindlau, Der Mob, S. 165–188: München Connection, S. 188: »Und der Papst? Er sagt laut ›Stern‹ vom 29. April 1987: ›Ich verstehe nicht, daß man einen Menschen wie Marcinkus so brutal angreifen kann.‹«

67 Zur Sache vgl. N. Lo Bello, Vatikan im Zwielicht, S. 266 ff.

68 Vgl. M. Lambert, Ketzerei im Mittelalter, S. 395–417: Die böhmische Reformbewegung, S. 418–455: Die Politik und das Hussitentum, bes. S. 426: Die Verwerfung des Papsttums als Institution göttlichen Ursprungs. Zu *Jan Hus* und seiner Bedeutung für die Reformation vgl. H. Zahrnt, Martin Luther in seiner Zeit für unsere Zeit, S. 14–15; W. Durant, Das Zeitalter der Reformation (Kulturgeschichte der Menschheit, IX), S. 175–179. Vor allem Hus' Streitschrift *De ecclesia* verficht die Armut der Kirche, der nicht der Papst, sondern allein Christus vorsteht. Zur Psychologie und zur Problematik der *Lüge* vgl. E. Drewermann, »Ein Plädoyer für die Lüge oder: Vom Unvermögen zur Wahrheit«, in: Psychoanalyse und Moraltheologie, Bd. 3, S. 199–236.

69 So A. Schopenhauer, Preisschrift über die Grundlage der Moral, Sämtl. Werke, Bd. 4, S. 103–275, S. 222–226.

70 Zur Problematik des *Eides* vgl. E. Drewermann, Strukturen des Bösen, Bd. 3, S. 340–345, zu J. P. Sartre, Kritik der dialektischen Vernunft, S. 452 ff. Vgl. E. Drewermann, Kleriker, S. 201–206.

71 Vgl. P. Eicher, Bürgerliche Religion, S. 120–137, zur »Anpassungsleistung der Theologie«.

72 So bleibt es bei *Bismarcks* Bonmot: »Mit der Bergpredigt ist keine Politik zu machen.«

73 E. Drewermann, Kleriker, S. 201–206.

74 Ebenda, S. 203–204, zu Firmung und Antimodernisteneid.

75 Statt dessen scheint immer noch festzustehen, daß »es Demokratie in der katholischen Kirche nicht geben kann«. J. J. Degenhardt, Zur »Kölner Erklärung« der Theologen, S. 68–70.

76 E. Jantsch, Die Selbstorganisation des Universums, S. 253–341: Selbsttranszendenz; bes. S. 333–338: Koordinierte Eigendynamik auf hierarchischen Ebenen; S. 338–341: nicht Kontrollhierarchie, sondern statifizierte Autonomie.

77 Vgl. R. Riedel, Die Ordnung des Lebendigen, S. 267–269, der (S. 268) nicht müde wird, vor der »Senilitätsphase der Schachtelhierarchie (der Kammerherren und Kirchenfürsten)« zu warnen, aber mit Recht betont: »Hierarchie ist eine Notwendigkeit; jeder Versuch, sie zu ersetzen, ersetzt (vor ihrer Wiedereinführung) Ordnung durch Chaos.«

78 Vgl. E. Jantsch, Die Selbstorganisation des Universums, S. 117, der »Hierarchie« als Austauschprozeß definiert.

Horst Herrmann: Drei andere K's: Kirche, Korruption – und Kritik

1 F. Nietzsche, Werke in sechs Bänden, hrsg. von K. Schlechta, München 1980, Bd. 3, S. 349.
2 Zit. nach H.-J. Wolf, Neuer Pfaffenspiegel. Sünden der Kirche. Das Geschäft mit dem Glauben, Herrsching 1990, S. 499.
3 H. Herrmann, Die sieben Todsünden der Kirche. Ein Plädoyer gegen die Menschenverachtung, München 1992, S. 43.
4 H. Hesse, »Politik des Gewissens«, in: Politische Schriften II, Frankfurt a. M. 1977, S. 767.
5 Vgl. H. Herrmann, Kirchenfürsten. Zwischen Hirtenwort und Schäferstündchen, Hamburg 1992, S. 132 zu aktuellen Beispielen.
6 Nietzsche, a.a.O., Bd. 4, S. 1234 (Der Antichrist).
7 Vgl. zum folgenden L. Ledl, Der Fall Ledl. Im Auftrag des Vatikans. Ein Bericht, Wien 1989, S. 85 f.
8 K. Deschner/H. Herrmann, Der Anti-Katechismus. 200 Gründe gegen die Kirchen und für die Welt, Hamburg 1991, S. 66 f., 178 f. und 287.
9 F. W. Menne, Kirchliche Sexualethik gegen gesellschaftliche Realität. Zu einer soziologischen Anthropologie menschlicher Fruchtbarkeit, München/Mainz 1971, S. 244.
10 Menne, a.a.O., S. 248, Anm. 101.
11 Beispiele: Herrmann, Kirchenfürsten, S. 212 ff. und 400 ff.
12 R. Schermann, Woran die Kirche krankt. Kritische Betrachtungen eines engagierten Priesters, Düsseldorf/Wien 1981, S. 103.
13 Vgl. H. Herrmann, Zu nahe getreten. Aufsätze 1972–1978, Frankfurt a. M./Bern/Las Vegas 1979, S. 216 ff.
14 Vgl. H. Herrmann, »Eine Kameraderie, die nicht mit der biblischen Botschaft zu begründen ist ...«, in: P. Rath (Hrsg.), Die Bannbulle aus Münster oder Erhielte Jesus heute Lehrverbot?, München/Hamburg 1976, S. 32 ff.
15 Zum Problem patriarchaler Denk- und Handlungsformen umfassend: H. Herrmann, Die Angst der Männer vor den Frauen, Hamburg 1989, sowie: Vaterliebe. Ich will ja nur dein Bestes, Reinbek 1989.
16 Ein Beispiel für alle: R. Bielander (Hrsg.), Jakob. Mein katholisches Trauma, Basel 1984.
17 Zit. bei Herrmann, Todsünden, S. 50.
18 »Vom Zynismus kirchlicher Herrschaft«, in: imprimatur, Nr. 7 (1974), S. 14 f.
19 Vgl. J. Neumann, »Die gesellschaftliche und religionspolitische Bedeutung der katholischen Kirche in Deutschland«, in: J. Albertz (Hrsg.), Die Rolle der Großkirchen in der Gesellschaft der Bundesrepublik Deutschland, Wiesbaden 1983, S. 77.
20 E. Fischer, »Das Bundesverfassungsgericht und das Gebot der Trennung von Staat und Kirche«, in: Kritische Justiz, Nr. 3 (1989), S. 306.
21 Katholische Nachrichtenagentur vom 9.12.1989.
22 H. Herrmann, Die Kirche und unser Geld. Daten – Tatsachen – Hintergründe, Hamburg 1990, S. 234.
23 Herrmann, Zu nahe getreten, S. 219.
24 Herrmann, Die Kirche und unser Geld, S. 152.
25 Zit. nach K. Deschner, Opus Diaboli. Fünfzehn unversöhnliche Essays über die Arbeit im Weinberg des Herrn, Reinbek 1987, S. 203.
26 L. v. Ranke, Die römischen Päpste in den letzten vier Jahrhunderten, Wien o. J., S. 285.
27 H. v. Hülsen/J. Rast, Rom. Führer durch die Ewige Stadt, Darmstadt 1960, S. 228.

28 Ebenda, S. 98.
29 N. Ginzburg, »Und der Stein besiegt die Jahreszeiten«, in: Merian-Heft, Nr. 12/37 (Rom), S. 36 f.
30 Wolf, a.a.O., S. 345.
31 Hülsen/Rast, a.a.O., S. 321 f.
32 Ebenda, S. 272.
33 Ginzburg, a.a.O., S. 38.
34 Hülsen/Rast, a.a.O., S. 321 f.
35 Ebenda, S. 318.
36 H. Herrmann, Ketzer in Deutschland, Köln 1978, S. 258 f.
37 Hülsen/Rast, a.a.O., S. 400.
38 Deschner, Opus Diaboli, S. 53.
39 K. Deschner, Abermals krähte der Hahn. Eine Demaskierung des Christentums von den Evangelisten bis zu den Faschisten, Reinbek 1972, S. 428.
40 K. Deschner, Kirche des Unheils. Argumente, um Konsequenzen zu ziehen, München 1974, S. 71.
41 Herrmann, Die Kirche und unser Geld, S. 153.
42 Hülsen/Rast, a.a.O., S. 156.
43 N. Lo Bello, Vatikan im Zwielicht. Die unheiligen Geschäfte des Kirchenstaats, München 1990, S. 242.
44 Ebenda, S. 236 f.
45 H. J. Fischer, »Gelder für himmlische und weltliche Zwecke. Die Finanzen des Vatikans«, in: FAZ (24.12.1982).
46 Der Spiegel, Nr. 22 (1964), S. 43.
47 Lo Bello, a.a.O., S. 187.
48 Zit. nach G. O. Sleidan, Papst, Kurie und Weltkrieg. Historisch-kritische Studie, Berlin 1918, S. 9 f.
49 Lo Bello, a.a.O., S. 222 f.
50 Ebenda, S. 218 und 222.
51 F. Gröteke, »Soll und Haben in St. Peter«, in: Die Zeit (5.10.1979), S. 23.
52 Lo Bello, a.a.O., S. 135.
53 Zit. nach K. Deschner, Ein Jahrhundert Heilsgeschichte. Die Politik der Päpste im 20. Jahrhundert, Bd. 2, Köln 1983, S. 288.
54 Lo Bello, a.a.O., S. 234 f.
55 Herrmann, Kirchenfürsten, S. 237.
56 Kirchliches Amtsblatt für die Diözese Rottenburg-Stuttgart, Nr. 17 (1991), S. 566.
57 Deschner, Abermals krähte der Hahn, S. 429. Vgl. zur neueren Lage in: Die Welt (14.3.1990), S. 5.
58 G. O. Sleidan, »I. K. U.« Internationale Beteiligungen des deutschen Katholizismus im Weltkrieg, Berlin 1918, S. 18.

Hubertus Mynarek: Ende der Kirchenreligion – Beginn einer neuen Spiritualität

1 Vgl. H. Mynarek, »Autorität und Tabus religionsgeschichtlich betrachtet«, in: H. J. Türk (Hrsg.), Autorität, Mainz 1973, S. 41–59.
2 Wir sprechen hier vornehmlich von der römisch-katholischen Kirche, weil sie das klassische Beispiel eines totalitären geistlichen Herrschaftssystems ist. Was die

evangelische Großkirche in der Bundesrepublik betrifft, so ist sie in ihrer amtskirchlichen Dimension ein imperfektes, der katholischen Kirche einigermaßen analoges, sie in ihrem Herrschaftsgebaren möglichst imitierendes System. Das letztere ist einleuchtend: Macht, die sich – wie die der katholischen Kirche – als erfolgreich und vor allem dem Staat gegenüber wirksam erweist, lockt zur Nachahmung.

3 Erklärung des II. Vatikanischen Konzils über das Verhältnis der Kirche zu den nichtchristlichen Religionen, Art. 1.

4 Ebenda, Art. 2.

5 Zit. nach F. Hermann, Ein Schwarzbuch des XX. Jahrhunderts, Hamburg 1956, 2. Aufl., S. 20.

6 Die systematische psychologische, soziologische und politologische Begründung dieser These ist durchgeführt in meinem Buch: Verrat an der Botschaft Jesu – Kirche ohne Tabu, Rottweil a. Neckar 1986. In historischer Sicht hat Karlheinz Deschner Tausende von Belegen für ihre Richtigkeit erbracht (vgl. vor allem seine Bücher: Abermals krähte der Hahn, Düsseldorf 1980, und seine auf zehn Bände konzipierte Kriminalgeschichte des Christentums, die seit 1987 erscheint).

7 »Päpste, Blut und Leichen«, in: Der Spiegel, Nr. 13 (1989), S. 184.

8 Die Ausführungen dieses Abschnittes 2 orientieren sich hauptsächlich an meinen Darlegungen in: Denkverbot. Fundamentalismus in Christentum und Islam, München 1992, 5. Kap., und in: »Gottesbild eines Ketzers«, in: Karlheinz Deschner (Hrsg.), Woran ich glaube, Gütersloh 1990, S. 172–189.

9 Vgl. H. Mynarek, »Der Fall Drewermann«, in: Mynarek, Mystik und Vernunft, Olten 1991, S. 233–245, und meine Ausführungen zu diesem Theologen in: Denkverbot (s. Anm. 8), 4. Kap.

10 Vgl. zu dem in diesem Absatz Gesagten die ausführlichen Darlegungen in meinen beiden Büchern: Ökologische Religion, München 1986, 2. Aufl. 1990, und Die Vernunft des Universums, München 1988.

11 A. Camus, Der Mensch in der Revolte, Hamburg 1953, S. 308.

12 Im großen und ganzen auf dieser Linie liegt auch der evangelische Bestsellerautor H. Zahrnt, Warum ich glaube, München 1977, S. 318 ff.

13 Vgl. H. Mynarek, Die Kunst zu sein. Philosophie, Ethik und Ästhetik sinnerfüllten Lebens, Düsseldorf 1989.

14 Zit. nach A. Kaiser, »Giordano Bruno«, in: Karlheinz Deschner (Hrsg.), Das Christentum im Urteil seiner Gegner, Ismaning 1986, S. 55. Zur Notwendigkeit, daß jeder echte Ketzer alle dogmatischen Sätze aus Vernunftgründen relativieren und in Zweifel ziehen muß, um zu echter menschlicher Würde, Gewissens- und Willensfreiheit zu gelangen, vgl. H. Mynarek, Denkverbot (s. Anm. 8).

15 Breit ausgeführt ist dieses neue Gottesbild in meinem Buch: Ökologische Religion (s. Anm. 10).

16 Die jetzt folgenden Ausführungen des Abschnittes III orientieren sich an meinem Buch: Eros und Klerus, Düsseldorf 1978.

17 Vgl. W. Ronner, Die Kirche und der Keuschheitswahn, München 1971, S. 46: »Keine der Seligpreisungen der Bergpredigt gilt dem sexuell Enthaltsamen, keine Verdammung trifft das Geschlechtsleben an sich, wenn der Ehebruch verurteilt wird. Niemand hat Jesus eine Predigt gegen Unzucht, Hurerei und Homosexualität in den Mund gelegt, wozu das Alte Testament Muster genug geboten hätte, nirgends finden wir eine Anklage des Weltlebens, die sich vergleichen ließe mit der Anklage gegen die ›Narren und Blinden‹, das ›Schlangen- und Otterngezücht‹ der Priester und

Frommen (Matth. 23). Da ist der in allen Offenbarungsreligionen vorkommende und zeitweilig herrschende Typ des Klerikers geschildert, wie keine Religionssoziologie es besser kann. Nicht die Sünder – die Frommen waren Jesus ein Ärgernis.«

22 A. Godin, »Der Christ und die Psychologie«, in: H. Vorgrimler/R. van der Gucht (Hrsg.), Bilanz der Theologie im 20. Jahrhundert. Bd. 1, Freiburg 1969, S. 207.

23 J. W. v. Goethe, Sprüche in Prosa, Naturwissenschaft IV, zit. nach W. Gruehn, Religionspsychologie, Breslau 1926, S. 5.

24 Zit. nach L. Barnett, Einstein und das Universum, Frankfurt/M. 1952, S. 133 f.; vgl. H. Mynarek, Der Mensch – Sinnziel der Weltentwicklung, München 1967, S. 132–149.

25 A. Einstein, Mein Weltbild, hrsg. von C. Seelig, Berlin 1957 (Erstdruck Amsterdam 1934), S. 15.

26 Vgl. die eingehende Begründung in: H. Mynarek, Orientierung im Dasein, München 1979, S. 192 ff., und in: Mystik und Vernunft (s. Anm. 9), 2.–5. Kap.

27 Vgl. H. Mynarek, Die Vernunft des Universums. Lebensgesetze von Kosmos und Psyche (s. Anm. 10).

28 Das Anliegen einer echten Öko-Religion ist ausführlich und systematisch durchgeführt in meinen Büchern: Ökologische Religion, Die Vernunft des Universums, Mystik und Vernunft (Kap. VI, VII, X, XIII, XIV) und Die Kunst zu sein.

Uta Ranke-Heinemann: Der Zölibat und die Folgen

1 Vgl. Peter Browe, Zur Geschichte der Entmannung, 1936, S. 13 ff.

2 Rundschreiben »Das katholische Priestertum«, authentische deutsche Übersetzung, 1936, S. 18.

3 De legibus lib. 2, c, 8.

4 Carl Joseph Hefele, Konziliengeschichte, Bd. 5, 1863, S. 22.

5 Kap. 2

6 Über die Pflichten der Diener der Kirche, Bd. 2, S. 249.

7 Brief 14, Kap. 4

8 Brief 167, 3. Frage.

9 Dial. IV, 11.

10 Ebenda.

11 Hefele, a.a.O., Bd. 3, S. 316 f.

12 Sämtliche Schriften des hl. Bonifatius, Bd. 2, 1859, S. 7.

13 Vgl. Kempf, in: Jedin, Handbuch der Kirchengeschichte, Bd. 3/1, 1966, S. 407 ff.

14 C. Will, Acta et scripta quae de controversiis ecclesiae graecae et latinae, 1861, S. 126.

15 Georg Denzler, Das Papsttum und der Amtszölibat, Bd. 1, 1973, S. 54.

16 De dignitate sacerdotii.

17 De perfectione monachorum.

18 Hefele, a.a.O., Bd. 5, S. 23 f.

19 Ebenda, S. 24.

20 Ebenda, S. 25 f.

21 Ebenda, S. 27.

22 Ebenda, S. 121.

23 Ebenda, S. 28.

24 Ebenda, S. 175 (Decretum Gratiani, pars II., dist. XXXII, c. 10).

25 Ebenda, S. 231.

26 Mansi, Sacr. conc. collectio 21, 438.

[27] Hefele, a.a.O., Bd. 6, S. 84.
[28] Denzler, a.a.O., S. 177 f.
[29] De conscribendis episcopis 47.
[30] Vgl. das Schreiben Morones an Kardinal Farnese in: H. Laemmer (Hrsg.), Monumenta Vaticana, 1891, S. 412.
[31] A. Franzen, Zölibat und Priesterehe, 1969, S. 82.
[32] Görresgesellschaft (Hrsg.), Concilium Tridentinum, Bd. 8, 1901 ff., S. 620 ff.
[33] Denzler, a.a.O., Bd. 2, S. 225.
[34] Ebenda, S. 242.
[35] Schottenloher (Hrsg.), Flugschriften aus den ersten Jahren der Reformation, Bd. 4/7, 1991, S. 305 f.
[36] O. Vasella, Reform und Reformation in der Schweiz, 1958, S. 51.
[37] A. Franzen, Visitationsprotokolle, 1960, S. 109 f.
[38] Decr. 26, vgl. Karlheinz Deschner, Das Kreuz mit der Kirche, 1974, S. 162.
[39] Franzen, Zölibat und Priesterehe, S. 97.
[40] Deschner, a.a.O., S. 164.
[41] Vgl. Bamber Gascoigne, Die Christen, Bd. 7, 1981, S. 14.
[42] Rundschreiben, a.a.O., S. 18.
[43] Ebenda, S. 20.
[44] Geist und Leben, 49. Jg., H. 1 (1976), S. 65.
[45] Ebenda.
[46] Christenrechte in der Kirche, 13. Rundbrief, 1987, S. 61.
[47] Ursula Goldmann-Posch, Unheilige Ehen. Gespräche mit Priesterfrauen, 1985, S. 12.
[48] Ebenda, S. 13.
[49] Ebenda, S. 15.
[50] Übersetzung des Sekretariats der Deutschen Bischofskonferenz.
[51] Chrysostomus, Über das Priestertum, VI, Kap. 8.
[52] Hefele, a.a.O., Bd. 3, S. 3.
[53] Vgl. Deschner, a.a.O., S. 160.
[54] So übersetzt in: Geistliches Tagebuch, Herderbücherei, 1969, S. 26 und 36. Diese Übersetzung ist verfälscht. Im italienischen Original heißt es statt »meiden«: »wie den Teufel fliehen«. Eine ähnlich frauenfeindliche Bemerkung 50 Jahre später – 1947 – des inzwischen zum Nuntius in Paris Ernannten läßt die deutsche Übersetzung einfach weg.
[55] Leo Waltermann (Hrsg.), Klerus zwischen Wissenschaft und Seelsorge, 1966.
[56] Ebenda, S. 83.
[57] Ebenda, S. 146.
[58] Ebenda, S. 158.
[59] Ebenda, S. 167.

David Rice: Die Brüder und die Amtskirche

[1] MOMM (Movement for the Ordination of Married Men), Information Bulletin, Nr. 9 (1.10.1988), Liverpool, S. 33. Text einer Ansprache von Bischof P. Kalilombe bei der Vollversammlung von MOMM am 10. März 1988 in London.
[2] Pater Brendan Hoban, in: Western People (16.12.1981), Irland, S. 15.
[3] Paese Sera (20.1.1983), Rom.
[4] Ebenda.

[5] Benedict Williamson, The Treaty of the Lateran, London 1929, S. 62.
[6] Mario Pancera, I Novi Preti, Mailand 1977, S. 11–36.
[7] Williamson, a.a.O., S. 62.
[8] Brief in den Akten des Autors.
[9] Auskunft von Pater Lambert van Gelder, Nijmegen, Holland, dem zufolge die Angelegenheit in der holländischen Presse weite Beachtung fand.
[10] Auskunft von Professor Eduardo Hoornaert, Fortaleza, Brasilien.
[11] Charisma (November 1983), S. 22.
[12] Fotokopie des Briefs in den Akten des Autors.
[13] Brief in den Akten des Autors.
[14] Pater Paul Winninger, Powers & Duties of Holy Orders. Ein unveröffentlichtes Dokument, zusammengestellt für die Bischöfe des II. Vatikanischen Konzils und mit dem Vermerk »Geheim« versehen. Kopie in den Akten des Autors.
[15] Brief in den Akten des Autors.
[16] Von Vivian Linahen bestätigte Auskunft. Sie hat dem Autor überdies die Korrespondenz mit der Diözese in dieser Angelegenheit zur Verfügung gestellt.
[17] Kopie des Briefs in den Akten des Autors.
[18] Fotokopie des Briefs in den Akten des Autors.
[19] Fotokopie des Briefs in den Akten des Autors.
[20] Paese Sera (22.12.1984), Rom.
[21] Rumos (Mai/Juni 1987), Brasilien, S. 4.
[22] Telefongespräch mit dem Autor.
[23] Der Sachverhalt wurde dem Autor von drei Priestern bestätigt, die nicht genannt werden wollen.
[24] Dem Autor im August 1987 von Luciano Paglialunga mitgeteilt, einem verheirateten italienischen Priester, der es erlebt hat.
[25] Fotokopie des Briefs in den Akten des Autors.
[26] Fragebogen für Antragsteller, die um Rückversetzung in den Laienstand sowie um Dispens von den Verpflichtungen des Priesteramts nachsuchen. Kopie in den Akten des Autors.
[27] Concilium, Nr. 73 (1972), Freiburg, S. 107 ff.
[28] Glaubenskongregation: Private Anweisung an einen Ordinarius aus der Vatikanstadt vom 7. März 1975. Fotokopie in den Akten des Autors.
[29] Coriden/Green/Heintschel, The Code of the Canon Law. A Text and Commentary, London 1985, S. 236 f.
[30] Brief an den Autor.
[31] B. van Dijk/Th. Salemink, Van Beroep: Pastor, Hilversum 1986.
[32] Brief der Glaubenskongregation. Fotokopie in den Akten des Autors.
[33] Fotokopie des Briefs in den Akten des Autors.
[34] Human Rights. Comments and Interpretations, UN-Erklärung über Menschenrechte, vollständiger Text bei der Unesco, London 1950, S. 273–280.
[35] Ansprache von Anthony Padovano anläßlich der ersten landesweiten US-Konferenz über die Priesterehe vom 17.–19. Juni 1988 an der American University, Washington DC.
[36] America (1.3.1986), S. 154, Nachdruck eines Grundsatzreferats bei der alljährlich stattfindenden »Call to Action«-Versammlung, Chicago, Illinois, November 1985.
[37] Brief in den Akten des Autors.

Quellenverzeichnis

Karlheinz Deschner: Vom Belügen der Leute. Ein Vorwort. Mit freundlicher Genehmigung des Autors.

Georg Denzler: Die Frau als Untergebene des Mannes. In: ders., Die verbotene Lust. 200 Jahre christliche Sexualmoral, München 1991, S. 237–266.
Mit freundlicher Genehmigung des Piper Verlags, München.

Eugen Drewermann: Jesus und die Kirche oder: Von Asche und Glut. In: ders., Das Matthäusevangelium, Erster Teil, Olten, 1992, S. 16–43.
Mit freundlicher Genehmigung des Walter Verlags, Olten.

Horst Herrmann: Drei andere K's: Kirche, Korruption – und Kritik. Mit freundlicher Genehmigung des Autors.

Adolf Holl: »Alles Anstößige ist vermieden.« – Das heilige Abendmahl als Gottesverzehrung. Mit freundlicher Genehmigung des Autors.

Hubertus Mynarek: Ende der Kirchenreligion – Beginn einer neuen Spiritualität. Mit freundlicher Genehmigung des Autors. Ein Teil des Aufsatzes ist entnommen aus: Hubertus Mynarek: Religiös ohne Gott, München 1989, S. 229–238 und S. 264–267. Mit freundlicher Genehmigung des Wilhelm Goldmann Verlags, München. Bei den Seiten 147–158 handelt es sich um eine vom Autor überarbeitete Version des letzten Kapitels seines Buches »Denkverbot«, erschienen im Knesebeck Verlag, München 1992

Uta Ranke-Heinemann: Der Zölibat und die Folgen. In: dies., Eunuchen für das Himmelreich. Katholische Kirche und Sexualität, Hamburg 1989, S. 105–130. Mit freundlicher Genehmigung des Hoffmann und Campe Verlags, Hamburg.

David Rice: Die Brüder und die Amtskirche. In: ders., Kirche ohne Priester. Der Exodus der Geistlichen aus der katholischen Kirche, München 1991, S. 75–110. Übersetzung aus dem Englischen von Hans-Joachim Maass. Mit freundlicher Genehmigung der Penguin Group, London und des Bertelsmann Verlags, München.

Peter de Rosa: Jesus, die Kirche und ihr Kult. In: ders., Der Jesus-Mythos. Über die Krise des christlichen Glaubens, München 1991, S. 403–439. Übersetzung aus dem Englischen von Mara Huber. Mit freundlicher Genehmigung des Knaur Verlags, München.